数学奥林匹克

命题人讲座

组合问题

单墫　熊斌　主编

刘培杰　张永芹　杜莹雪　著

升级版

上海科技教育出版社

图书在版编目(CIP)数据

组合问题/刘培杰,张永芹,杜莹雪著. —上海:上海科技教育出版社,2021.6(2025.12 重印)
(数学奥林匹克命题人讲座:升级版)
ISBN 978-7-5428-7481-8

Ⅰ.①组… Ⅱ.①刘… ②张… ③杜… Ⅲ.①组合数学-高中-教学参考资料 Ⅳ.①G634.603

中国版本图书馆 CIP 数据核字(2021)第 023191 号

责任编辑 卢 源
封面设计 符 劼

数学奥林匹克命题人讲座(升级版)
组合问题

单 墫 熊 斌 主编
刘培杰 张永芹 杜莹雪 著

出版发行 上海科技教育出版社有限公司
(上海市闵行区号景路 159 弄 A 座 8 楼 邮政编码 201101)
网 址 www.sste.com www.ewen.co
经 销 各地新华书店
印 刷 启东市人民印刷有限公司
开 本 720×1000 1/16
印 张 26.75
版 次 2021 年 6 月第 1 版
印 次 2025 年 12 月第 4 次印刷
书 号 ISBN 978-7-5428-7481-8/O·1138
定 价 80.00 元

第一版序

读书，是天下第一件好事。

书，是老师。他循循善诱，传授许多新鲜知识，使你的眼界与思路大开。

书，是朋友。他与你切磋琢磨，研讨问题，交流心得，使你的见识与能力大增。

书的作用太大了！

这里举一个例子：常庚哲先生的《抽屉原则及其他》(上海教育出版社，1980年)问世后，很快地，连小学生都知道了什么是抽屉原则。而在此以前，几乎无人知道这一名词。

读书，当然要读好书。

常常有人问我：哪些奥数书好？希望我能推荐几本。

我看过的书不多。最熟悉的是上海的出版社出过的几十本小册子。可惜现在已经成为珍本，很难见到。幸而上海科技教育出版社即将推出一套"数学奥林匹克命题人讲座"丛书，帮我回答了这个问题。

这套丛书的作者与书名初定如下：

黄利兵　陆洪文	《解析几何》
王伟叶　熊　斌	《函数迭代与函数方程》
陈　计　季潮丞	《代数不等式》
田廷彦	《圆》
冯志刚	《初等数论》
单　墫	《集合与对应》《数列与数学归纳法》
刘培杰　张永芹	《组合问题》
任　韩	《图论》
田廷彦	《组合几何》
唐立华	《向量与立体几何》
杨德胜	《三角函数·复数》

显然,作者队伍非常之强。老辈如陆洪文先生是博士生导师,不仅在代数数论等领域的研究上取得了卓越的成绩,而且十分关心数学竞赛。中年如陈计先生于不等式,是国内公认的首屈一指的专家。其他各位也都是当下国内数学奥林匹克的领军人物。如熊斌、冯志刚是2008年IMO中国国家队的正副领队、中国数学奥林匹克委员会委员。他们为我国数学奥林匹克做出了重大的贡献,培养了很多的人才。2008年9月14日,“国际数学奥林匹克研究中心”在华东师范大学挂牌成立,担任这个研究中心主任的正是多届IMO中国国家队领队、华东师范大学数学系教授熊斌。

这些作者有一个共同的特点:他们都为数学竞赛命过题。

命题人写书,富于原创性。有许多新的构想、新的问题、新的解法、新的探讨。新,是这套丛书的一大亮点。读者一定会从这套丛书中学到很多新的知识,产生很多新的想法。

新,会不会造成深、难呢?

这套书当然会有一定的深度,一定的难度。但作者是命题人,充分了解问题的背景(如刘培杰先生就曾专门研究过一些问题的背景),写来能够深入浅出,“百炼钢化为绕指柔”。另一方面,倘若一本书十分浮浅,一点难度没有,那也就失去了阅读的价值。

读书,难免遇到困难。遇到困难,不能放弃。要顶得住,坚持下去,锲而不舍。这样,你不但读懂了一本好书,而且也学会了读书,享受到读书的乐趣。

书的作者,当然要努力将书写好。但任何事情都难以做到完美无缺。经典著作尚且偶有疏漏,富于原创的书更难免有考虑不足的地方。从某种意义上说,这种不足毋宁说是一种优点:它给读者留下了思考、想象、驰骋的空间。

如果你在阅读中,能够想到一些新的问题或新的解法,能够发现书中的不足或改进书中的结果,那就是古人所说的“读书得间”,值得祝贺!

我们欢迎各位读者对这套丛书提出建议与批评。

感谢上海科技教育出版社,特别是编辑卢源先生,策划组织编写了这套书。卢编辑认真把关,使书中的错误减至最少,又在书中设置了一些栏目,使这套书增色很多。

单　墫

2008年10月

升级版序

数学竞赛活动的开展，其目的是激发青少年学习数学的兴趣，发现和培养具有数学天赋的学生，因材施教。数学竞赛是中小学生的课外活动，也是一种特殊的素质教育——思维训练。

数学竞赛，可以让学生养成独立思考问题的习惯、建立对数学知识的看法及求知能力、初步具有创新意识。一个人对某个专业领域的兴趣与创新意识应该从青少年时代就开始培养。

在近20年的菲尔兹奖(Fields Medal)获得者中，有一半以上是IMO的优胜者。

我国的数学竞赛选手中已经涌现出许多优秀的青年数学人才，如获得著名的拉马努金奖(Ramanujan Prize)的张伟、恽之玮、许晨阳、刘一峰等，并且有不少学者在国内外知名高校或科研机构从事数学研究工作，如：朱歆文、刘若川、何宏宇、何斯迈、袁新意、肖梁、张瑞祥等。2008年、2009年IMO的满分金牌获得者韦东奕，在研究生一二年级时就做出了很好的成果。无论从整体还是从个别、从国外还是从国内来看，数学竞赛对数学与科学英才的教育都有非常重要的价值。

“数学奥林匹克命题人讲座”丛书自2009年起陆续出版，受到了广大数学竞赛爱好者以及数学竞赛教练员的欢迎和好评。

近十年来，在各级各类数学竞赛中又有不少好题与精妙的解法，为了与广大数学爱好者分享这些妙题与巧解，在第一版的基础上，我们组织了第一版的原作者和一些新作者编写了“数学奥林匹克命题人讲座(升级版)”。

“数学奥林匹克命题人讲座(升级版)”包括《集合与对应》(单墫)、《数列与数学归纳法》(单墫)、《函数迭代与函数方程》(王伟叶、熊斌)、《初等数论》(冯志刚)、《组合问题》(刘培杰、张永芹、杜莹雪)、《平面几何(圆)》(田廷彦)、《组合几何》(田廷彦)、《三角函数与复数》(杨德胜)、《向量与立体几何》(唐立华)、《图论》(任韩)、《不等式的证明》(熊斌、罗振华)、《平面几何(直线型)》(金磊)。其中《不等式的证明》和《平面几何(直线型)》为新增加的两本。

本丛书中既有传统的具有典型性的数学问题，也有选自近年高校自主招生、全国高中数学联赛、中国数学奥林匹克、中国西部数学邀请赛、中国女子数学奥林匹克、国际数学奥林匹克以及国外数学竞赛中的好题，还有一些是作者自编的问题。

感谢上海科技教育出版社和本丛书责任编辑卢源先生的精心策划与组织。

感谢各位读者自第一版出版以来提出了不少好的建议，希望大家继续对升级版提出建议和批评，使本丛书不断完善。

熊　斌

2020 年 12 月

前　言

杨振宁曾这样描述过他一生中最漫长的计算：

“我在中国昆明的时候，从硕士论文导师王竹溪先生口中第一次听到翁萨格(Onsager)这个名字。20 世纪 30 年代，王先生在英国剑桥跟福勒(R. H. Fowler)学习有序-无序跃迁。1944—1945 年的一天，他告诉我，翁萨格已经找到了二维空间伊辛(Ising)模型的严格解。王先生是一位安静、保守的人，那天他却显得非常兴奋。半个世纪后的今天，我仍然能够记得他告诉我翁萨格的论文时那种仰慕与兴奋的口气。后来我找了那篇论文来细读，可是始终不明白翁萨格的方法。他似乎总是喜欢计算对易式(Commutator)，而从不解释为什么要这样做。

“几年后，当我在芝加哥大学做研究生时，再次阅读了翁萨格的论文，并花了大量时间仔细研究，可是又一次毫无进展。

“1949 年秋天，我成为普林斯顿高等研究院的一员(用今天的名词即博士后)。奥本海默(Oppenheimer)为了帮助我应付美国移民局，把我名义上调为佩斯(Pais)的助理，可是我没有真正帮佩斯做过什么事情。那一年高等研究院的所有人员，包括我在内，都在研究场论和基本粒子，统计力学当时并不是一个热门题目。可是偶然地，在 1949 年 11 月里的一天，通过与鲁丁格(Luttinger)的谈话，我得知一个新的翁萨格-考夫曼(Kaufman)方法极大地简化了翁萨格的论文。更重要的是，这新方法建立在许多‘反对换’矩阵的表示论上，而我在学习迪拉克(Dirac)方程时就曾充分了解此表示论。就这样，我终于明白了翁萨格的方法。我曾描述这件事如何使得我后来在 1951 年计算出磁化(magnetization)，并称此计算为‘我一生中最漫长的计算’。”

当然，在当代，相当一部分复杂的计算可由电子计算机处理，但这并不意味着计算本身没什么研究价值了。人们面临两件事情：一是计算的代价，由此产生了计算复杂性和 P-NP 难题；二是计算的艺术，这就是组合学的任务了。前者不会进入奥数领域，而后者恰恰是奥数最为看重的。

人们还是采取这样的方式，把一个组合问题还原成一个代数或分析问题（对应和估计），就像面对几何一样。于是，许多极端复杂的组合细节就可忽略。复杂性是人类而不是个人面临的困难（比如癌症、天气预报等，都是复杂性在困扰人类），但是奥林匹克数学命题考察的是个人能力，所以命题者尽可以避开组合复杂性。也就是说，组合问题必可用整体对应、代数还原或局部处理这几类方法解决。如果你在做题时遇到非常棘手的困难，毫无思路，那必定是陷入了组合细节的复杂性中，而没有想到或找到前几种方法。对于命题者来说，如果所出的组合问题只有组合细节的话，那么只能用小的数字一一列举，否则就不应该是学生做的题。尤其是组合数学和初等数论中的问题，题目本身往往具有伪装性，什么是不能做的，什么是研究性质的，什么是学生的思考题，一下子看不出来。只要稍做改动，就可能由一道常规题变成世界难题了。所以，命题比解题更重要，尤其是对组合与数论的一些杂题而言。

目录

contents

第一讲　常规计数方法

当前,由于计算机的发展和信息时代的需求,组合数学在数学中的地位已变得越来越重要,这从历届菲尔兹奖和沃尔夫奖的颁发中就可看出.以至于有人说,组合数学现在可有个更"正"的名字——组合学.计数是组合数学中一个最基本的方向,主要研究一定条件下的安排方式的数目.计数问题非常广泛,其高端是现代数学的研究课题,低端则是小学生的趣题.

无论国内还是国外,组合问题都是高中数学竞赛的"超级大餐"之一,其问题往往也最为精彩(尤其是俄罗斯及东欧各国的题目),最能体现竞赛数学的智巧和精神.这一讲介绍的是常规计数方法.

1.1　分　类　法

知识桥

组合计数中最原始的方法是枚举法,即把一个一个情况都列举出来.显然这样的方法有点"吃力不讨好".为此人们想到了分类法,使每一类里的计数变得较简单,类似于在加法基础上发明了乘法.分类是数学中的重要思想,其原则即使在生活中也十分常见(但并不都以计数为目的,例如本书的目录).分类计数的基本原理就是加法原理:如完成一件事有 k 类方法,第一类有 m_1 种不同做法,第二类有 m_2 种不同做法,……,第 k 类有 m_k 种不同做法,则完成这件事共有 $N=m_1+m_2+\cdots+m_k$ 种不同的方法.在运用分类法进行较简单问题的计数时(有些非常规组合题的计数除了分类也别无他法),其基本步骤无非是两个方面:一是分类,即确定 k,不同的分类方式会决定解题的烦琐或简洁;二是对每一类计数,即确定每一个 m_i.N 的计算一般并不困难,否则便是另一个课题了(即组合恒等式).

训练营

▶例 1 若两个相邻自然数在相加时不产生进位，则称它们为“简单对”. 在 1, 2, 3, …, 2004, 2005 这 2005 个自然数中，有多少个“简单对”?

解

“简单对”中两数的末位数只能是(0, 1), (1, 2), (2, 3), (3, 4), (4, 5), (9, 0)之一. 个位不为(9, 0)的“简单对”有 $5\times5\times5\times2+5-1=254$(个)；个位为(9, 0)，十位不为(9, 0)的“简单对”有 $5\times5\times2=50$(个)；个位、十位为(9, 0)，百位不为(9, 0)的“简单对”有 $5\times2=10$(个)；个位、十位、百位均为(9, 0)的“简单对”有(999, 1000)和(1999, 2000)两个.

共计
$$254+50+10+2=316(\text{个}).$$

▶例 2 n 元集具有多少个不同的不交子集对?

(1973 年捷克数学奥林匹克竞赛)

解

如果子集对是有序的，即在子集对中可以区分第一个子集与第二个子集，则 n 个元素中每个元素都有三种可能：它或在第一个子集，或在第二个子集，或不在其中任意一个子集，因此不同的不交有序子集对的总数为 3^n.

如果子集对是无序的，即将两个元素相同但次序不同的子集对看作是同一个，则 3^n 对有序子集对中有一对是由两个空集组成，而其他 3^n-1 对有序对，每一对中交换两个子集的次序，得到的是同一个无序子集对，因此有 $\frac{3^n-1}{2}$ 个无序子集对，其中至少有一个子集非空. 于是不同的不交无序子集对的总数为 $\frac{3^n-1}{2}+1=\frac{3^n+1}{2}$.

▶例 3 设正整数对 (x, y) 使得 $\frac{x^2+y^2}{11}$ 为整数，且满足条件 $\frac{x^2+y^2}{11}\leqslant1991$. 求这样的正整数对 (x, y) 的个数(当 $a\neq b$ 时，(a, b) 与 (b, a) 看作不同的数对).

(1991 年湖南省冬季数学奥林匹克集训队试题)

解

任取 $x\in\mathbf{N}^*$，若 $11\nmid x$，则因

$$x\equiv\pm1,\pm2,\pm3,\pm4,\pm5\ (\mathrm{mod}\ 11),$$

$$x^2\equiv1,4,9,5,3\ (\mathrm{mod}\ 11),$$

故对任意的 y，都有 $x^2+y^2\not\equiv0\ (\mathrm{mod}\ 11)$，所以当 $\frac{x^2+y^2}{11}$ 为整数时，必有 $11|x$. 同理 $11|y$，故可设 $\frac{x^2+y^2}{11}=11(m^2+n^2)$，代入题设条件并约去因数 11，得

$$m^2+n^2\leqslant181. \tag{1}$$

因此，满足题设条件的正整数对 (x,y) 的个数也就是满足式(1)的正整数对的个数.

因为 $n\geqslant1$，所以 $m^2\leqslant181-n^2\leqslant180$. 由于 $13^2=169<180<14^2=196$，故 $m\in\{1,2,\cdots,13\}$. 同理，$n\in\{1,2,\cdots,13\}$.

下面分三种情况讨论：

(1) 当 $1\leqslant m,n\leqslant9$ 时，恒有 $m^2+n^2\leqslant2\times9^2=162<181$，所以，这时满足式(1)的数对 (m,n) 共有 $9\times9=81$(个).

(2) 当 $10\leqslant m,n\leqslant13$ 时，因 $m^2+n^2\geqslant2\times10^2=200>181$，这时没有满足式(1)的数对 (m,n).

(3) 当 m,n 中有且仅有一个取 10,11,12,13 之一时，因为 $9^2\leqslant181-10^2=81<10^2$，$7^2<181-11^2=60<8^2$，$6^2<181-12^2=37<7^2$，$3^2<181-13^2=12<4^2$，所以，这时满足式(1)的数对 (m,n) 共有 $2\times(9+7+6+3)=50$(个).

综上所述，满足条件的数对共有 $81+50=131$(个).

▶**例 4** 将集合 $\{1,2,\cdots,n\}$ 分成 3 个子集 A_1,A_2,A_3，其中允许有空集. 求满足下列条件的分法种数：

(1) 当将每个子集中的数按递增顺序排列时，每相邻两数的奇偶性不同；

(2) 若 A_1,A_2,A_3 均非空，则其中恰有 1 个集合的最小元素是偶数.

(1987 年第 28 届国际数学奥林匹克竞赛预选题)

解

设 $1\in A_1$，且 A_2 中的最小元素小于 A_3 中的最小元素. 我们依次将 $2,3,\cdots,n$ 按要求放入 3 个集合来构造 A_1,A_2,A_3. 首先，2 有两种放法：放入 A_1 或 A_2. 假设小于 k 的自然数均有两种放法且已放妥，考察 k 的放法.

(i) A_2,A_3 中均未放入元素.这时 k 可放入 A_1 或 A_2,但不能放入 A_3,共有两种放法.

(ii) A_2 中已有元素,但 A_3 中尚未放入元素.

(a) k 与 A_2 中的最小元素同为奇数.因为集合 A_1 和 A_2 中已放入的 $k-1$ 个元素奇偶各半,所以这两个集合中的最大元素都是偶数.从而 k 可放入 A_1 或 A_2,但不能放入 A_3,共有两种放法.同理,当 k 与 A_2 中的最小元素同为偶数时也有两种放法.

(b) k 与 A_2 中的最小元素奇偶性不同.设 k 为奇数,于是 A_1 和 A_2 中已放入的 $k-1$ 个元素奇偶各半,从而 A_1 和 A_2 中的最大元素奇偶性不同.这样,奇数 k 恰可放入 A_1 与 A_2 之一,同时又可放入 A_3,共有两种放法.同理,当 k 为偶数时也有两种放法.

(iii) A_2 和 A_3 中均已有元素,在此之前 $k-1$ 有两种放法.不妨设 $k-1$ 既可放入 A_1 又可放入 A_2,而实际上放入了 A_1,于是 k 可放入 A_1 或 A_3,但不能放入 A_2,共有两种放法.

综上可知,从 2 到 n 的每个数都有两种不同放法.从而可知满足要求的分法种数为 2^{n-1}.

▶**例 5** 某国学生参加城市联赛,每份试卷由 6 题组成,每题恰有 1000 个人答对.若找不到两个人,使任何一题至少被两个人中的一个答对,试求参加比赛的人数的最小值.

解

最少有 2000 人参加比赛.

(i) 首先证明 2000 个人参加比赛可以满足要求.定义三元数组 (i,j,k) 表示答对第 i,j,k 题 $(1\leqslant i,j,k\leqslant 6)$.考虑 10 个三元数组 $(1,2,3)$,$(3,5,6)$,$(1,2,5)$,$(3,4,5)$,$(1,3,4)$,$(2,4,6)$,$(2,3,6)$,$(1,4,6)$,$(1,5,6)$,$(2,4,5)$,它们满足:

(a) 任两个数恰出现 5 次;

(b) 每个数恰出现 5 次.

将每个三元数组对应于 200 个人的答题情况,则可知此 2000 个人满足题目所有条件.

(ii) 证明不能少于 2000 人.

设答对题最多的人为 A,并设 A 答对 k 题.

(a) $k=6$.则 A 全部答对,与条件矛盾.

(b) $k=5$.不妨设 A 同时答对 1,2,3,4,5 题.则由题知存在 B 答对第 6 题,于是 A 与 B 答对所有题,矛盾.

(c) $k=4$.不妨设 A 同时答对 1,2,3,4 题,则不存在 B 同时答对 5,6 题.于是答对第 5 题和答对第 6 题的共有 2000 人,再加上 A,至少有 2001 人.

(d) $k=3$.则每人至多答对 3 题,而每题有 1000 人答对,至少有

$$\frac{6\times1000}{3}=2000(\text{人}).$$

因此 2000 人为所求最小值.

点评

许多分类问题的困难之处不在于未想到分类,而在于如何进行分类.本题是一个典型的组合最值问题,即在某数时可构造,而在大于(或小于)此数时均不可行,两者缺一不可.

▶**例 6** (1) 从 0,1,3,5,7 中取出不同的三个数做系数,可以组成多少个不同的一元二次方程 $ax^2+bx+c=0(a\neq0)$?其中有实根的方程有多少个?

(2) 从 $-3,-2,-1,0,1,2,3,4$ 八个数中,任取三个不同的数作为二次函数 $f(x)=ax^2+bx+c(a\neq0)$ 的系数,若二次函数的图像过原点,且其顶点在第一象限或第三象限,这样的二次函数有多少个?

解

(1) x^2 的系数 $a\neq0$,a 有 4 种取法.对于每一种 a 的取法,b,c 可以从余下的 4 个数中任取两个排列,有 A_4^2 种方法.共可组成一元二次方程 $4A_4^2=48$(个).

方程要有实根,必须满足 $\Delta=b^2-4ac\geqslant0$.

若 $c=0$,则 a,b 在 1,3,5,7 中任取两个做排列,有 A_4^2 种方法;

若 $c\neq0$,则 b 只能取 5 或 7.当 $b=7$ 时,a,c 可在 1,3,5 中取 1,3 或 1,5 做排列,有 $2A_2^2$ 种取法;当 $b=5$ 时,a,c 只能取 1,3 做排列,有 A_2^2 种取法.

综上,有实根的一元二次方程共有 $A_4^2+2A_2^2+A_2^2=18$(个).

(2) 可将二次函数分为两大类:一类顶点在第一象限,另一类顶点在第三象限,然后对顶点坐标的符号分别考察.

因为图像过坐标原点,所以 $c=0$,二次函数可写成 $f(x)=ax^2+bx$ 的形式.又因为

$$f(x)=a\left(x+\frac{b}{2a}\right)^2-\frac{b^2}{4a},$$

所以其顶点坐标是$\left(-\frac{b}{2a},-\frac{b^2}{4a}\right)$.

若顶点在第一象限,则有

$$-\frac{b}{2a}>0,\ -\frac{b^2}{4a}>0,$$

故 $a<0,b>0$.

因此,这样的二次函数有

$$A_3^1\cdot A_4^1=12(\text{个}).$$

若顶点在第三象限,则有

$$-\frac{b}{2a}<0,\ -\frac{b^2}{4a}<0,$$

故 $a>0,b>0$.

这样的二次函数有

$$A_4^2=12(\text{个}).$$

由加法原理知,满足条件的二次函数共有

$$A_3^1\cdot A_4^1+A_4^2=24(\text{个}).$$

点评

对于这种非常规的计数问题,必须仔细分类,别无他法.

▶ **例 7** 在 1 到 100 的自然数中,(1)任选两数的差的绝对值$\leqslant k$($0\leqslant k<100$),问:有多少种选法?(2)任选两数的差的绝对值$\neq k$($0\leqslant k<100$),问:有多少种选法?

解

(1) 因为两数的差的绝对值为 k 的选法是$\{1,k+1\},\{2,k+2\},\cdots,\{100-k,100\}$,共 $100-k$ 种,所以任选两数的差的绝对值$\leqslant k$ 的选法应有

$$\sum_{j=0}^{k}(100-j)=100(k+1)-\frac{k(k+1)}{2}(\text{种}).$$

(2) 因为 1 到 100 的自然数中,任选两数 i,j 的差的绝对值满足$0\leqslant|i-j|\leqslant 99$,所以任选两数的差的绝对值$\neq k$ 的选法应有

$$\sum_{j=0}^{99}(100-j)-(100-k)=4950+k(\text{种}).$$

点评

在本例中,设 $S_k=\{\{i,j\}\mid 1\leqslant i,j\leqslant 100,|i-j|=k\}(k=0,1,\cdots,99)$.由于 $S_0,S_1,\cdots,S_k$ 都是互不相交的集合,因此必有

$$|S_{i_1}\cup S_{i_2}\cup\cdots\cup S_{i_t}|=|S_{i_1}|+|S_{i_2}|+\cdots+|S_{i_t}|$$

$(1\leqslant i_1<i_2<\cdots<i_t\leqslant 99)$.

这些性质在上述的解题过程中都被认为是理所应当的事.这就是说,包含容斥原理的应用是较广泛的,但在解题过程中并不需要机械套用.

▶例 8 1,2,3,4,5,6 的排列$(n_1,n_2,n_3,n_4,n_5,n_6)$具有如下性质:对于 $i=1,2,3,4,5$,每个$(n_1,n_2,\cdots,n_i)$都不是$(1,2,\cdots,i)$的排列.求这种排列的个数.

(1991 年英国数学奥林匹克竞赛)

解

方法一 显然,$n_1\neq 1$.

$n_1=6$ 的 5! 个排列均满足题中要求.

$n_1=5$ 的 5! 个排列中,$n_6=6$ 的 4! 个排列不满足要求,故此时满足要求的排列个数为 5! $-$4!.

$n_1=4$ 的 5! 个排列中,形如 4XXXX6 和 4XXX65 的排列不满足要求,故此时满足要求的排列个数为 5! $-$4! $-$3!.

$n_1=3$ 的 5! 个排列中,形如 3XXXX6,3XXX65,3XX645,3XX564,3XX654 的排列不满足要求,故此时满足要求的排列个数为 5! $-$4! $-$3! -3×2!.

$n_1=2$ 的 5! 个排列中,形如 2XXXX6,2XXX65,2XX645,2XX564,2XX654,21XXXX3,21XX34,21XX35,21X3X4,216345 的排列不满足要求,故此时满足要求的排列个数为 5! $-$4! -2×3! -6×2! $-$1.

综上所述,满足要求的排列个数为

$5!+(5!-4!)+(5!-4!-3!)+(5!-4!-3!-3\times 2!)+(5!-4!-2\times 3!-6\times 2!-1)=461.$

方法二 我们来计算不满足题中要求的所有排列的个数.设$(m_1,m_2,m_3,m_4,m_5,m_6)$是个不满足要求的排列,于是存在 $2\leqslant i\leqslant 6$,使得

$$\{m_i,m_{i+1},\cdots,m_6\}=\{i,i+1,\cdots,6\}, \tag{2}$$

$$\{m_j, m_{j+1}, \cdots, m_6\} \neq \{j, j+1, \cdots, 6\}, j=i+1, i+2, \cdots, 6, \qquad (3)$$

其中当 $i=6$ 时,式(3)不存在.我们把满足式(2)和式(3)的排列$(m_i, m_{i+1}, \cdots, m_6)$的个数记为 $f(i)$,则有

$$f(6)=1,\ f(5)=2!\ -f(6)=1,$$

$$f(4)=3!\ -f(5)-2!\ f(6)=3,$$

$$f(3)=4!\ -f(4)-2!\ f(5)-3!\ f(6)=13,$$

$$f(2)=5!\ -f(3)-2!\ f(4)-3!\ f(5)-4!\ f(6)=71.$$

由此即得,不满足题中要求的排列个数为

$$S=\sum_{i=2}^{6} f(i)\cdot(i-1)!\ =259,$$

从而满足要求的排列个数为 $6!\ -259=461$.

▶**例 9** 试作一圆,使它与平面上的 4 个给定点距离(圆上所有点至该点距离的最小值)相等.问:共能作出多少个不同的圆?

(1940 年第 6 届莫斯科数学奥林匹克竞赛)

解

(1) 当 A,B,C,D 四点共线时,若 $AB=CD$,则可作出 1 个圆,否则一个圆也作不出来.

(2) 当 4 个给定点共圆时,显然可以作出无穷多个圆,因为这时与 4 个点所共的圆同心的每个圆都满足要求.

(3) 当 4 个点中的任何 3 点都不共线,且当两两分组并连线后,任何一组线段都不平行时,我们可以把 4 个点分成两个非空集合,使一组点在圆内,另一组在圆外,就可以作出一个圆.因为共有 7 种不同分法,故可作出 7 个不同的圆.

(4) 当 4 个点中恰有 3 点共线时,上述 7 个圆中有一个作不出来,共可作出 6 个不同的圆.

(5) 当以 4 个给定点为顶点的凸四边形为梯形且不是等腰梯形时,共可作出 6 个不同的圆;当该凸四边形为平行四边形时,共可作出 5 个不同的圆.

点评

在几何计数中,分类往往更为关键,对几何基础知识也有一定要求.本题要毫无遗漏地全部答出有一定难度.

▶**例 10** 在平面上给定 5 个点，它们两两连线互不重合、互不平行也互不垂直.过其中每个点作其余各点间连线的垂线.问：当不计已知的 5 个点时，这些垂线的交点最多有多少个？

(1964 年第 6 届国际数学奥林匹克竞赛)

解

5 个给定点之间两两连线共有 10 条，每 3 点构成一个三角形，共有 $C_5^3=10$ 个三角形.由任何 4 点可连出 6 条直线，由第 5 点向这 6 条线分别作垂线，总计有 30 条这样的垂线.

这 30 条垂线两两相交，共有 $C_{30}^2=435$ 个交点（包括重复计数和多余计数）.对于 5 点间 10 条连线的每一条，从另 3 点向它所作的垂线互相平行，彼此之间没有交点，所以要从总数 435 中减去 30 个不存在的交点.又因 10 个三角形中每一个三角形的 3 条高共点，所以又要减去重复多计的 20 个交点.此外，由每个已知点都引出 6 条垂线，所以还要减去多计的 $5C_6^2=75$ 个交点.这样，剩下的交点个数为

$$435-30-20-75=310.$$

显然，可以适当选定 5 个点的位置，使得上述 310 个交点互不相同.所以，这些垂线的交点最多有 310 个.

▶**例 11** 在如图 1.1 所示的残缺的棋盘中有 8 个正方形.如果两个正方形至少有一个公共顶点，就算它们是相连的.用 8 个数 1,2,3,4,5,6,7,8 给这些正方形标号（不可重复），且相连的正方形的标号数不相继.问：不同的标号方法共有多少种？

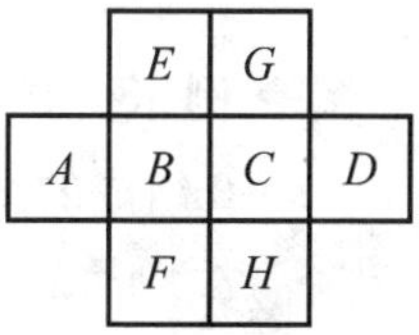

图 1.1

(1987 年新加坡数学奥林匹克竞赛)

解

如图，B 与 6 个正方形相连.由题设，相连的正方形的标号数不相继，则 B 必须是 1 或 8.同理，C 也必须是 1 或 8.

(1) $B=1,C=8$.这时 $D=2,A=7$，即 A,C,D 由 B 确定.

剩下的是数 3,4,5,6 和方格 E,F,G,H.由于 E,F 与 A 相连，只能在 3,4 中选择，故 G,H 只能在 5,6 中选择，共有 2 种选法.

(2) $B=8,C=1$.同样也有 2 种选法.

所以共有 4 种选法.

▶ **例 12** 已知 99 条直线将平面分成 n 个部分，试在小于 199 的范围内求 n 的所有可能值.

(1952 年第 15 届莫斯科数学奥林匹克竞赛)

解

当 99 条直线都互相平行时，把平面分成 100 个部分；当 98 条直线互相平行而另一条与它们不平行时，把平面分成 198 个部分；当 99 条直线共点时，也把平面分成 198 个部分.下面证明：在小于 199 的范围内，n 没有其他值.

(1) 设已知直线中有 k 条互相平行($2\leqslant k\leqslant 97$)，其余的每条直线都不与它们平行.这时，k 条平行线将平面分成 $k+1$ 个部分.其余的直线每加入 1 条，都至少增加 $k+1$ 个部分，故所分成的部分数不少于 $(k+1)(99-k+1)\geqslant 3\times 98>200$.可见，这种情形下 n 无解.

(2) 设任何两条直线都不平行，但有 k 条直线交于一点 $O(2\leqslant k\leqslant 98)$，而其余直线均不过点 O.这时，过点 O 的 k 条直线将平面分成 $2k$ 个部分.其余的直线每加入 1 条，都至少增加 $k+1$ 个部分，故所分成的部分数不少于 $2k+(99-k)(k+1)\geqslant 196+99>200$，$n$ 也无解.

综上可知，在小于 199 的范围内，n 的所有可能值只有两个：100 和 198.

▶ **例 13** 试问：由直线 $x=0$，$y=0$，$y-1=0$，$y-x=0$，$y-x-2=0$，$y+x+1=0$ 组成的图形中，共有多少对同旁内角？

解

作出所给直线的图像(如图 1.2)，先计算图中的基本图形个数.

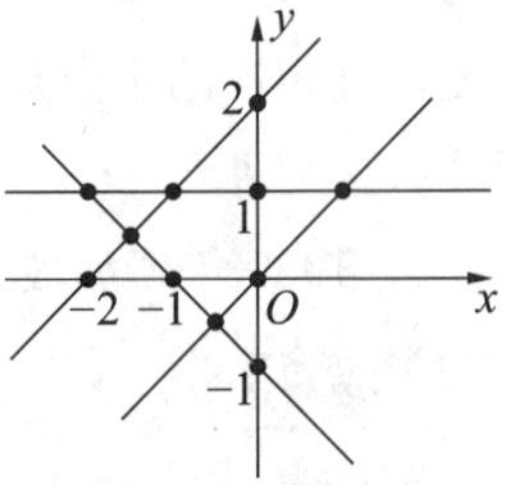

图 1.2

(1) 以直线 $y-1=0$ 为截线

由图可见，此截线与 4 条直线相交于 4 个交点，从这 4 个交点中取出两个作截点(相当于两条直线被 $y-1=0$ 所截)，对应着一个基本图形，共得基本图形 $N_1=C_4^2=6$(个).

(2) 以直线 $y-x-2=0$ 为截线

由图可见，此截线与 4 条直线相交于 4 个交点，同理可得基本图形 $N_2=C_4^2=6$(个).

(3) 以直线 $y+x+1=0$ 为截线

由图可见,此截线与 5 条直线相交于 5 个交点,同理可得基本图形 $N_3=C_5^2=10$(个).

(4) 以直线 $x=0$ 为截线

由图可见,此截线与 5 条直线相交于 4 个交点,其中原点为二重交点,在计算基本图形时要计算两次.考虑更一般的情况,设截线 l 与若干条直线相交于 A_1,A_2,A_3,A_4,其中点 A_i 处截线 l 与 a_i 条直线相交(如图 1.3).

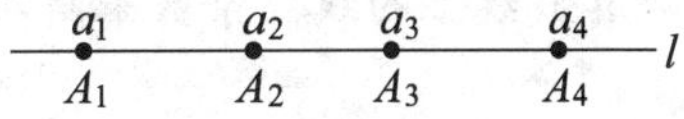

图 1.3

1) 当取 A_1 为第一个截点时,第二个截点可取 A_2,A_3,A_4 之一,对应基本图形有

$$a_1a_2+a_1a_3+a_1a_4\text{(个)}. \tag{4}$$

2) 当取 A_2 为第一个截点时,第二个截点可取 A_3,A_4 之一,对应基本图形有

$$a_2a_3+a_2a_4\text{(个)}. \tag{5}$$

3) 当取 A_3 为第一个截点时,第二个截点可取 A_4,对应基本图形有

$$a_3a_4\text{(个)}. \tag{6}$$

(4)+(5)+(6),可得以 l 为截线的基本图形有

$$\frac{(a_1+a_2+a_3+a_4)^2-(a_1^2+a_2^2+a_3^2+a_4^2)}{2}\text{(个)}. \tag{7}$$

取 $a_1=a_2=a_4=1,a_3=2$,可得以 $x=0$ 为截线的基本图形

$$N_4=\frac{(1+1+2+1)^2-(1+1+4+1)}{2}=9\text{(个)}.$$

(5) 以直线 $y=0$ 为截线

在式(7)中取 $a_1=a_2=1,a_3=2$,得

$$N_5=\frac{(1+1+2)^2-(1+1+4)}{2}=5\text{(个)}.$$

(6) 以直线 $y-x=0$ 为截线

在式(7)中取 $a_1=a_3=1,a_2=2$,得

$$N_6=\frac{(1+2+1)^2-(1+4+1)}{2}=5\text{(个)}.$$

相加,得

$$N=N_1+N_2+N_3+N_4+N_5+N_6=41\text{(个)}.$$

故同旁内角共有 82 对.

点评

在“三线八角”基本图形中，一个“三线八角”图形与其截线上的一条线段构成一一对应，而一个基本图形上有 2 对同旁内角. 因而，计算同旁内角可转化为计算截线上的线段条数来解决. 当出现多重交点时，讨论要细致一些.

▶**例 14** 在空间中给出不在同一平面上的 4 个点. 问：以这 4 个点作为平行六面体的 8 个顶点中的 4 个，共能作出多少个不同的平行六面体?

(1973 年第 7 届全苏数学奥林匹克竞赛)

解

方法一 每个平行六面体被它的一个顶点和三个中截面(过平行六面体的中心且平行于一组侧面的平面)所唯一确定，这样的中截面与平行六面体的 8 个顶点等距.

对于给定的 4 个点，共存在 7 个与这 4 个点等距的平面，它们中的每一个都与以 4 个给定点为顶点的四面体的某些棱交于中点. 确切地说，在平面一侧有 3 个点、另一侧有 1 个点的中截面共有 4 个；在平面两侧各有 2 个点的中截面共有 3 个. 从这 7 个中截面中任选 3 个组成“三平面组”，共可组成 $C_7^3=35$ 个三平面组.

注意，平行六面体的三个中截面交于一点，即它的中心. 所以，在上述的三平面组中，如果某组中的 3 个平面不交于一点，则它们就不能分别作为平行六面体的 3 个中截面. 这样的三平面组共有 6 组，即平行于以给定 4 点为顶点的四面体的每条棱的三平面组各有一组，余下的 29 组均可作为平行六面体的中截面，故共可作出 29 个不同的平行六面体.

方法二 因为 4 个点不共面，所以作出的平行六面体中，每个侧面至多有其中 3 个点，至少有其中 1 个点. 这时，每个给定点恰在 3 个侧面上.

(1) 6 个侧面中，每个面上各有 2 个点. 这时，给定 4 个点恰是平行六面体上一组互不相邻的 4 个顶点. 显然，这样的平行六面体只能作出 1 个.

(2) 6 个侧面中，一个面上有 3 个点，一个面上有 1 个点，其余 4 个面上各有 2 个点. 这时，在一个侧面上的 3 个点构成一个三角形，它的两条边是平行六面体从一个顶点发出的两条棱，而另一条边则是所在侧面的对角线，第四个给定点只能是发出两条棱的那点的相对顶点. 由于从 4 个点中取 3 个点在一个侧面上的取法有 4 种，取三角形一条边为该侧面对角线的取法有 3 种，故这样的平行六面体共可作出 12 个.

(3) 6 个侧面中，其上有 1，2，3 个给定点的侧面各有 2 个.这时，各有 3 个给定点的 2 个侧面必然相邻，两者公共棱的 2 个端点都是给定点，记为 A，B，另外两点记为 C，D.于是两组线段 $\{CA, BD\}$ 和 $\{CB, AD\}$ 中，恰有一组是平行六面体的两条棱.以 4 个给定点为顶点的四面体 $ABCD$ 共有 6 条棱，选取其中一条作为平行六面体的棱，共有 6 种选法，然后再选一组对棱作为平行六面体的棱，有 2 种选法.由乘法原理知，可作出 12 个不同的平行六面体.

(4) 6 个侧面中，其上有 1，3 个给定点的侧面各有 3 个.这时，必有一个给定点，它与另外 3 个点的 3 条连线恰为平行六面体从一个顶点发出的 3 条棱.容易看出，这样的平行六面体共可作出 4 个.

综上，由加法原理即知，满足要求的平行六面体共有 29 个.

点评

这是一道比较容易算错的题，主要原因是立体几何对直觉的要求较高.

▶ **例 15** 设点 M 在平面上的坐标为 $(p\times1994, 7p\times1994)$，其中 p 是某个素数.求满足下列条件的直角三角形的个数：

(1) 三角形的 3 个顶点都是整点，而且 M 是其直角顶点；

(2) 三角形以坐标原点为内心.

(1994 年第 9 届中国中学生数学冬令营)

解

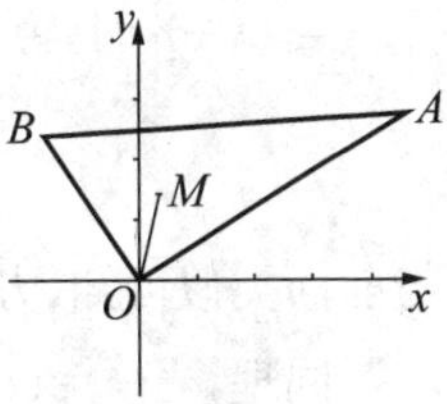

图 1.4

联结坐标原点 O 及点 M，记线段 OM 的中点为 $I(p\times997, 7p\times997)$.把满足题中要求的每个直角三角形都关于点 I 作中心对称，即把点 (x, y) 变为点 $(p\times1994-x, 7p\times1994-y)$.于是，满足题中要求的每个整点直角三角形都变为一个与之全等的整点三角形，原三角形的内心变到点 M，直角顶点变到坐标原点(如图 1.4).由此可见，只须统计直角顶点在原点而内心在点 M 处的直角三角形的个数即可.

考察满足上述条件的整点直角 $\triangle OAB$.记 $\angle xOM=\beta$，$\angle xOA=\alpha$，注意到 $\tan\beta=7$，$\alpha+\dfrac{\pi}{4}=\beta$，便有

$$\tan\alpha=\tan\left(\beta-\frac{\pi}{4}\right)=\frac{\tan\beta-1}{1+\tan\beta}=\frac{3}{4},$$

因此直角边 OA 上的任一点的坐标都可写成$(4t,3t)$.由于 A 为整点,故有 $t\in\mathbf{N}^*$,且 $OA=5t$.又因 $OB\perp OA$,故知点 B 的坐标为$(-3s,4s)$,其中 $s\in\mathbf{N}^*$.于是 $OB=5s$.直角$\triangle OAB$ 的内切圆半径 $r=\frac{\sqrt{2}}{2}OM=5p\times1994$.我们设

$$OA=2r+k,\ OB=2r+h,\tag{8}$$

由于 OA,OB,r 都是 5 的倍数,故自然数 k,h 也都是 5 的倍数.

由圆的切线长定理,可知

$$AB=(r+k)+(r+h)=2r+k+h,$$

再由勾股定理,便有

$$\begin{aligned}0=AB^2-OA^2-OB^2&=(2r+k+h)^2-(2r+k)^2-(2r+h)^2\\&=2kh-4r^2,\end{aligned}$$

由此解得 $kh=2r^2$.又因$\frac{k}{5},\frac{h}{5}$都是自然数,故有

$$\frac{k}{5}\cdot\frac{h}{5}=2^3\times997^2\times p^2.\tag{9}$$

当 $p\neq2$ 和 $p\neq997$ 时,由式(9)可得

$$\begin{cases}\dfrac{k}{5}=2^i\times997^j\times p^n,\\[2mm]\dfrac{h}{5}=2^{3-i}\times997^{2-j}\times p^{2-n},\end{cases}$$

其中,$i=0,1,2,3$;$j=0,1,2$;$n=0,1,2$.由此可知,此时方程(9)有 $4\times3\times3=36$ 组不同的解.

当 $p=2$ 时,方程(9)化为

$$\frac{k}{5}\cdot\frac{h}{5}=2^5\times997^2,\tag{10}$$

与前面类似可知,方程(10)有 $6\times3=18$ 组不同的解.

同理,当 $p=997$ 时,方程(9)有 $4\times5=20$ 组不同的解.

由式(8)知,这里所得的方程(9)的每组解都对应 1 个满足要求的直角三角形,且不同的解组对应于不同的直角三角形.从而知所求的直角三角形的个数为

$$m=\begin{cases}36, & p\neq2\text{ 且 }p\neq997,\\18, & p=2,\\20, & p=997.\end{cases}$$

点评

本题对平面几何及解析几何知识要求较高，而且综合了整点等数论知识，综合程度高，须细细体会.

▶**例 16** 若一个直线集合中的每条直线均与其他直线有奇数个交点，则称此直线集合为“好的”.求最小的非负整数 k，使得对平面内 2018 条不同的直线 $l_1,l_2,\cdots,l_{2018}$，存在直线 $l_{2018+1},l_{2018+2},\cdots,l_{2018+k}$，满足直线 $l_1,l_2,\cdots,l_{2018+k}$ 互不相同且构成一个好的集合.

(2018 年第 56 届荷兰国家队选拔考试，第三次)

解

先证明：好的集合中的直线条数为偶数.

用反证法.

假设好的集合中的直线条数为奇数.

由定义知每条直线上均有奇数个交点.则交点总数为奇数.又每个交点被算了两次(在每条直线上均被计算了一次)，故交点总数应为偶数，矛盾.

于是，好的集合中必定有偶数条直线.

从而，$2018+k$ 为偶数，得 k 为偶数.

现假设有 1009 个方向，使得在每个方向上有两条初始直线，则每条直线恰与一条直线平行.若 $k<1010$，则 $k\leqslant 1008$.从而，必有一个方向没有直线.在这个方向考虑一条原始直线 l.在所有直线构成的最终的直线集合里，直线 l 与除了自身及与其平行的直线外的所有直线相交，得到偶数个交点，矛盾.于是，$k\geqslant 1010$.

再证明：通过添加 1010 条直线，可以得到一个好的集合.

考虑所有的方向，其中原始直线有偶数(大于 0)条，最多有 1009 个这样的方向，对于每个方向，加一条直线.则每条新加直线平行于其他偶数(可能为 0)条直线.若直线总数为偶数，则每条直线与奇数条直线相交；若直线总数为奇数，则每条直线与偶数条直线相交.在一个新方向上画一条直线，可知这条直线与所有直线(奇数条)相交，且后面添加的每条直线均与另外的奇数条直线相交.

现在有一个好的集合，至多加了 $1009+1=1010$ 条直线.因为一个好的集合中的直线总数必定是偶数，所以添加的直线数是偶数.选择一个方向，且此方向上至少有一条直线.在这个方向上加两条直线,这两条直线与其他方向上的所有直线相交,且这些其他的直线每条均增加了两个新的交点,于是,它们仍然有奇数个交点.又因为选定方向上的已有直线没增加交点,所以此结论仍成立,集合仍为好的.如此增加直线对,直至有 1010 条直线为止.

因此,满足条件的 k 的最小值为 1010.

▶ **例 17** 对每个整数 $n \geqslant 2$,用 B_n 表示所有长度为 n 的二进制数组.将 B_n 划分成一些等价类,其中两个数组等价是指能通过轮换变换将其中一个变成另一个.例如,长为 4 的二进制数组中,(0,1,1,1)就可通过轮换变换变成(1,1,0,1),但不能变成(0,0,0,1).求所有的整数 $n \geqslant 2$,使得 B_n 能被划分成奇数个等价类.

(2018 年第 69 届罗马尼亚国家队选拔考试)

解

仅 B_2 能被划分成奇数个等价类:

$$\{(0,0)\},\{(0,1),(1,0)\},\{(1,1)\},$$

共三个.

下面证明当 $n>2$ 时,B_n 总是被划分为偶数个等价类.

称 B_n 的两个等价类共轭,是指可将一个类中的数组通过 1 换成 0、0 换成 1 的操作变成另一个类中的数组,这样,若没有自共轭等价类,则等价类的总数一定为偶数.

显然,当 n 为奇数时,一定无自共轭等价类,这是因为一个自共轭等价类的数组中 1 与 0 的个数相同,所以 n 为偶数.

记 $n=2^m n'$($m,n' \in \mathbf{N}$,n'为奇数).

对 m 进行归纳.

当 $m=0$ 时,由前述可知结论成立.

以下设 $m \geqslant 1$.

用 n_k 表示 B_n 中有 k 个元素的等价类的个数.

显然,若 $n_k \neq 0$,则 $k \mid n$.

故

$$2^n=|B_n|=\sum_{k \mid n} k n_k=\sum_{k \mid \frac{n}{2}} k n_k+\sum_{2^m \mid k} k n_k=\sum_{k \mid \frac{n}{2}} k n_k+\sum_{d \mid n'} 2^m d n_{2^m d}.$$

若 $k\mid\frac{n}{2}$，则 B_n 中有 k 个元素的等价类中的数组一定可通过将 $B_{\frac{n}{2}}$ 中的一个长为 $\frac{n}{2}$ 的数组迭代一次后得到.

故

$$\sum_{k\mid\frac{n}{2}} kn_k=2^{\frac{n}{2}}\Rightarrow\sum_{d\mid n'} dn_{2^m d}=2^{\frac{n}{2}-m}(2^{\frac{n}{2}}-1).$$

注意到，除去 $m=1$ 或 $m=2,n'=1$ 外，有

$$\frac{n}{2}-m=2^{m-1}n'-m\in\mathbf{N}^*.$$

于是，$\sum\limits_{d\mid n'} dn_{2^m d}$ 为偶数.

又注意到，n' 为奇数，则它的因子也全为奇数.

于是，$\sum\limits_{d\mid n'} n_{2^m d}$ 为偶数，这表明，B_n 中有 $k(2^m\mid k)$ 个元素的等价类总数为偶数.

若 $2^m\nmid k$，则 B_n 中有 k 个元素的等价类总数与 $B_{\frac{n}{2}}$ 中的一样.于是，由归纳假设，可知除去 $n=2,4$ 的情况，这样的等价类总数一定为偶数.

事实上，$n=2$ 的情况之前已经讨论过了.

下面单独列举 $n=4$ 的情况，一共有六个等价类，其中两个单元素等价类为 $\{(0,0,0,0)\},\{(1,1,1,1)\}$；一个双元素等价类，由 $(0,1,0,1)$ 生成；三个四元素等价类，分别由 $(0,0,0,1),(0,0,1,1),(0,1,1,1)$ 生成.

▶**例 18** 已知 m 为正整数.考虑一个 $m\times2018$ 的矩形方格表，在某些方格中填写 0 或 1(在一个方格中只能填写一个数)，其余的方格空着.称一个方格表是"完全的"，当且仅当对于任意一个长度为 2018 的 0—1 序列 S，总存在方格表中的一行，使得再写一些 0 或 1，这一行中的 2018 个数(不改变次序)就能构成序列 S(若方格表有一行即为 S，方格表也是完全的).称一个方格表是"最小的"，当且仅当它是完全的，且删掉任何一行，它就不再是完全的.

(2018 年越南国家队选拔考试)

(1) 若 $0\leqslant k\leqslant2018$，证明：存在一个最小的 $2^k\times2018$ 的方格表，使得恰有 k 列，每列均包含 0 和 1(在这些列中可能有空格)；

(2) 若一个最小的 $m\times2018$ 的方格表满足恰有 k 列，每列均包含 0 和 1，证明：$m\leqslant2^k$.

证明

(1) 首先考虑 $2^k\times 2018$ 的空的方格表与 2^k 个长度为 k 的 0—1 序列.将这些序列写在方格表的左端使得每行包含一个序列,右端剩下的部分为 $2018-k$ 列,且这些列中的方格均为空,如图 1.5.

0	1	…	0	
0	0	…	1	
…	…	…	…	
1	1	…	0	
1	1	…	1	

图 1.5

则从左到右的前 k 列中的每一列均恰有 2^{k-1} 个 0、2^{k-1} 个 1,这个方格表满足恰有 k 列,每列均包含 0 和 1.

再证明这个方格表为最小的.

对于任何一个 0—1 序列

$$S=a_1a_2\cdots a_{2018},$$

考虑其子列

$$S'=a_1a_2\cdots a_k,$$

则 S' 出现在方格表的某一行中的前 k 个方格中.若在这一行中的空格内继续写 $a_{k+1},a_{k+2},\cdots,a_{2018}$,即可得到 S.此外,由于恰有一行包含 S',若删掉这一行,则不能从其他任何行得到 S.

因此,上述方格表是最小的.

(2) 假设方格表的前 k 列,每列均包含 0 和 1.

下面证明在余下的(方格表右端的)$2018-k$ 列,每一列中的方格都是空的.

先考虑任意一个长度为 k 的 0—1 序列 S.设 A_S 为行的集合,且满足性质:每一行的前 k 个方格(从左开始数)中的数构成序列 S.

接下来证明 A_S 中存在一个元素,其后的 $2018-k$ 个方格都是空的.

考虑 A_S 中的每一行的第 $k+1$ 个方格,则这些方格为方格表的第 $k+1$ 列,且不同时包含 0 和 1.

若这一列中没有方格是空的,不妨假设这一列中所有的数均为 0.则第 $k+1$ 个数为 1 的 0—1 序列 S 不能由任何一行得到,这与方格表是完全的矛盾.从而,存在 A_S 的子集 A'_S,使得 A'_S 中的每一行的第 $k+1$ 个方格都是空的.

继续考虑每一行的第 $k+2$ 个方格.类似可证:存在 A'_S 的子集 A''_S,使得 A''_S 中的每一行的第 $k+2$ 个方格都是空的.对剩下的列用同样的方式,可知存在一行,从第 $k+1$ 个方格至第 2018 个方格都是空的.

从而,对于任何长度为 k 的 0—1 序列 S,总能找到一行,其后 $2018-k$ 个方格都是空的.因为一行可以构成许多 0—1 序列,所以这些行可以相同.设这些行

构成的集合为 A.

由 A 的定义，知任何长度为 2018 的 0—1 序列均可由 A 中的元素构成，且方格表中的每一行均属于 A，否则可删掉那一行，而方格表仍是完全的，与方格表是最小的矛盾.于是，A 也为方格表所有行构成的集合.这表明，方格表右端的 $2018-k$ 列，每一列中的方格都是空的.

因为由方格表右端的 $2018-k$ 列构成的子方格表中的所有方格都是空的，所以它能表示任何长度为 $2018-k$ 的 0—1 序列.此外，由于原方格表是最小的，则由其前 k 列构成的子方格表也是最小的.

删掉后 $2018-k$ 列将得到一个 $m\times k$ 的子方格表.将表中各行从上到下编号为 1 至 m，设 $A_i(i=1,2,\cdots,m)$是所有由第 i 行形成的长度为 k 的 0—1 序列构成的集合.

因为原方格表关于长度为 2018 的 0—1 序列是最小的，所以上述 $m\times k$ 的子方格表关于长度为 k 的 0—1 序列也是最小的.

设 $B=A_1\cup A_2\cup\cdots\cup A_m$.

由于子方格表能生成任何长度为 k 的 0—1 序列，于是 $|B|=2^k$.

对于每个 $i(i=1,2,\cdots,m)$，均存在一个长度为 k 的 0—1 序列由第 i 行生成.否则可删掉这一行，剩下的行仍能生成所有长度为 k 的 0—1 序列，这与子方格表是最小的矛盾.这表明，对于每个 i，均存在一个 0—1 序列 a_i，使得 $a_i\in A_i\subset B$，且对于任何 $j\neq i$，均有 $a_i\notin A_j$.

这表明，$|B|\geqslant m$.

从而，$m\leqslant 2^k$.

1.2 染色法

知识桥

本质上讲,染色也是一种分类,而且是一种基于直观的分类.因为科学研究发现,人类的信息来源绝大多数是通过“看”得来的.此外,有些题目本身就是按染色设计的.

训练营

▶**例 1** 一个长和宽均为奇数的矩形 R 被分成长和宽均为整数的小矩形.证明:这些小矩形中至少存在一个小矩形,其与矩形 R 的四条边的距离要么均为奇数,要么均为偶数.

(2017 年第 58 届国际数学奥林匹克竞赛预选题)

证明

设矩形 R 的长、宽分别为 a、b,则 a、b 均为奇数.

将矩形 R 分割为 ab 个单位正方形,并将每个格子相间地染为绿色和黄色.由于 a 与 b 均为奇数,于是矩形 R 四个角上的格子的颜色均相同.不妨设为绿色.

对于一个矩形(要么是矩形 R,要么是小矩形),若四个角上的格子均为绿色,则称其为绿色矩形;若四个角上的格子均为黄色,则称其为黄色矩形;若四个角上的格子既有绿色又有黄色,则称其为混色矩形.特别地,矩形 R 为绿色时,有下面的结论:

(1) 在每个混色矩形中,绿格子与黄格子的个数相同;

(2) 在每个绿色矩形中,绿格子的个数比黄格子的个数多 1;

(3) 在每个黄色矩形中,黄格子的个数比绿格子的个数多 1.

由于矩形 R 是绿色的,矩形 R 中绿格子的个数比黄格子的个数多 1.于是,在所有的小矩形中,至少会有一个小矩形为绿色.设这个绿色小矩形为 S,其与

矩形 R 的各边的距离分别为 x,y,u,v,如图 1.6.

注意到,矩形 R 与矩形 S 的左上角处的格子颜色相同当且仅当 x,u 的奇偶性相同.

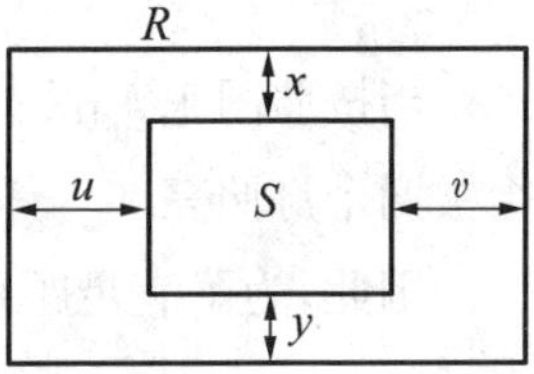

图 1.6

类似地,x,v 的奇偶性相同,y,u 的奇偶性也相同.

因此,x,y,u,v 的奇偶性均相同,即 x,y,u,v 要么均为奇数,要么均为偶数.

▶**例 2** 在城市中心有一个由 1×1 的方砖铺成的 $(2n+1)\times m$ 的矩形广场.为了照亮整个广场,需要安装一些恰有一个照明灯的灯柱.灯柱只能安装在方砖的角上,包括广场边界方砖的角上.灯柱上的照明灯恰只能照亮这个角四周所临的方砖.最少安装多少个灯柱,使得即便有一个照明灯损坏也能照亮整个广场?

(2017 年第 67 届白俄罗斯数学奥林匹克竞赛,决赛,D 类)

解

将广场中的一些方砖染成黑色.若 $m=2k+1$,则染色方式如图 1.7;若 $m=2k$,则染色方式如图 1.8.

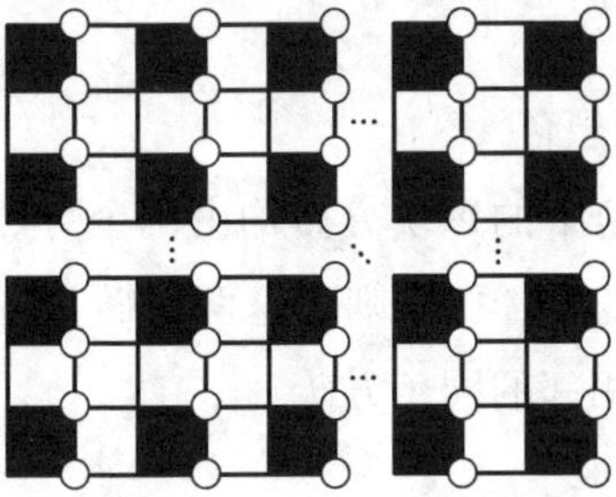
图 1.7

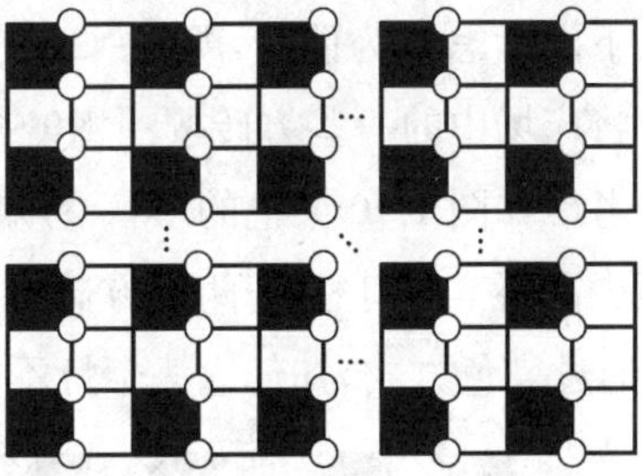
图 1.8

显然,照明灯至少照亮一块方砖.

由题意知任意一块方砖至少要由两个灯照亮.于是,灯柱的个数不小于 $2l$,其中 l 为被染色的方砖块数.

若 $m=2k+1(k\in\mathbf{N})$,则

$$l=(n+1)(k+1)=(n+1)\left[\frac{m+1}{2}\right];$$

若 $m=2k$,则

$$l=(n+1)k=(n+1)\left[\frac{m+1}{2}\right].$$

当按照图 1.7 和图 1.8 的方式摆放灯柱(图中未染色的小圆)时,每块方砖均会被两个灯照亮.

因此,为了满足题目要求,至少需要

$$2l=2(n+1)\left[\frac{m+1}{2}\right]$$

个灯柱.

▶ **例 3** 在城市中心有一个由 1×1 的方砖铺成的 $n\times n$ 的正方形广场.为了照亮整个广场,需要安装一些恰有一个照明灯的灯柱.灯柱只能安装在方砖的角上,包括广场边界方砖的角上.灯柱上的照明灯恰只能照亮这个角四周所临的方砖.最少安装多少个灯柱,使得即便有一个照明灯损坏也能照亮整个广场?

(2017 年第 67 届白俄罗斯数学奥林匹克竞赛,决赛,C 类)

解

若 n 为奇数,即 $n=2k+1$,则问题等价于例 2,所需的最少灯柱数为

$$2(k+1)\left[\frac{n+1}{2}\right]=2\,(k+1)^2.$$

下面考虑 n 为偶数,即 $n=2k$ 的情况.

将广场中的一些方砖按图 1.9 的方式染成黑色.

考虑如图 1.10 染色的"角".易知,要想使角中的每块方砖均由两个灯照亮,则至少需要三个灯柱.若两块方砖有公共边或公共顶点,则称这两块砖是"相邻的".通过染色方式,知任意一个灯不能照亮不相邻的同色方砖.

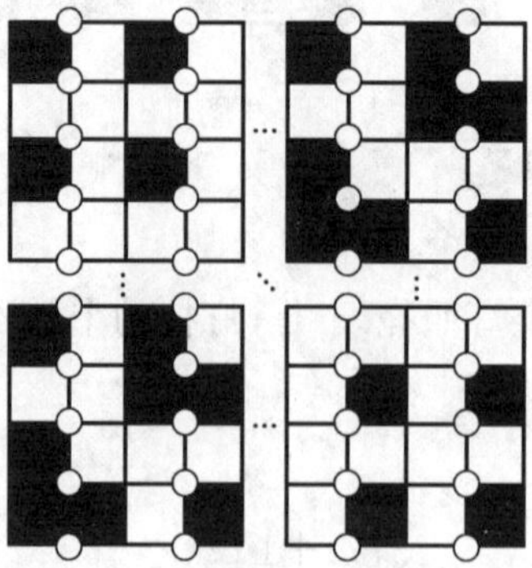

图 1.9

图 1.10

记 r 为染色“角”的个数,l 为单个的染色方砖数.则需要灯柱的最小值为 $3r+2l$.

因为 $r=k$,且 $l=k^2-k$,所以需要至少 $3r+2l=2k^2+k$ 个灯柱.

按图 1.9 的方式摆放灯柱(图中未染色的小圆),则每块方砖均将被两个灯照亮.

因此,为了满足题目的要求,当 $n=2k$ 时,至少需要 $2k^2+k$ 个灯柱.

▶ **例 4** 已知 R 为小于 2017 的正整数.一个正 2017 边形中恰有 R 个顶点为红色,其余为蓝色.证明:三个顶点颜色相同的等腰三角形的个数不依赖于蓝色和红色顶点的分布情况.

(2017 年克罗地亚数学竞赛,决赛,三年级)

证明

注意到,正 2017 边形的任意三个顶点组成的三角形均不为正三角形,这是因为若有一个为正三角形,则 2017 可被 3 整除,矛盾.

下面证明:端点是所给多边形顶点的每条线段恰属于三个不同的等腰三角形.

如图 1.11,考虑任意一条线段,其端点将多边形的外接圆划分为两段共包含 2015 个顶点的弧:一段弧包含奇数个顶点,另一段弧包含偶数个顶点.以所选线段为底边存在唯一的等腰三角形,此等腰三角形的第三个顶点是含奇数个顶点的弧的中点.类似地,恰有两个等腰三角形以所选线段为腰,其第三个顶点在较长的弧上有两种选择.

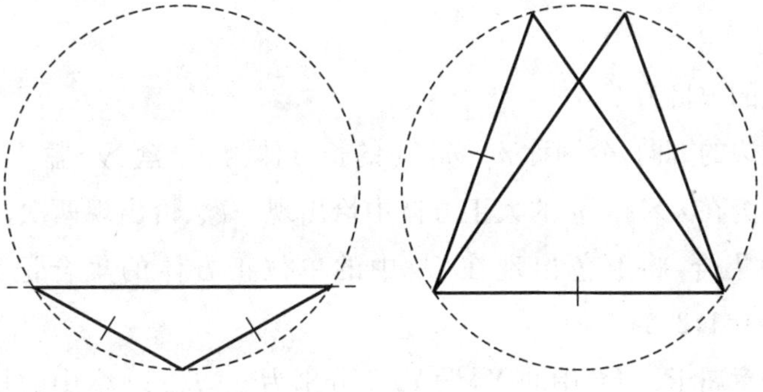

图 1.11

令蓝色点的个数为 B,则

$$B+R=2017.$$

令两端点颜色均为蓝色、均为红色、一蓝一红的线段数分别为 d_b、d_r、d_s，令顶点均为蓝色、均为红色、两蓝一红、两红一蓝的等腰三角形的个数分别为 t_b、t_r、t_{sb}、t_{sr}.

由每条线段属于三个等腰三角形知，

$$3d_b=3t_b+t_{sb},$$

$$3d_r=3t_r+t_{sr},$$

$$3d_s=2t_{sb}+2t_{sr}.$$

可化为

$$3d_b+3d_r-\frac{3}{2}d_s=3t_b+3t_r$$

$$\Rightarrow t_b+t_r=d_b+d_r-\frac{1}{2}d_s$$

$$=\frac{1}{2}(B(B-1)+R(R-1)-BR).$$

上式只与红色点、蓝色点的数量有关，与分布情况无关.

▶ **例 5** 已知正整数 $n\geqslant 2$.一个 $n\times n\times n$ 的正方体被分成 n^3 个单位正方体，每个单位正方体被染成一种颜色.对于每个 $n\times n\times 1$ 的长方体(三个可能方向中的每一个)，考虑出现在这个长方体中的颜色的集合(每种颜色只能出现一次)，得到 $3n$ 个颜色集合，并根据方向将其分成三组.对于任意一组中的每个颜色集合，也在另外两组中的每一组中均出现.求颜色数目的最大值(用 n 表示).

(2017 年第 58 届国际数学奥林匹克竞赛预选题)

解

设颜色的数目为 C.

据最短边的方向，分别称 $n\times n\times 1$ 的长方体为 x-盒、y-盒、z-盒，设 C_1、C_2、C_3 分别为在 $n\times n\times n$ 的大正方体中恰出现一次、恰出现两次、至少出现三次的颜色的集合，将颜色出现在 C_i 中的单位正方体的集合记为 M_i，且设 $n_i=|M_i|(i=1,2,3)$.

对于任意属于 x-盒中的 X，设 Y、Z 分别为 y-盒、z-盒中的长方体，使得 X、Y、Z 有相同颜色的集合.

先证明一个引理.

引理 $4|X\cap M_1|+|X\cap M_2|\leqslant 3n+1$.

证明 分两种情况.

(1) 若 $X\cap M_1\neq\varnothing$,则存在一个属于 $X\cap M_1$ 的单位正方体也在 Y、Z 中出现.于是,它属于 $X\cap Y\cap Z$.这表明,

$$X\cap M_1=X\cap Y\cap Z,$$

从而,$|X\cap M_1|=1$.

接下来,考虑 $X\cap M_2$ 中的单位正方体.

因为属于 $X\cap Y\cap Z$ 的单位正方体在 M_1 中,所以 $X\cap Y$ 或 $X\cap Z$ 中最多有 $2(n-1)$ 个 $X\cap M_2$ 中的单位正方体.

设 a 为属于 $X\cap M_2$ 的其他单位正方体.则存在唯一的不同于 a 的单位正方体 a' 与 a 的颜色相同,且 a' 属于 Y 和 Z,即 $a'\in Y\cap Z$,但 $a'\notin X\cap Y\cap Z$.

由 $a\to a'$ 为单射,知 a 的个数不超过 $|(Y\cap Z)\setminus X|=n-1$.

则 $|X\cap M_2|\leqslant 2(n-1)+(n-1)=3(n-1)$.

故 $4|X\cap M_1|+|X\cap M_2|\leqslant 4+3(n-1)=3n+1$.

(2) 若 $X\cap M_1=\varnothing$,则 $|X\cap M_1|=0$.

类似地,$X\cap Y$ 或 $X\cap Z$ 中最多有 $2n-1$ 个 $X\cap M_2$ 中的单位正方体,$X\cap M_2$ 中的其他单位正方体 a 对应着某个 $a'\in Y\cap Z$(可能 $a'\in X$),这样的 a' 最多有 n 个.

于是,$|X\cap M_2|\leqslant(2n-1)+n=3n-1$.

故 $4|X\cap M_1|+|X\cap M_2|\leqslant 3n-1<3n+1$.

引理得证.

对于所有的 x-盒 X,将引理中的不等式求和可得

$$4n_1+n_2\leqslant n(3n+1).$$

由 M_i 的定义知

$$n_i\geqslant i|C_i|\,(i=1,2,3),\ n_1+n_2+n_3=n^3,$$

则

$$\begin{aligned}C&\leqslant n_1+\frac{n_2}{2}+\frac{n_3}{3}=\frac{n_1+n_2+n_3}{3}+\frac{4n_1+n_2}{6}\\&\leqslant\frac{n^3}{3}+\frac{3n^2+n}{6}=\frac{n(n+1)(2n+1)}{6}.\end{aligned}$$

下面举例说明上述不等式的等号可以成立,从而

$$C_{\max}=\frac{n(n+1)(2n+1)}{6}.$$

记 n 个单独出现的颜色所在的单位正方体为

$$S_i=\{(i,i,i)\}(1\leqslant i\leqslant n),$$

$3C_n^2$ 个出现两次的颜色所在的单位正方体为

$$D_{i,j}^1=\{(i,j,j),(j,i,i)\},$$
$$D_{i,j}^2=\{(j,i,j),(i,j,i)\},$$
$$D_{i,j}^3=\{(j,j,i),(i,i,j)\},$$

其中，$1\leqslant i<j\leqslant n$；

$2C_n^3$ 个出现三次的颜色所在的单位正方体为

$$T_{i,j,k}=\{(i,j,k),(j,k,i),(k,i,j)\},$$

其中，$1\leqslant i<j<k\leqslant n$ 或 $1\leqslant i<k<j\leqslant n$.

因此，每个方向的第 i 个 $n\times n\times 1$ 的长方体包含同样的颜色集合，且颜色的数目为

$$n+3\times\frac{n(n-1)}{2}+2\times\frac{n(n-1)(n-2)}{6}=\frac{n(n+1)(2n+1)}{6}.$$

▶**例 6** 设 $m,n\in\mathbf{N}^*$.对于 $2m$ 行 $2n$ 列的网格，可以在其中一个格子里(除去左下角和右上角的格子)放入一块石子.现有一只蜗牛要在网格上进行一次旅行，它从左下角出发，每次沿水平或垂直网格线的方向爬行，每个格子恰经过一次，且不经过有石子的格子，最终爬到右上角的格子里.为了让蜗牛能完成旅行，石子可以放在哪些格子中？

(2018 年第 56 届荷兰国家队选拔考试，第一次)

解

将 $2m$ 行 $2n$ 列的网格进行标记，从下向上依次记为第 $1,2,\cdots,2m$ 行，从左向右依次记为第 $1,2,\cdots,2n$ 列.则蜗牛将从格子 $(1,1)$ 出发，爬到格子 $(2m,2n)$ 结束.

对于格子 (i,j)，若 $i+j$ 为偶数，则将此格子记为黑格，否则记为白格.由 $2m,2n$ 均为偶数，知黑格数等于白格数.

因为蜗牛开始、结束均在黑格，且爬行是在黑白格间交替进行，所以它爬过的黑格数比白格数多 1.故石子必须放在白格(即 $i+j$ 为奇数的格子 (i,j))中，以便蜗牛能完成旅行.

下面证明：若石子放在白格中，蜗牛总可以完成旅行.

设 $1\leqslant k\leqslant m,1\leqslant l\leqslant n$，使得石子位于第 $2k-1$ 行或第 $2k$ 行，且位于第 $2l-$

1 列或第 $2l$ 列.

让蜗牛在小于 $2k-1$ 的奇数行先一直向右爬行，再向上爬一格，这样蜗牛就在偶数行了.接着，在小于 $2k-1$ 的偶数行先一直向左爬行，再向上爬一格，使得蜗牛又回到奇数行.由此，蜗牛在格子 $(2k-1,1)$ 中.

从这里，蜗牛所在列小于 $2l-1$，让蜗牛按如下顺序在每个 2×2 的"块"中爬行：

左下格→左上格→右上格→右下格.

向右爬一格后，蜗牛进入下一个 2×2 块的左下格.这使蜗牛在格子 $(2k-1,2l-1)$ 中，因为 $2k-1+2l-1$ 是偶数，所以石子不在此格.

在这个 2×2 的块中，石子只能位于左上格或右下格.

若石子在左上格，蜗牛的移动顺序为：

左下格→右下格→右上格；

若石子在右下格，蜗牛的移动顺序为：

左下格→左上格→右上格.

这两种情况下，蜗牛最终均在 2×2 块的右上格.对第 $2k-1$ 行和第 $2k$ 行中其余的 2×2 块，蜗牛可按如下顺序爬过：

左上格→左下格→右下格→右上格.

把蜗牛放在格子 $(2k,2l)$ 中，通过重复步骤：

向上爬一格→一直向左爬→向上爬一格→一直向右爬，

蜗牛可爬到最终的格子 $(2m,2n)$，结束旅行.

综上，蜗牛能完成旅行，当且仅当将石子放在格子 (i,j)（$i+j$ 为奇数）中.

▶**例 7** 甲在 $n\times n$（$n\in\mathbf{N}^*$）的方格表中的每个格子里填数，使得每行中填的均为不同的数、每列中填的也均为不同的数.若乙擦掉了其中一些格子中的数，证明：甲可以在余下的格子中选择一些染成红色，使得这些格子满足以下条件：

(1) 同一行或同一列中没有两个红格子；

(2) 对于每一个既没有被擦掉数、也没有被染色的方格，要么可以在其所在的行中找到一个红格子，里面填着一个更大的数；要么可以在其所在的列中找到一个红格子，里面填着一个更小的数.

（2018 年德国数学奥林匹克竞赛，决赛）

证明

甲可以不断重复如下操作，将方格表中的格子染成黄、蓝、红色，从而找到符合要求的红格子.

行操作：当某行中没有被染成黄色的格子时，在该行所有剩余未被染色的格子中找出数最大的格子，将其染成黄色.

列操作：若在某些列中被染成黄色的格子不止一个，则在该列的黄格子中找出数最小的一个，并将其余黄格子改染成蓝色.

按照以上的方式进行操作时，蓝格子的数量显然是不会减少的，而方格总数有限，于是操作到某个时刻，一定无法继续进行列操作，将此时所剩的黄格子改染成红色.

下面证明此时得到的红格子即满足要求.

(i) 由行操作，知每行最多只有一个被染成黄色的格子.若到操作无法继续进行时，此行中仍有未被染色的格子，则此行中必有黄格子，将此黄格子改染成红色，那么此行中未被染色的格子中的数一定小于同行中红格子里的数；

(ii) 由列操作，知若一列中出现了黄格子，则此列不会全部变为蓝格子，而最后剩下的黄格子会改染成红色，这样所有蓝格子里的数一定大于同列中红格子里的数.

综上，甲一定可以找到若干满足要求的格子.

▶**例 8** 求最小的正整数 n，使得用三种颜色对 $1,2,\cdots,n$ 染色时，必定存在两个差为完全平方数的数同色.

(2018 年第 67 届捷克和斯洛伐克数学奥林匹克竞赛，决赛)

解

先证明：若用 A,B,C 三种不同颜色给数 $1,2,\cdots,29$ 染色，则存在两个差为完全平方数的数同色.

用反证法.

假设 $1,2,\cdots,29$ 中没有两个差为完全平方数的数同色.

设 $f(i)$ 表示数 $i(i\in\{1,2,\cdots,29\})$ 所染的颜色.

由 9,16,25 为完全平方数，知 1,10,26 染上了不同的颜色；类似地，1,17,26 也染上了不同的颜色，于是可得 10 与 17 同色，即 $f(10)=f(17)$.

类似地，$f(11)=f(18)$，$f(12)=f(19)$，$f(13)=f(20)$.

令 $f(10)=f(17)=A$.

因为 $11=10+1^2$，所以 $f(11)\neq f(10)$.

不妨设 $f(11)=f(18)=B$.

因为 $19=18+1^2=10+3^2$，

所以，$f(12)=f(19)=C$.

由 $20=19+1^2=11+3^2$，知 $f(13)=f(20)=A$.

从而，$f(13)=A=f(17)$，矛盾.

其次，若 $n\leqslant 28$，可按图 1.12 的方式进行染色.

易知，其中没有两个差为完全平方数的数同色.

综上，最小的正整数 $n=29$.

	1 B	2 C	3 A	4 C
5 A	6 B	7 C	8 B	9 C
10 A	11 B	12 C	13 B	14 C
15 A	16 B	17 A	18 B	19 C
20 A	21 B	22 A	23 B	24 C
25 A	26 C	27 A	28 B	

图 1.12

▶**例 9** 给定空间中的 6 个点，任意两点之间的距离不相同，且任意三点不共线.考虑以这些点为顶点构成的所有三角形.证明：其中必存在两个三角形，其中一个三角形的最长边恰为另一个三角形的最短边.

（2018 年德国数学竞赛，第一轮）

证明

因为这 6 个点中的任意两点均可连线，所以此图就构成了一个六阶完全图.对这个完全图，按下面的规则进行染色.

若对于每个包含这条边的三角形，该边均不是最长的，则将此边染上蓝色；若对于每个包含这条边的三角形，该边均不是最短的，则将此边染上红色.

用反证法.

假设对于任何一条边，均不可能同时既是一个三角形的最长边，又是另一个三角形的最短边.若一条边没有被染上蓝色，这表明，它必是某个三角形的最长边.据假设知，该边必不会是任何一个三角形的最短边.从而，它一定会被染上红色.类似地，若一条边没有被染上红色，则它一定会被染上蓝色.于是，这个完全图中的每条边均会被染上至少一种颜色.

由于六阶完全图进行二染色时必存在同色三角形，考虑该同色三角形，不妨设其三边均为蓝色，则此三角形的三边均不是其最长边，显然不可能，矛盾.

综上，假设不成立.

因此，证明了其中必存在两个三角形，使得其中一个三角形的最长边恰为另一个三角形的最短边.

▶例 10 在 $n\times n$(n 为正奇数)的方格表中,对将方格表划分为单位方格的 $2n(n+1)$ 条单位线段进行红、蓝染色.已知红色单位线段不多于 n 条.证明:在表格中,存在一个边界至少包含三条蓝色单位线段的格子.

(2018 年克罗地亚数学竞赛,决赛,高二年级)

证明

假设结论不成立,即不存在一个格子的边界由三条或四条蓝色单位线段构成.则每一个格子的边界至少有两条红色单位线段.

考虑数对 (p,r),其中 p 为格子,r 为与 p 相邻的红色单位线段.

下面用两种方法计算.

因为每一个格子的边界上至少有两条红色单位线段,所以至少有 $2n^2$ 个数对.

又方格表每一条边界上的单位线段属于一个格子,同时表内部的单位线段属于两个格子,从而可将数对 (p,r) 表示为 $V+2U$,其中 V 为方格表边界上红色单位线段的数目,U 为表内部红色单位线段的数目.

则

$$2n^2\leqslant 2U+V. \tag{1}$$

此外,由于其含有不超过 n^2 条红色单位线段,于是,

$$U+V\leqslant n^2. \tag{2}$$

由式(1)(2)解得 $V=0$,$U=n^2$.

从而,每个格子恰有两条红色单位线段,且所有的红色单位线段均在表内部(不在表边界上).

下面考虑黑白相间的方格表.

注意到,每一个白格子恰包含两条红色单位线段,且每条红色单位线段属于唯一确定的白格子.

则有 $2B$ 条红色单位线段,其中 B 为白格子的数目.

又恰有 n^2 条红色单位线段,且 n^2 为奇数,矛盾.

从而,假设不成立.

因此,某些格子至少包含三条蓝色单位线段.

▶例 11 设 $P_1,P_2,\cdots,P_{2n}$ 为单位圆 $x^2+y^2=1$ 上异于点 $(1,0)$ 的 $2n$ 个不同的点,其中恰有 n 个点被染成红色,另外 n 个点被染成蓝色.将红点依次记

为 $R_1, R_2, \cdots, R_n$.从 R_1 开始沿逆时针方向将距离最近的蓝点记为 B_1,并依次定义 $B_2, B_3, \cdots, B_n$.证明:逆时针方向从 R_i 到 B_i 且包含点(1,0)的弧的条数不依赖于选择红点顺序 $R_1, R_2, \cdots, R_n$ 的方式.

(2017 年第 46 届美国数学奥林匹克竞赛)

证明

从点(1,0)开始,沿逆时针方向将 $2n$ 个点依次记为 $P_1, P_2, \cdots, P_{2n}$.按顺序记下每个点的颜色,将每个 R_i 点记为 $+1$,每个 B_i 点记为 -1,于是得到 $+1$ 或 -1 的序列 $p_1, p_2, \cdots, p_{2n}$.考虑部分和 $p_1+p_2+\cdots+p_k$.选择 k,使得前 k 项的部分和尽可能小,若有几个部分和并列最小,则取最小的 k.

现顺时针旋转这些点,使得点 $P_1, P_2, \cdots, P_k$ 通过点(1,0),此时形成一个新的 $+1$ 和 -1 的序列,其中所有的部分和均为非负的,且总和为 0.

考虑旋转后图形中的任意一个红点,标记为 R_1.从 R_1 到 B_1 的弧不包含点(1,0),否则序列将以 $+1$ 的串结尾,此时在这些 $+1$ 之前的部分和是负的.此外,从 R_1 到 B_1 的序列应该为 $+1, +1, \cdots, +1, -1$,于是,移动 R_1 和 B_1 等价于移动连续的 $+1$ 和 -1 的数对.故部分和仍然非负.从而,下一个数对仍然没有通过点(1,0).因此,无论以哪一种方式标注圆上的红点,均不会有包含点(1,0)的从 R_i 到 B_i 的弧.

最后,注意到对于红点的任意顺序,在 $P_1, P_2, \cdots, P_k$ 中的蓝点均是与红点配对的.

因为在旋转之后的图形中没有对应的圆弧穿过点(1,0),所以在 $P_1, P_2, \cdots, P_k$ 中的这些红点与蓝点也是配对的.

设 $P_1, P_2, \cdots, P_k$ 中的蓝点与红点个数之差为 m.则可看出在 $P_1, P_2, \cdots, P_k$ 中恰有 m 个蓝点对应 $P_{k+1}, P_{k+2}, \cdots, P_{2n}$ 中的红点.故将圆旋转回初始的位置时,无论如何标注红点,均恰有 m 条弧会穿过点(1,0).由于 m 仅仅依赖于红点和蓝点的顺序,而与标注的方式无关,因此,原题得证.

▶ **例 12** 将边长为 $n(n\in \mathbf{N}^*)$ 的正三角形按图 1.13 的方式分割成若干边长为 1 的小正三角形.若图中某一个三角形的顶点均属于全体小正三角形的顶点集,且其边均沿图中的网格线方向,则称这个三角形为“子三角形”.

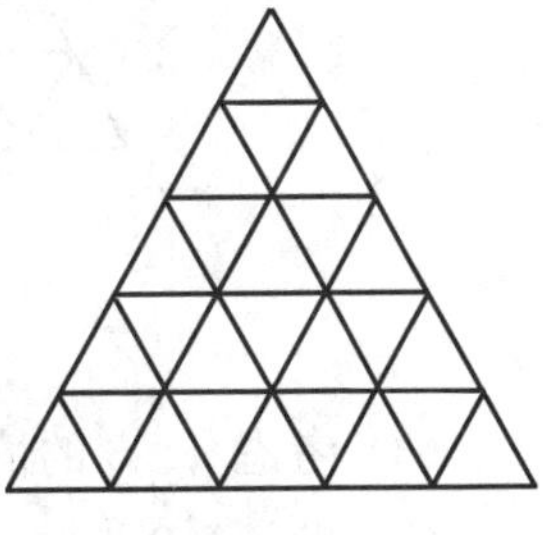

图 1.13

现要将每个小正三角形的顶点染为红色或蓝色,

使得不存在三顶点同色的子三角形.令 $f(n)$ 表示满足要求的不同染色方式的种数.求 $f(n)$.

(2017 年爱尔兰数学奥林匹克竞赛)

解

(1) 考虑 $n=1$ 的情况.

在全部 $2^3=8$ 种染色方式中,除三顶点同色的两种方式外均满足要求,故 $f(1)=6$.

(2) 考虑 $n=2$ 的情况.

如图 1.14,中间的小三角形的顶点共有 $f(1)=6$ 种染色方式,不妨设其顶点颜色如图中所示.

于是,顶点 1 必染红色.从而,顶点 2,3 的颜色共有

(蓝,红),(红,蓝),(蓝,蓝)

三种可能.

因此,所有可能的染色方式共 $6\times3=18$ 种,即 $f(2)=18$.

为便于讨论其余情况,先给出一个引理.

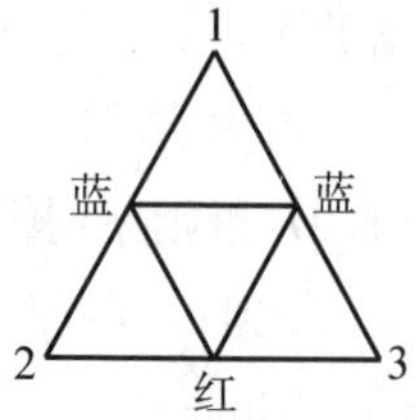

图 1.14

引理 在任意子三角形的任一条边上,不存在等距排列的三点被染成同一种颜色.

证明 假设存在某子三角形的某条边上等距排列的三点 X,Y,Z,它们被染成同一种颜色(不妨设为红色),如图 1.15.

考虑包含于上述子三角形的正$\triangle XZU$,并记线段 XU,ZU 的中点分别为 V,W,则$\triangle XZU$,$\triangle XYV$,$\triangle YZW$ 均为子三角形.故点 U,V,W 必染蓝色,即$\triangle UVW$ 的三顶点同色,矛盾.

引理得证.

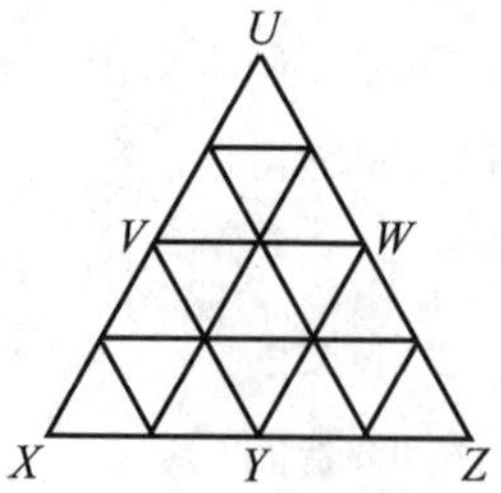

图 1.15

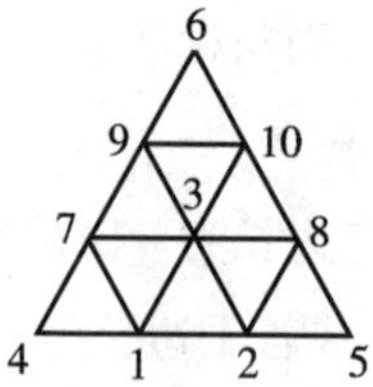

图 1.16

(3) 考虑 $n=3$ 的情况,如图 1.16.

(i) 若点 1、2 染同一种颜色(不妨设为蓝色),则点 3 必染红色.此外,由引理

知，点 4、5 均必染红色.故点 6 必染蓝色.

考虑点 7、8，它们不能染同一种颜色.事实上，若点 7、8 均染蓝色，则子三角形 678 的三顶点同色；若点 7、8 均染红色，则等距排列的三点 7、3、8 同色，与引理矛盾.于是，不妨假设点 7 染蓝色，点 8 染红色.此时，点 9 只能染红色，点 10 只能染蓝色.易验证这种染色方式符合要求.

因此，点 1、2 同色的情况下共有 4 种染色方式(点 1、2 的颜色共 2 种可能，点 7、8 的颜色共 2 种可能).类似地，点 7、9 同色的情况及点 8、10 同色的情况均分别有 4 种染色方式，且彼此之间没有重复，共计 12 种.

(ii) 剩余情况即点 1、2 不同色，点 7、9 不同色，点 8、10 也不同色.事实上，点 1、8、9 必染同一种颜色.若不然，不妨设点 1、8 不同色，则点 1、10 染同一种颜色，而点 2、8 均染另一种颜色，这样点 5 无论染何种颜色均会产生顶点同色的子三角形，矛盾.于是点 1、8、9 必同色(不妨设为蓝色).从而点 2、7、10 只能均染红色.此时，大三角形的顶点 6、4、5 共有 $f(1)=6$ 种染色方式，而中心点 3 共有 2 种染色方式(红色和蓝色).

因此，共 24 种染色方式(点 1、8、9 的染色共 2 种可能，大三角形 645 的顶点染色共 6 种可能，点 3 的染色共 2 种可能).

综上，$f(3)=12+24=36$.

(4) 考虑 $n=4$ 的情况.

如图 1.17，最中间的单位边长小正三角形的三个顶点不能同色，不妨假设其中两个顶点染蓝色，另一顶点染红色.则点 1 只能染红色.

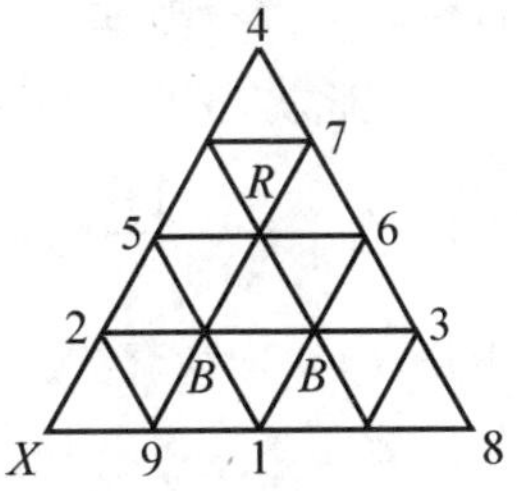

图 1.17

又由引理，知点 2、3 均只能染红色，从而，点 4 只能染蓝色.

现考虑点 5、6，它们不能染同一颜色.事实上，若点 5、6 均染蓝色，则三角形 456 三顶点同色；若点 5、6 均染红色，由于它们的中点已染红色，则与引理矛盾.不妨设点 5 染蓝色，点 6 染红色.因为点 3、6 均染红色，由引理知点 7、8 只能均染蓝色，所以点 9 只能染红色.

注意到，因为点 2、9 均染红色，点 4、8 均染蓝色，所以无论点 X 染何种颜色均会产生三顶点同色的子三角形(蓝色三角形 $X48$ 或红色三角形 $X29$).故满足要求的染色不存在，即 $f(4)=0$.

(5) 考虑 $n\geqslant 5(n\in \mathbf{N}^*)$的情况.

由于图中包含 $n=4$ 的图形，于是，由 $f(4)=0$ 知，对于 $n\geqslant 5(n\in \mathbf{N}^*)$，均有

$f(n)=0$.

综上可得：$f(1)=6$，$f(2)=18$，$f(3)=36$，$f(n)=0(n\geqslant 4,n\in \mathbf{N}^*)$.

▶**例 13** 设 n 为给定的大于 3 的正整数.在 $n\times n$ 的方格纸上不重叠地摆放如图 1.18 的纸片，使得方格纸上存在未被覆盖的从一个角上格子走到对角格子的路径，规定路径上相邻的格子必须具有公共边，用于覆盖的纸片可以旋转或对称翻转.问：最多可以摆放多少张纸片？

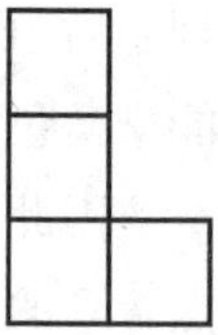

图 1.18

（2018 年爱沙尼亚国家队选拔考试）

解

易知，这条路径上至少要有 $n-1$ 次水平移动和 $n-1$ 次竖直移动.于是，至少要经过 $2n-1$ 个格子.从而，纸片至多覆盖 $(n-1)^2$ 个格子.

故当 n 为奇数时，至多摆放 $\frac{(n-1)^2}{4}$ 张纸片；当 n 为偶数时，至多摆放 $\frac{n^2-2n}{4}$ 张纸片.

当 $n\equiv 3(\bmod 4)$ 时，假设摆放了 $\frac{(n-1)^2}{4}$ 张纸片，则恰有 $2n-1$ 个格子剩下且构成了一条路径.

现将方格纸上的奇数行染成黑色，记 u、v 分别为被纸片覆盖的黑格数、白格数.由于 $\frac{(n-1)^2}{4}$ 为奇数，且每张纸片覆盖的两种颜色的格子数量必然为 1、3，于是，u、v 均为奇数.

若这条路径沿着方格纸的边缘（如图 1.19），则 u、v 均为偶数，矛盾.其他路径可以看作由该路径经过若干步如下变换得到：将路径上处于拐角处的格子替换到其右下方（如图 1.20）.

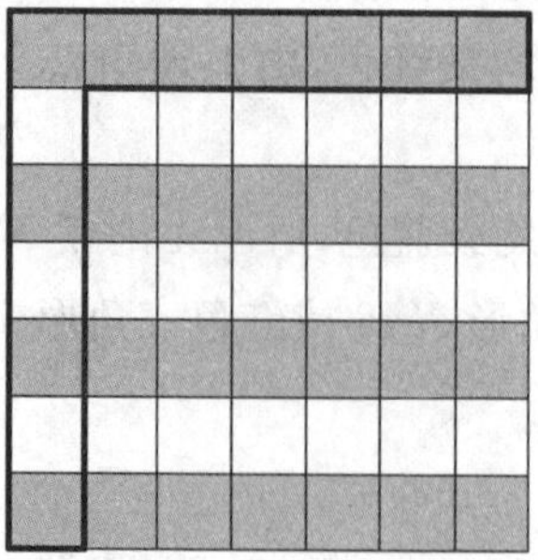

图 1.19

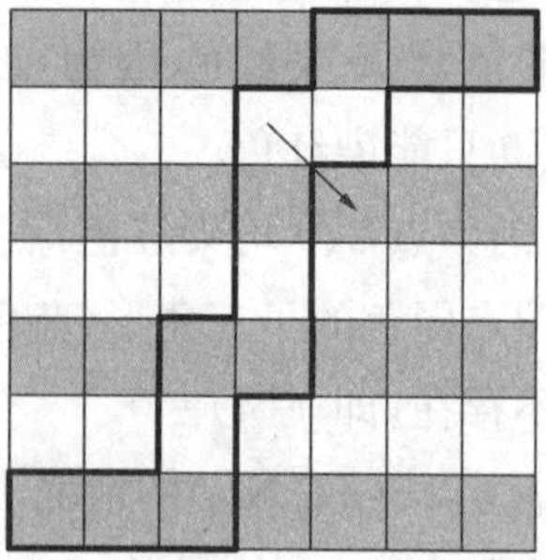

图 1.20

易知，每经过一步变换，路径上的黑格数、白格数的奇偶性就发生一次变化.

由于路径上方与下方分别被纸片完全覆盖，于是上述变换的步数为 4 的倍数.从而，路径上的黑格数、白格数的奇偶性与初始路径一样，也即 u、v 均为偶数，矛盾.

以图 1.21 的方式覆盖一个宽度为 2、外侧边长为 $n-1$ 的正方形带状区域，其内侧边长比外侧边长少 4；再以相同摆放方式，在其内部覆盖一个宽度为 2 的正方形带状区域；以此类推，直至最后剩下中心处一块 2×2 的区域，共用去纸片$\frac{(n-1)^2-4}{4}$张.

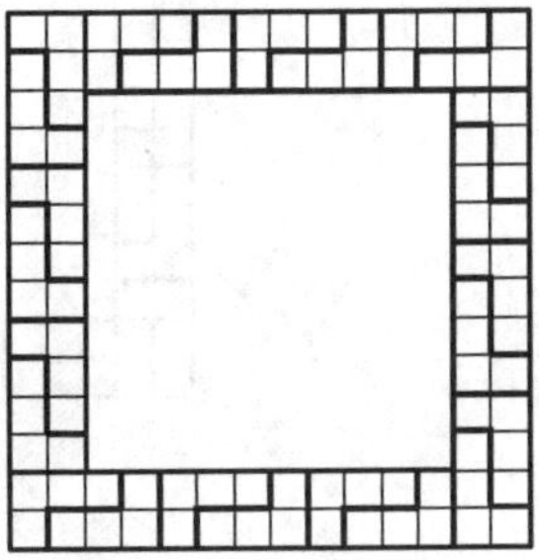

图 1.21

故当 $n\equiv3\pmod 4$ 时，最多可以摆放$\frac{(n-1)^2}{4}-1$张纸片.

当 $n\equiv1\pmod 4$ 时，以图 1.22 的方式可覆盖 $(n-1)\times(n-1)$ 的区域，共可以摆放$\frac{(n-1)^2}{4}$张纸片.

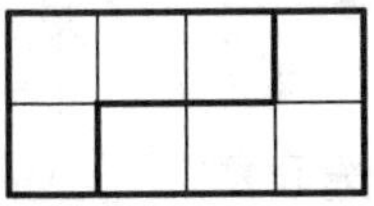

图 1.22

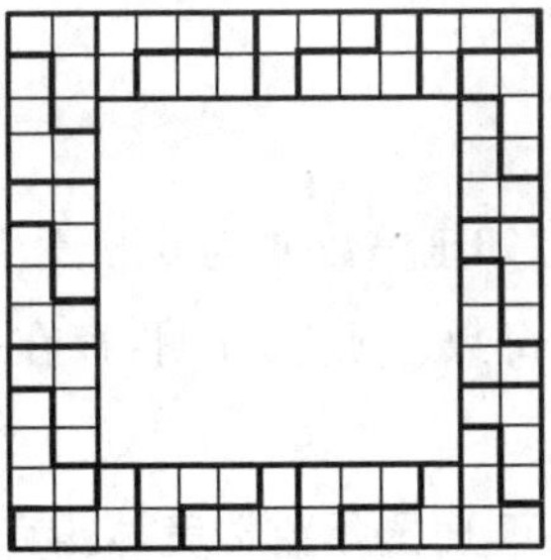

图 1.23

当 $n\equiv2\pmod 4$ 时，以图 1.23 的方式覆盖一个宽度为 2、外侧边长为 $n-1$ 的正方形带状区域；再以相同摆放方式，在其内部覆盖一个宽度为 2 的正方形带状区域；以此类推，直至最后剩下中心 1 个格子，共可以摆放$\frac{(n-1)^2-1}{4}=\frac{n^2-2n}{4}$张纸片.

当 $n\equiv0\pmod 4$ 时，以图 1.24 的方式覆盖一个宽度为 2、外侧边长为 $n-1$ 的正方形带状区域；再以相同摆放方式，在其内部覆盖一个宽度为 2 的正方形带状区域；以此类推，直至剩下中心处 3×3 的区域，再以图 1.25 的方式覆盖，共可以摆放$\frac{(n-1)^2-1}{4}=\frac{n^2-2n}{4}$张纸片.

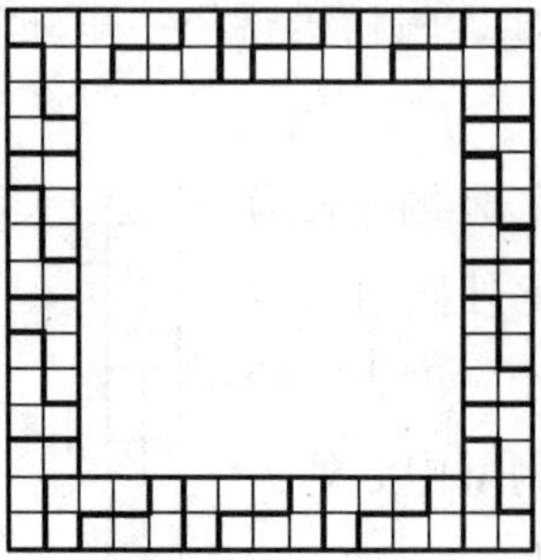

图 1.24

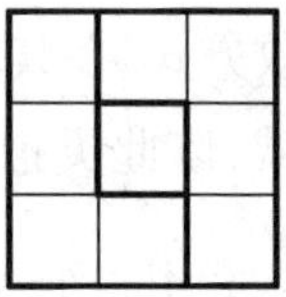

图 1.25

综上,当$n\equiv 3 \pmod 4$时,最多可以摆放$\frac{(n-1)^2}{4}-1$张纸片;当$n\equiv 1 \pmod 4$时,最多可以摆放$\frac{(n-1)^2}{4}$张纸片;当n为偶数时,最多可以摆放$\frac{n^2-2n}{4}$张纸片.

▶**例 14** 已知正整数n与6互素.用三种颜色染一个正n边形的顶点,使得每种颜色均有奇数个顶点.证明:存在一个等腰三角形,其三个顶点的颜色互不相同.

(2016年第57届国际数学奥林匹克竞赛预选题)

证明

对于$k=1,2,3$,设a_k为顶点恰包含k种颜色的等腰三角形的个数.用反证法.

若结论不成立,则$a_3=0$.设三种不同颜色顶点的个数分别为b,c,d.

下面计算$(\triangle,E)$的个数,其中$\triangle$表示一个等腰三角形,E为$\triangle$的一条边,且其两个端点不同色.

一方面,由于$a_3=0$,于是$(\triangle,E)$中的每个三角形恰包含两种颜色.每个这样的三角形有两条端点异色的边,从而$(\triangle,E)$的个数为$2a_2$.

另一方面,若任选两个不同色的顶点A,B,则包含顶点A,B的等腰三角形有三个,其中有两个等腰三角形的底均不为AB,一个等腰三角形的底为AB(这

是因为 n 是奇数).由于 $(n,3)=1$,故这三个等腰三角形互不相同.于是,每条这样的边 AB 均被计算了三次.从而,$(\triangle,E)$ 的个数为 $3(bc+cd+db)$.注意到 b,c,d 均为奇数,则 $3(bc+cd+db)$ 为奇数,与 $2a_2$ 为偶数矛盾.因此,$a_3\geqslant 1$.

▶**例 15** 给定正奇数 $n>1$.用三种颜色将正 n 边形的顶点染色,且每种颜色的顶点恰有奇数个.证明:存在一个等腰三角形,其三个顶点两两不同色.

(2017 年第 68 届罗马尼亚国家队选拔考试)

证明

用反证法.

假设不存在满足条件的等腰三角形.则任意一个等腰三角形,要么三个顶点同色,要么有两个顶点为一种颜色、第三个顶点为另一种颜色.

考虑二元组 (T,l) 的个数 s,其中 T 为等腰三角形,l 为 T 中两端点不同色的一条边.

一方面,对 T 计数.每个二元组 (T,l) 中的 T 均恰有两条端点不同色的边.每个等腰三角形 T 对应两个或零个二元组.故 s 为偶数.

另一方面,对 l 计数.因为每条端点不同色的边 l 恰在一个或三个等腰三角形中,对应一个或三个二元组,且每种颜色均有奇数个点,所以有奇数条端点不同色的边.故 s 为奇数,矛盾.

因此,原命题得证.

1.3 运用组合数

知识桥

根据组合数本身的计数定义(如组合、选排列、全排列、圆排列等),在处理较大数的计数问题时,有一部分计算可运用组合数的性质直接得出,这就省略了其中的一些步骤.这些组合数的定义和性质是组合学中最基本的定理,在高中数学乃至竞赛中一般也不再介绍更为高级的定理,所以充分运用这些定理,可以非常有效地解决计数问题.

训练营

▶**例 1** 若集合 $A=\{0,1,2,3,4,5,6,7\}$,映射 $f:A\to A$ 满足:

(1) $i,j\in A,i\neq j$,则 $f(i)\neq f(j)$;

(2) $i,j\in A,i+j=7$,则 $f(i)+f(j)=7$,

求所有此种映射 f 的种数.

解

设 $A_0=\{0,7\},A_1=\{1,6\},A_2=\{2,5\},A_3=\{3,4\}$.由条件(2)知 A_i 的元素只能映射到 A_j 上($i,j=0,1,2,3$).将 A_i 映射到 A_j 上有 A_4^4 种不同方式,同时映射 f 与 A_j 中两元素的次序有关,故所求映射的种数为

$$\mathrm{A}_4^4\cdot 2^4=384.$$

▶**例 2** 在圆上标出 10 个点,以其中的某些点为顶点能构造出多少个不同的凸多边形(只有顶点全部相同时,才算相同的多边形)?

(1989 年第 7 届美国数学邀请赛)

解

对于正整数 k,$3\leqslant k\leqslant 10$,每选取 k 个点便可构成一个凸多边形,且点组不同时构成的多边形也不同.选取 k 个点有 C_{10}^k 种不同取法.

$$C_{10}^{3}+C_{10}^{4}+C_{10}^{5}+\cdots+C_{10}^{10}=2^{10}-C_{10}^{0}-C_{10}^{1}-C_{10}^{2}=968,$$

所以共可构成 968 个不同的凸多边形.

▶例 3 从 0,1,2,…,9 这 10 个数中取出 3 个数,使其和是不小于 10 的偶数.不同的取法共有多少种?

(1998 年中国高中数学联赛)

解

方法一 从 5 个偶数中取出 3 个数,共有 $C_5^3=10$ 种不同取法.从 5 个偶数中取 1 个数,并从 5 个奇数中取 2 个数组成三元数组,共有 $5C_5^2=50$ 种不同取法.所以和为偶数的不同取法共有 60 种.

在上述 60 种取法中,3 个数之和小于 10 的取法有{0,1,3},{0,1,5},{0,1,7},{0,2,4},{0,2,6},{0,3,5},{1,2,3},{1,2,5},{1,3,4},共 9 种.

综上可知,满足要求的不同取法共有 60−9=51 种.

方法二 考虑各种符合要求的三元数组.

(1) 含 9 的三元数组共 20 种(从余下 4 个奇数中取 1 个,从 5 个偶数中取 1 个);

(2) 不含 9 但含 8 的三元数组共 12 种;

(3) 不含 9,8 但含 7 的三元数组共 12 种,但其中{7,1,0}不合要求;

(4) 不含 9,8,7 但含 6 的三元数组有{6,5,3},{6,5,1},{6,4,2},{6,4,0}和{6,3,1},共 5 种;

(5) 不含 9,8,7,6 但含 5 的三元数组有{5,4,3},{5,4,1}和{5,3,2},共 3 种.

综上可知,满足要求的不同取法共有 20+12+11+5+3=51 种.

▶例 4 甲队有 $2m$ 人,乙队有 $3m$ 人.现自甲队抽出 $14-m$ 人,乙队抽出 $5m-11$ 人,参加游戏.问:甲、乙两队各有多少人?参加游戏的人有多少种不同选法?

(1962 年上海市高中数学竞赛)

解

抽出的人数必须满足下面的不等式组:

$$\begin{cases}0\leqslant 14-m\leqslant 2m,\\0\leqslant 5m-11\leqslant 3m,\\m\in\mathbf{N},\end{cases}$$

即

$$\begin{cases}\dfrac{14}{3}\leqslant m\leqslant 14,\\\dfrac{11}{5}\leqslant m\leqslant\dfrac{11}{2},\\m\in\mathbf{N}.\end{cases}$$

解得$\dfrac{14}{3}\leqslant m\leqslant\dfrac{11}{2}$，$m\in\mathbf{N}$，于是$m=5$.

故甲队有$2m=10$人，乙队有$3m=15$人.

自甲队抽出$14-m=9$人，有$C_{10}^{9}=10$种选法；

自乙队抽出$5m-11=14$人，有$C_{15}^{14}=15$种选法.

故参加游戏的人共有

$$C_{10}^{9}C_{15}^{14}=150$$

种不同的选法.

▶**例 5** 至少通过一个立方体的 3 条棱中点的平面共有多少个？

(1991 年日本数学奥林匹克竞赛)

解

立方体的 12 条棱的中点，任何 3 点都不共线.

其中每 3 点决定一个平面，不考虑重复的情况下有$C_{12}^{3}=220$个.但是，其中 4 点共面的有 21 个，6 点共面的有 4 个.因此重复计算的有

$$21\times(C_4^3-1)+4(C_6^3-1)=139(\text{个}).$$

所以，所求平面的总数为

$$220-139=81(\text{个}).$$

▶**例 6** 如图 1.26，大等边三角形的边长为 3，则以图中网格线为边界的平行四边形个数为$f(3)=15$.对于类似的一般情况，当三角形的边长为n($n\geqslant 3$，$n\in\mathbf{N}^*$)时，求平行四边形的个数$f(n)$.

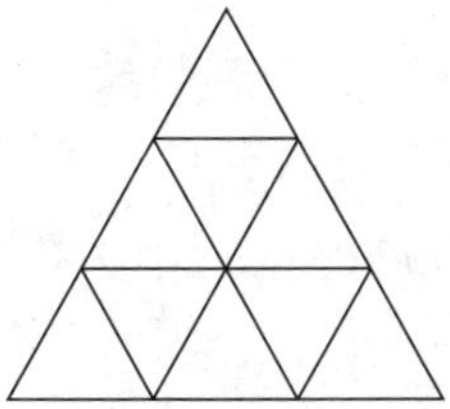

图 1.26

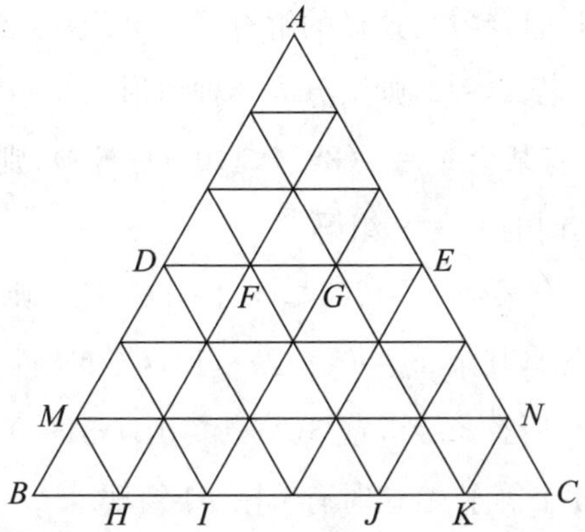

图 1.27

解

如图 1.27,设 $f(n)$对应的大三角形为 ABC,DE 是任一条平行于底边 BC 的格子线.若 DE 上有 k 个分点,在 DE 上任取两个分点 F,G,过这两点分别作平行于 AB 的直线,交底边 BC 于 H,I,得一平行四边形 $FGIH$.这个四边形的两组对边分别与 AB,BC 平行.同理,过 F,G 分别作 AC 的平行线,又可得另一平行四边形 $FGKJ$,因此,DE 上任何两点决定一对顶点分别在 BC 和 DE 上的平行四边形.因此,一对顶点在 DE 上,另一对顶点在 BC 上的平行四边形共有 $2C_k^2$ 个,底边在 BC 上的平行四边形共有

$$2(C_2^2+C_3^2+\cdots+C_{n-1}^2+C_n^2)=2C_{n+1}^3(\text{个}).$$

同理,底边在 MN 上的平行四边形有 $2C_n^3$ 个,以此类推,即得一组对边平行于 BC 的平行四边形的个数,为

$$2(C_3^3+C_4^3+\cdots+C_n^3+C_{n+1}^3)=2C_{n+2}^4(\text{个}).$$

类似地,一组对边平行于 AB 或一组对边平行于 AC 的平行四边形也分别有 $2C_{n+2}^4$ 个.注意到每一个平行四边形恰好计算了两次,所以

$$f(n)=2C_{n+2}^4\times 3\div 2=3C_{n+2}^4(\text{个}).$$

▶ **例 7** 方程 $2x_1+x_2+x_3+x_4+x_5+x_6+x_7+x_8+x_9+x_{10}=3$ 的非负整数解共有多少组?

解

因为 $0\leqslant 2x_1\leqslant 3$,且 x_1 为非负整数,所以 $x_1=0$ 或 1.下面分两种情形讨论.

(1) 若 $x_1=1$,则必有某个 $x_i=1(2\leqslant i\leqslant 10,i\in\mathbf{N}^*)$,其余 $x_j=0(2\leqslant j\leqslant$

$10, j\in\mathbf{N}^*$ 且 $j\neq i$)，这样的解有 $C_9^1=9$ 组.

(2) 若 $x_1=0$，则又分为 3 种情形.

(i) 有某个 $x_i=3(2\leqslant i\leqslant 10, i\in\mathbf{N}^*)$，则其余 $x_j=0(2\leqslant j\leqslant 10, j\in\mathbf{N}^*$ 且 $j\neq i)$，这时有 $C_9^1=9$ 组解.

(ii) 有某个 $x_i=2(2\leqslant i\leqslant 10, i\in\mathbf{N}^*)$，则必还有一个 $x_j=1(2\leqslant j\leqslant 10, j\in\mathbf{N}^*$ 且 $j\neq i)$，其余 $x_k=0(2\leqslant k\leqslant 10, k\in\mathbf{N}^*$ 且 $k\neq i, j)$，这时有 $C_9^1C_8^1=72$ 组解.

(iii) 所有 $x_i\neq 2$ 或 $3(2\leqslant i\leqslant 10, i\in\mathbf{N}^*)$，则 $x_2, x_3, \cdots, x_{10}$ 中必有 3 个等于 1，其余 6 个等于 0，这时有 $C_9^3=84$ 组解.

于是，原方程共有 $9+9+72+84=174$ 组解.

▶**例 8** 设 n 为正偶数，从整数 $1, 2, \cdots, n$ 中选取 4 个不同的数 a, b, c, d，满足

$$a+c=b+d.$$

证明：不同的选取方法(不考虑 a, b, c, d 的顺序)共有 $\dfrac{n(n-2)(2n-5)}{24}$ 种.

(1989 年澳大利亚数学奥林匹克竞赛)

证明

不妨设 $a>b>d$. 由

$$a+c=b+d,$$

得

$$d>c.$$

考虑从 $1, 2, \cdots, n$ 中选出 3 个数 $a>b>c$，且满足 $a+c-b\neq b$ 的选法. 从 n 个数中选 3 个数 $a>b>c$ 有 C_n^3 种选法，其中满足 $a+c-b=b$，即 $a+c=2b$ 的 a 和 c 同奇偶的选法有

$$2C_{\frac{n}{2}}^2=2\cdot\frac{\frac{n}{2}\left(\frac{n}{2}-1\right)}{2}=\frac{n}{2}\left(\frac{n}{2}-1\right)(\text{种}).$$

所以取出的三元数组

$$\{(a, b, c)\mid n\geqslant a>b>c\geqslant 1, a+c-b\neq b\}$$

共有

$$C_n^3-\frac{n}{2}\left(\frac{n}{2}-1\right)=\frac{n(n-2)(2n-5)}{12}(\text{种}).$$

上述每个三元数组 (a, b, c) 确定一个符合题目要求的四元数组 (a, b, c, d)，

只要 $d=a+c-b$ 即可.

因为 $d>c$，每个四元数组$\{a,b,c,d\}$出现两次(a,b,c)和(a,d,c)产生的四元数组，因此所求的种数为$\dfrac{n(n-2)(2n-5)}{24}$.

▶**例 9** 在掷硬币时，如果用 Z 表示正面朝上，用 F 表示反面朝上，那么掷硬币的序列就可以表示为由 Z 和 F 组成的序列.我们可以统计在这种序列中正面紧跟着反面(FZ)的出现次数，正面紧跟着正面(ZZ)的出现次数，如此等等.例如，序列

ZZFFZZZZFZZFFFF

是掷 15 次硬币的结果，其中有 5 个 ZZ，3 个 ZF，2 个 FZ 和 4 个 FF.问：在掷 15 次硬币的序列中，恰有 2 个 ZZ，3 个 ZF，4 个 FZ 和 5 个 FF 的序列共有多少个？

(1987 年第 4 届美国数学邀请赛)

解

显然，一个掷硬币的序列可以视为由 Z 段和 F 段相间组成.当从 Z 段进入 F 段时，分界处出现一个 ZF；当从 F 段进入 Z 段时，就出现一个 FZ.

由已知，序列中出现 4 个 FZ 和 3 个 ZF，因此这个序列必以 F 开头而以 Z 结尾，且共分为 8 段：

(F)(Z)(F)(Z)(F)(Z)(F)(Z)，

其中(F)和(Z)分别表示 F 段和 Z 段.

易见，相同字母的段中若有 $k>1$ 个字母，将分别产生 $k-1$ 个 ZZ 或 FF.既然序列中恰有 2 个 ZZ，故序列中必有 6 个 Z.4 个 Z 段中每段先排好 1 个 Z，然后把余下的 2 个 Z 排入 1 个或 2 个 Z 段中，不同的排法共有 $C_4^1+C_4^2=C_5^2=10$ 种.

因为序列共有 15 项，除去 6 个 Z，还有 9 个 F.把 9 个 F 分成 4 段，设 4 段中 F 的个数分别为 x_1,x_2,x_3,x_4，则有

$$x_1+x_2+x_3+x_4=9,$$

问题化为求这个不定方程的正整数解的组数.显然，它共有 $C_8^3=56$ 组解.

综上可知，满足题中要求的序列共有 560 个.

▶**例 10** 蜗牛要在由边长为 1 的方格构成的足够大的方格纸上沿着网格

线爬行长度为 $2n$ 的路程，路程的起点和终点是同一个指定的结点.求证：供它爬行的不同路线的条数是 $(C_{2n}^n)^2$.

(1960 年第 23 届莫斯科数学奥林匹克竞赛)

证明

方法一 将蜗牛所爬过的每个方格的一条边称为一段.由于蜗牛爬行的路线是封闭的，故知它向右爬行的段数与向左爬行的段数相等，向上和向下爬行的段数也相等，因此，它向上和向右爬行的总段数恰为 n，另外 n 段则是向下和向左爬行的路段.

我们首先从 $2n$ 段中选出 n 段作为向上和向右爬行的路段，然后在这 n 段中选出 k 段作为向上爬行的路段，余下的 $n-k$ 段便是向右爬行的路段.在另外的 n 段中，任选 k 段作为向下爬行的路段即可唯一确定一条路线.因此，蜗牛爬行的不同路线总数为

$$C_{2n}^n \cdot \sum_{k=0}^{n} C_n^k \cdot C_n^k = C_{2n}^n \cdot \sum_{k=0}^{n} C_n^k \cdot C_n^{n-k} = (C_{2n}^n)^2.$$

其中用到的组合恒等式

$$\sum_{k=0}^{n} C_n^k C_n^{n-k} = C_{2n}^n$$

是很容易证明的，因为左端 $C_n^k C_n^{n-k}$ 表示从 $2n$ 个元素中的前 n 个中取 k 个，后 n 个中取 $n-k$ 个的组合数，对 k 求和后所表示的当然是从 $2n$ 个元素中任取 n 个的组合数.

方法二 因为蜗牛向上爬行的段数与向下爬行的段数相等，向左爬行的段数和向右爬行的段数也相等，故知向右和向上爬行的段数为 n 段，向左和向下爬行的段数也为 n 段.前者共有 C_{2n}^n 种不同取法，后者也恰有 C_{2n}^n 种不同取法.两种取法各选一种就唯一确定一条路线(两次都选取的路段为向右爬行的路段，两次都未选取的路段为向左爬行的路段，第一次选取而第二次未取的路段是向上爬行的路段，第二次选取而第一次未取的路段是向下爬行的路段).从而可知蜗牛爬行的不同路线的总数为 $(C_{2n}^n)^2$.

点评

爬行路线问题与组合中的一些经典结果有关.大部分问题是按照“兵”的方式行进，但也有按照“马步”行进的.

▶**例 11** 把 20 个不加区别的小球全部放入编号为 1,2,3 的三个盒子中,要求每个盒内的球数不小于它的编号数.试问:共有多少种不同的放法?

解

方法一 不妨设编号为 1,2,3 的三个盒子中分别放入了 x_1,x_2,x_3 个小球,依题意,有

$$\begin{cases}x_1+x_2+x_3=20,\\1\leqslant x_1\leqslant 15,\\2\leqslant x_2\leqslant 16,\\3\leqslant x_3\leqslant 17,\end{cases}\tag{1}$$

问题转化为求不定方程(1)的解的个数.

当 $x_1=1$ 时,$x_2=2,3,\cdots,16$,这时 x_3 随之而定,共有 15 种放法.

当 $x_1=2$ 时,$x_2=2,3,\cdots,15$,这时 x_3 随之而定,共有 14 种放法.

……

当 $x_1=15$ 时,只有 $x_2=2,x_3=3$,仅有 1 种放法.

根据加法原理,符合要求的放法共有

$$N=15+14+\cdots+2+1=120(\text{种}).$$

方法二 对方程(1)做变换:

$$\begin{cases}y_1=x_1,\\y_2=x_1+x_2-1,\\y_3=x_1+x_2+x_3-3,\end{cases}\tag{2}$$

则 $$1\leqslant y_1<y_2<y_3=17,$$

这表明 y_1,y_2 是从$\{1,2,3,\cdots,16\}$中取出的两个数.由于该变换是一一对应,故方程(2)的解数就是从$\{1,2,3,\cdots,16\}$中取出 2 个数的组合数,得

$$N=C_{16}^{2}=120(\text{种}).$$

方法三 对方程(1)做变换:

$$\begin{cases}t_1=x_1,\\t_2=x_2-1,\\t_3=x_3-2,\end{cases}$$

问题转化为求不定方程 $t_1+t_2+t_3=17$ 的正整数解.可用加"隔板"的方法求解,答案为 120 种.

点评

本题应用等价转化的思想，把“投球”问题转化为求不定方程解的个数问题，并最终揭示出问题的实质是相异元素允许重复的组合. 用公式 $f(n,m)=C_{n+m-1}^{m}$ 可很快得到答案.

▶**例 12** 已知一个由 0 和 1 组成的数列 $x_1,x_2,\cdots,x_n$，A 为等于(0,1,0)或(1,0,1)的三元数组(x_i,x_j,x_k)的个数，其中 $1\leqslant i<j<k\leqslant n$. 对于 $1\leqslant i\leqslant n$，令 d_i 表示满足 $j<i$ 且 $x_j=x_i$，或 $j>i$ 且 $x_j\neq x_i$ 的 j 的个数.

(1) 求证：$A=C_n^3-C_{d_1}^2-C_{d_2}^2-\cdots-C_{d_n}^2$；

(2) 给定奇数 n，求 A 的最大值.

(1987 年第 16 届美国数学奥林匹克竞赛)

解

(1) 对于 $i=1,2,\cdots,n$，令

$$D_i=\{x_j\,|\,x_j=x_i,1\leqslant j<i,x_j\neq x_i,i<j\leqslant n\},$$

于是有 $|D_i|=d_i$. 在 D_i 中任取 2 个元素，加上 x_i 共 3 项，按下标从小到大的顺序排成三元数组，将所有这样数组的集合记为 S_i. 显然，$|S_i|=C_{d_i}^2$. 将所有不满足题中要求的三元数组的集合记为 T，则 $S_i\subseteq T$，$i=1,2,\cdots,n$. 实际上，若$(x_i,x_j,x_k)\in S_i$，则 $x_i\neq x_j=x_k$；若$(x_i,x_j,x_k)\in S_j$，则 $x_i=x_j\neq x_k$；若$(x_i,x_j,x_k)\in S_k$，则 $x_i=x_j=x_k$. 由此可知各 S_i 两两不交.

另一方面，T 中任意一个三元数组(x_i,x_j,x_k)必为下列 6 种情形之一：(0,0,1)，(1,1,0)，(0,1,1)，(1,0,0)，(0,0,0)，(1,1,1). 按定义，前两种情形属于 S_j，中间两种情形属于 S_i，后两种情形属于 S_k，故有 $T\subseteq\bigcup_{i=1}^{n}S_i$. 从而得到

$$T=\bigcup_{i=1}^{n}S_i.$$

由此即得

$$A=C_n^3-|T|=C_n^3-C_{d_1}^2-C_{d_2}^2-\cdots-C_{d_n}^2.$$

(2) 按 D_i 和 d_i 的定义，对任意一个二元数组(x_i,x_j)，$1\leqslant i<j\leqslant n$ 执行如下操作. 若 $x_i=x_j$，则 $x_i\in D_j$，并在 d_j 中计数一次；若 $x_i\neq x_j$，则 x_j 恰在 d_i 中计数一次. 由此可见，所有 d_i 之和恰为所有二元数组的个数，即有 $\sum\limits_{i=1}^{n}d_i=C_n^2$.

为求 A 的最大值，只须求 $\sum\limits_{i=1}^{n}\mathrm{C}_{d_i}^2$ 的最小值.由柯西不等式有

$$\left(\sum_{i=1}^{n} d_i\right)^2 \leqslant n\sum_{i=1}^{n} d_i^2, \tag{3}$$

所以有

$$\begin{aligned}\sum_{i=1}^{n}\mathrm{C}_{d_i}^2 &= \frac{1}{2}\sum_{i=1}^{n} d_i(d_i-1)=\frac{1}{2}\left(\sum_{i=1}^{n} d_i^2-\sum_{i=1}^{n} d_i\right)\\ &\geqslant \frac{1}{2}\left(\frac{1}{n}\left(\sum_{i=1}^{n} d_i\right)^2-\sum_{i=1}^{n} d_i\right)\\ &= \frac{1}{2}\sum_{i=1}^{n} d_i\left(\frac{1}{n}\sum_{i=1}^{n} d_i-1\right)\\ &= \frac{1}{8}n(n-1)(n-3).\end{aligned} \tag{4}$$

因为 $n=2k+1$，所以 $n-1=2k$，$n-3=2k-2$，$\frac{1}{8}n(n-1)(n-3)=\frac{1}{2}nk(k-1)=n\mathrm{C}_k^2$.代入式(4)即得

$$\sum_{i=1}^{n}\mathrm{C}_{d_i}^2 \geqslant n\mathrm{C}_k^2. \tag{5}$$

由式(3)知，当且仅当 $d_1=d_2=\cdots=d_n=\frac{1}{2}(n-1)$ 时，式(5)中等号成立.容易验证，当数列中奇数项均为 0 而偶数项均为 1 时，所有 d_i 都相等，这表明式(5)右端所表示的最小值是可以取得的.从而知 A 的最大值为

$$\begin{aligned}\mathrm{C}_n^3-n\mathrm{C}_k^2 &= \frac{1}{6}n(n-1)(n-2)-\frac{1}{8}n(n-1)(n-3)\\ &= \frac{1}{24}n(n^2-1).\end{aligned}$$

▶**例 13** 从给定的 6 种不同颜色中选用若干种颜色，将一个正方体的 6 个面涂色，每面涂一种颜色，每两个有公共棱的相邻面都涂有不同的颜色.问：不同的涂色方案共有多少种？（如果两个涂色正方体中的一个经若干次翻转，可以使两个正方体的涂色情形完全一致，则认为两者原来的涂色方案是同一种.）

（1996 年中国高中数学联赛）

解

方法一 (1) 使用 6 种颜色时，可使涂第一种颜色的面向上，从侧面的 4 种

颜色中选定一种涂前面，于是不同的涂色方案种数为

$$6!\div6\div4=30.$$

(2) 使用5种颜色时，从6色中选5色，5色中选定1色涂相对两面，不妨设为上面和下面，然后从另4色中选定一种涂前面，于是后面可涂另3色之一.余下2色涂左右两面，可以经翻转互换，所以不同涂色方案的种数为

$$C_6^5C_5^1\times3=6\times5\times3=90.$$

(3) 使用4种颜色时，从6色中选4色，4色中选2色各涂相对两面，不同涂色方案的种数为

$$C_6^4C_4^2=15\times6=90.$$

(4) 使用3种颜色的不同涂色方案种数为 $C_6^3=20$.

综上可知，不同涂色方案的种数为 $30+90+90+20=230$.

方法二 (1) 使用6种颜色时，总可以使涂第一种颜色的面朝下，并从另外5种颜色中任选1种涂上面，有5种选法；从其余4色中指定一种涂后面，并从另3色中任选一种涂前面，有3种选法；余下2种涂左右两面，有2种选法.由乘法原理知，共有 $5\times3\times2=30$ 种选法.

(2) 使用5种颜色时，恰有一种颜色涂在两个面上.显然，这一定是相对的两面，可设为上下两面，有6种选法.5色中选用4种各涂一面，选4色有5种选法，4色中指定一种涂后面，另选3种中的一种涂前面，有3种选法.余下两种涂左右两面，可进行互换.共有 $6\times5\times3=90$ 种选法.

(3) 使用4种颜色时，恰有2种颜色分别涂在两组相对面上.而由对称性知，另2种颜色的涂法只有一种，所以不同选法共有 $C_6^4C_4^2=90$ 种.

(4) 使用3种颜色时，由对称性知共有 $C_6^3=20$ 种选法.

综上可知，满足题中要求的不同涂色方案共有 $30+90+90+20=230$ 种.

点评

对于旋转、对称和翻转视作同一情形的计数问题，解答起来一般比较困难，甚至会涉及群论背景.在奥数中，往往出现涉及数量较少的此类计数问题.

▶**例 14** (1) 正六边形的中心和顶点共7个点，以其中3个点为顶点的三角形共有多少个？

(2) 四面体的一个顶点为 A，从其他顶点和各棱的中点中取3个点，使它们和点 A 在同一个平面中，有多少种不同的取法？

(3) 四面体的顶点和各棱中点共 10 个点,在其中取 4 个不共面的点,有多少种不同的取法?

(4) 由 104 条直线:

$$l_1: x+y-1=0,$$
$$l_2: 2x+y-2=0,$$
$$\cdots$$
$$l_{100}: 100x+y-100=0,$$
$$l_{101}: 100x+200y-100=0,$$
$$l_{102}: 50x+100y-7=0,$$
$$l_{103}: 4x+8y-3=0,$$
$$l_{104}: x+2y+1=0$$

所组成的图形中,同旁内角共有多少对?

解

(1) 这是从 7 个不同元素中每次取出 3 个元素的组合问题,但要考虑 3 点在一条直线上的特殊情况.

不考虑 3 点在一条直线上的 3 个点的组合有 C_7^3 种,而 3 点在一条直线上的有 3 种,故符合条件的三角形共有

$$C_7^3-3=32(\text{个}).$$

(2) 如图 1.28,含顶点 A 的四面体的 3 个面上,除点 A 外都有 5 个点,从中取出 3 点必与点 A 共面,共有 $3C_5^3$ 种取法.

含顶点 A 的三条棱上各有 3 个点,它们与所对棱的中点共面,共有 3 种取法.根据加法原理,与顶点 A 共面的 3 个点的取法有

$$3C_5^3+3=33(\text{种}).$$

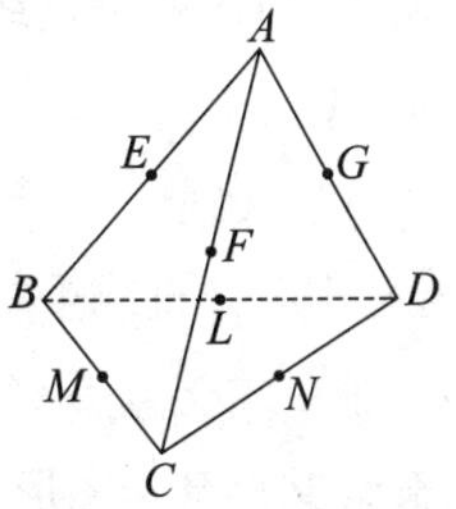

图 1.28

(3) 从 10 个点中取 4 个点的取法有 C_{10}^4 种,除去四点共面的取法种数可以得到结果.

从四面体同一个面上的 6 个点中取出的 4 个点必定共面,有 $4C_6^4=60$(种).

四面体的每一条棱上的 3 个点与对棱中点共面,共有 6 种情形.

四面体每一条棱所在的两个面上,不在该棱上的 4 个中点共面,共有 3 种情形.

故 4 点不共面的取法有

$$C_{10}^{4}-(60+6+3)=141(\text{种}).$$

(4) 如图 1.29 所示，所给的 104 条直线中，前 101 条均过定点(1,0)，后 4 条则互相平行.这当中有 103 条直线可以作为“三线八角”基本图形的截线，而直线 l_{101} 上只有一个交点，不能作为基本图形的截线.

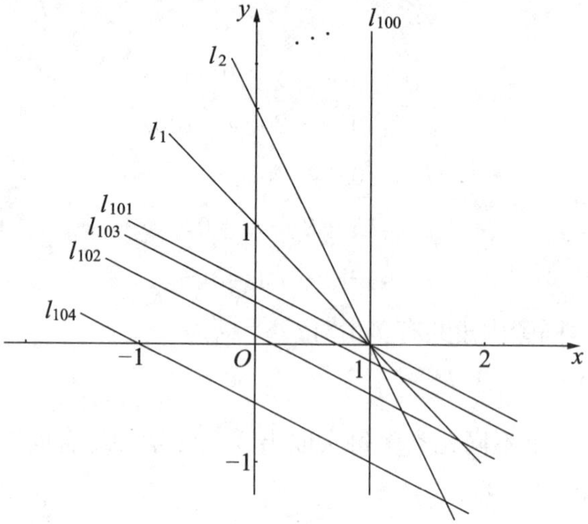

图 1.29

① 当后 3 条直线作为截线时，由于每一条上都有 100 个交点，任取其中的两点(对应两条直线)共可组成 C_{100}^{2} 个基本图形，3 条平行线的截线共得基本图形 $3C_{100}^{2}$ 个.

② 当前 100 条直线作为截线时，每一条上都有 3 个单重交点、1 个多重交点(有 100 条直线重复相交于(1,0)).以单重交点为截点时，有 C_{3}^{2} 个基本图形；以一个单重交点、一个多重交点为截点时，有 $C_{3}^{1}C_{100}^{1}$ 个基本图形.100 条共点线作为截线共得基本图形 $100(C_{3}^{1}C_{100}^{1}+C_{3}^{2})$ 个.

由于每个基本图形都有 2 对同旁内角，两项合计，得同旁内角

$$2\times(100(C_{3}^{1}C_{100}^{1}+C_{3}^{2})+3C_{100}^{2})=2\times(30\,300+14\,850)=90\,300(\text{对}).$$

1.4 容斥原理

知识桥

在计数时，必须注意无一重复，无一遗漏.为了使重叠部分不被重复计算，人们研究出一种新的计数方法，这种方法的基本思想是：先不考虑重叠的情况，把包含于某内容中的所有对象的数目计算出来，然后再把计数时重复计算的数目排斥出去，使得计算的结果既无遗漏又无重复.这种计数的方法称为容斥原理.

容斥原理 记 S 为 n 个物体所组成的集合，$P_1,P_2,\cdots,P_m$ 为 m 个性质.对于 S 中的每个物体 x 与每个性质 P_i，x 要么具有性质 P_i，要么不具有性质 P_i.又记 $f(i,j,\cdots,k)$ 为 S 中具有性质 $P_i,P_j,\cdots,P_k$（也可能具有其他性质）的物体的个数.那么 S 中不具有性质 $P_1,P_2,\cdots,P_m$ 的物体的个数为

$$n-\sum_{1\leqslant i\leqslant m}f(i)+\sum_{1\leqslant i<j\leqslant m}f(i,j)-\sum_{1\leqslant i<j<l\leqslant m}f(i,j,l)+\cdots+(-1)^m f(1,2,\cdots,m).$$

训练营

▶**例 1** 有数量足够多的三棱长为 2,3,5 的长方体，放在一个棱长为 90 的正方体中，所有长方体同方向整齐排列，填满为止.求此时正方体的一条对角线所穿过的长方体的个数.

（1990 年日本数学奥林匹克竞赛）

解

将正方体的三棱分别分为 $\frac{90}{5},\frac{90}{3},\frac{90}{2}$ 等分，即作 18,30,45 等分，则正方体被分为

$$\frac{90^3}{2\times3\times5}=24\ 300$$

个 $2\times3\times5$ 的长方体.

此时正方体一条对角线穿过长方体的个数为

$$\left(\frac{90}{5}-1\right)+\left(\frac{90}{3}-1\right)+\left(\frac{90}{2}-1\right)-\left(\left(\frac{90}{5\times3}-1\right)+\left(\frac{90}{3\times2}-1\right)+\left(\frac{90}{5\times2}-1\right)\right)+\left(\frac{90}{2\times3\times5}-1\right)=65.$$

▶**例 2** 在不含数字 0,9 的所有 n 位自然数中,同时包括数字 1,2,3,4,5 的数有多少个?这里数字可重复,$n\geqslant5$.

解

记 I 为由 1,2,3,4,5,6,7,8 组成的 n 位数集,A_i 为 I 中不含数字 $i(i=1,2,\cdots,8)$ 的 n 位数集.

I 中不全含 1,2,3,4,5 的 n 位数集为 $\bigcup\limits_{i=1}^{5}A_i$,

$$\left|\bigcup_{i=1}^{5}A_i\right|=\sum_{i=1}^{5}|A_i|-\sum_{1\leqslant i<j\leqslant5}|A_iA_j|+\sum_{1\leqslant i<j<k\leqslant5}|A_iA_jA_k|-\sum_{1\leqslant i<j<k<l\leqslant5}|A_iA_jA_kA_l|+\left|\bigcap_{i=1}^{5}A_i\right|$$

$$=5\times7^n-C_5^2\times6^n+C_5^3\times5^n-C_5^4\times4^n+3^n.$$

故 I 中同时包括 1,2,3,4,5 的 n 位数共有 $8^n-5\times7^n+10\times6^n-10\times5^n+5\times4^n-3^n$ 个.

▶**例 3** 对于 $0\leqslant x\leqslant100$,求函数 $f(x)=[x]+[2x]+\left[\frac{5}{3}x\right]+[3x]+[4x]$所能取的不同整数值的个数.

(1988 年第 29 届国际数学奥林匹克竞赛预选题)

解

以 A_1,A_2,A_3,A_4,A_5 分别表示函数$[x]$,$[2x]$,$[3x]$,$[4x]$和$\left[\frac{5x}{3}\right]$的所有间断点的集合,则易知 $A_1\subseteq A_2\subseteq A_4$,且

$$A_3=\left\{\frac{n}{3}\,\middle|\,n=1,2,\cdots,300\right\},$$

$$A_4=\left\{\frac{n}{4}\,\middle|\,n=1,2,\cdots,400\right\},$$

$$A_5=\left\{\frac{3n}{5}\,\middle|\,n=1,2,\cdots,166\right\}.$$

由此可得

$$A_3 \cap A_4 = \{n \mid n = 1, 2, \cdots, 100\},$$

$$A_3 \cap A_5 = A_4 \cap A_5 = A_3 \cap A_4 \cap A_5 = \{3n \mid n = 1, 2, \cdots, 33\}.$$

由容斥原理知，$f(x)$的间断点的个数为

$$\begin{aligned}&|A_3| + |A_4| + |A_5| - |A_3 \cap A_4| - |A_3 \cap A_5| - \\&|A_4 \cap A_5| + |A_3 \cap A_4 \cap A_5| \\={}& 300 + 400 + 166 - 100 - 33 - 33 + 33 = 733.\end{aligned}$$

因此，$f(x)$所能取的不同整数值的个数为 733.

▶**例 4** 设 S 是所有满足下列条件的有理数 r 的集合：

(1) $0 < r < 1$；

(2) $r = 0.abc\,abc\,abc\cdots = 0.\dot{a}b\dot{c}$，其中 a, b, c 不一定互异.

问：当将 S 中的数 r 写成最简分数时，共有多少个不同的分子？

(1992 年第 10 届美国数学邀请赛)

解

因为 $0.\dot{a}b\dot{c} = \frac{abc}{999}$，又因 $999 = 3^3 \times 37$，所以当正整数 abc 既不能被 3 整除又不能被 37 整除时，$\frac{abc}{999}$就是最简分数，分子就是 abc.在从 1 到 999 这 999 个正整数中，能被 3 整除的共有$\frac{999}{3} = 333$ 个；能被 37 整除的共有$\frac{999}{37} = 27$ 个；能被 3×37 整除的共有 9 个，由容斥原理知，这样的不同分子共有 $999 - 333 - 27 + 9 = 648$ 个.

再考察上面排除掉的那些或是 3 的倍数或是 37 的倍数或二者都是的数中还有哪些可以作为最简分数的分子.

因为 $37^2 > 999$，所以凡是 37 倍数的 abc，与分母约去 37 之后不会再是 37 的倍数. 因此，凡是 37 的倍数都不能是最简分数的分子.

在 3 的倍数的 abc 中，下列 12 个数可以在约去 3^3 后化出新的分子：

$$81k,\ k = 1, 2, \cdots, 12,$$

它们与 999 约去 27 后，得到的最简分数分别为

$$\frac{3k}{37},\ k = 1, 2, \cdots, 12,$$

它们的分子分别为 3,6,9,…,36.它们都是 3 的倍数,当然与前面的不同.故满足要求的不同分子共有 660 个.

▶**例 5** 由数字 1,2,3 组成的 n 位数中,1,2,3 的每一个至少出现一次.问:这样的 n 位数有多少个?

(1983 年匈牙利数学奥林匹克竞赛)

解

若不要求在 n 位数中 1,2,3 三个数字至少出现一次,则由乘法原理,这种 n 位数有 3^n 个.为满足本题要求,需从中除去下面两种情形.

(1) 仅由 1,2,3 中的两个数字组成的 n 位数.考虑由 1,2 组成的 n 位数,若不要求 n 位数中 1,2 皆出现,则共有 2^n 个,而仅由 1 组成的是 11…1 这个 n 位数,仅由 2 组成的是 22…2 这个 n 位数,除去这两个后,由 1 与 2 组成的 1 与 2 都用上的 n 位数有 2^n-2 个.对于由 2 与 3 共同组成的 n 位数和由 1 与 3 共同组成的 n 位数,也各有 2^n-2 个,所以一共是 $3(2^n-2)$个.

(2) 由 1,2,3 中一个数字组成的 n 位数有 3 个,它们是 11…1,22…2,33…3.

综上可知,由数字 1,2,3 组成的 n 位数,1,2,3 的每一个至少出现一次时,总共有

$$3^n-3(2^n-2)-3=3^n-3\times2^n+3(\text{个}).$$

点评

本题可用容斥原理推广为:

若 n 位数的数字只有 $1,2,\cdots,k$,且每个数字至少出现一次,这样的 n 位数的个数为

$$k^n-C_k^1(k-1)^n+C_k^2(k-2)^n-\cdots+(-1)^{k-1}C_k^{k-1}.$$

当 $n=k$ 时,这个 n 位数成了 $1,2,\cdots,n$ 的全排列,有 $n!$ 个这种 n 位数:

$$n!=n^n-C_n^1(n-1)^n+C_n^2(n-2)^n-\cdots+(-1)^{n-1}C_n^{n-1}.$$

▶**例 6** 将正四面体的每条棱 5 等分,过每个分点作两个平面,使两者分别平行于四面体中不过该点的两个侧面.问:这些平面将四面体分成多少部分?

(1994 年中国国家集训队测验题)

解

(1) 首先考察将四面体的每条棱 2 等分并按题中要求作平面后的情形.易见,这时得到 4 个四面体和 1 个八面体,共 5 个部分.

(2) 再考察将四面体的每条棱 3 等分并按题中要求作平面后的情形.这时,把底层去掉,就得到 1 个每条棱都 2 等分的正四面体,我们称之为“削底四面体”.对每个侧面都这样做之后,共得到 4 个削底四面体.由(1)知每个削底四面体都被分成 5 个部分,共有 20 个部分.

另一方面,每 2 个削底四面体之交恰为 1 个小四面体,故上述 20 个部分中有 6 个小四面体各被计数两次,于是不重复的部分共有 14 个.

此外,原四面体去掉 4 个削底四面体之后,还余下 1 个小四面体,即以原四面体 4 个侧面的中心为顶点的四面体.从而知四面体被分成了 15 个部分.

(3) 然后考察将四面体的每条棱 4 等分并按题中要求作平面后的情形,仍然将去掉底层后所得的四面体称为削底四面体.由(2)知,每个削底四面体都被分成了 15 个部分.同时,每 2 个削底四面体之交是一个 2 层的四面体,每 3 个削底四面体之交是一个小四面体,故由容斥原理可得,四面体被分成 $15\times4-5\times6+4=34$ 个部分.

(4) 最后考察将四面体的每条棱 5 等分并按题中要求作平面后的情形.这时,每个削底四面体的棱都被 4 等分,每 2 个削底四面体之交是一个 3 层的四面体,每 3 个削底四面体之交是一个 2 层的四面体,每 4 个削底四面体之交是一个小四面体.于是由容斥原理便得,四面体被分成 $34\times4-15\times6+5\times4-1=65$ 个部分.

点评

本题较为复杂,如果思路不清就难以理出头绪.容斥原理尽管形式复杂,但却是用代数复杂性取代组合复杂性的有效工具.

▶**例 7** 求满足 $[a,b,c]=20\,000$, $(a,b,c)=20$ 的所有正整数三元数组 $\{a,b,c\}$ 的种数.

(1992 年中国天津市代表队测验题)

解

方法一 因为 $20\,000=2^5\times5^4$, $20=2^2\times5$,故可设

$$a=2^{a_1}5^{a_2},\ b=2^{b_1}5^{b_2},\ c=2^{c_1}5^{c_2},$$

其中指数满足关系式 $2\leqslant a_1,b_1,c_1\leqslant 5, 1\leqslant a_2,b_2,c_2\leqslant 4$.可见,$(a_1,a_2),(b_1,b_2),(c_1,c_2)$都将取值于如下的集合:

$$V=\{(2,1),(2,2),(2,3),(2,4),(3,1),(3,2),(3,3),(3,4),(4,1),(4,2),(4,3),(4,4),(5,1),(5,2),(5,3),(5,4)\},$$

且使得

$$\min\{a_1,b_1,c_1\}=2,\ \max\{a_1,b_1,c_1\}=5,$$
$$\min\{a_2,b_2,c_2\}=1,\ \max\{a_2,b_2,c_2\}=4.$$

因为 n 个元素中取 k 个元素的有重复的组合数为 C_{n+k-1}^{k},故从 V 中取 3 个元素的有重复的组合数为 C_{18}^{3}.

当 4 个约束条件恰有 1 个不成立时,组合数为 C_{14}^{3};恰有两个不成立时,若两个条件同行,则组合数为 C_{10}^{3},若不同行,则组合数为 C_{11}^{3};恰有 3 个不成立时,组合数为 C_{8}^{3};4 个条件都不成立时,组合数为 C_{6}^{3}.于是由容斥原理知,所求的取法种数为

$$\mathrm{C}_{18}^{3}-4\mathrm{C}_{14}^{3}+4\mathrm{C}_{11}^{3}+2\mathrm{C}_{10}^{3}-4\mathrm{C}_{8}^{3}+\mathrm{C}_{6}^{3}=56.$$

方法二 令 $a'=\dfrac{a}{20},b'=\dfrac{b}{20},c'=\dfrac{c}{20}$,于是条件化为$(a',b',c')=1,[a',b',c']=1000$.再设

$$a'=2^{a_1}5^{a_2},\ b'=2^{b_1}5^{b_2},\ c'=2^{c_1}5^{c_2},$$

其中 $0\leqslant a_1,a_2,b_1,b_2,c_1,c_2\leqslant 3$,且满足

$$\min\{a_1,b_1,c_1\}=0,\ \max\{a_1,b_1,c_1\}=3,$$
$$\min\{a_2,b_2,c_2\}=0,\ \max\{a_2,b_2,c_2\}=3.$$

不妨设 $0\leqslant a_1\leqslant b_1\leqslant c_1\leqslant 3$.

(1) 当 $b_1=0$ 时,$a_1=b_1=0,c_1=3$.

(i) $\{a_2,b_2,c_2\}=\{0,1,3\}$或$\{0,2,3\}$,共有 6 种不同组合;

(ii) $\{a_2,b_2,c_2\}=\{0,0,3\}$或$\{0,3,3\}$,共有 4 种不同组合.

(2) 当 $b_1=3$ 时,与(1)类似,可得共有 10 种不同组合.

(3) 当 $b_1=1$ 时,$a_1=0,c_1=3$.

(i) $\{a_2,b_2,c_2\}=\{0,1,3\}$或$\{0,2,3\}$,共有 12 种不同组合;

(ii) $\{a_2,b_2,c_2\}=\{0,0,3\}$或$\{0,3,3\}$,共有 6 种不同组合.

(4) 当 $b_1=2$ 时,与(3)类似,可得共有 18 种不同组合.

综上可知,所有满足要求的不同三元数组共有 56 种.

▶**例 8** 设 S 是复平面上的单位圆周(即模等于 1 的所有复数的集合),f 是由 S 到 S 的映射.对于任何 $z\in S$,定义

$$f^{(1)}(z)=f(z),\ f^{(2)}(z)=f(f^{(1)}(z)),\cdots,$$
$$f^{(k+1)}(z)=f(f^{(k)}(z)),\ k=2,3,\cdots.$$

如果 $c\in S$,使得

$$f^{(1)}(c)\neq c,\cdots,f^{(n-1)}(c)\neq c,\ f^{n}(c)=c,$$

则称 c 是 f 的 n_周期点.设 m 是大于 1 的自然数,f 的定义如下:

$$f(z)=z^{m},\ z\in S.$$

试求 f 的 1989_周期点的总数.

(1989 年第 4 届中国中学生数学冬令营)

解

我们把 f 的所有 1989_周期点的集合记为 T,并令 $B_j=\{z\in S\mid f^{(j)}(z)=z\}$, $j=1,2,\cdots$.

(1) 若 $z_0\in S$ 是 $f^{(n)}$ 的不动点,即 $f^{(n)}(z_0)=z_0$,且 z_0 是 f 的 h_周期点,则设

$$n=ph+q,\ 0\leqslant q<h,$$

于是

$$z_0=f^{(n)}(z_0)=f^{(q)}(f^{(ph)}(z_0))=f^{(q)}(z_0).$$

由于 $q<h$,又由 h_周期点的定义便知 $q=0$,即必有 $h\mid n$.

(2) 因为 $1989=3^2\times13\times17$,所以若 $z\in B_{1989}-T$,则 z 的周期 h 必是 1989 的真因数,因而 h 能整除 663,153,117 这 3 数之一,即有

$$T=B_{1989}-(B_{663}\cup B_{153}\cup B_{117}),$$
$$|T|=|B_{1989}|-|B_{663}\cup B_{153}\cup B_{117}|. \tag{1}$$

为了计算式(1)右端第 2 项,利用容斥原理得到

$$\begin{aligned}&|B_{663}\cup B_{153}\cup B_{117}|\\=&|B_{663}|+|B_{153}|+|B_{117}|-|B_{663}\cap B_{153}|-|B_{663}\cap B_{117}|-\\&|B_{153}\cap B_{117}|+|B_{663}\cap B_{153}\cap B_{117}|.\end{aligned} \tag{2}$$

(3) 设 $B_k\cap B_n=B_{(n,k)}$,其中(n,k)表示 n 与 k 的最大公因数.

由定义直接看出,当 $h\mid n$ 时,$B_h\subseteq B_n$,从而有 $B_{(n,k)}\subseteq B_n\cap B_k$.反之,若 $z_0\in B_n\cap B_k$,$n>k$,记 $n=pk+q$,$0\leqslant q<k$,则 $z_0\in B_q$,因而 $z_0\in B_k\cap B_q$, $q<k$.由此递推即可得到 $z_0\in B_{(n,k)}$.再由 $z_0\in B_n\cap B_k$ 的任意性,便知 $B_n\cap$

$B_k \subseteq B_{(n,k)}$.综上即得 $B_n \cap B_k = B_{(n,k)}$.

(4) 由(3)的结果可得

$$B_{663} \cap B_{153} = B_{51},\ B_{663} \cap B_{117} = B_{39},$$
$$B_{153} \cap B_{117} = B_9,\ B_{663} \cap B_{153} \cap B_{117} = B_3. \tag{3}$$

将式(3)代入式(2),便得

$$\begin{aligned}&|B_{663} \cup B_{153} \cup B_{117}|\\ =\ &|B_{663}|+|B_{153}|+|B_{117}|-|B_{51}|-|B_{39}|-|B_9|+|B_3|.\end{aligned} \tag{4}$$

(5) 由已知,

$$f^{(n)}(z) = z^{m^n},$$

可知 $z \in B_n$ 的充要条件是

$$z \in S,\ z = f^{(n)}(z) = z^{m^n},$$

即 z 是 m^n-1 次单位根.所以,$|B_n| = m^n - 1$.由此及式(4)和式(1)即得

$$|T| = m^{1989} - m^{663} - m^{153} - m^{117} + m^{51} + m^{39} + m^9 - m^3.$$

点评

本题构思十分奇巧,从表面上看与容斥原理并不相干.解这类问题对提高思维能力很有好处.

▶例 9 表达式 $(x+y+z)^{2006} + (x-y-z)^{2006}$ 经过展开和合并同类项后得以化简,在化简后的表达式中有多少项?

解

由多项式定理,有

$$\begin{aligned}&(x+y+z)^{2006} + (x-y-z)^{2006}\\ =\ &\sum_{a+b+c=2006}\binom{2006}{a,b,c}x^a y^b z^c + \sum_{a+b+c=2006}\binom{2006}{a,b,c}x^a(-y)^b(-z)^c\\ =\ &\sum_{a+b+c=2006}(1+(-1)^{b+c})\binom{2006}{a,b,c}x^a y^b z^c.\end{aligned}$$

项数是有序非负整数三数组 (a,b,c) 的个数,其中 $a+b+c=2006$,$b+c$ 是偶数(在 $(-1)^{b+c}=1$ 的情况下,有一个非零系数).为了使 $b+c$ 是偶数,a 必须是偶数.特别地,设 $a=2k$,于是有 $2006-2k+1$ 项(因为 b 可以从 0 取到 $2006-2k$).于是,总项数是

$$\sum_{k=0}^{1003}(2006-2k+1)=1004\times 2007-2\sum_{k=0}^{1003}k$$
$$=1004\times 2007-2\,\frac{1004\times 1003}{2}$$
$$=1004^2=1\,008\,016.$$

▶**例 10** 多项式 $1-x+x^2-x^3+\cdots+x^{16}-x^{17}$ 可改写成 $a_0+a_1y+a_2y^2+\cdots+a_{16}y^{16}+a_{17}y^{17}$ 的形式，其中 $y=x+1$，a_i 是常数，求 a_2 的值.

解

因为 $y=x+1$，所以 $x=y-1$. 代入原多项式，有

$$1-x+x^2-x^3+\cdots+x^{16}-x^{17}$$
$$=1-(y-1)+(y-1)^2-(y-1)^3+\cdots+(y-1)^{16}-(y-1)^{17}.$$

由二项式定理，我们知道 $(y-1)^n$ 中 y^2 的系数是 $(-1)^{n-2}C_n^2$，所以取自上面式子中的系数的和是

$$C_2^2+C_3^2+\cdots+C_{16}^2+C_{17}^2.$$

根据组合恒等式，上式可化简为 $C_{18}^3=816$，所以 $a_2=816$.

另外，我们可以观察到

$$1-x+x^2-x^3+\cdots+x^{16}-x^{17}=\frac{1-x^{18}}{1+x}=\frac{1-(y-1)^{18}}{y},$$

于是 y^2 的系数 a_2 就是 $1-(y-1)^{18}$ 中 y^3 的系数.利用二项式定理可得

$$a_2=-(-1)^{15}C_{18}^3=816.$$

▶**例 11** 对于一个由 n 个 0 和 n 个 1 组成的序列，考虑此序列中包含最多连续相同数字的段落的数目（如序列 00111001 有如下四个段落：00，111，00，1）.证明：对给定的 n，将所有序列对应的段落数目求和的结果为 $(n+1)C_{2n}^n$.

（2017 年第 66 届捷克和斯洛伐克数学奥林匹克竞赛，决赛）

证明

考虑题设的一个序列，（从左向右）数出它包含多少个含有最多连续相同数字的段落.当一个段落结束，即遇到一个不同的数字或达到序列最右端时，计数一次.则段落的个数就比所有与前一个数字不同的数字（段落在这一位置发生变化）的个数多 1.下面计数在一个给定位置下段落发生变化的序列个数，而不是计数不同数列中段落的个数.

共有 $2n-1$ 个可能会发生段落变化的位置(除了第一个位置外,所有其他位置均有可能).对于这一位置的数字有两种选择,而这唯一决定了它前面一位的数字.所有剩余的位置可被剩余的 $n-1$ 个 0 及 $n-1$ 个 1 任意填满.最终,在所有序列中得到 $2(2n-1)C_{2n-2}^{n-1}$ 个段落变化.由于在所有 C_{2n}^{n} 个序列中,段落数比段落变化数多 1,于是共得到段落数为

$$2(2n-1)C_{2n-2}^{n-1}+C_{2n}^{n}=nC_{2n}^{n}+C_{2n}^{n}=(n+1)C_{2n}^{n}.$$

1.5 母函数法

知识桥

母函数亦称生成函数，诞生于 18 世纪.利用母函数可以说是研究计数问题的一种重要方法，其基本思想很简单：为了获得一个数列

$$\{a_k \mid k \geqslant 0, k \in \mathbf{Z}\} = a_0, a_1, a_2, \cdots$$

的相关性质，我们用一个幂级数

$$g(x) = \sum_{k \geqslant 0} a_k x^k = a_0 + a_1 x + a_2 x^2 + \cdots$$

来整体表示这个数列，并称 $g(x)$ 是数列 $\{a_k \mid k \geqslant 0, k \in \mathbf{Z}\}$ 的母函数.于是对原数列的研究就转化成对母函数的研究.假如能够求得这个母函数，则不仅原则上已确定了原数列，还可以通过对此函数的运算和分析得到原数列的很多性质.

其实我们已经用过生成函数，例如对给定的 n，二项式系数的数列

$$\{\mathrm{C}_n^k \mid k \geqslant 0\} = \mathrm{C}_n^0, \mathrm{C}_n^1, \cdots, \mathrm{C}_n^n, 0, 0, \cdots$$

的母函数是 $\sum\limits_{k \geqslant 0} \mathrm{C}_n^k x^k = (1+x)^n$.我们利用母函数 $(1+x)^n$ 可以简便地推导出不少有关二项式系数的公式，其中有些公式如果从二项式系数的表达式本身出发来进行推导会非常麻烦.下面举几个利用母函数研究计数问题的具体例子.

训练营

▶**例 1** 一副牌有 32 张，其中红牌、蓝牌和绿牌各有 10 张，标号都是 1 到 10，另有两张是标号为 0 的不同丑角牌.从这副牌中选取若干张牌组成一手牌.如果这手牌中的某张牌标有数 k，那么这张牌的值就是 2^k，这手牌的值就是手中牌的值的和.值为 2004 的一手牌有多少种？

解

这是一个利用母函数容易解决的问题，即设

$$F(X) = (1+X)^3 (1+X^2)^3 (1+X^{2^2})^3 \cdots (1+X^{2^{10}})^3,$$

于是所求一手牌的种数是 $F(X)$ 中 X^{2004} 的系数.第一个因式对应于值为 2^0 的两

张丑角牌，其余的因式对应于标号为 $k(1\leqslant k\leqslant 10)$、值为 2^k 的三张牌.

容易看出，重复使用恒等式 $(1-a)(1+a)=1-a^2$，可得

$$(1-X)^3(1+X)F(X)=(1-X^{2^{11}})^3,$$

于是

$$F(X)=\frac{(1-X^{2^{11}})^3}{(1-X)^3(1+X)}.$$

用 1 代替分子不影响次数低于 $X^{2^{11}}=X^{2048}$ 的任何系数，所以只要求 $\frac{1}{(1-X)^3(1+X)}$ 中的 X^{2004} 的系数即可.

写成部分分式

$$\frac{1}{(1-X)^3(1+X)}=\frac{1}{2(1-X)^3}+\frac{1}{4(1-X)^2}+\frac{1}{8(1-X)}+\frac{1}{8(1+X)}.$$

由一般形式的二项式定理

$$(1+X)^\alpha=\sum_{n\geqslant 0}\mathrm{C}_\alpha^n X^n,$$

得

$$\frac{1}{(1-X)^3(1+X)}=\sum_{n\geqslant 0}\left(\frac{1}{2}\mathrm{C}_{n+2}^2+\frac{1}{4}\mathrm{C}_{n+1}^1+\frac{1}{8}+\frac{(-1)^n}{8}\right)X^n.$$

于是，可得共有

$$\frac{1}{2}\mathrm{C}_{2006}^2+\frac{2005}{4}+\frac{1}{8}+\frac{1}{8}=\frac{1}{2}\mathrm{C}_{2006}^2+\frac{2006}{4}=1003^2$$

种值为 2004 的一手牌.

▶**例 2**　对于非负整数集 S，设 $r_S(n)$ 表示有序数对 (s_1,s_2) 的个数，这里 $s_1,s_2\in S, s_1\neq s_2, n=s_1+s_2$.是否能将自然数分成两个集合 A 和 B，使得对一切 n，有 $r_A(n)=r_B(n)$？

解

这里使用母函数寻求分割方法.不失一般性，设 $0\in A$，并考虑集合 A 的母函数 $f(X)=\sum_{a\in A}X^a$，集合 B 的母函数 $g(X)=\sum_{b\in B}X^b$.

现在应该考虑当 $a_i\neq a_j$ 时，a_i+a_j 这类和.如果取 $f^2(X)$，那么这类和自然就出现了，即

$$f^2(X)=\sum_{a\in A}X^{2a}+2\sum_{n\in\mathbf{N}}r_A(n)X^n=f(X^2)+2\sum_{n\in\mathbf{N}}r_A(n)X^n.$$

类似地，有

$$g^2(X)=\sum_{b\in B}X^{2b}+2\sum_{n\in\mathbf{N}}r_B(n)X^n=g(X^2)+2\sum_{n\in\mathbf{N}}r_B(n)X^n.$$

于是,问题可叙述为应该有

$$f^2(X)-f(X^2)=g^2(X)-g(X^2).$$

上式可改写为

$$f^2(X)-g^2(X)=f(X^2)-g(X^2),$$

或

$$(f(X)-g(X))(f(X)+g(X))=f(X^2)-g(X^2).$$

因为 A 和 B 构成自然数的一个分割,所以

$$f(X)+g(X)=\sum_{n\in\mathbf{N}}X^n=\frac{1}{1-X}.$$

于是,如果设 $h(X)=f(X)-g(X)$,那么有

$$h(X)=(1-X)h(X^2).$$

不断迭代这一过程,求出

$$h(X)=\prod_{i=1}^{n}(1-X^{2^i})h(X^{2^n}).$$

如果 $|X|$ 很小(通常只要 $|X|<1$ 即可),然后让 n 变大,那么 $h(X^{2^n})$ 将趋近于 $h(0)=f(0)-g(0)=1-0=1$(因为 $0\in A$).因此

$$h(X)=\prod_{i=1}^{+\infty}(1-X^{2^i}).$$

于是这就是 $h(x)$ 的唯一可能情况.如果将其展开,我们的确将看到每一个系数或者是 1 或者是 -1.如果 n 的二项式展开中有偶数个 1,那么 X^n 的系数是 1(于是这些数形成集合 A);如果 n 的二项式展开中有奇数个 1,那么 X^n 的系数是 -1(于是这些数就形成集合 B).

换一种说法,如果设 $h(X)=\sum_{i\in\mathbf{N}}c_iX^i$,那么关系式

$$h(X)=(1-X)h(X^2)$$

可以重写为 $c_{2i}=c_i$ 和 $c_{2i+1}=-c_i$.所以如果从 $c_0=1$ 开始,那么容易看出,由于这一递推关系确定了系数,我们就得到了数列值为 -1 或 1 的数列.

综上,可以得到满足条件的分割方法.

▶ **例 3** 有 n 对夫妇参加一场国王举办的盛宴.丈夫们围坐一圆桌,妻子们围坐另一圆桌,国王与王后(不包含在这 n 对夫妇中)要与他们握手.假设国王从某位男士开始握手,而王后从该男士的妻子开始握手.

考虑两种方式：

(1) 国王依顺时针方向与所有男士握手.当国王与某位男士握手时，王后依顺时针方向移动到该男士的妻子处，并与她握手.假设国王回到最初的那位男士处时，王后绕了圆桌 a 圈；

(2) 王后依顺时针方向与所有女士握手.当王后与某位女士握手时，国王依顺时针方向移动到该女士的丈夫处，并与他握手.假设王后回到最初的那位女士处时，国王绕了圆桌 b 圈.

问：$|a-b|$ 的最大可能值为多少？

(2018 年中国台湾数学奥林匹克选训营，第一阶段)

解

不妨设 $a \geqslant b$.

令国王和王后的出发点为两桌的基准点，依顺时针方向编号为 0 至 $n-1$，第 i 号男士的妻子编号为 x_i.

考虑两种方式中，国王和王后绕过 0 号时的情况.

则

$$a-1=|\{i \in\{1,2,\cdots,n-1\} \mid x_i>x_{i+1}\}|,$$

$$b-1=|\{i \in\{1,2,\cdots,n-1\} \mid x_j=i, x_s=i+1, s<j\}|.$$

令 $x_1, x_2, \cdots, x_{r_1}; x_{r_1+1}, \cdots, x_{r_2}; \cdots; x_{r_{k-1}+1}, \cdots, x_{r_k}$ 为 k 个递减数列且 $x_{r_i}<x_{r_{i+1}}$.

则 $a-1=n-k$.

考虑将 $\{1,2,\cdots,n-1\}$ 当成点，依次排列.

若 $x_j=i, x_s=i+1, s>j$，则将 j 与 s 两点连线.

于是，这个图会形成一些链(每个点向左、向右至多各连一条线).

因为 k 个递减数列中，每个数列中的项一定不会在同一条链中，所以链的条数必不小于任何一个递减数列的项数.

由平均数原理知

$$b-1 \geqslant\left\lceil\frac{n-1}{k}\right\rceil,$$

从而，$a-b \leqslant n-k-\left\lceil\frac{n-1}{k}\right\rceil$.

因此，若 $n=m^2-d(0 \leqslant d<m)$，则 $a-b \leqslant n-2m$；

若 $n=m^2-m-d(0 \leqslant d<m-1)$，则 $a-b \leqslant n-2m+1$.

下面举例说明等号能够取到.

若 $n=m^2-d(0\leqslant d<m)$,令$\{x_{r_{t-1}+1},\cdots,x_{r_t}\}$为$\{1,2,\cdots,n-1\}$中模 m 同余t 的数形成的递减数列,则此时 $k=m$,且链的数目也是 m(链头分别是 $1,m+1,\cdots,m^2-2m+1,m^2-m+1$).从而,$|a-b|=n-2m$.

若 $n=m^2-m-d(0\leqslant d<m-1)$,令$\{x_{r_{t-1}+1},\cdots,x_{r_t}\}$为$\{1,2,\cdots,n-1\}$中模 m 同余 t 的数形成的递减数列,则此时 $k=m$,且链的数目也是 $m-1$(链头分别是 $1,m+1,\cdots,m^2-2m+1$).从而,$|a-b|=n-2m+1$.

综上,当 $n=m^2-d(0\leqslant d<m)$时,$|a-b|$的最大值为 $n-2m$;当 $n=m^2-m-d(0\leqslant d<m-1)$时,$|a-b|$的最大值为 $n-2m+1$.

演习场

习题1

1. 只由1,2,3组成的不大于1亿的正整数中,能够被3整除的数有多少个?

2. n 元集具有多少个不同的不交子集对?

(1973年捷克和斯洛伐克数学奥林匹克竞赛)

3. 已知5个互不相同的正数可以分为两组,使得两组的和相等.问:一共有多少种不同的分为这样两组数的分法?

(1985年第48届莫斯科数学奥林匹克竞赛)

4. 求方程$(x^{2006}+1)(1+x^2+x^4+\cdots+x^{2004})=2006x^{2005}$的实数解的个数.

(2006年中国高中数学联赛)

5. 已知正整数 n 不超过2000,并且能表示成不少于60个连续正整数之和.这样的 n 有多少个?

(1999年中国高中数学联赛)

6. 对任意自然数 n,联结原点 O 和点 $A_n(n,n+3)$,并用 $f(n)$ 表示线段 OA_n 上除端点外的整点的个数.试求:

$$f(1)+f(2)+\cdots+f(1990).$$

7. 将一枚硬币掷出,若出现正面,点 P 就在数轴上移动$+1$,若出现反面,点 P 就不动.P 的起始位置是原点,掷币次数不超过12,且点 P 到达坐标点$+10$后就不再掷币了.问:点 P 到达坐标点$+10$的所有不同情况有多少种?

(1989年中国浙江省数学夏令营)

8. 已知一张9×10的矩形方格纸的每个正方形小格的边长为1.以方格纸格点为顶点,以网格线为边作正方形.问:这样的正方形共可作出多少个?

(1979年基辅数学奥林匹克竞赛)

9. 已知直线 $ax+by+c=0$ 中的系数 a,b,c 是取自集合$\{-3,-2,-1,0,1,2,3\}$中的3个不同元素,并且该直线的倾斜角为锐角.求所有这样的不同直线的条数.

(1999年中国高中数学联赛)

10. 在8×8的棋盘上剪下一个由4个小方格组成的凸字形(如图1.30).问:有多少种不同的剪法?

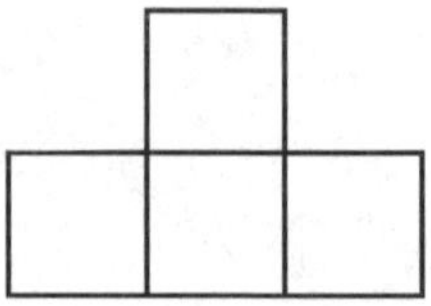

图 1.30

11. 如图1.31,设 $ABCDEF$ 为正六边形,一只青蛙开

始在顶点 A 处，它每次可随意地跳到相邻两个顶点之一. 若在 5 次之内跳到点 D，则停止跳动；若 5 次之内不能到达点 D，则跳完 5 次也停止跳动. 问：这只青蛙从开始到停止，共有多少种不同跳法？

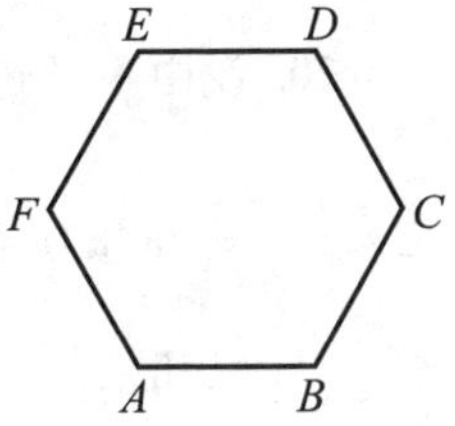

图 1.31

（1997 年中国高中数学联赛）

12. 过正方体的任意 2 个顶点作一直线. 在这些直线中，互相不垂直的异面直线共有多少对？

（2000 年中国湖南省中学生数学奥林匹克夏令营）

13. 作出正四面体每个面（三角形）的中位线，共得 12 条线段. 在这些线段中，相互成异面直线的"线段对"有多少个？

（2006 年中国高中数学联赛江西省预赛）

14. 在坐标平面上画出下列直线

$$y=k,\ y=\sqrt{3}x+2k,\ y=-\sqrt{3}x+2k,$$

其中 $k=0,\pm1,\pm2,\cdots,\pm10$，这 63 条直线可将平面划分出若干个等边三角形，求边长为 $\frac{2}{\sqrt{3}}$ 的等边三角形的个数.

（1994 年第 12 届美国数学邀请赛）

15. 三角形每条边上都有 n 个点，从三角形的每个顶点作联结所对边上各点的线段. 如果任三条线段不共点，问：这些线段将三角形分为多少部分？

16. 设集合 $A=\{1,2,3,\cdots,366\}$. 如果 A 的一个二元子集 $B=\{a,b\}$ 满足 $17\mid(a+b)$，则称 B 具有性质 P.

（1）求 A 的具有性质 P 的所有二元子集的个数；

（2）求 A 的两两不交的具有性质 P 的二元子集个数的最大值.

（1994 年中国河北省数学竞赛）

17. 对给定的 $n\in\mathbf{N}$，求和为 $6n$ 的所有不同的自然数三元组的个数.

（1977 年南斯拉夫数学奥林匹克竞赛）

18. 考察由 $m\times n$ 的 0，1 矩阵（元素均为 0 或 1 的矩阵）构成的集合. 求每行、每列中 1 的个数都是偶数的这种矩阵的个数.

19. 用 94 块规格为 $4\times10\times19$ 的砖，一块放在一块上面叠成一座高塔. 每块砖可随意摆放，为塔提供的高度分别为 4，10，19. 问：94 块砖全部放上后，叠成的塔的高度可以有多少个不同的值？

（1994 年第 12 届美国数学邀请赛）

20. 设由不超过 1000 的两个正整数组成的数对(m,n)满足条件：$\frac{m}{n+1}<\sqrt{2}<\frac{m+1}{n}$.试求所有这样的数对$(m,n)$的个数.

21. 已知某凸 n 边形的任何两条对角线都不平行，任何 3 条对角线都不交于一点.求在 n 边形之外的对角线所在直线的交点总数.

(1978 年基辅数学奥林匹克竞赛)

22. 已知由 A，B 两个字母组成的长为 15 的序列满足以下条件：对于连续两个字母，要求 AA 出现 5 次，AB，BA，BB 各出现 3 次.问：这样的序列共有多少个？

比如在 $AABBAAAABAABBBB$ 中，AA 出现了 5 次，AB 出现了 3 次，BA 出现了 2 次，BB 出现了 4 次，不满足以上条件.

(1991 年日本数学奥林匹克竞赛)

23. 给定平面上的五个点 A，B，C，D，E，任意三点不共线.由这些点连成 4 条线，每点至少是一条线段的端点，不同的联结方式有多少种？

(2007 年中国高中数学联赛江苏赛区复赛题)

24. 在一次射击比赛中，有 8 个泥质靶子挂成如图 1.32 所示的 3 列，一位神枪手按如下规则打掉所有靶子：

(1) 首先选择将要有一个靶子被打掉的一列；

(2) 然后在被选中的一列中打掉尚存的最下面一个靶子.

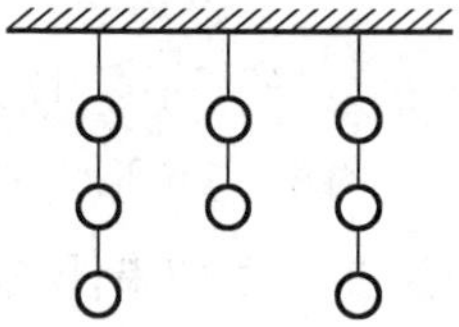

图 1.32

问：打掉这 8 个靶子共有多少种不同顺序？

(1990 年第 8 届美国数学邀请赛)

25. 设 $S_n=\{1,2,\cdots,n\}(n\geqslant 5)$，取 $x\subseteq S_n$，$y\subseteq S_n$(无顺序).若 $x\subseteq y$ 或 $x\supseteq y$，则称 x，y 为“包含子集对”，否则称其为非包含子集对.问：S_n 中包含子集对多还是非包含子集对多？证明你的结论.

26. $a_1,a_2,\cdots,a_{100}$ 是整数 1901，1902，…，2000 的任意一个排列，部分和数列 $S_1=a_1$，$S_2=a_1+a_2$，$S_3=a_1+a_2+a_3$，…，$S_{100}=a_1+a_2+\cdots+a_{100}$.若数列中每一项 $S_i(1\leqslant i\leqslant 100)$均不被 3 整除，问：这样的数列有多少个？

(2000 年加拿大数学奥林匹克竞赛)

27. 经理将要打印的信件交给秘书，每次给一封，且放在所有信件的最上面，秘书一有空就从最上面拿一封信来打印.某天共有 9 封信件要打印，经理按第 1 封，第 2 封……第 9 封的顺序交给秘书.午饭时，秘书告诉同事，已把第 8 封信件打印好了，但未透露上午工作的其他情况.根据以上信息，下午打印的信件的顺序有多少种可能情况？（没有要打印的信件也算一种可能.）

（1988 年第 6 届美国数学邀请赛）

28. 一个 $150\times324\times375$ 的长方体由 $1\times1\times1$ 的单位立方体胶合在一起做成.这个长方体的一条内对角线穿过多少个单位立方体的内部？

（1996 年第 14 届美国数学邀请赛）

29. 平面上给定 5 个点，这些点两两之间的连线既不平行、又不垂直、也不重合.从任何一点开始，向其余 4 个点两两之间的连线作垂线.如果不计已知的 5 个点，所有这些垂线间的交点数最多是多少？

30. 药剂师的实验室里有若干种配料，其中有些配料是“烈性的”.现在药剂师要调制 68 种药，每种药恰由 5 种配料组成，且这 5 种配料中至少有一种烈性配料.已知对任意 3 种配料来讲，恰有 1 种药包含了这 3 种配料.求证：至少有 1 种药，包含了至少 4 种烈性配料.

第二讲　对应方法

数学的基本想法就是化繁为简.把困难的计数转化为简单的计数(或是其他问题的这种转化),其最基本的方法就是对应,这是在竞赛中常用的一种高级方法.由于能出奇制胜,对应方法非常受青睐.一般来说,如果对一个集合 A 我们难以求出它的元素个数,那么就可以设法建立它到另一个集合 B 的双射(即一一映射),其中 B 的元素个数比较容易确定.由于 A 与 B 有相同的元素个数,这就把 A 的计数问题给解决了.有时候我们建立的是一个单射或满射,则可以建立关于 A 的元素个数的不等式(也许 A 的确切元素个数根本就难以或无法求出).这类问题的关键是建立容易计数的集合 B.

2.1　集合中的对应

知识桥

这一节我们介绍集合中的对应方法.显然,运用对应方法进行计数,在集合问题中最为频繁.这类问题的难点(也是其精彩之处)是如何寻找那个与之对应并容易处理的集合.

例 1　设 n 为正整数,记 $S_n=\{1,2,\cdots,2n\}$.定义 S_n 的两个子集:

$A_n=\{A\subset S_n \mid |A|=n, A$ 中各元素之和为偶数$\}$,

$B_n=\{B\subset S_n \mid |B|=n, B$ 中各元素之和为奇数$\}$.

对每个 n,求 $|A_n|-|B_n|$ 的值.

解

当 n 为奇数时,注意到

$$1+2+3+\cdots+2n=n(2n+1)$$

是一个奇数，所以对任意 $A\subset A_n$，均有 $\overline{A}\subset B_n$（这里 $\overline{A}$ 表示 A 相对于 S_n 的补集），故 $|A_n|-|B_n|=0$.

当 n 为偶数时，我们将 $1,2,\cdots,2n$ 分组：

$$(1,2n),(2,2n-1),\cdots,(n,n+1). \tag{1}$$

此时，对任意 $X\subset S_n$，$|X|=n-1$，式(1)中必有一组数都不属于 X. 例如 1，$2n\notin X$，则 $X\cup\{1\}$ 与 $X\cup\{2n\}$ 分属于 A_n 和 B_n. 这表明凡由上述方式构成的 A_n 与 B_n 的元素具有相同的个数.

为求 $|A_n|-|B_n|$ 的值，我们只需考虑式(1)中的每一组数要么同时属于 A（或 B），要么同时不属于 A（或 B）的情形，这里 A 为 A_n 的一个元素，B 为 B_n 的一个元素，从而 A（或 B）由式(1)中的 $\frac{n}{2}$ 组数构成 $\left(如果\frac{n}{2}(2n+1)为奇数，则形成一个 B，否则形成一个 A\right)$. 所以，

$$|A_n|-|B_n|=(-1)^{\frac{n}{2}}\mathrm{C}_n^{\frac{n}{2}}.$$

综上所述，对正整数 n，有

$$|A_n|-|B_n|=\begin{cases}0, & n\text{ 为奇数},\\ (-1)^{\frac{n}{2}}\mathrm{C}_n^{\frac{n}{2}}, & n\text{ 为偶数}.\end{cases}$$

点评

这里通过构造映射，在 A_n 与 B_n 中的大部分元素之间建立起一一对应，从而没经过任何计算就确定了 $|A_n|-|B_n|$ 的值. 当然也可以分别求出 $|A_n|$ 与 $|B_n|$ 的值，再求 $|A_n|-|B_n|$.

▶例 2 设 $A=\{1,2,\cdots,2000\}$，f 是 $A\to A$ 的一一映射，且满足 $f^{[2000]}(x)=f(x)$，其中 $f^{[2000]}(x)=\overbrace{f(f(\cdots f}^{2000个}(x)\cdots))$. 问：这样的 f 有多少个？

解

对 $f:A\to A$ 作映射图 $G(f,A)$，它以 A 为顶点集，$\{(a,b)\mid f(a)=b\}$ 为边集，且将边 (a,b) 记为 $a\to b$.

f 的不动点给出图 $G(f,A)$ 的自回路. 由于 f 为一一映射，有向图 $G(f,A)$ 中的每个点均一进一出，$G(f,A)$ 必为互不相交的图的并. 设 $G(f,A)=$

$(a_1^{(1)}a_2^{(1)}\cdots a_{k_1}^{(1)})\cup(a_1^{(2)}a_2^{(2)}\cdots a_{k_2}^{(2)})\cup\cdots\cup(a_1^{(s)}a_2^{(s)}\cdots a_{k_s}^{(s)})$，$\sum_{i=1}^{s}k_i=|A|$，且 $k_i\mid(2000-1)$. 事实上，$f^{[2000]}(x)=f(x)$，f 为一一映射. 任取 $y\in A$，有 $x\in A$ 使 $f(x)=y$，$f^{[1999]}(y)=y$. 若 $k_i\nmid 1999$，则 $1999=k_iq_i+r_i$，$0<r_i<k_i$，对第 i 个圈的 x 有

$$x=f^{[1999]}(x)=f^{[r_i]}(f^{[k_iq_i]}(x))=f^{[r_i]}(x),$$

矛盾.

1999 为素数，故 k_i 只可能取 1 或 1999，因此所求一一映射的个数等于 $1+2000\times1998!$.

点评

本题借用了图论的语言，体现了数学的高度统一性.

▶例 3 一个盒子被锁上了若干把锁，不同锁的钥匙是不同的. 盒子上的所有锁被打开后盒子才能打开. 现有 m 个人，每个人都有其中某些锁的钥匙. 已知任何 n 个人均不能打开盒子，而任何 $n+1$ 个人均能打开盒子. 设 m,n 是正整数，$1\leqslant n\leqslant m-1$. 求这个盒子上锁的数目的最小值 d，并求此时每个人有多少把不同的钥匙.

（2000 年朝鲜数学奥林匹克竞赛）

解

令 C 是 m 个人构成的集合，B 是盒子上所有锁构成的集合，$A=\{x\mid x\in C$ 且 $|x|=n\}$.

我们规定 A 到 B 的映射如下：

对于任意的 $x\in A$，因 x 中的 n 个人不能打开盒子，故至少有一把锁 $y\in B$，使得这 n 个人均不能打开锁 y. 我们令 $f(x)=y$. 下证 f 是 A 到 B 的单射.

事实上，若有 $x_1,x_2\in A$，$x_1\neq x_2$，使得 $f(x_1)=f(x_2)=y_0$，则 $x_1\cup x_2$ 中的人均不能打开锁 y_0，而 $|x_1\cup x_2|\geqslant n+1$，这与任意 $n+1$ 个人均能打开盒子相矛盾. 故 f 是 A 到 B 的单射，

$$|B|\geqslant|A|=C_m^n.$$

当 $|B|=C_m^n$ 时，f 是 A 到 B 的双射.

对任意的 $a\in C$，令 $A_1=\{x\mid x\subset A$ 且 $a\in x\}$，$A_2=\{x\mid x\subset A$ 且 $a\notin x\}$，$f(A_1)=B_1$，$f(A_2)=B_2$，则 f 分别是 A_1 到 B_1，A_2 到 B_2 的双射. 对于任意的

$y_1\in B_1$，设 $f(x_1)=y_1$，由映射的定义知 x_1 中的人均不能打开锁 y_1，故 a 没有 y_1 的钥匙.又对于任意的 $y_2\in B_2$，设 $f(x_2)=y_2$，可知 x_2 中的人均不能打开锁 y_2.又由题设知，$\{a\}\cup x_2$ 这 $n+1$ 个人能打开锁 y_2，所以 a 有 y_2 的钥匙.

综上知，对于 B_1 的每一把锁，a 均没有钥匙，而对于 B_2 的每一把锁，a 均有钥匙，故 a 有不同钥匙的数目 $=|B_2|=|A_2|=C_{m-1}^n$.

点评

本题从生活实例抽出数学本质，其映射的构思，以及从单射到双射的证明，值得大家借鉴.

▶例 4 设 $\mathbf{N}$ 是全体自然数，a 为正奇数，g 为 $\mathbf{N}$ 到 $\mathbf{N}$ 的一一对应.证明：不存在函数 f，使 $f(f(n))=g(n)+a$.

证明

用反证法.

设存在一个函数 f，使 $f(f(n))=g(n)+a$.

(1) 首先，f 是一个一一对应的函数.

这是因为若 $\alpha\neq\beta$，且 $f(\alpha)=f(\beta)$，则

$$f(f(\alpha))=f(f(\beta)),$$

即 $g(\alpha)+a=g(\beta)+a$.

由于 g 是一一对应 $\Rightarrow\alpha=\beta$，矛盾！

(2) 令 $\{1,2,3,\cdots,a\}=A\cup B$，其中

$$A=\{n\leqslant a\,|\,f(n)>a\},$$

$$B=\{n\leqslant a\,|\,f(n)\leqslant a\}.$$

由定义知 $A\cap B=\varnothing$，故

$$|A|+|B|=a.$$

(i) 对于 B 中的每一个元素 i，由 $f(f(i))=g(i)+a$ 知 $f(i)\in A$.又由于 f 是一一对应，B 中的每个元素有 A 中的一个元素与之对应，且对 B 中的不同元素，A 中的对应元素不同，故

$$|B|\leqslant|A|.$$

(ii) 对于 A 中的每一个元素 k，由 $f(k)>a$，设 $f(k)=a+\alpha$.因为 g 是 $\mathbf{N}$ 到 $\mathbf{N}$ 的一一对应，所以存在 α'，使 $g(\alpha')=\alpha$，于是

$$f(k)=a+\alpha=a+g(\alpha')=f(f(\alpha')).$$

由于 f 是一一对应，故 $k=f(\alpha')$.

下面证明 $\alpha'\in B$.只需证明 $\alpha'\leqslant a$ 即可.设 $\alpha'>a$，同上可知，存在 β，使 $\alpha'=g(\beta)+a$，于是

$$\alpha'=f(f(\beta)),$$

$$k=f(\alpha')=f(f(f(\beta)))=g(f(\beta))+a>a,$$

与 $k\in A$ 矛盾.故 $\alpha'\leqslant a\Rightarrow\alpha'\in B$.

于是对 A 中的每个元素，也有 B 中的元素与之对应，对应的唯一性由 f 是一一对应保证.因此 $|A|\leqslant|B|$.

综合(i)(ii)知：$|A|=|B|$.但是我们有 $|A|+|B|=a$，a 是奇数，矛盾！

故本题的假设不成立，即满足要求的 f 是不存在的.

点评

本题是一道经典问题，是 1987 年国际数学奥林匹克竞赛试题的推广，其解法也有一定的图论背景.

▶例 5 设 k，n 为自然数，$1\leqslant k\leqslant n$.$A_1,A_2,\cdots,A_n$ 为 n 个集合，$|A_1|=|A_2|=\cdots=|A_n|$.集合 $M=\bigcup\limits_{j=1}^{n}A_j$，并且 $A_1,A_2,\cdots,A_n$ 中每 k 个的并集均为 M，每 $k-1$ 个的并集均为 M 的真子集.试确定：

(1) $|M|$ 的最小值；

(2) 当 $|M|$ 最小时，$|A_j|$ 的值($j=1,2,\cdots,n$)；

(3) 当 $|M|$ 最小时，$A_1,A_2,\cdots,A_n$ 中任意 i 个的公共元数.

解

(1) 设 T 为 $A=\{1,2,\cdots,n\}$ 的一个 $n+1-k$ 元子集.由已知条件，

$$\bigcup_{i\notin T}A_i\neq M,$$

因而有 $x\in M\setminus\bigcup\limits_{i\notin T}A_i$(这样的 x 可能不止一个，我们任意指定其中之一).令

$$f:T\to x,$$

该映射 f 是单射，因为对每个 $j\notin T$，有 $x\notin A_j$，而对每个 $j\in T$，由已知条件有

$$(\bigcup_{i\notin T}A_i)\cup A_j=M,$$

所以 $x\in A_j$，从而

$$T=\{j\mid x\in A_j\},$$

即 T 由 x 唯一确定.也就是说,若有 $f(T')=f(T)=x$,那么 $T'=T=\{j\mid x\in A_j\}$,故 f 为单射.

T 的个数为 C_n^{k-1}(即 A 的 $n+1-k$ 元子集的个数).由于 f 为单射,M 中的元素 x 的个数不少于 T 的个数.所以

$$|M|\geqslant C_n^{k-1}.$$

C_n^{k-1} 就是 $|M|$ 的最小值,并且 $|M|$ 取得最小值的充分必要条件是 f 为满射.

(2) 下面我们来讨论什么时候 f 为满射.

对每个 $x\in M$,令集合

$$M(x)=\{j\mid x\in A_j\}.$$

如果 f 是满射,那么存在 T,使 $x=f(T)$,从而根据前面关于 f 为单射的推导,$T=M(x)$.所以 $M(x)$ 必须是 $n+1-k$ 元集,并且 $x\to M(x)$ 是单射.于是令 $T=M(x)$,$f(T)=x'$,则 $T=M(x')$.因为 $x\to M(x)$ 是单射,所以 $x'=x$,$f(T)=x$,即 f 是满射.于是 $|M|=C_n^{k-1}\Leftrightarrow f$ 是一一对应 $\Leftrightarrow M(x)$ 都是 $n+1-k$ 元集,并且 $x\to M(x)$ 是一一对应(这时 $x\to M(x)$ 是 f 的逆映射).

于是,当 $|M|=C_n^{k-1}$ 时,有

$$\begin{aligned}|A_j|&=|\{x\mid j\in M(x)\}|\\&=|\{M(x)\mid j\in M(x)\}|\quad(M(x)\text{的定义})\\&=A\text{ 的含有 }j\text{ 的 }n+1-k\text{ 元子集的个数}\\&=C_{n-1}^{n-k},\end{aligned}$$

$$\begin{aligned}&|A_{j_1}\cap A_{j_2}\cap\cdots\cap A_{j_i}|\\=&|\{x\mid j_1,j_2,\cdots,j_i\in M(x)\}|\\=&|\{M(x)\mid j_1,j_2,\cdots,j_i\in M(x)\}|\\=&A\text{ 的含有 }j_1,j_2,\cdots,j_i\text{ 的 }n+1-k\text{ 元子集的个数}\\=&C_{n-1}^{k-1}.\end{aligned}$$

最后,我们指出最小值 C_n^{k-1} 确实可以为 $|M|$ 取得.为此,定义

$A_i=\{A$ 的含 i 的 $n+1-k$ 元子集$\}$,$i=1,2,\cdots,n$,

$$M=\bigcup_{i=1}^{n}A_i,$$

则

$$M=\{A\text{ 的 }n+1-k\text{ 元子集}\},$$

$$|A_1|=|A_2|=\cdots=|A_n|=C_{n-1}^{n-k},$$

$$|M|=C_n^{k-1}.$$

对于 $A_1,A_2,\cdots,A_n$ 中的任意 $k-1$ 个集合 $A_{j_1},A_{j_2},\cdots,A_{j_{k-1}}$，取

$$x=\{1,2,\cdots,n\}\backslash\{j_1,j_2,\cdots,j_{k-1}\},$$

则 x 是 $n+1-k$ 元集，它不属于 $A_{j_1},A_{j_2},\cdots,A_{j_{k-1}}$ 中的任一个，所以

$$A_{j_1}\cup A_{j_2}\cup\cdots\cup A_{j_{k-1}}\neq M.$$

(3) 对于 $A_1,A_2,\cdots,A_n$ 中的任意 k 个集合 $A_{j_1},A_{j_2},\cdots,A_{j_k}$，设 x 为 M 中任一元素，则 x 是集合 A 的 $n+1-k$ 元子集，因此它必定包含 $j_1,j_2,\cdots,j_k$ 中的某一个(否则至多为 $n-k$ 元集)，从而

$$x\in A_{j_1}\cup A_{j_2}\cup\cdots\cup A_{j_k},$$

即

$$A_{j_1}\cup A_{j_2}\cup\cdots\cup A_{j_k}=M.$$

因此，集合 $A_1,A_2,\cdots,A_n$ 及 M 符合题中所有条件，并且 $|M|$ 取得最小值 C_n^{k-1}.

点评

这是一道相当有内涵和难度的好题.解题关键是构造，以及不等式估计，每一步都要深思熟虑.

▶例 6 若 $f(n,k)$ 表示集合 $X=\{1,2,\cdots,n\}$ 的具有下列性质的子集个数：在每个子集中有 k 个元素，但不包含两个相邻的整数.证明：

$$f(n,k)=C_{n-k+1}^{k},$$

其中 $k\leqslant\left[\frac{n+1}{2}\right]$.

证明

为了证明这个结果，我们将每一个子集 $S\subseteq X$ 与一个二进制词 $\alpha_1\alpha_2\cdots\alpha_n$ 联系起来，使若 $i\in S$，则 $\alpha_i=1$；若 $i\notin S$，则 $\alpha_i=0$.这个对应关系即从 X 的子集族到长度为 $n=|X|$ 的二进制词的集合的映射，是一个一一对应.因为限制了 S 必须不包含相邻的整数，所以与集合 S 对应的词将不包含两个相邻的 1.这样的映射，即从 X 的有 k 个元素且不含两个相邻整数的子集，到有 n 个二进制位(其中有 k 个 1 和 $n-k$ 个 0)且没有相邻两个 1 的二进制词 $\alpha_1\alpha_2\cdots\alpha_n$ 的映射，是一一对应的映射.因为具有一一对应关系的两个集合元素个数相同，所以我们可以转而计算这种二进制词的个数.为此，考虑 $n-k$ 个等于 0 的数字，并标以从 1 到 $n-k$ 的标号，然后加入 k 个 1，使没有两个 1 是相邻的.每一个数字 1 可以用它

前面的数字0的序数来刻画,因此,我们必须从集合$\{0,1,2,\cdots,n-k\}$中选择k个整数,有$f(n,k)=C_{n-k+1}^{k}$种不同的方法.

点评

在数字等于0的序数集$\{1,2,\cdots,n-k\}$中增加一个0,它对应于词$\alpha_1\alpha_2\cdots\alpha_n$的第一个位置为1,即$\alpha_1=1$的情况.

这样,X的所有不包含两个相邻整数的子集,包括空集(它对应于$\alpha_1=\alpha_2=\cdots=\alpha_n=0$的词$\alpha_1\alpha_2\cdots\alpha_n$)在内,总个数等于

$$F_{n+1}=\sum_{k=0}^{\left[\frac{n+1}{2}\right]}C_{n-k+1}^{k}$$

$\Big($求和指标k的上界为$\left[\dfrac{n+1}{2}\right]$,因为只有当$n-k+1\geqslant k$即$k\leqslant\dfrac{n+1}{2}$时$C_{n-k+1}^{k}$才有意义$\Big)$.从上式可得出$F_0=1,F_1=1,F_2=2,F_3=3,F_4=5$,且可证明$F_{n+1}=F_n+F_{n-1}$对每一个$n\geqslant1$都成立.数$F_n$叫作斐波那契数.

用同样的方法还可证明下列结果.记$f^*(n,k)$为$X=\{1,2,\cdots,n\}$的具有以下性质的子集个数:每个子集有k个元素,且既不包含两个相邻的整数,也不同时包含1和n,则

$$f^*(n,k)=\frac{n}{n-k}C_{n-k}^{k},$$

其中$k\leqslant\left[\dfrac{n}{2}\right]$.

▶**例7** 设$n\in\mathbf{N}^*$.若在集合$\{1,2,\cdots,2n-1\}$中至少有一个i,使得$|x_i-x_{i+1}|=n$,我们说集合$\{1,2,\cdots,2n\}$的一个排列$(x_1,x_2,\cdots,x_{2n})$具有性质P.求证:对于任何n,具有性质P的排列比不具有性质P的排列的个数多.

(1989年第30届国际数学奥林匹克竞赛)

证明

方法一 显然,只须证明具有性质P的排列数m大于全部排列数的一半.

设$(x_1,x_2,\cdots,x_{2n})$中,k与$k+n$相邻的所有排列的集合为M_k,$k=1,2,\cdots,n$,则由容斥原理知

$$m\geqslant\sum_{k=1}^{n}|M_k|-\sum_{1\leqslant k<h\leqslant n}|M_k\cap M_h|,\tag{2}$$

其中$|M_k|$表示集合M_k的元数.

注意,对于M_k中的排列,当把k和$n+k$视为一个数时,共有$(2n-1)!$种

不同排法.但 k 与 $k+n$ 相邻又有两种不同排法,故有

$$|M_k|=2(2n-1)!, \tag{3}$$

类似地有

$$|M_k\cap M_h|=4(2n-2)!. \tag{4}$$

将式(3)和式(4)代入式(2),即得

$$m\geqslant 2n(2n-1)!-C_n^2\cdot 4(2n-2)!$$
$$=(2n)!-2n(n-1)(2n-2)!>\frac{1}{2}(2n)!.$$

方法二 令 A 和 B 分别表示具有性质 P 和不具有性质 P 的所有排列的集合,C 表示恰有一个 $i\in\{1,2,\cdots,2n-1\}$,使得 $|x_i-x_{i+1}|=n$ 的所有排列的集合.显然,C 是 A 的真子集.由此可见,若能证明 $|B|\leqslant|C|$,问题就解决了.

为证 $|B|\leqslant|C|$,我们在 B 与 C 之间建立一个对应如下:对任何 $y=(y_1,y_2,\cdots,y_{2n})\in B$,当然有 $|y_1-y_2|\neq n$,因此存在 $k>2$,使得 $|y_k-y_1|=n$.令排列 y 对应于

$$f(y)=\{y_2,y_3,\cdots,y_{k-1},y_1,y_k,y_{k+1},\cdots,y_{2n}\},$$

这就给出了一个由 B 到 C 的映射.不难证明这个映射是个单射,所以 $|B|\leqslant|C|<|A|$.

点评

本题不要求建立双射,只要是单射就可以了.这显然可用于集合元素个数的不等式估计.

▶**例 8** 已知 A 与 B 为两个有限集.存在映射 $f:A\to A$,映射 $g:A\to B$ 和映射 $h:B\to A$,使得

对一切 $x\in B$,均有 $g(h(x))=x$;

对一切 $x\in A$,均有 $h(g(x))=f(x)$.

求满足条件的映射 f 的个数.

(2017 年罗马尼亚数学奥林匹克竞赛,决赛,十年级)

解

因为对一切 $x\in B$,均有 $g(h(x))=x$,所以对集合 B 中每个元素 b,均有一个 $h(b)\in A$,使得 $g(h(b))=b$.

于是,g 为满射.

从而，$|A|\geqslant|B|$.

任取 $b_1,b_2\in B(b_1\neq b_2)$.

若 $h(b_1)=h(b_2)$，则 $g(h(b_1))=g(h(b_2))$，即 $b_1=b_2$，矛盾.

故 h 为单射.

设 h 的值域为 C.

则 $|C|=|B|$，且 $C\subseteq A$.

任取 $c\in C$，则存在唯一的 $b\in B$，使得 $h(b)=c$.

于是，$g(c)=g(h(b))=b$.

从而，$f(c)=h(g(c))=h(b)=c$，即 f 将 $C(C\subseteq A)$ 中的元素均映射到其自身.

任取 $c'\in A\backslash C$，有 $h(g(c'))=f(c')$.

注意到，$h(g(c'))\in C$，故 $f(c')\in C$.

从而，f 将 $A\backslash C$ 中的元素也映射到 C 中.

先从 A 中选出子集 $C(|C|=|B|)$，共有 $\mathrm{C}_{|A|}^{|B|}$ 种选法.再考虑 $A\backslash C$ 中的每个元素，其在 f 作用下的像均有 $|C|$ 种选择，故所求的 f 共有 $\mathrm{C}_{|A|}^{|B|}\cdot|B|^{|A|-|B|}$ 个.

▶**例 9** 设 M 为包含 2017 个正整数的集合.对于每个非空的 $A\subseteq M$，定义

$$f(A)=\{x\in M \mid x \text{ 被集合 } A \text{ 中的奇数个元素整除}\}.$$

若对 M 的所有非空子集进行染色，且满足当 $A\neq f(A)$ 时，有集合 A 与 $f(A)$ 不同色，求染色数目的最小值.

（2017 年第 66 届保加利亚数学奥林匹克竞赛）

解

先证明函数 f 为单射，即若 $A\neq B$，则 $f(A)\neq f(B)$.

设 a 为恰属于集合 A,B 之一的最小的元素.

不妨设 $a\in A,a\notin B,C=\{b_1,b_2,\cdots,b_m\}$ 是由集合 B 中能整除 a 的元素构成的集合（可能为空集）.

由 a 的定义，知集合 A 中能整除 a 的元素为 a 与集合 C 中的元素.这表明，a 恰属于集合 $f(A),f(B)$ 中的一个.

因此，$f(A)\neq f(B)$.

再考虑以 M 的非空子集为顶点的有向图 G.当且仅当 $A\neq f(A)$ 时，连一条由 A 到 $f(A)$ 的有向边 $(A,f(A))$.则图 G 中的每个点要么为孤立点，要么恰为一条有向边的起点与另一条有向边的终点.因此，图 G 能被拆分为圈.

最后证明:每个圈的长度均为偶数,从而只需两种颜色就够了.

设$(A_1,A_2,\cdots,A_m)$是一个长度为$m(m\geqslant 2)$的圈,$\{a_1,a_2,\cdots,a_k\}=\bigcup_{i=1}^{m}A_i$,其中,$a_1<a_2<\cdots<a_k$.

则对每个$i=1,2,\cdots,m$,均有$a_1\in A_i$.

设t为最小的正整数,使得$a_t\notin A_i(i\in\{1,2,\cdots,m\})$,则存在$j\in\{1,2,\cdots,m\}$,使得$a_t\notin A_j$,且$a_t\in A_{j+1}$.

这表明a_t有奇数个因子属于$\{a_1,a_2,\cdots,a_{t-1}\}$.

于是,$a_t\in A_{j-1}$,即a_t交替地属于这个圈上的集合.

因此,m为偶数.

从而,染色数目的最小值为2.

▶**例 10** 设$a_1,a_2,\cdots,a_n$是n个不同的实数,$A_1,A_2,\cdots,A_k(k\geqslant 2)$都是$\{a_1,a_2,\cdots,a_n\}$的子集,其中每个子集都至少有$\frac{n}{2}$个元素,并且对每个$i\neq j$,有$|A_i\cap A_j|\leqslant\frac{n}{4}$.记

$$A=\bigcup_{i=1}^{k}A_i,C=\{x+y\mid x,y\in A\},D=\{x-y\mid x,y\in A\}.$$

证明:$|C|^2\geqslant\frac{kn}{k+1}|D|$.

(2019年第2届刘徽杯数学竞赛)

证明

(本方法属于许康华)

设$m=|A|$,又设$A=\{b_1,b_2,\cdots,b_m\}$,x_i是包含b_i的子集A_j的数目.因为A是所有这些子集的并集,所以有$x_i\geqslant 1$.

考虑一个$m\times k$的数表,其元素为a_{ij},规定如果$b_i\in A_j$,则$a_{ij}=1$,否则为0.那么,一方面,表中所有的数之和等于$\sum_{i=1}^{m}x_i$;另一方面,它又等于$|A_j|$的和.因为共有k个子集,每个子集都至少有$\frac{n}{2}$个元素,于是我们有

$$S=\sum_{i=1}^{m}x_i=\sum_{j=1}^{k}|A_j|\geqslant\frac{nk}{2}. \tag{5}$$

现计算表中处于同一行的1的对子的个数.对列求和,这个数是$\sum_{i<j}|A_i\cap$

$A_j|$;又对行求和,可得 $\sum_{i=1}^{m}C_{x_i}^2=\sum_{i=1}^{m}\frac{x_i^2-x_i}{2}$,因此有

$$\frac{k(k-1)}{2}\cdot\frac{n}{4}\geqslant\sum_{i<j}|A_i\cap A_j|=\sum_{i=1}^{m}\frac{x_i^2-x_i}{2}. \tag{6}$$

但 $\sum_{i=1}^{m}x_i^2\geqslant\frac{\left(\sum_{i=1}^{m}x_i\right)^2}{m}=\frac{S^2}{m}$,则由式(6) 得

$$\frac{nk(k-1)}{8}\geqslant\frac{S^2-mS}{2m}=\frac{S}{2m}(S-m).$$

而由式(5) 又得出 $S\geqslant\frac{nk}{2}\geqslant n>m$,因此我们有

$$\frac{nk(k-1)}{8}\geqslant\frac{nk}{4m}\left(\frac{nk}{2}-m\right).$$

所以,

$$m(k-1)\geqslant nk-2m,m(k+1)\geqslant nk,m\geqslant\frac{k}{k+1}n.$$

现构造一个单射 $f:A\times D\to C\times C$,任取 $a\in A,d\in D$,定义

$$f(a,d)=(a+x_d,a+y_d),$$

其中 $x_d,y_d\in A$,且为满足条件 $x_d-y_d=d$ 的使 x_d 最大的两个数.显然,对于给定的 d,x_d,y_d 存在且唯一.若 $f(a,d)=(a',d')$,则

$$a+x_d=a'+x_{d'},a+y_d=a'+y_{d'},$$

那么 $x_d-y_d=x_{d'}-y_{d'}$,于是 $d=d',a=a'$.

因此,f 是单射.因为 $|A\times D|\leqslant|C\times C|$,所以 $|C|^2\geqslant|A|\cdot|D|\geqslant\frac{kn}{k+1}\cdot|D|$.

▶**例 11** 给定正整数 n,记 $a_1,a_2,\cdots,a_{2n}$ 为 $1,2,\cdots,2n$ 的一个排列.若对任意的 $1\leqslant i\leqslant n$,均有 $a_i+a_{n+i}=2n+1$(规定 $a_{2n+1}=a_1$),且对任意的 $1\leqslant i<j\leqslant 2n$,均有 a_i-a_{i+1} 及 a_j-a_{j+1} 模 $2n+1$ 不同余,则称该排列为"好的".

(1) 当 $n=6$ 时,写出一个好排列;

(2) 证明:对每一个 n,均存在好排列.

(2017 年越南国家队选拔考试)

解

(1) 1,2,4,8,3,6,12,11,9,5,10,7.

(2) 用 A 表示好排列构成的集合，B 表示 $1,2,\cdots,2n$ 按以下要求填到正 $2n$ 边形 $X_1X_2\cdots X_{2n}$ 的顶点上的方案构成的集合：

(i) 填在多边形外接圆直径两端的数之和为 $2n+1$；

(ii) 不存在若干相邻顶点，其和为 $2n+1$ 的倍数.

于是，只需证明集合 A,B 之间存在双射，及 $|A|=|B|>0$.

从 A 中选取一个好排列 $(a_1,a_2,\cdots,a_{2n})$，对每个 $1\leqslant i\leqslant 2n$，记

$$b_i\equiv a_{i+1}-a_i \pmod{2n+1},$$

其中 $a_{2n+1}=a_1$，$b_{2n+1}=b_1$，且满足 $b_i\in\{1,2,\cdots,2n\}$.

易知，b_i 两两不等.

将这些数依次填在正 $2n$ 边形的顶点上，则

$$\begin{aligned}b_i+b_{i+n}&\equiv a_{i+1}-a_i+a_{i+1+n}-a_{i+n}\\&=2(2n+1)\equiv 0 \pmod{2n+1}.\end{aligned}$$

由于 $0<b_i+b_{i+n}<2(2n+1)$，于是，$b_i+b_{i+1}=2n+1$.

注意到，

$$a_i=a_1+\sum_{k=1}^{i-1}(a_{k+1}-a_k)\equiv a_1+\sum_{k=1}^{i-1}b_k \pmod{2n+1},$$

以及 a_i 彼此不等.

因此不存在 i,j，使得

$$a_j-a_i\equiv\sum_{k=i}^{j-1}b_k\equiv 0 \pmod{2n+1}.$$

从而，以上填数方案在集合 B 中.

从集合 B 中选择一个填数方案，构造如下排列：

$$a_i\equiv\sum_{k=1}^{i}b_k \pmod{2n+1},$$

其中 $1\leqslant a_i\leqslant 2n$，$i=1,2,\cdots,2n$.

显然，a_i 两两不等.

对于任意的 $2\leqslant i\leqslant n$，

$$\begin{aligned}&b_i+b_{i+n}\equiv a_i-a_{i-1}+a_{i+n}-a_{i+n-1}\equiv 0 \pmod{2n+1}\\&\Rightarrow a_i+a_{i+n}\equiv a_{i-1}+a_{i+n-1} \pmod{2n+1},\end{aligned}$$

则对所有的 $1\leqslant i\leqslant n$，a_i+a_{i+n} 模 $2n+1$ 的余数均相等，记为 a.

故

$$\sum_{i=1}^{n}(a_i+a_{i+n})=\sum_{k=1}^{2n}k\equiv na \pmod{2n+1}.$$

又因为$(n,2n+1)=1$，所以$a=0$，即$a_i+a_{i+n}=2n+1$.

因此，这个填数方案是一个好排列.

至此，建立了集合A,B之间的双射.

易知，满足$b_i+b_{i+1}=2n+1$的填数方案有$n!\cdot 2^n$种，记它们构成集合S.S中的某些填数方案存在相邻的k个顶点，顶点上的数之和为$2n+1$的倍数，显然，$k\geqslant 3$.将所有这样的k个数组成的数组记作集合S_k.注意到，这相邻的k个顶点的起始点有n种可能，而余下的$2n-2k$个数有$2^{n-k}(n-k)!$种填法，则

$$|S|=n\sum_{k=3}^{n}2^{n-k}(n-k)!|S_k|.$$

又集合S_k中的每个方案均可看成是对于集合$\{1,2,\cdots,2n\}$的任意一个$k-1$元子集，给其添加一个余下的数，使得这些数之和为$2n+1$的倍数.显然，这样的添加方法至多有一种.

故$k|S_k|\leqslant C_{2n}^{k-1}$.

由

$$\begin{aligned}C_{2n}^{k}\div C_{n-1}^{k}&=\frac{2n-k+1}{k}C_{2n}^{k-1}\div\frac{n-k}{k}C_{n-1}^{k-1}\\&=\frac{2n-k+1}{n-k}(C_{2n}^{k-1}\div C_{n-1}^{k-1})\\&<4(C_{2n}^{k-1}\div C_{n-1}^{k-1}),\end{aligned}$$

利用数学归纳法容易证明：对所有的$n\geqslant 5,k\geqslant 3,n\geqslant k$，均有

$$C_{2n}^{k-1}\leqslant 4^{k-1}C_{n-1}^{k-1}.$$

综合上面结论及不等式$\sum\limits_{k=0}^{n}\frac{x^k}{k!}<e^x$，有

$$\begin{aligned}|S|&\leqslant n\sum_{k=3}^{n}2^{n-k}(n-k)!\frac{1}{k}C_{2n}^{k-1}\\&\leqslant n\sum_{k=3}^{n}2^{n-k}(n-k)!\frac{1}{k}C_{n-1}^{k-1}4^{k-1}\\&=2^n n!\frac{1}{4}\sum_{k=3}^{n}\frac{2^k}{k!}\\&<2^n n!\frac{e^2-1-2-2}{4}\\&<2^n n!.\end{aligned}$$

因此，$|A|=|B|=2^n n!-|S|>0$，即存在好排列.

▶例 12 定义 $A(n)$ 为满足以下条件的正整数序列 $a_1\geqslant a_2\geqslant\cdots\geqslant a_k$ 的个数：

(1) $a_1+a_2+\cdots+a_k=n$；

(2) 对每个 $i=1,2,\cdots,k$，a_i+1 均为 2 的幂.

定义 $B(n)$ 为满足以下条件的正整数序列 $b_1\geqslant b_2\geqslant\cdots\geqslant b_m$ 的个数：

(1) $b_1+b_2+\cdots+b_m=n$；

(2) 对每个 $j=1,2,\cdots,m-1$，均有 $b_j\geqslant 2b_{j+1}$.

证明：对每一个正整数 n，均有 $A(n)=B(n)$.

(2017 年第 29 届亚太地区数学奥林匹克竞赛)

证明

对于正整数序列 $a_1\geqslant a_2\geqslant\cdots\geqslant a_k$，若对每个 $i=1,2,\cdots,k$，a_i+1 均为 2 的幂，则称此正整数序列为"A 型的".

对于正整数序列 $b_1\geqslant b_2\geqslant\cdots\geqslant b_m$，若对每个 $j=1,2,\cdots,m-1$，均有 $b_j\geqslant 2b_{j+1}$，则称此正整数序列为"B 型的".

注意到，每个正整数的二进制表示方法唯一，且

$$2^N-1=2^{N-1}+2^{N-2}+\cdots+2^0. \tag{7}$$

对一个 A 型序列 $a_1\geqslant a_2\geqslant\cdots\geqslant a_k$，每一项 a_i 均可表示成如式(7)的 2 的连续幂和.按左对齐方式，把这些幂和依次从上到下排列组成一个数表，将 a_i 的连续幂和递减地写在第 $i(i=1,2,\cdots,k)$ 行.

接下来，定义第 j 列的和为 b_j，得到序列 $b_1,b_2,\cdots,b_m$.

显然，该数表中每一列的项数均不少于其右侧列的项数，且每一个大于 1 的项均为其右边相邻项的 2 倍.于是，它满足 B 型序列的条件.因为它们均表示数表中所有数的和，故有

$$a_1+a_2+\cdots+a_k=b_1+b_2+\cdots+b_m, \tag{8}$$

即每一个 A 型序列均可对应一个 B 型序列.

反之，给定一个 B 型序列 $b_1\geqslant b_2\geqslant\cdots\geqslant b_m$，可按左对齐的方式，依次从上到下构造数表：

填 b_m 行，每行自左向右均填

$$2^{m-1},2^{m-2},\cdots,2^1,2^0;$$

填 $b_{m-1}-2b_m$ 行，每行自左向右均填

$$2^{m-2},2^{m-3},\cdots,2^1,2^0;$$

填 $b_{m-2}-2b_{m-1}$ 行，每行自左向右均填

$$2^{m-3},2^{m-4},\cdots,2^1,2^0;$$

……

填 b_1-2b_2 行，每行均填 $2^0=1$.

容易验证，第 j 列数的和等于 $b_j(j=1,2,\cdots,m)$.

填完后，定义 a_i 为第 i 行各数的和，得到序列 $a_1,a_2,\cdots,a_k$.按填法，可知满足 A 型序列的条件，且仍有式(8) 成立，即每一个 B 型序列均可对应一个 A 型序列.

上述构造数表的过程是唯一确定的.从而，A 型序列与 B 型序列之间一一对应.

因此，对每一个正整数 n，均有 $A(n)=B(n)$.

▶ **例 13** 已知整数 $n\geqslant 2$.证明：将 $2n\times 2n$ 的方格表用 1×2 的多米诺骨牌覆盖的方法总数小于将 $3n\times 3n$ 的方格表用 1×3 的多米诺骨牌覆盖的方法总数.

(2018 年第 54 届蒙古数学奥林匹克竞赛，十一年级)

证明

先证明：存在一个从用 1×2 的多米诺骨牌覆盖 $2n\times 2n$ 方格表的方法集合到用 1×3 的多米诺骨牌覆盖 $3n\times 3n$ 方格表的方法集合的单射.

设给定一种 $2n\times 2n$ 方格表的覆盖方式.

分别从上到下、从左到右将行、列用 $1,2,\cdots,2n$ 编号.用虚线画出经过编号为偶数的行、列中心的竖直与水平直线，沿每条新的竖直与水平直线剪开并添上 $1\times n$ 及 $n\times 1$ 的长方形板，得到一个 $3n\times 3n$ 的方格表，如图 2.1.

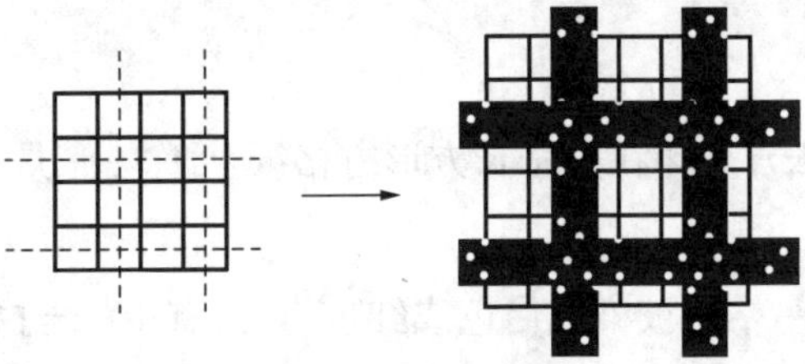

图 2.1

其次，考虑给定覆盖中的 1×2 的多米诺骨牌.

易见，每块 1×2 的多米诺骨牌被虚线分成两个或四个长方形，并且在被剪开并添上长方形板后变成大小为 1×3 或 2×3 的长方形，如图 2.2.

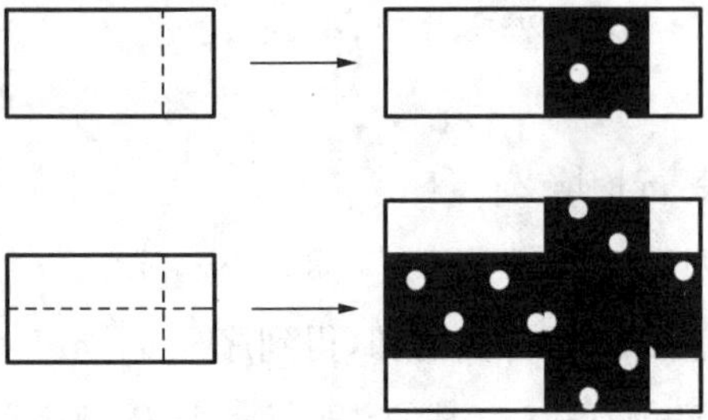

图 2.2

将每个 2×3 的长方形分成两块 1×3 的多米诺骨牌，得到一种用 1×3 的多米诺骨牌覆盖 $3n\times3n$ 方格表的方式，如图 2.3.

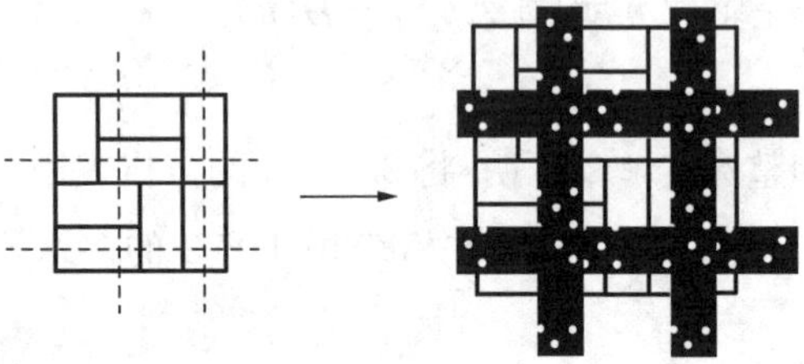

图 2.3

显然，这个映射是单射.

事实上，对于 $2n\times2n$ 方格表的两种不同的覆盖方式，存在一个 2×2 的正方形，对应两块 1×2 的多米诺骨牌的不同放置方法.这两块多米诺骨牌在映射下的像是不同的.但因为可以构造一种 $3n\times3n$ 方格表的覆盖方式，其中有两块 1×3 的多米诺骨牌在方格表的左下角(如图 2.4)，所以这个映射不是满射.

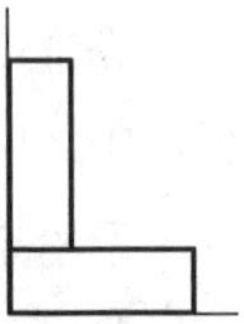

图 2.4

因此，命题得证.

▶例 14　一张月历印在一张长方形方格纸上.称一张月历符合法规当且仅当其满足：

(1) 月历的每一格均被染成白色或红色，且恰有 10 个红格子；

(2) 若月历的一横行共有 n 格，从左上角的格子开始，按从左到右再由上而

下依次填入 1,2,…,则找不到所在格子均为白色的连续 n 个数;

(3) 若月历的一竖列共有 m 格,从左下角的格子开始,按由下而上再从左到右依次填入 1,2,…,则找不到所在格子均为白色的连续 m 个数,也就是说,若将整张月历顺时针旋转 90°,它仍然满足条件(2).

问:有多少种符合法规的月历?

(2018 年中国台湾数学奥林匹克选训营,第三阶段)

解

注意到,在一个 10×10 的方格表中染红 10 格,使得每行每列均恰有一个红格子的染法共有 10! 种.

下面建立染 10×10 的方格表与符合法规的月历之间的一一对应.

一方面,构造映射 f :方格表 → 符合法规的月历.

如图 2.5,操作如下.

(i) 先观察相邻两列,若左列中的红格子比右列中的红格子高,则将两列间的格线加粗;

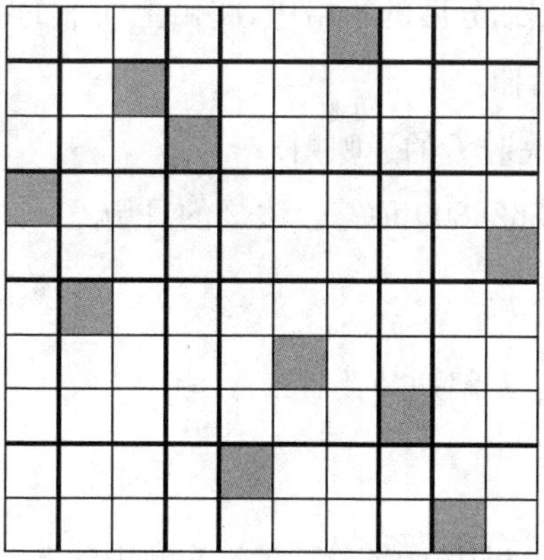

图 2.5

(ii) 再观察相邻两行,若上行中的红格子在下行中的红格子右边,则将两行间的格线加粗;

(iii) 重新以加粗的格线为边界,让每一块由粗格线围成的区域变成新的格子,若其中有红格子,便将新的格子染为红色,否则仍为白色,如图 2.6.

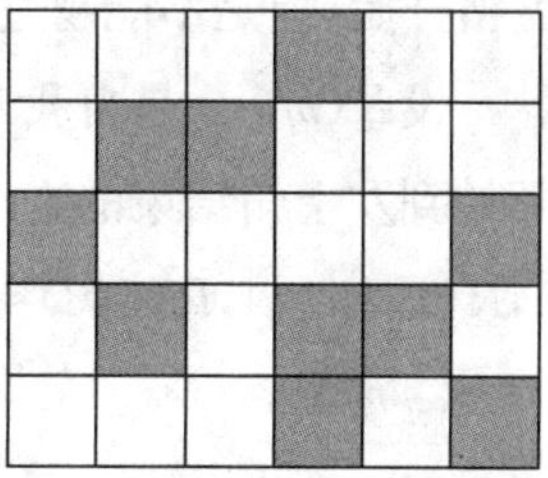

图 2.6

接下来,证明以上操作能得到一张符合法规的月历.

先证明经过操作后能得到一张月历.

注意到,每个由粗格线隔出的区间内至多有一个红格子.这是因为,如果有两个红格子,若这两个红格子相对位置是左上、右下,则之间必还有一条粗竖线;若其相对位置是左下、右上,则之间必还有一条粗横线.总之,无论如何均产生矛盾.这保证了以粗格线重新构成的方格纸必是一张月历.

再证明这张月历符合法规.

条件(1)显然满足.若它违背了条件(2),则表示原方格表中必有一条粗横线,其上一行中的红格子在下一行中的红格子左边,但这与粗横线本身的构造矛盾.类似可知,条件(3)也满足.

另一方面,构造映射 g:符合法规的月历 → 方格表.

对月历中的每个格子,依次进行以下操作.

(i) 假设与其同一列的红格子有 p 个,同一行的红格子有 q 个,则将这个格子再细分为 $p\times q$ 个小格子;

(ii) 若该格子为红色,且为该列中由下而上的第 r 个红格子、该行中从左到右的第 s 个红格子,则在细分后的小格中,将由上而下的第 s 个、从左向右的第 r 个格子染为红色,其余留白.

易见,映射 g 构成映射 f 的逆映射.

因此,共有 $10!=3628800$ 种符合法规的月历.

点评

构造映射 f,g 是解题的关键.

▶例 15 在国际象棋中,“车”在棋盘上的走法是以平行于棋盘边缘的方向从一个方格走到另一个方格.现要求“车”自我避让,即每一步从上一步结束的方格开始,但是不能越过前面走过的方格,即“车”的路径没有交叉.

设 $R(m,n)$ 是自我避让的“车”在一个 $m\times n$(m 行,n 列)的棋盘上从左下角开始到左上角结束的走法种数.例如,对所有正整数 m,有 $R(m,1)=1$,$R(2,2)=2$,$R(3,2)=4$,$R(3,3)=11$.对每一个正整数 n,求 $R(3,n)$.

解

用 r_n 表示所求的 $R(3,n)$.初始值是 $r_1=1$,$r_2=4$.现在假定 $n\geqslant 3$,我们要寻求一个递推关系.

注意到自我避让的“车”在 $3\times n$ 的棋盘上行走的路径可归结为以下类型之一：

(i) 笔直向上的行走路线为 $(1,1)\to(2,1)\to(3,1)$.

(ii) 不进入 $(2,1)$ 的行走路线.任何这样的行走路线每一步必须以 $(1,1)\to(1,2)$ 开始，以 $(3,2)\to(3,1)$ 结束.于是除去第一列，就有一个在 $3\times(n-1)$ 的棋盘上的行走路线的双射，共有 r_{n-1} 种这样的行走路线.

(iii) 以 $(1,1)\to(1,2)\to(2,2)$ 开始，不回到第一行的行走路线.这些行走路线必须从某个 $(2,k)$ 进入第三行 $(2\leqslant k\leqslant n)$，向左到达 $(3,1)$，于是有 $n-1$ 种这样的行走路线.

(iv) 对某个 $2\leqslant k\leqslant n-1$，开始的行走路线是 $(1,1)\to(1,2)\to(2,2)\to\cdots\to(2,k)\to(1,k)\to(1,k+1)$，结束的行走路线是 $(3,k+1)\to(3,k)\to(3,k-1)\to\cdots\to(3,1)$.在除去前 k 列后，这些行走路线对应于一个 $3\times(n-k)$ 的棋盘.于是加起来就得到 $r_{n-2}+r_{n-3}+\cdots+r_1$ 种这样的行走路线.

(v) 与第 iii 类行走路线成水平镜射的行走路线.这种行走路线以 $(1,1)\to(1,2)$ 开始，直到最后一格才进入第三行，同理又得到 $n-1$ 种这样的行走路线.

(vi) 与第 iv 类行走路线成水平镜射的行走路线.同理又得到 $r_{n-2}+r_{n-3}+\cdots+r_1$ 种这样的行走路线.

将所有这些行走路线相加，得

$$r_n=1+r_{n-1}+2(n-1)+2(r_{n-2}+r_{n-3}+\cdots+r_1).$$

右边的项数随着 n 的增加而增多.把 n 换成 $n+1$，有

$$\begin{aligned}r_{n+1}&=1+r_n+2n+2(r_{n-1}+r_{n-2}+\cdots+r_1)\\&=r_n+2+r_{n-1}+1+r_{n-1}+2(n-1)+2(r_{n-2}+r_{n-3}+\cdots+r_1)\\&=2r_n+r_{n-1}+2.\end{aligned}$$

这个递推关系不是齐次多项式，必须寻找一个常数 c，将其变为齐次多项式.设 $x_n=r_n+c$，要有 $x_{n+1}=2x_n+x_{n-1}$.

于是 $-c=-2c-c+2$，解得 $c=1$.

下面来解递推关系 $x_{n+1}=2x_n+x_{n-1}$，$x_1=2$，$x_2=5$.特征方程是 $r^2-2r-1=0$，特征根是 $r_1=1+\sqrt{2}$，$r_2=1-\sqrt{2}$，于是

$$x_n=C_1(1+\sqrt{2})^n+C_2(1-\sqrt{2})^n.$$

由初始条件解出 C_1 和 C_2，得到

$$r_n=\frac{1}{2\sqrt{2}}(1+\sqrt{2})^{n+1}-\frac{1}{2\sqrt{2}}(1-\sqrt{2})^{n+1}-1.$$

▶**例 16** 对于 $1,2,\cdots,n$ 的一个排列 $a_1,a_2,\cdots,a_n$，若 $i<j(i,j=1,2,\cdots,n)$，且 $a_i>a_j$，则称 (a_i,a_j) 为排列 $a_1,a_2,\cdots,a_n$ 的一个逆序.逆序的个数为偶数的排列称为偶排列，否则称为奇排列.

已知 n 为正整数，S_n 为 $1,2,\cdots,n$ 的全部排列组成的集合.对于非负整数 k，定义 S_n 中满足 $\sum\limits_{i=1}^{n}|\sigma(i)-i|=2k$ 的所有偶排列 σ 的个数为 $a_{n,k}$；定义 S_n 中满足 $\sum\limits_{i=1}^{n}|\sigma(i)-i|=2k$ 的所有奇排列 σ 的个数为 $b_{n,k}$.计算 $a_{n,k}-b_{n,k}$ 的值.

（2017 年第 68 届罗马尼亚国家队选拔考试）

解

记 $f_{n,k}=a_{n,k}-b_{n,k}$.

易知，$f_{n,0}=1$，$f_{1,k}=0(k\geqslant 1)$.

记 $S_{n,k}$ 为 S_n 中使得 $\sum\limits_{i=1}^{n}|\sigma(i)-i|=2k$ 的所有排列 σ 组成的集合.令

$$A_{n,k}=\{\sigma\in S_{n,k}\mid\sigma(n)=n\},$$
$$B_{n,k}=\{\sigma\in S_{n,k}\mid\sigma(n-1)=n\},$$
$$D_{n,k}=\{\sigma\in S_{n,k}\mid\sigma(n-1)\neq n,\sigma(n)\neq n\}.$$

于是，$A_{n,k}$，$B_{n,k}$，$D_{n,k}$ 两两不交，且

$$S_{n,k}=A_{n,k}\cup B_{n,k}\cup D_{n,k}.$$

对于 $\sigma\in A_{n,k}$，将 σ 的最后一项 n 去掉，得到 $1,2,\cdots,n-1$ 的一个排列 σ'，则

$$\sigma'\in S_{n-1,k}.$$

于是，得到一个从 $A_{n,k}$ 到 $S_{n-1,k}$ 的映射.

易验证这是一个双射，且映射前后排列的奇偶性不变.从而，$A_{n,k}$ 中的偶排列个数减去奇排列个数后为 $f_{n-1,k}$.

对于 $\sigma\in B_{n,k}$，设 $\sigma=(a_1,a_2,\cdots,a_{n-2},n,a_n)$.

考虑 $\sigma'=(a_1,a_2,\cdots,a_{n-2},a_n)$.

则

$$\sum_{i=1}^{n-1}|\sigma'(i)-i|=\sum_{i=1}^{n-2}|\sigma(i)-i|+|a_n-(n-1)|$$
$$=\sum_{i=1}^{n-2}|\sigma(i)-i|+n-1-a_n$$

$$=\sum_{i=1}^{n}|\sigma(i)-i|+n-1-a_n-|n-a_n|-|n-1-n|$$

$$=2k-2,$$

故 $\sigma' \in S_{n-1,k-1}$.

于是,得到一个从 $B_{n,k}$ 到 $S_{n-1,k-1}$ 的映射.

易验证这也是一个双射.由于映射前后排列的奇偶性发生改变,从而,$B_{n,k}$ 中的偶排列个数减去奇排列个数后为 $-f_{n-1,k-1}$.

对于 $\sigma \in D_{n,k}$,设 $\sigma=(a_1,a_2,\cdots,a_n)$.

考虑 $\sigma'=(a_1,a_2,\cdots,a_{n-2},a_{n-1},a_n)$.

则

$$\sum_{i=1}^{n}|\sigma'(i)-i|$$

$$=\sum_{i=1}^{n}|\sigma(i)-i|+|n-a_{n-1}|+|n-1-a_n|-|n-a_n|-|n-1-a_{n-1}|$$

$$=\sum_{i=1}^{n}|\sigma(i)-i|$$

$$=2k,$$

故 $\sigma' \in D_{n,k}$.

于是,得到一个从 $D_{n,k}$ 到 $D_{n,k}$ 的映射.

易验证这是一个双射,且映射前后排列的奇偶性发生改变.从而,$D_{n,k}$ 中的偶排列个数与奇排列个数相同.

综上,$f_{n,k}=f_{n-1,k}-f_{n-1,k-1}(n\geqslant 2,k\geqslant 1)$.

下面用数学归纳法证明:$f_{n,k}=(-1)^k\mathrm{C}_{n-1}^{k}$.

(1) 当 $n=1$ 时,$f_{1,0}=1,f_{1,k}=0(k\geqslant 1)$.结论成立.

(2) 设对 n 结论成立,即对任意的 $k\in\mathbf{N}$,均有 $f_{n,k}=(-1)^k\mathrm{C}_{n-1}^{k}$.

若 $k=0$,则 $f_{n+1,k}=f_{n+1,0}=1=(-1)^k\mathrm{C}_{n}^{k}$.

若 $k\geqslant 1$,则

$$\begin{aligned}f_{n+1,k}&=f_{n,k}-f_{n,k-1}\\&=(-1)^k\mathrm{C}_{n-1}^{k}-(-1)^{k-1}\mathrm{C}_{n-1}^{k-1}\\&=(-1)^k(\mathrm{C}_{n-1}^{k}+\mathrm{C}_{n-1}^{k-1})\\&=(-1)^k\mathrm{C}_{n}^{k},\end{aligned}$$

故对 $n+1$ 结论也成立.

综合(1)(2)知,对任意的 $n\in\mathbf{N}^*,k\in\mathbf{N},f_{n,k}=(-1)^k\mathrm{C}_{n-1}^{k}$.

2.2 数列中的对应

知识桥

数列中的对应其实也是比较常见的，但我们一般容易忽略它.解题的手段是通过构造一个与原数列有对应关系的新数列，并研究这个新数列以探讨原数列的性质.因此有人说，数学是研究“关系”的学问，真是不无道理.

训练营

▶**例 1** 在数列 $1,9,81,\cdots,9^{2000}$ 中删去最高位数字是 9 的项，余下的数列有多少项?

解

若数列中某项的首位数字是 9，则其前一项首位数字为 1，且相邻两项位数相同.反之，若数列中相邻两项位数相同，则此两数的首位数字必一个为 1，另一个为 9.删去最高位数字是 9 的项，相当于在每对位数相同的项中删去一项.余下数列中每个数的位数恰好为 $1,2,3,\cdots,t$，共有 t 项，其中 t 为 9^{2000} 的位数.易知

$$t=[\lg 9^{2000}]+1=[4000\times\lg 3]+1$$
$$=[4000\times 0.477\ 12]+1=1909.$$

▶**例 2** 数列 $a_1,a_2,a_3,\cdots$，定义为 $a_1=0$，$a_n=a_{[\frac{n}{2}]}+(-1)^{\frac{n(n+1)}{2}}$，$n>1$.对每一个整数 $k\geqslant 0$，求满足条件

$$2^k\leqslant n\leqslant 2^{k+1},\ a_n=0$$

的下标 n 的个数.

(1997 年波兰数学奥林匹克竞赛)

解

对满足 $2^k\leqslant n<2^{k+1}$ 的正整数 n，设 n 的二进制表示为

$$n=(x_k x_{k-1}\cdots x_0)_2,$$

这里 $x_k=1, x_i\in\{0,1\}, i=0,1,2,\cdots,k-1$.

可以证明

$$a_{(x_kx_{k-1}\cdots x_0)_2}=a_{(x_kx_{k-1}\cdots x_1)_2}+(-1)^{x_1+x_0}. \tag{1}$$

事实上,如果 x_1+x_0 为偶数,则 $n\equiv 0,3 \pmod 4$,均有 $\frac{n(n+1)}{2}$ 为偶数,且

$$\left[\frac{n}{2}\right]=(x_kx_{k-1}\cdots x_1)_2;$$

如果 x_1+x_0 为奇数,则 $n\equiv 1,2 \pmod 4$,均有 $\frac{n(n+1)}{2}$ 为奇数,且

$$\left[\frac{n}{2}\right]=(x_kx_{k-1}\cdots x_1)_2.$$

所以式(1)成立.

反复应用式(1),可知

$$\begin{aligned}&a_{(x_kx_{k-1}\cdots x_0)_2}\\&=(-1)^{x_k+x_{k-1}}+(-1)^{x_{k-1}+x_{k-2}}+\cdots+(-1)^{x_1+x_0}.\end{aligned} \tag{2}$$

上式右边为 k 个 $+1$ 或 -1 的和,所以当 k 为奇数时,上式右边为奇数,不会等于0.这表明,当 k 为奇数时,满足 $2^k\leqslant n<2^{k+1}$ 且 $a_n=0$ 的下标 n 的个数为0.

当 k 为偶数时,若 $a_n=0$,则式(2)右边恰有 $\frac{k}{2}$ 个 -1, $\frac{k}{2}$ 个1.

事实上,式(2)确定了一个映射 $\varphi: A\to B$,这里 $A=\{n\mid 2^k\leqslant n<2^{k+1}$, n 为二进制表示的$(x_kx_{k-1}\cdots x_0)_2\}$, $B=\{$由 $+1$ 或 -1 构成的项数为 n 的数列$\}$,并且

$$\varphi((x_kx_{k-1}\cdots x_0)_2)=(-1)^{x_k+x_{k-1}}(-1)^{x_{k-1}+x_{k-2}}\cdots(-1)^{x_1+x_0}.$$

由于 A 中任意两个元素的二进制表示首位都为1,设 $n_1=(x_kx_{k-1}\cdots x_0)_2$, $n_2=(x_kx'_{k-1}\cdots x'_0)_2$, $x_k=1$,并设 j 为使得 $x_j=x'_j$ 的最大下标,则

$$(-1)^{x_{j+1}+x_j}\neq(-1)^{x'_{j+1}+x'_j},$$

这表明 φ 是从 A 到 B 的单射.又易知

$$|A|=|B|=2^k,$$

所以 φ 又是从 A 到 B 的满射,从而 φ 是从 A 到 B 的一一对应.

上述事实表明,为求使得 $2^k\leqslant n<2^{k+1}$ 且 $a_n=0$ 的下标 n 的个数,只需算出 B 中恰出现 $\frac{k}{2}$ 个 -1 的数列个数,可知其个数为 $C_k^{\frac{k}{2}}$.

综上所述,可知当 k 为奇数时,满足条件的下标 n 的个数为0;当 k 为偶数时,满足条件的下标 n 的个数为 $C_k^{\frac{k}{2}}$.

▶**例 3** 求从$\{1,2,\cdots,n\}$中任取 k 个元素的可以重复的组合数.

(1986 年中国国家集训队训练题)

解

设取出的 k 个数为 $1\leqslant j_1\leqslant j_2\leqslant\cdots\leqslant j_k\leqslant n$.为了便于计算,我们做如下的变换:

$$j_i\to j_i'=j_i+i-1, i=1,2,\cdots,k,$$

于是有

$$1\leqslant j_1'<j_2'<\cdots<j_k'=j_k+k-1\leqslant n+k-1.$$

容易验证,若$(i_1,i_2,\cdots,i_k)\neq(j_1,j_2,\cdots,j_k)$,则变换后仍有$(i_1',i_2',\cdots,i_k')\neq(j_1',j_2',\cdots,j_k')$.此外,这个变换还是可逆的,即对任意满足条件 $1\leqslant j_1'<j_2'<\cdots<j_k'\leqslant n+k-1$ 的一组$(j_1',j_2',\cdots,j_k')$,都有一组$(j_1,j_2,\cdots,j_k)$对应于它.实际上,这时有

$$j_i=j_i'-i+1,\ i=1,2,\cdots,k,$$

可见,这个对应是个双射.因为$(j_1',j_2',\cdots,j_k')$的取法数为 C_{n+k-1}^k,故所求的组合数也等于 C_{n+k-1}^k.

▶**例 4** 在 $m\times n$ 方格表的每个方格内填入一个自然数,使得表中每一列的数都自上而下严格递增,且每行的数都从左至右非严格递增.我们用 $L(a_1,a_2,\cdots,a_k)$表示在方格表中填入 a_1 个 1,a_2 个 2,$\cdots$,a_k 个 k 的所有满足要求的不同填数法的总数.求证:函数 L 的值与自变量的排列顺序无关.

(1992 年圣彼得堡代表队选拔试题)

证明

显然,只须证明

$$\begin{aligned}&L(a_1,a_2,\cdots,a_{p-1},a_p,a_{p+1},a_{p+2},\cdots,a_k)\\=&L(a_1,a_2,\cdots,a_{p-1},a_{p+1},a_p,a_{p+2},\cdots,a_k),\end{aligned}\tag{3}$$

即函数 L 的值在交换某相邻二元时保持不变.

将 $m\times n$ 方格表中填有数 $1,2,\cdots,k$ 的个数依次为 $a_1,a_2,\cdots,a_{p-1},a_p,a_{p+1},a_{p+2},\cdots,a_k$ 的所有不同数表的集合记为 A,填有数 $1,2,\cdots,k$ 的个数依次为 $a_1,a_2,\cdots,a_{p-1},a_{p+1},a_p,a_{p+2},\cdots,a_k$ 的所有不同数表的集合记为 B.为证式(3),只要在集合 A 与 B 之间建立一个双射就可以了.

对任意方格表 $\alpha\in A$,考察表中填数为 p 或 $p+1$ 的所有方格的集合 M,称

之为“带形”.显然,带形 M 与方格表的每一列至多交于两个方格,而且这两个方格相邻,上格中写有 p,下格中写有 $p+1$.同时,如果带形 M 与方格表的某行之交多于 1 个方格,则这些方格左右相邻,且其中填有 p 的方格都在填有 $p+1$ 的方格的左边.这时,M 中共有 a_p+a_{p+1} 个方格,其中 a_p 个方格中写有 p,a_{p+1} 个方格中写有 $p+1$.

设 M 与方格表中的 q 列之交各为两格,而与其他列之交至多为 1 格,将这 q 对方格去掉后,M 中的其余方格将分解为若干互不相连的 $1\times d$ 的“横条”,这些横条中共分布着 a_p-q 个 p 和 $a_{p+1}-q$ 个 $p+1$.对其中每个 $1\times d$ 横条,设其左边 d_1 个方格中写有 p,右边 d_2 个方格中写有 $p+1$.现将横条的左边 d_2 个方格中填入 p,右边 d_1 个方格中填入 $p+1$,则对每个横条中的数都作出这样的改动之后(其余方格中的数不变),所得的数表 β 中恰有 a_{p+1} 个 p 和 a_p 个 $p+1$,即 $\beta\in B$.易见,由 $\alpha\to\beta$ 的对应是个双射.

▶**例 5** 一个递增的整数数列,如果它的第一项为奇数,第二项为偶数,第三项为奇数,第四项为偶数,以此类推,则称它为交错数列.空集也当作一个交错数列.将每项都取自集合 $\{1,2,\cdots,n\}$ 的所有交错数列的个数记为 $A(n)$.求 $A(20)$,并说明理由.

(1994 年英国数学奥林匹克竞赛)

解

当 $n=1$ 时,$\varnothing$ 和 $\{1\}$ 是两个交错数列,故有 $A(1)=2$.当 $n=2$ 时,除上述两个之外又增加了交错数列 $\{1,2\}$,所以 $A(2)=3$.

设 $\{a_1,a_2,\cdots,a_m\}$ 是取自集合 $\{1,2,\cdots,n\}$ 的非空交错数列.按定义,$a_1=1$,或 $a_1\geqslant 3$ 且 a_1 为奇数.当 $a_1=1$ 时,数列 $\{a_2-1,a_3-1,\cdots,a_m-1\}$ 是取自集合 $\{1,2,\cdots,n-1\}$ 的一个交错数列.这时,定义

$$\{1,a_2,a_3,\cdots,a_m\}\xrightarrow{f}\{a_2-1,a_3-1,\cdots,a_m-1\},$$

则映射 f 是由取自集合 $\{1,2,\cdots,n\}$ 的首项为 1 的所有交错数列的集合到取自集合 $\{1,2,\cdots,n-1\}$ 的所有交错数列的集合的一个双射.所以取自集合 $\{1,2,\cdots,n\}$ 且首项为 1 的所有交错数列的个数为 $A(n-1)$.

当奇数 $a_1\geqslant 3$ 时,数列 $\{a_1-2,a_2-2,\cdots,a_m-2\}$ 是取自 $\{1,2,\cdots,n-2\}$ 的非空交错数列.定义映射

$$\{a_1,a_2,\cdots,a_m\}\xrightarrow{g}\{a_1-2,a_2-2,\cdots,a_m-2\},$$

则映射 g 是由取自$\{1,2,\cdots,n\}$的首项 $a_1\geqslant 3$ 的所有交错数列的集合到取自$\{1,2,\cdots,n-2\}$的所有非空交错数列的集合的一个双射.所以取自$\{1,2,\cdots,n\}$的首项 $a_1\geqslant 3$ 的所有交错数列的个数为 $A(n-2)-1$.

综上,我们得到递推关系式

$$A(n)=A(n-1)+A(n-2). \tag{4}$$

注意,这恰好是斐波那契数列的递推公式.

因为 $A(1)=2=F_2$,$A(2)=3=F_3$,故由式(4)可得

$$A(n)=F_{n+1},\ n=1,2,\cdots.$$

特别地,有 $A(20)=F_{21}$.依次写出斐波那契数列的前 21 项:

1,2,3,5,8,13,21,34,55,89,144,233,377,610,987,1597,2584,4181,6765,10 946,17 711,

由此即得

$$A(20)=F_{21}=17\ 711.$$

▶**例 6** 由正号"+"与负号"−"组成的符号序列,例如

$$++-+-+-, \tag{5}$$

其中由"+"到"−",或由"−"到"+",称为"一次变号".序列(5)中有 5 次变号.问:有多少个长为 m 的符号序列,其中恰有 n 次变号($n<m$)?

解

设集合

$X=\{$长为 m,恰有 n 次变号的符号序列$\}$,

$X_1=\{x\mid x\in X$,并且 x 的第一个符号为"+"$\}$,

$X_2=\{x\mid x\in X$,并且 x 的第一个符号为"−"$\}$.

对于符号序列 $x\in X_1$,将 x 中的"+"变为"−","−"变为"+",易知这是一个从 X_1 到 X_2 的一一对应.所以

$$|X_1|=|X_2|=\frac{1}{2}|X|.$$

现在我们来求$|X_1|$.令集合

$Y=\{$将 n 个黑球与 $m-n-1$ 个白球排成一列的方法$\}$.

对任一符号序列 $x\in X_1$,在 x 的两个相邻符号之间("空隙处")放一个球.如果这两个符号同号,则放一个白球;否则,放一个黑球.这样,共放了 $m-1$ 个球,其中 n 个为黑球,$m-n-1$ 个为白球.这就产生了 Y 中的一个元素 y,因此

是从 X_1 到 Y 的映射 f.它显然是单射,同时也是满射.因为对任一 $y\in Y$,设已按 Y 将 $m-1$ 个球排成一列(自左到右).先在第一个球左侧放一个"+".如果这个球是白球,则在它与第二个球之间放一个"+";如果这个球是黑球,则在它与第二个球之间放一个"-".如此继续进行,对于每一个白球,在它与右邻之间放一个与左侧相同的符号,对于每一个黑球,在它与右邻之间放一个与左侧不同的符号,直到最后一个球的右侧放上符号.这样得到一个符号序列 $x\in X_1$,并且 $f(x)=y$,所以 f 是一个一一对应,$|X_1|=|Y|$.

容易证明,$|Y|=C_{m-1}^{n}$,所以

$$|X|=2|X_1|=2C_{m-1}^{n}.$$

点评

本题不仅对映射的构造有一定要求,对集合的构造也是如此.这特别需要具备对问题本质的洞察力.

▶**例 7** 将自然数 3,4,5,…,1994,1995 排成一个数列 $\{a_k\}$,使得

$$k\,|\,a_k,\ k=1,2,\cdots,1993. \tag{6}$$

求满足题中要求的排列种数.

(1995 年中国国家集训队测试题)

解

除了 1994 和 1995 之外,每个自然数都可能排在以自己为号码的位置上.因此,首先要安排 1994 和 1995 的位置.

由式(6)知,1994 和 1995 都只能排在以自己的某个因数为号码的位置上,于是这个因数不能排在以自己为号码的位置上,又得排到以自己的一个因数为号码的位置上(后者当然也是原数的因数).这样一个一个传递下去,直到最后一个因数排到第 1 号或第 2 号为止.

因为

$$1995=3\times5\times7\times19,\ 1994=2\times997,$$

所以从 1995 开始的顶替过程必然以最后排到第 1 号为止,于是 1994 只能排在 2 号位.这样一来,每种满足要求的排列都对应于 1995 的某些因数的一个排列,且这个对应是个双射.事实上,其他数都只能排在以自己为号码的位置上,否则必导致小数排在大号码的位置上,当然不能满足式(6)的要求.

将因数从大到小排列，且只记相邻两个因数的倍数.例如，将 1995→665→35→7→1 记为(3,19,5,7).显然，每种排列中诸项之积都是 1995.

考察第一项为 3 的所有排列，共有 13 种：

(3,5,7,19),(3,5,19,7),(3,5,7×19),

(3,7,5,19),(3,7,19,5),(3,7,5×19),

(3,19,5,7),(3,19,7,5),(3,19,5×7),

(3,5×7,19),(3,5×19,7),(3,7×19,5),

(3,5×7×19).

同理，分别以 5,7,19 为首项的排列也各有 13 种.从而，这样的(首项为素因数的)排列数组共有 13×4=52 种.

此外，首项为 3×5 的数组共有 3 种：

(15,7,19),(15,19,7),(15,7×19).

同理，首项分别为 3×7,3×19,5×7,5×19,7×19 的数组也各有 3 种，共有 6×3=18 种.

最后，还有 5 个数组为

(3×5×7,19),(3×5×19,7),(3×7×19,5),(5×7×19,3),(1995).

综上可知，满足题中要求的排列种数为 52+18+5=75.

点评

与数论知识结合起来的组合问题往往更加困难.首先要找到问题的突破口，否则会束手无策，毫无思路.

2.3 几何及杂题中的对应

知识桥

几何计数也是组合学中的一大亮点.一般来说,属于纯组合学的几何计数关心的是图形的位置,而不大涉及几何图形的测度(如面积、长度等),否则便属于组合几何的范畴.几何与杂题中运用的对应方法,其基本思想也与前两节差不多.

训练营

▶**例 1** 设圆周上有 n 个点($n>6$),每两点间连一条弦,且任何 3 条弦在圆内都没有公共点.问:这些弦彼此相交共能构成多少个不同的三角形?

(1991 年中国国家集训队训练题)

解

先考察 3 个顶点都在圆上的三角形的集合 S_1.设 T_1 是圆上 n 个已知点的所有三元子集的集合,则 $|T_1|=C_n^3$.显然,由三角形到它的 3 个顶点的对应是由 S_1 到 T_1 的一个双射,故有 $|S_1|=C_n^3$.

其次考察 2 个顶点在圆上、1 个顶点在圆内的三角形的集合 S_2.设 T_2 是 n 个已知点的所有四元子集的集合,则 $|T_2|=C_n^4$.

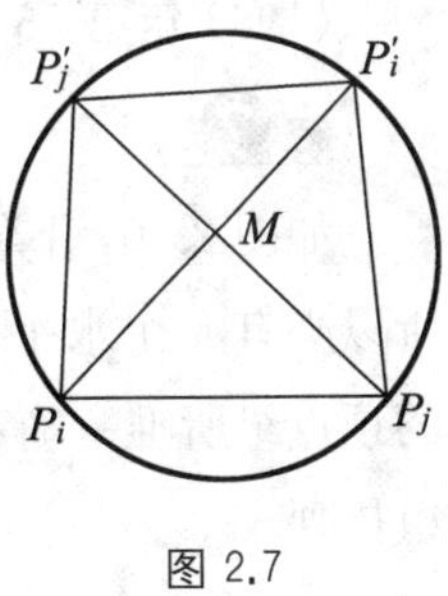

图 2.7

如图 2.7,设 $\triangle MP_iP_j$ 是任一这样的三角形,其顶点 P_i,P_j 是圆上的已知点,顶点 M 是弦 P_iP_i' 和 P_jP_j' 在圆内的交点.令 $\triangle MP_iP_j$ 对应于四点组 $\{P_i,P_j,P_i',P_j'\}$,则 $\triangle MP_jP_i'$,$\triangle MP_i'P_j'$ 和 $\triangle MP_j'P_i$ 也都对应于这同一个四点组.易知,这个映射是由 S_2 到 T_2 的倍数映射,且倍数为 4.从而有 $|S_2|=4C_n^4$.

再考察 1 个顶点在圆上、2 个顶点在圆内的所有三角形的集合 S_3.设 T_3 是 n 个已知点的所有五元子集的集合,则 $|T_3|=C_n^5$.

如图 2.8,设$\triangle P_1Q_1Q_5$是一个这样的三角形,其顶点P_1在圆上,顶点Q_1和Q_5在圆内.令$\triangle P_1Q_1Q_5$对应于五点组$\{P_1,P_2,P_3,P_4,P_5\}\in T_3$,这就定义了一个由$S_3$到$T_3$的倍数为 5 的倍数映射.因此有$|S_3|=5|T_3|=5C_n^5$.

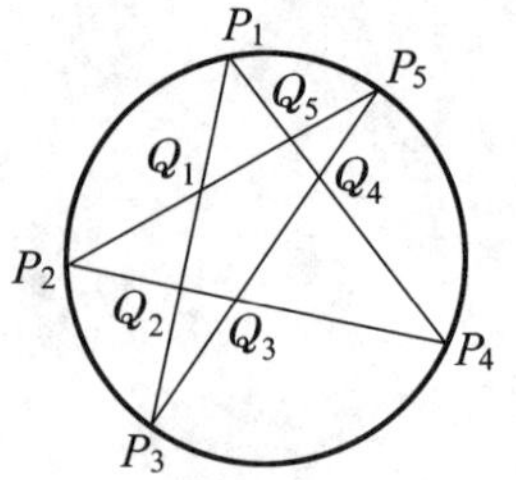

图 2.8

最后考察 3 个顶点都在圆内的所有三角形的集合S_4.设T_4是n个已知点的所有六元子集的集合,则$|T_4|=C_n^6$.

如图 2.9,设$\triangle M_1M_2M_3$是一个这样的三角形.令$\triangle M_1M_2M_3$对应于六点组$\{P_1,P_2,P_3,P_4,P_5,P_6\}\in T_4$.易见,这是一个由$S_4$到$T_4$的双射.从而有$|S_4|=|T_4|=C_n^6$.

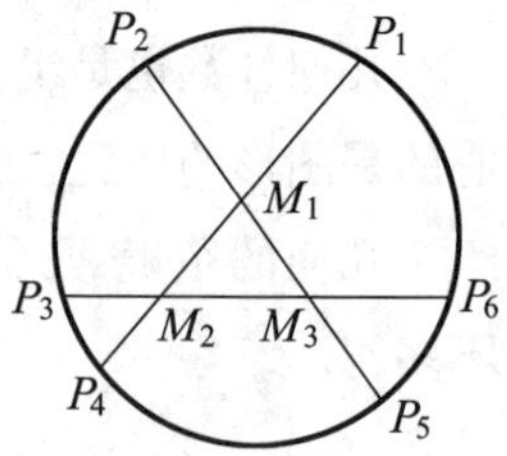

图 2.9

由加法原理知,所求的三角形的总数为$S=C_n^3+4C_n^4+5C_n^5+C_n^6$.

点评

本题所求数目甚大,容易遗漏.但采用对应方法则显得十分清晰.

▶例 2 设纸上所画的网格线由n条水平直线和n条竖直直线组成.问:沿着这些网格线可以作出多少条不同的具有$2n$段的闭折线,使得其中每条折线都经过每条水平线和每条竖直线?

(1963 年第 26 届莫斯科数学奥林匹克竞赛)

解

如图 2.10,沿着网格线的闭折线必然是横竖交错的,所以必有n个水平段和n个竖直段.容易看出,折线被它的顶点组所唯一确定,而顶点组又被水平段和竖直段的一组排列

$$\{i_1,j_1,i_2,j_2,\cdots,i_n,j_n\} \quad (1)$$

所唯一确定,其中$\{i_1,i_2,\cdots,i_n\}$和$\{j_1,j_2,\cdots,j_n\}$都是$(1,2,\cdots,n)$的排列.这样一来,我们就得到一个由排列(1)到折线的映射.它显然是满射,但不是单射.因为对任意$1\leqslant k\leqslant n$,排列

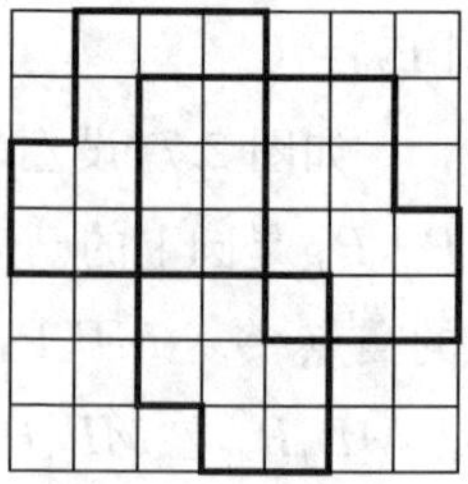
图 2.10

$$\{i_k, j_k, \cdots, i_n, j_n, i_1, j_1, \cdots, i_{k-1}, j_{k-1}\},$$

$$\{i_k, j_{k-1}, i_{k-1}, j_{k-2}, \cdots, j_1, i_1, j_n, i_n, \cdots, i_{k+1}, j_k\}$$

所对应的折线都是同一条,所以这个映射是倍数为 $2n$ 的倍数映射.

因为所有形如式(1)的排列的个数是$(n!)^2$,故知不同的闭折线的条数为$\frac{1}{2}n!\cdot(n-1)!$.

▶例 3 一个正三角形 ABC,每边被 n 等分.过各分点作其他两边的平行线,将原三角形划分为小的正三角形.问:

(1) 共产生多少个正三角形(包括原正三角形在内)?

(2) 共产生多少个菱形?

(1990 年中国国家集训队试题)

解

(1) 将所有三角形分为“头朝上”和“头朝下”的两类.记原三角形 ABC 的边长为n,且设边长为 $k(1\leqslant k\leqslant n)$的“头朝上”的正三角形个数为 x_k,边长为$l\left(1\leqslant l\leqslant\left[\frac{n}{2}\right]\right)$的“头朝下”的正三角形个数为 y_l,于是

$$\begin{aligned}x_1&=1+2+\cdots+n=\frac{1}{2}n(n+1)\\&=\frac{1}{6}(n(n+1)(n+2)-(n-1)n(n+1)),\\x_2&=1+2+\cdots+(n-1)=\frac{1}{2}(n-1)n\\&=\frac{1}{6}((n-1)n(n+1)-(n-2)(n-1)n),\\&\cdots\\x_{n-1}&=1+2=\frac{1}{2}(2\times3)=\frac{1}{6}(2\times3\times4-1\times2\times3),\\x_n&=1=\frac{1}{2}(1\times2)=\frac{1}{6}(1\times2\times3),\end{aligned}$$

故 $\sum\limits_{k=1}^{n}x_k=\frac{1}{6}n(n+1)(n+2)$.

又 $\quad y_1=1+2+\cdots+(n-1)=\frac{1}{2}n(n-1),$

$$y_2=1+2+\cdots+(n-3)=\frac{1}{2}(n-2)(n-3),$$

$$\cdots$$

$$y_l=1+2+\cdots+(n-2l+1)=\frac{1}{2}(n-2l+2)(n-2l+1),$$

$$\left(l=1,2,\cdots,\left[\frac{n}{2}\right]\right).$$

为了计算 $\sum\limits_{l=1}^{\left[\frac{n}{2}\right]} y_l$,需分下列两种情形讨论.

(i) 当 n 为偶数 $2m$ 时,

$$\begin{aligned}\sum_{l=1}^{\left[\frac{n}{2}\right]} y_l &=\frac{1}{2}\sum_{l=1}^{m}(2m-2l+2)(2m-2l+1)\\&=\frac{1}{2}\sum_{l=1}^{m}((2m-2l+2)^2-(2m-2l+2))\\&=2\sum_{l=1}^{m}(m-l+1)^2-\sum_{l=1}^{m}(m-l+1)\\&=2\sum_{l=1}^{m}l^2-\sum_{l=1}^{m}l\\&=\frac{1}{3}m(m+1)(2m+1)-\frac{1}{2}m(m+1)\\&=\frac{1}{6}m(m+1)(4m-1)\\&=\frac{1}{24}n(n+2)(2n-1).\end{aligned}$$

(ii) 当 n 为奇数 $2m-1$ 时,

$$\begin{aligned}\sum_{l=1}^{\left[\frac{n}{2}\right]} y_l &=\frac{1}{2}\sum_{l=1}^{m-1}(2m-2l)(2m-2l+1)\\&=2\sum_{l=1}^{m-1}(m-l)^2+\sum_{l=1}^{m-1}(m-l)\\&=\frac{1}{3}(m-1)m(2m-1)+\frac{1}{2}(m-1)m\\&=\frac{1}{6}(m-1)m(4m+1)\\&=\frac{1}{24}(n-1)(n+1)(2n+3).\end{aligned}$$

故当 n 为偶数时，三角形的总数为

$$\begin{aligned}S_{偶}&=\frac{1}{6}n(n+1)(n+2)+\frac{1}{24}n(n+2)(2n-1)\\&=\frac{1}{8}n(n+2)(2n+1);\end{aligned}$$

当 n 为奇数时，三角形的总数为

$$\begin{aligned}S_{奇}&=\frac{1}{6}n(n+1)(n+2)+\frac{1}{24}(n-1)(n+1)(2n+3)\\&=\frac{1}{8}(n+1)(2n^2+3n-1).\end{aligned}$$

(2) 因为边不与 BC 平行的菱形的下半部分正好是一个“头朝下”的正三角形，这种对应是一一对应，故边不与 BC 平行的菱形个数等于“头朝下”的正三角形的个数，而所有菱形的个数正好是它的 3 倍.于是由(1)得

$$S_{菱}=\begin{cases}\frac{1}{8}n(n+2)(2n-1), & n\text{ 为偶数},\\ \frac{1}{8}(n-1)(n+1)(2n+3), & n\text{ 为奇数}.\end{cases}$$

▶**例 4** 以不同的方法将 n 个黑球和 n 个白球排成一行，并计算每种这样的排列中，球的颜色改变的次数.求证：颜色改变次数为 $n-k$ 的排法和颜色改变次数为 $n+k$ 的排法同样多($0<k<n$).

(1968 年匈牙利数学奥林匹克竞赛)

证明

方法一 首先，我们来计算当颜色改变的次数 v 为奇数时，有多少种方法可以使 n 个黑球与 n 个白球排成一行.

设 $v=2m+1$.在 n 个黑球与 n 个白球所排成的一行中，我们把相邻两次改变颜色之间的若干个同色球称为一段.由于共改变 $2m+1$ 次颜色，所以这一行共有 $2m+2$ 段，其中黑球和白球各有 $m+1$ 段.由此可见，改变 v 次颜色的每种排法，都对应于分别把 n 个黑球的一行和 n 个白球的一行分成 $m+1$ 段，然后把 $m+1$ 段黑球和 $m+1$ 段白球交替地排成一行.但因排成一行时可以从白球段开始，也可以从黑球段开始，所以对于 n 个黑球与 n 个白球的每种分段法，可以得到两种满足要求的排法.而对黑球与白球的不同分段法，得到的改变 v 次颜色的排法互不相同.

将排成一行的 n 个黑球分成 $m+1$ 段，相当于从 $n-1$ 个空隙中选取 m 个作为段之间的分界线，所以共有 C_{n-1}^{m} 种取法.因而，改变 v 次颜色的不同排法总数为 $2(C_{n-1}^{m})^2$.

当 $n-k$ 为奇数时，$n+k$ 也是奇数，于是改变 $n-k$ 次颜色和改变 $n+k$ 次颜色的所有不同排法的种数分别为

$$2(C_{n-1}^{m_1})^2,\ 2(C_{n-1}^{m_2})^2,$$

其中 $m_1=\frac{1}{2}(n-k-1)$，$m_2=\frac{1}{2}(n+k-1)$.易知 $m_1+m_2=n-1$，从而有

$$C_{n-1}^{m_1}=C_{n-1}^{m_2}.$$

由此可见，当 $n-k$ 为奇数时，改变 $n-k$ 次颜色的不同排法种数与改变 $n+k$ 次颜色的不同排法种数相等.

其次，当 v 为偶数时，设 $v=2m$.这时，颜色改变次数为 $2m$ 的每种排法中，黑球与白球的段数之和为 $2m+1$.要么有 $m+1$ 段黑球和 m 段白球，要么有 $m+1$ 段白球和 m 段黑球.类似的论证表明，颜色改变次数为 $2m$ 的排法种数是 $2C_{n-1}^{m}C_{n-1}^{m-1}$.

当 $n-k$ 为偶数时，$n+k$ 也为偶数.于是，改变 $n-k$ 次和 $n+k$ 次颜色的不同排法种数分别为

$$2C_{n-1}^{m_1}C_{n-1}^{m_1-1},\ 2C_{n-1}^{m_2}C_{n-1}^{m_2-1},$$

其中 $m_1=\frac{1}{2}(n-k)$，$m_2=\frac{1}{2}(n+k)$.易知 $m_1+m_2-1=n-1$，从而有

$$C_{n-1}^{m_1}=C_{n-1}^{m_2-1},\ C_{n-1}^{m_1-1}=C_{n-1}^{m_2}.$$

由此可见，改变 $n-k$ 次和 $n+k$ 次颜色的不同排法的种数同样多.

方法二 我们记改变 $n-k$ 次颜色的所有不同排法所组成的集合为 A，改变 $n+k$ 次颜色的所有不同排法所组成的集合为 B，并通过建立 A 与 B 之间的一个双射来证明两个集合的元素个数相等.

(i) 对于任意 $a\in A$，设 a 的排法如下：

○○○○●●●○○●●●　○○●●○○●●●●○○　(2)

(前例是 $n=6$，$k=3$ 的情形，后例是 $n=6$，$k=2$ 的情形.)一行球的颜色改变 $n-k$ 次，故其中颜色相同的球共有 $n-k+1$ 段.设白球有 m_1 段，黑球有 m_2 段，则当第一个球为白球时，我们有

$$m_1=\begin{cases}\frac{1}{2}(n-k+1), & n-k\text{ 为奇数},\\ \frac{1}{2}(n-k+2), & n-k\text{ 为偶数},\end{cases}\qquad m_2=\begin{cases}\frac{1}{2}(n-k+1), & n-k\text{ 为奇数},\\ \frac{1}{2}(n-k), & n-k\text{ 为偶数}.\end{cases}$$

当第一个球为黑球时，上述表达式互换.

(ii) 式(2)中所示的排法对应于 n 个白球分为 m_1 段和 n 个黑球分为 m_2 段的一种分法：

○○○○|○○　●●●|●●●　(3)

○○|○○|○○　●●|●●●●

(iii) 在式(3)所示的分法中，将所有分界线去掉，并在原来没有分界线的空隙中填上分界线，则可得到新的分法：

○|○|○|○○|○　●|●|●●|●|●　(4)

○|○○|○○|○　●|●●|●|●|●

设这时白球分成 m_1'段，黑球分成 m_2'段，则有

$$m_1+m_1'=n+1,\ m_2+m_2'=n+1.$$

(iv) 改变第一个球的颜色(原为白球时，现在排黑球；原为黑球时，现在排白球)，并按式(4)中的分段交替地排上黑球段与白球段，便得到排法如下：

●○●○●●○●○○●○　●○●●○○●○○●○●　(5)

这时，新排法中共有 $m_1'+m_2'$段球，颜色改变 $m_1'+m_2'-1$ 次.因为 $m_1'+m_2'-1=2(n+1)-(m_1+m_2)-1=2n+1-(n-k+1)=n+k$，所以式(5)中所示的排法属于 B.这样，我们就建立了一个由 A 到 B 的映射.

容易看出，对于 $a, a'\in A, a\neq a'$，两者所对应的黑白球的分法不同，从而改换后所得的黑白球的分法(4)也不同，因而所对应的 B 中的排法也不同，这表明上述映射为单射.又因这个映射过程是可逆的，当然是满射.从而这个映射为双射.

▶**例 5**　在 $n\times n$ 的空白方格表中放上 n 个星号，且任意两个星号既不同行也不同列.自方格表的左上角至右下角沿格线作一条长为 $2n$ 的折线，如果所有星号都在折线一侧，则称所得的 n 阶方格表是好的.如图 2.11 所示即为一个 5 阶的好的方格表.求好的 n 阶方格表的种数.

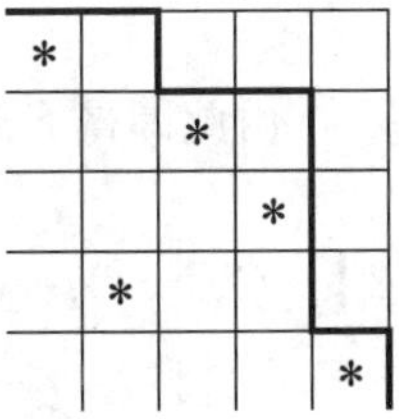

图 2.11

解

由对称性，只需考虑所有星号都在折线下方的情形.记这样的 n 阶好的方格表的种数为 S_n，则显然有 $S_1=1$.

接下来考虑 S_n 和 S_{n-1}的关系.

首先，根据题意可知，对于 n 阶好的方格表，其每一行、每一列上都恰有一个星号.对于一个确定的好的方格表，记其在左起第 i 列折线下的格子数为 a_i，由折线长度为 $2n$ 可知 $n\geqslant a_1\geqslant a_2\geqslant\cdots\geqslant a_n\geqslant 0$.又记第 i 列中的星号位于下起第 b_i 行，则 $b_1,b_2,\cdots,b_n$ 为 $1,2,\cdots,n$ 的一个排列.

于是每一个好的 n 阶方格表就唯一对应了一个 $2\times n$ 矩阵 $\boldsymbol{M}_n=\begin{pmatrix}a_1 & a_2 & \cdots & a_n\\ b_1 & b_2 & \cdots & b_n\end{pmatrix}$，满足 $n\geqslant a_1\geqslant a_2\geqslant\cdots\geqslant a_n\geqslant 0$，$b_1,b_2,\cdots,b_n$ 为 $1,2,\cdots,n$ 的一个排列，且对每一个 $i=1,2,\cdots,n$，都有 $a_i\geqslant b_i$.

这显然是一个一一对应，故只需求出满足上面要求的 $\boldsymbol{M}_n$ 的个数即可.

设在一个满足上面要求的矩阵 $\boldsymbol{M}_n$ 中，$b_k=1$，则 $2\times(n-1)$ 矩阵

$$\begin{pmatrix}a_1-1 & \cdots & a_{k-1}-1 & a_{k+1}-1 & \cdots & a_n-1\\ b_1-1 & \cdots & b_{k-1}-1 & b_{k+1}-1 & \cdots & b_n-1\end{pmatrix}=\boldsymbol{M}_{n-1}$$

仍满足上面所有条件（只需将 n 全部换成 $n-1$），从而让 $\boldsymbol{M}_n$ 对应于 $\boldsymbol{M}_{n-1}$，这是一个映射.

对于每个 $2\times(n-1)$ 的满足条件的矩阵

$$\boldsymbol{M}'_{n-1}=\begin{pmatrix}c_1 & c_2 & \cdots & c_{n-1}\\ d_1 & d_2 & \cdots & d_{n-1}\end{pmatrix},$$

它的原像必有形式

$$\boldsymbol{M}'_n=\begin{pmatrix}c_1+1 & \cdots & c_k+1 & c & c_{k+1}+1 & \cdots & c_{n-1}+1\\ d_1+1 & \cdots & d_k+1 & 1 & d_{k+1}+1 & \cdots & d_{n-1}+1\end{pmatrix},$$

这里 $c_k+1\geqslant c\geqslant c_{k+1}+1$，因此原像个数为

$$(n-(c_1+1)+1)+((c_1+1)-(c_2+1)+1)+\cdots+((c_{n-1}+1)-1+1)=2n-1.$$

由此即得 $S_n=(2n-1)S_{n-1}$，故 $S_n=\prod\limits_{k=1}^{n}(2k-1)$.所以所求种数为 $2S_n=2\prod\limits_{k=1}^{n}(2k-1)$.

▶**例 6** 某班的男生与女生人数相同（全班人数不少于 4 人）.将他们以各种不同的方式排成一行，看看能否将这一行分成两部分，使得在每一部分中，男生和女生都各占一半.设不能这样分开的排法种数为 a，恰有一种方法可以这样分开的排法种数为 b.求证：$b=2a$.

（1972 年匈牙利数学奥林匹克竞赛）

证明

我们把男生对应于$+1$,女生对应于-1,于是每种排法都对应于一个以$+1$和-1为项的数列.设这班学生人数为$2n$,于是数列的项数为$2n$,且这$2n$项之和为0.在这些数列中,所有不能分成两段,使每段各项之和都为0的数列所成的集合记为A;所有恰有一种方法可以分成两段,使每段各项之和都为0的数列所成的集合记为B.显然,$|A|=a$,$|B|=b$.

因为将一个数列中的$+1$和-1互换所得的新数列与原数列同属于A或同属于B,所以可只考虑集合A,B中以$+1$开头的数列,并将这样的数列所形成的子集分别记为A_1,B_1.显然,只须证明$|B_1|=2|A_1|$.

B_1中的数列都以$+1$开头,且都能以唯一的方式分成两段,使每段的各项之和都为0.后段的开头可为$+1$,也可为-1,且当将后段中的$+1$和-1互换时,所得的数列仍属于B_1.我们将后段首项为$+1$的数列所形成的子集记为B_1',后段首项为-1的数列所形成的子集记为B_1''.显然有$|B_1'|=|B_1''|$.于是问题化为证明$|B_1'|=|A_1|$.

下面我们用在B_1'和A_1之间建立一个双射的办法来证明$|B_1'|=|A_1|$.设

$$B_1'\ni x=(x_1,x_2,\cdots,x_j,x_{j+1},x_{j+2},\cdots,x_{2n}),$$

它能以唯一的方式分成两段

$$(x_1,x_2,\cdots,x_j),\ (x_{j+1},x_{j+2},\cdots,x_{2n}),$$

其中$x_1=1$,$x_{j+1}=1$,$x_1+x_2+\cdots+x_j=0$,$x_{j+1}+x_{j+2}+\cdots+x_{2n}=0$,且$S_k=x_1+x_2+\cdots+x_k\neq 0$,$k\neq j$,$k\leqslant 2n-1$.令

$$x\to y=(x_{j+1},x_1,x_2,\cdots,x_j,x_{j+2},\cdots,x_{2n}).$$

因为$x_1=1$,$S_k\neq 0$,$k=1,2,\cdots,j-1$,且S_k与S_{k+1}之差为1,故有$S_k>0$,$k=1,2,\cdots,j-1$.又因$x_{j+1}=1$,故数列y的前k项之和

$$T_k=x_{j+1}+S_{k+1}>0,k=1,2,\cdots,j+1,$$
$$T_k=S_k\neq 0,k=j+2,\cdots,2n-1,$$

由此可见$y\in A_1$.容易看出,这个映射是单射.

另一方面,对任意$y\in A_1$:$(y_1,y_2,\cdots,y_{2n})$,由定义知$T_k=y_1+y_2+\cdots+y_k>0$,$k\leqslant 2n-1$,$T_{2n}=0$.特别地有$T_2=y_1+y_2>0$,故$y_2=+1$.又因$T_{2n}=0$,故必有某些部分和T_k的值为$+1$,设其中下标最小的一个为T_{k_0}.考察数列

$$x=(y_2,y_3,\cdots,y_{k_0},y_1,y_{k_0+1},\cdots,y_{2n}),$$

因为$T_k\geqslant 2$,$k=1,2,\cdots,k_0-1$,故x的部分和

$$S_k=T_{k+1}-1\geqslant 1,\ k=1,2,\cdots,k_0-2,$$
$$S_{k_0-1}=T_{k_0}-1=0,$$

$$S_k=T_k\neq 0,\ k=k_0,k_0+1,\cdots,2n-1.$$

可见，$x\in B_1'$，且在规定映射下，y 即为 x 的映射像.由 $y\in A_1$ 的任意性知，映射为满射，从而为双射.

▶ **例 7** 设 $4\times4\times4$ 的大正方体由 64 个单位正方体组成.选取其中的 16 个单位正方体涂成红色，使得大正方体中每个由 4 个单位正方体构成的 $1\times1\times4$ 的小柱体都恰含 1 个红色单位正方体.问：16 个红正方体共有多少种不同取法？说明理由.

（1999 年第 14 届中国中学生数学冬令营）

解

方法一 将大正方体按从前到后的顺序分成 4 层，每层都是一个 $1\times4\times4$ 的长方体.依次将 4 层编号为 1，2，3，4.将所有红正方体都投影到正面的 4×4 正方形的方格上，于是 16 个红正方体的投影互不相同，且恰好充满 4×4 的正方形.按每个单位正方形是哪一层红正方体的投影，在该正方体上写上层号 1，2，3 或 4.这样，红正方体的不同取法就与 4×4 正方形方格表的不同填数法一一对应.所以只需计算后者有多少种不同的填数法.

易知，每层的 16 个单位正方体中都恰有 4 个红正方体，且 4 个红正方体既不同行也不同列.因此，在 4×4 正方形里所填的 16 个数中，1，2，3，4 各有 4 个，且每组 4 个相同的数在 4×4 数表中既不同行也不同列.

首先，将 4 个 1 填入 4×4 方格表中，既不同行又不同列，共有 $4!=24$ 种不同填法.

然后，注意到第 1 行的另 3 个数只能是 2，3，4 各 1 个，有 6 种不同填法.

对于 4 个 1 的任何一种填法，总可以经过层之间的交换而使 4 个 1 恰好排在主对角线的 4 个方格中.然后对第 1 行的后 3 个数进行轮换，可设第 1 行的数恰为 1，2，3，4.

1	2	3	4
2	1	4	3
		1	2
		2	1

图 2.12

考察第 2 行第 1 列的方格，可填 2，3，4 之一.若填 2，则第 2 行的 4 个数为 2，1，4，3，从而表中第 3 行第 4 列和第 4 行第 3 列方格中的数都只能是 2(如图 2.12).余下的左下角的 2×2 正方形的 4 个方格中必为 3 和 4 各两个，且对角两数相同，有两种不同填法.若第 2 行第 1 列的方格中填 3，则第 2 行 4 个数依次为 3，1，4，2，从而导致只有唯一的填数法(如图 2.13).同理，若第 2 行第 1 列的方格中填 4，也只有唯一的填数法，故共有 4 种不同的填数法.

1	2	3	4
3	1	4	2
2	4	1	3
4	3	2	1

图 2.13

综上可知，共有 $24\times6\times4=576$ 种不同的填数法.从而 16 个正方体共有 576 种不同取法.

方法二 由方法一知，16 个红正方体的每种满足要求的取法恰对应于将 4×4的方格表划分成 4 组，各组的 4 个方格既不同行又不同列的一种分法，故只需计算后者有多少种不同的分组方法.

用 1,2,3,4 来表示方格所属的组号，并固定第 1 列 4 个方格依次属于 1,2,3,4 组，于是不同分组法有下列 24 种(如图 2.14)：

1	2	3	4
2	1	4	3
3	4	1	2
4	3	2	1

1	2	3	4
2	1	4	3
3	4	2	1
4	3	1	2

1	2	3	4
2	3	4	1
3	4	1	2
4	1	2	3

1	2	3	4
2	4	1	3
3	1	4	2
4	3	2	1

1	2	4	3
2	1	3	4
3	4	1	2
4	3	2	1

1	2	4	3
2	1	3	4
3	4	2	1
4	3	1	2

1	2	4	3
2	3	1	4
3	4	2	1
4	1	3	2

1	2	4	3
2	4	3	1
3	1	2	4
4	3	1	2

1	3	2	4
2	1	4	3
3	4	1	2
4	2	3	1

1	3	2	4
2	4	1	3
3	1	4	2
4	2	3	1

1	3	2	4
2	4	1	3
3	2	4	1
4	1	3	2

1	3	2	4
2	4	3	1
3	1	4	2
4	2	1	3

1	3	4	2
2	1	3	4
3	4	2	1
4	2	1	3

1	3	4	2
2	4	1	3
3	1	2	4
4	2	3	1

1	3	4	2
2	4	3	1
3	1	2	4
4	2	1	3

1	3	4	2
2	4	3	1
3	2	1	4
4	1	2	3

1	4	2	3
2	1	3	4
3	2	4	1
4	3	1	2

1	4	2	3
2	3	1	4
3	1	4	2
4	2	3	1

1	4	2	3
2	3	1	4
3	2	4	1
4	1	3	2

1	4	2	3
2	3	4	1
3	2	1	4
4	1	3	2

1	4	3	2
2	1	4	3
3	2	1	4
4	3	2	1

1	4	3	2
2	3	1	4
3	2	4	1
4	1	2	3

1	4	3	2
2	3	4	1
3	1	2	4
4	2	1	3

1	4	3	2
2	3	4	1
3	2	1	4
4	1	2	3

图 2.14

将 4 组方格分别对应于 4 层的红正方体，共有 24 种不同的对应方法，故知 16 个红正方体的所有不同取法共有 24×24=576 种.

演习场

习题2

1. 设 $S=\{1,2,\cdots,1990\}$.如果 S 的一个 31 元子集中的所有数之和是 5 的倍数,则称其为"好子集".求 S 的所有好子集的个数.

2. 试证:从$\{1,2,\cdots,49\}$中取出 6 个不同的数,使得其中至少有两个数相邻,共有 $C_{49}^6-C_{44}^6$ 种取法.

(1980 年保加利亚数学奥林匹克竞赛)

3. 把 n 个物体排成一行,如果这些物体所组成集合的一个子集中,任何两个元素均不相邻,则称这个子集是不亲切的.

证明:含有 k 个元素的不亲切子集的个数是 C_{n-k+1}^k.

(1956 年第 16 届美国普特南数学竞赛)

4. 把 n 名学生分成若干小组(每组学生人数不限)的每一种分法称为"n 分组".将不同的 n 分组种数记为 a_n,至少有一组只有一名学生的不同 n 分组种数记为 b_n.求证:

$$a_n=b_n+b_{n-1}.$$

5. 给定自然数 $m,n\geqslant 2$.若一个多项式 $P(x)$使得 $P(m)=n$,且$P(x)$ 的系数只取 $0,1,2,\cdots,m^2-1$ 中的数,则称 $P(x)$是合适的.求合适多项式的个数.

6. 设 $1\leqslant k<n$.考虑所有和为 n 的有限正整数数列,求其中项数为 k 的数列的个数 $T(n,k)$.

(1988 年第 29 届国际数学奥林匹克竞赛预选题)

7. 数 $a_0,a_1,a_2,\cdots,a_n$ 相乘,若保持 $a_0,a_1,\cdots,a_n$ 在乘积中的位置不变,问:有多少种不同的乘法结合形式?(例如$(((a_0a_1)a_2)(a_3a_4))$就是 a_0,a_1,a_2,a_3,a_4 相乘的一种结合形式.)

8. 求从$\{1,2,\cdots,n\}$中取出满足下列条件的 k 个不同元素$(j_1,j_2,\cdots,j_k)$的组合数:

(1) $1\leqslant j_1<j_2<\cdots<j_k\leqslant n$;

(2) $j_i-j_{i-1}\geqslant m$, $i=2,3,\cdots,k$, $m\in\mathbf{N}$.

(1986 年中国国家集训队训练题)

9. 用"0"和"1"组成序列,有多少个长为 m 的 0,1 序列:

$$a_1a_2\cdots a_m,\ a_i\in\{0,1\}(i=1,2,\cdots,m),$$

其中恰有 n 个“01”块(0 的后继是 1)?

例如,当 $m=5,n=2$ 时,有 6 个长为 5 的序列恰有 2 个“01”块,它们是:

01011　01010　01101

01001　10101　00101

10. 售货亭前有 $2n$ 个人排队购买价值 5 角的货物.若 n 个人手持 5 角零钱,n 个人手持 1 元硬币,且开始售货时售货员没有零钱.问:这 $2n$ 个人有多少种排队方式,能使售货员始终没有找不出零钱的困扰?

11. 在 1993×1993 的方格纸上标定两个处于同一条边缘上的方格 A 和 B,它们之间隔着奇数个方格.现用 1×2 的矩形覆盖方格纸上除了 1 个标定方格外的其余部分.试证:不盖住 A 的盖法数与不盖住 B 的盖法数相等.

(1993 年圣彼得堡数学选拔考试)

12. 在圆周上给出一个由点 $A_1,A_2,\cdots,A_n$ 所组成的点集.考察所有以该点集中的点作为顶点的各种不同的凸多边形,并把这些多边形分成两组:第一组中的多边形都以 A_1 为一个顶点,第二组中的多边形都不以 A_1 为顶点.问:哪一组中的多边形个数多?

(1953 年第 16 届莫斯科数学奥林匹克竞赛)

13. 设 x 轴、y 轴的正半轴上各有 m 个和 n 个定点.将 m 个点中任一点与 n 个点中任一点均连一线段.如果每三条线段不共点,试确定全体所连线段交点的个数(不包括线段的端点).

(1959 年第 20 届美国普特南数学竞赛)

14. 设有 3 个集合 A,B,C 定义如下:集合 A 表示 5 个数的乘积 $a_1a_2a_3a_4a_5$ 加 3 对括号的所有不同方法的集合;B 表示凸六边形划分成 4 个三角形的所有不同方法的集合;C 表示将 4 个黑球和 4 个白球排成一行,使在任意一个位置之前白球数都不少于黑球数的所有排法的集合.求证:$|A|=|B|=|C|$.

(1986 年中国国家集训队训练题)

15. 已知某城市的形状是矩形,它被许多条街道划分成许多正方形.南北方向上共有 m 个正方形,东西方向上共有 n 个正方形.问:从矩形的一个顶点到其相对顶点的最短路线共有多少条?

(1953 年基辅数学奥林匹克竞赛)

16. 表演马戏的圆形舞台被 n 盏探照灯照亮,其中每盏探照灯都照亮舞台上的一个凸图形.已知当关闭其中任何一盏探照灯时,舞台仍可被全部照亮;但若关闭任何两盏灯,舞台就不能被全部照亮了.求所有可能的 n 值.

（1975 年第 38 届莫斯科数学奥林匹克竞赛）

17. 8 个女孩和 25 个男孩围成一圈，任意两个女孩之间至少站两个男孩.共有多少种不同的排列方法(通过把圆旋转能够重合的排法认为是同一种)？

（1990 年全国高中数学联赛）

18. 对于满足关系式

$$a_1+2a_2+\cdots+na_n=1979$$

的 n 元自然数组$(a_1,a_2,\cdots,a_n)$，当 n 为偶数时称其为偶的，当 n 为奇数时称其为奇的.求证：奇的数组与偶的数组同样多.

（1979 年第 21 届国际数学奥林匹克竞赛预选题）

第三讲 数学归纳法

知识桥

既然组合问题特别是计数问题要涉及自然数 n,那么使用数学归纳法就往往在所难免.数学归纳法说的是:一个关于自然数 n 的命题在 $n=1$ 时成立,且若 $n=k$ 时成立可证明 $n=k+1$ 时也成立,于是命题就成立.显然,这个方法是在利用 $n=k$ 时的有效信息.有时候还需要更强的归纳方法,如第二数学归纳法,即把“$n=k$”改成“$n\leqslant k$”,此外还有倒向数学归纳法、跷跷板数学归纳法等.对奥数学生来说,这并不是很陌生的方法,而且也不是组合学的“专利”.最后需要说明的是,数学归纳法并不一定要求 n 可任意地大,有时候对于 $1\sim m$(m 是一固定正整数)的组合命题,也可以运用这个方法,非常有效.

训练营

▶**例 1** 用自然数来组成数列,使数列中的每一项都比它前一项的平方还大,而最后一项均为 1969(这类数列可以具有不同的长度).求证:具有这种性质的数列的个数少于 1969.

(1969 年第 32 届莫斯科数学奥林匹克竞赛)

证明

我们把以 n 结尾并具有题中所述性质的数列的总数记为 $f(n)$,则待证的结论是 $f(1969)<1969$.

首先,容易看出,

$$f(1)=1,f(2)=2,f(3)=2,f(4)=2.$$

设当 $k\geqslant 5$ 时,对所有 $n<k$ 都有 $f(n)\leqslant n$.当 $n=k$ 时,把所有满足要求的数列的最后一项 k 去掉,则除了只有一项 k 的数列之外,其余数列都变成最后一

项小于 $\sqrt{k}$ 的数列，且仍然具有题中要求的性质.故由归纳假设有

$$f(k)\leqslant 1+\sum_{i=1}^{[\sqrt{k}]}f(i)\leqslant 1+\sum_{i=1}^{[\sqrt{k}]}i$$
$$=1+\frac{1}{2}[\sqrt{k}]([\sqrt{k}]+1)<k,$$

这就完成了归纳证明.特别地，当 $n=1969$ 时，便有 $f(1969)<1969$.

▶**例 2** 有多少种方法能将从 1 到 n 的 n 个整数排成下面的排列：除了左边的第一个整数外，每个数都与它左方（不必相邻）的某一个数相差 1?

（1965 年第 26 届美国普特南数学竞赛）

解

将从 1 到 n 的符合题意的每一个排列都称为 n 排列.

当 $n=2$ 时，可得两个 2 排列：

12, 21.

当 $n=3$ 时，可得 $4=2^2$ 个 3 排列：

123, 213, 231, 321.

当 $n=4$ 时，可得 $8=2^3$ 个 4 排列：

1234, 2134, 2314, 3214,

2341, 4321, 3421, 3241.

我们由此猜测：

(1) n 排列必定以 1 或 n 结尾.

(2) n 排列的个数为 2^{n-1}.

下面用数学归纳法证明这两个猜测.

对 $n=1,2,3,4$，猜测(1)已成立.

假设对 $n=k$ 结论成立.则当 $n=k+1$ 时，任取一个 $k+1$ 排列

$$a=a_1a_2\cdots a_ka_{k+1}.$$

若 $a_{k+1}\neq 1$ 或 $a_{k+1}\neq k+1$，我们从 a 中删去 $k+1$，则由归纳假设，这个 k 排列应以 1 或 k 结尾，即 $a_{k+1}=1$ 或 k.但 $k+1$ 不论位于前面的什么位置，a 都不能成为 $k+1$ 排列，矛盾.因而 $k+1$ 排列也是以 1 或 $k+1$ 结尾.

从而对所有自然数 n，猜测(1)成立.

假设 $n-1$ 排列的个数为 2^{n-2}，在其每个末尾处添上 n 即可得 n 排列，个数仍为 2^{n-2}.

对这样的每个 n 排列作下面的一一映射：

$$a_1,a_2,\cdots,a_{n-1},n\rightarrow n+1-a_1,n+1-a_2,\cdots,n+1-a_{n-1},1,$$

恰好得到以 1 结尾的 n 排列，也有 2^{n-2} 个.

由猜测(1)知，n 排列必以 1 或 n 结尾. 因此，所求全部 n 排列的个数为

$$2^{n-2}+2^{n-2}=2^{n-1},$$

故猜测(2)成立.

点评

数学归纳法的难度往往不在于归纳本身，而在于摸索规律.

▶ **例 3** 在方格纸上沿网格线画一个矩形 $ABCD$，且使 AD 长是 AB 的 k 倍($k\in\mathbf{N}$). 考察 A 和 C 之间沿网格线的所有可能的最短路径. 求证：在这些最短路径中，第一条边在 AD 上的路径条数是第一条边在 AB 上的路径条数的 k 倍.

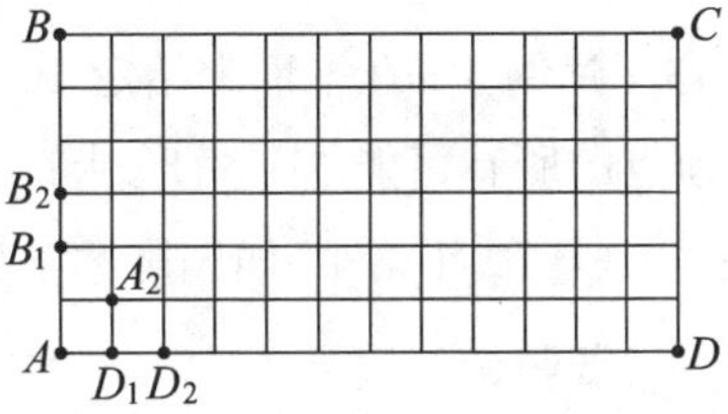

图 3.1

(1966 年第 6 届全俄数学奥林匹克竞赛)

证明

方法一 设方格边长为 1，矩形 $ABCD$ 的尺寸为 $m\times n$，且 $m=kn$. 我们对 $m+n$ 用数学归纳法来证明. 用 b_1,d_1,b_2,d_2,a_2 分别表示从顶点 B_1,D_1,B_2,D_2,A_2 到 C 的沿网格线的最短路径条数.

当 $m=1$ 或 $n=1$ 时，命题显然成立. 当 $m>1,n>1$ 时，由归纳假设，对于 $(m-1)\times n$ 和 $m\times(n-1)$ 的矩形分别有

$$\frac{d_2}{a_2}=\frac{m-1}{n},\ \frac{a_2}{b_2}=\frac{m}{n-1},$$

因而有

$$\frac{d_1}{b_1}=\frac{d_2+a_2}{b_2+a_2}=\frac{\frac{d_2}{a_2}+1}{\frac{b_2}{a_2}+1}=\frac{\frac{m-1}{n}+1}{\frac{n-1}{m}+1}=\frac{m}{n}=k,$$

这就完成了归纳证明.

方法二 显然，从 A 到 C 的每条路径都由 m 段水平网格线与 n 段竖直网格线所组成. 将每条路径的 $m+n$ 段网格线按先后顺序编号，则只要 n 段竖直网格

线的号码确定了，路径便唯一确定了.因而，经过 D_1 的最短路径的条数为 C_{n+m-1}^{n}，经过 B_1 的最短路径的条数为 C_{m+n-1}^{n-1}.从而两者的比值为

$$\frac{(m+n-1)(m+n-2)\cdots(m+n-n)}{n!}\cdot\frac{(n-1)!}{(m+n-1)(m+n-2)\cdots(m+n-n+1)}=\frac{m}{n}=k.$$

点评

本题体现了数学归纳法困难的另一个方面，即对什么进行归纳.如果解题时选择了不适当的归纳对象，不仅走了弯路，甚至会做不下去.

▶**例 4** 在平面上给定 100 个点，其中任何 3 点都不共线.考察以这些点为顶点的所有可能的三角形.求证：其中至多有 70%的三角形是锐角三角形.

(1970 年第 12 届国际数学奥林匹克竞赛)

证明

方法一 我们用数学归纳法来证明一般的结论：对于所有自然数 $n\geqslant5$，题中的结论都成立.

设 M 是 n 个给定点的集合.以 M 中的点为顶点的三角形总数记为 $G(M)$，其中锐角三角形的总数记为 $S(M)$.首先证明：如果对任意 n 点集 M 都有 $\frac{S(M)}{G(M)}\leqslant a$，则当将点集 M 再增加一点而得到点集 M' 时，仍有 $\frac{S(M')}{G(M')}\leqslant a$.

设 $M'=\{A_1,A_2,\cdots,A_{n+1}\}$，并令 $M_j=M'-\{A_j\}$，$j=1,2,\cdots,n+1$.于是有

$$G(M')=\frac{1}{n-2}(G(M_1)+G(M_2)+\cdots+G(M_{n+1})),\tag{1}$$

$$S(M')=\frac{1}{n-2}(S(M_1)+S(M_2)+\cdots+S(M_{n+1})),\tag{2}$$

而由假设有 $S(M_j)\leqslant aG(M_j)$，$j=1,2,\cdots,n+1$，从而得到

$$S(M_1)+S(M_2)+\cdots+S(M_{n+1})\leqslant a(G(M_1)+G(M_2)+\cdots+G(M_{n+1})).$$

由此及式(1)(2)，即得 $\frac{S(M')}{G(M')}\leqslant a$.

其次，当 $n=4$ 时，M 由 4 点组成.这时 $G(M)=4$，且 4 个三角形中至少有一个非锐角三角形，故有 $S(M)\leqslant3$.从而有 $\frac{S(M)}{G(M)}\leqslant0.75$.由此及前面证明的结论

可知，当 M' 为五点集时，也有

$$\frac{S(M')}{G(M')}\leqslant 0.75, \tag{3}$$

但这时 $G(M')=C_5^3=10$，而 $S(M')$ 为正整数，故有 $S(M')\leqslant 7$，再代入式(3)即得

$$\frac{S(M')}{G(M')}\leqslant 0.7. \tag{4}$$

由式(4)及前面证明可知，当 $n\geqslant 5$ 时，对所有 n 点集 M 均有 $\frac{S(M)}{G(M)}\leqslant 0.7$.

方法二 我们来证明本题的等价命题：至少有 30%的非锐角三角形.从给定点中任取 5 点.

(1) 设 5 点的凸包为凸五边形 $ABCDE$，则它的 5 个内角中至少有 2 个钝角.这时只有两种可能情形：2 个钝角相邻或不相邻，不妨分别设 $\angle A$，$\angle B$ 为钝角或 $\angle A$，$\angle C$ 为钝角.但无论哪种情形，在四边形 $ACDE$ 中至少有一个内角不是锐角，且显然与 2 个钝角不同.所以，这时至少有 3 个非锐角三角形.

(2) 设点 E 在凸四边形 $ABCD$ 之中，不妨设点 E 在 $\triangle ABC$ 与 $\triangle BCD$ 之内.这时 $\{\angle AEB,\angle BEC,\angle CEA\}$ 和 $\{\angle BEC,\angle CED,\angle DEB\}$ 每组中至少有两个钝角，且其中至多有一个角重复出现，故至少有 3 个钝角三角形.

(3) 设点 D 和 E 都在 $\triangle ABC$ 中，如(2)中一样，可以证明这时至少有 4 个钝角三角形.

综上可知，无论哪种情形，都至少有 3 个非锐角三角形.由于 5 点所能构成的三角形共有 $C_5^3=10$ 个，故知在任何五点组中，非锐角三角形都至少有 30%.从而当把由 100 个给定点所组成的所有可能的五点组中的三角形放在一起(包括重复计数)时，非锐角三角形至少占 30%.

另一方面，因为每个三角形都恰好在 C_{97}^2 个五点组中出现，即在上述计数过程中，每个三角形重复的次数同样多，所以在由 100 个给定点为顶点的所有不同的三角形中，非锐角三角形至少占 30%.

点评

此题属于组合几何，在 1970 年算是十分新颖的问题.运用数学归纳法实在是很不容易想到的.

▶ **例 5** 一个简单多边形(多角形)是指边不相交的多边形,但是简单 n 边形却不一定都是凸的,而且一个 n 边形的许多条对角线可能部分或全部位于该 n 边形之外.试证明:每个简单 $n(n\geqslant 4)$边形至少有 $n-3$ 条对角线位于其内.

证明

这个结论,对四边形显然成立(如图 3.2).

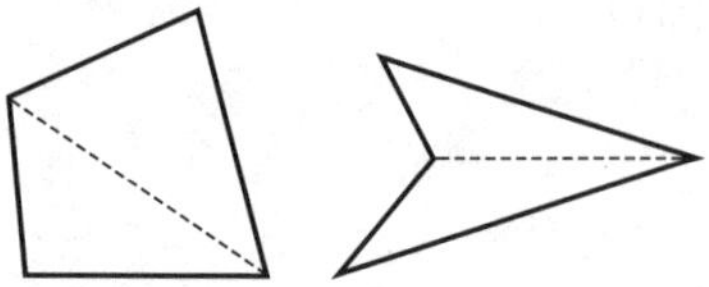

图 3.2

我们假设这个结论对所有简单 k 边形成立,$k=4,5,\cdots,n$,研究简单 $n+1$ 边形 P 的情形.

对于任一个多边形,至少有一条对角线在其内部通过.令 d 为全部在 P 内通过的对角线中的一条,它把 P 分成一个 r_1 边形和一个 r_2 边形(如图 3.3).根据归纳假设,P 存在 r_1-3 和 r_2-3 条内对角线,它们是这两个分割出来的多边形的内对角线,加上 d,则得到 P 的内对角线数至少为 r_1+r_2-5.

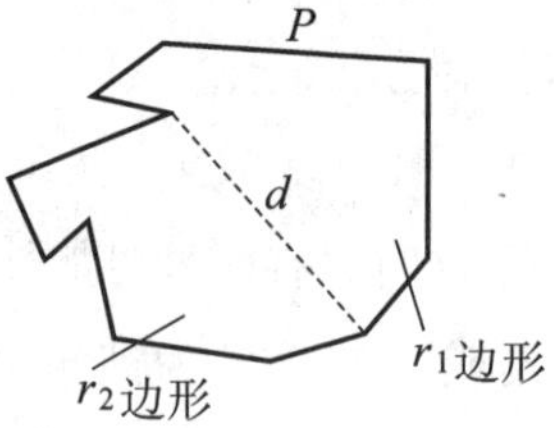

图 3.3

两个新分割出来的多边形的总边数为 r_1+r_2.此时,P 的每条边出现一次,对角线 d 则出现两次.这就表明 $r_1+r_2=n+3$.这说明,P 至少含有 $r_1+r_2-5=n+3-5=n-2=(n+1)-3$ 条内对角线.故由归纳法得证.

对于每个自然数 $n(n\geqslant 4)$,都存在一个 n 边形,恰好有 $n-3$ 条内对角线,因而可知,$n-3$ 恰是最少的内对角线数.

如图 3.4,向圆 C 引切线,与圆 C 切于点 A 和 B,并交于点 P.在 A 和 B 确定的靠近 P 点一侧的圆弧上选取点 $N_1,N_2,\cdots,N_{n-3}$,则得到一个 n 边形 $PAN_1N_2\cdots N_{n-3}B$,它有 $n-3$ 条内对角线,都由 P 点引出.

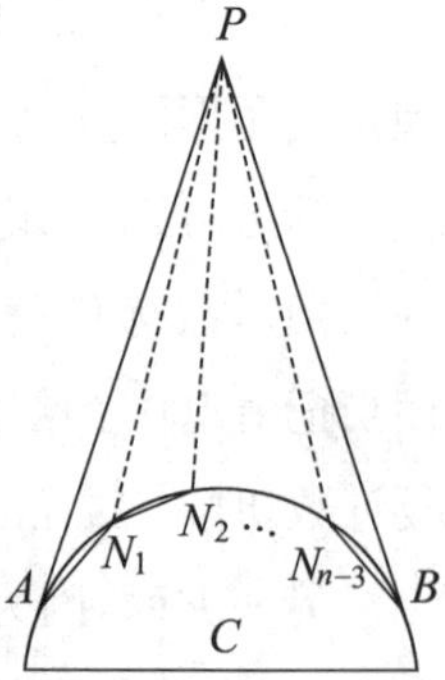

图 3.4

点评

澳大利亚的埃格尔顿(R.B.Eggleton)曾证明:

一个简单的 n 边形,当且仅当任何两条内对角线都不相交时,才有 $n-3$ 条内对角线.

▶ **例 6** 设 $a_1,a_2,a_3,\cdots,a_k$ 是以不超过 n 的正整数为项的有限数列,其中任一项的两个相邻项都不同,且不存在任何 4 个下标 $p<q<r<s$,使得 $a_p=$

$a_r \neq a_q = a_s$.求项数 k 的最大值.

解

易知,下面的数列

$$n,n,n-1,n-1,\cdots,2,2,1,1,2,2,\cdots,n-1,n-1,n,n$$

满足题中要求,项数为 $k=4n-2$,故所求的最大值不小于 $4n-2$.

显然,在满足要求的任一数列中,任何连续三项都不能为同一个数,而且若某一项的两个邻项(或首项、末项的一个邻项)都与该项不同,那么在该项后添加一个数值相同的邻项时,新数列仍满足要求,可使项数增加 1.因此,求项数最大值时,只需考虑这种每项均与一个邻项为同一数值的数列.为此,又只需考虑连续两项都不相同的数列,因为后者项数的 2 倍,即为前者的项数.

下面用数学归纳法证明:如果数列 $a_1,a_2,a_3,\cdots,a_k$ 中任何连续两项的值都不同,且 $a_i\in\{1,2,3,\cdots,n\}$,$i=1,2,\cdots,k$,同时不存在这样的 4 个下标 $p<q<r<s$,使得

$$a_p=a_r\neq a_q=a_s,$$

则有 $k\leqslant 2n-1$.

(1) 当 $n=2$ 时,命题显然成立.

(2) 设当 $n\leqslant m$ 时,命题成立,则当 $n=m+1$ 时,若 $a_1,a_2,a_3,\cdots,a_{k-1}$ 中任何一项的值都不是 a_k,则可以在 a_1 之前添加 a_k,于是新数列仍满足要求,且项数增加 1,因此可假设 a_1 到 a_{k-1} 中有等于 a_k 的项.令

$$v=\max\{j\mid a_j=a_k,j<k\},$$

则 $v<k-1$.因为连续两项的值不同,若 $v=1$,则 a_1 到 a_{k-1} 中没有值为 a_k 的项,将 a_1 与 a_k 去掉,数列 $a_2,a_3,\cdots,a_{k-1}$ 中每一项都属于 $\{1,2,3,\cdots,m+1\}-\{a_k\}$,且满足命题中的要求.故由归纳假设可知,

$$k-2\leqslant 2m-1,$$

从而有

$$k\leqslant 2(m+1)-1,$$

命题成立.若 $v>1$,则数列

$$A=\{a_1,a_2,a_3,\cdots,a_v\}$$

的项与数列

$$B=\{a_{v+1},a_{v+2},\cdots,a_{k-1}\}$$

的项不同.因此,设 A 中有 s 项不同,B 中有 t 项不同,则有

$$s+t\leqslant m+1,$$

且 A,B 两个数列均满足题设.于是由归纳假设,

$$v \leqslant 2s-1,$$
$$k-v-1 \leqslant 2t-1.$$

从而可知,

$$k \leqslant 2(s+t)-1 \leqslant 2(m+1)-1,$$

即当 $n=m+1$ 时,命题也成立.

由(1)(2)可得,命题成立,故题中所求的 k 的最大值为 $4n-2$.

▶例 7 n 个全等正三角形最多可以把平面分成多少个区域?

解

显然可设任意两个三角形不完全重合.我们考虑第 n 个三角形$\triangle_n$.若$\triangle_n$ 与前 $n-1$ 个三角形的边有 p 个交点(重叠的部分只算一个交点),则$\triangle_n$ 被这 p 个交点分割成 p 段(线段或折线,不包括重叠部分),每一段恰把某一个区域分成两个区域.于是增加$\triangle_n$ 后,使区域数恰增加了 p 个.显然两个三角形最多只有 6 个这样的交点,故增加$\triangle_n$ 最多可增加 $6(n-1)$个区域.

设 n 个全等正三角形最多可以把平面分成 a_n 个区域.我们先用数学归纳法证明

$$a_n \leqslant 3n^2-3n+2. \tag{5}$$

因一个三角形可把平面分成两个区域,于是当 $n=1$ 时式(5)成立.设当 $n=k-1$ 时式(5)成立,即有

$$a_{k-1} \leqslant 3(k-1)^2-3(k-1)+2=3k^2-9k+8,$$

则当 $n=k$ 时,由上面的讨论知

$$a_k \leqslant a_{k-1}+6(k-1) \leqslant 3k^2-3k+2,$$

由归纳原理知式(5)对任意自然数 n 成立.

为证式(5)等号可以成立,只要给出 n 个全等三角形的一种画法,使得任两个三角形恰有 6 个不同的交点,且没有 3 条边相交于一点就可以了.这只要使这 n 个三角形有公共的外接圆,且它们两两不重合,就能满足要求.

事实上,由平面几何知识可知,同一圆内的两个不同的内接正三角形恰有 6 个不同的交点.又因过圆内与圆上的任一点不能作 3 条长度均等于半径 $\sqrt{3}$ 倍的弦,于是在这 n 个内接正三角形中没有 3 条边相交于一点.

所以,n 个全等正三角形最多可以把平面分成 $3n^2-3n+2$ 个区域,且存在一种画法,恰能完成这种划分.

点评

若问题的条件"全等正三角形"改成"任意三角形",结论仍然成立.

在计数中,数学归纳法往往能把一个"全局"命题转化为一个简单的"局部"命题,在几何计数中尤值得细细体会.

▶**例 8** 在 $n\times n$ 的方格表中,每个格子填入一个非负整数.若方格表每行、每列的格子中的数之和均为 $m(m\in\mathbf{N}^*)$,则称它为"n 阶神奇方格表";若方格表每行、每列均恰有一个格子中的数为 1,而其余的数均为 0,则称它为"n 排列矩阵".证明:每个 n 阶神奇方格表均能表示成有限个 n 排列矩阵之和(计算方式为将对应格子中的数求和).

(2017 年印度国家队选拔考试)

证明

记每行、每列数之和为 m 的 n 阶神奇方格表为 n_m.

对 m 归纳证明:每行、每列数之和为 m 的 n 阶神奇方格表可以写成 m 个 n 排列矩阵之和.

当 $m=1$ 时,取 n 排列矩阵为这个 n 阶神奇方格表即可.

假设 $m=k$ 时命题成立.

考虑 $m=k+1$ 时的情况.

记 n_{k+1} 的所有行依次为 $R_1,R_2,\cdots,R_n$,所有列依次为 $C_1,C_2,\cdots,C_n$.将 $R_1,R_2,\cdots,R_n$ 与 $C_1,C_2,\cdots,C_n$ 当成 $2n$ 个点,若坐标为 (i,j) 的格子中所填数大于 0,就在 R_i 与 C_j 两点间连一条线段,可构造出一个二部图 G.

取 $\{R_1,R_2,\cdots,R_n\}$ 中任一子集 R,记 C 为 $\{C_1,C_2,\cdots,C_n\}$ 的一个子集,当且仅当 C_i 与 R 中的某元素相邻时满足 $C_i\in C$.

由于 R 中的行与 C 以外的列相交处的格子均为零,于是,所有 R 中的行与 C 中的列交点处的数之和为 $|R|m$.

又 C 中所有列中的数之和为 $|C|m$,故

$$|R|m\leqslant|C|m\Rightarrow|R|\leqslant|C|.$$

从而,由霍尔定理,知 G 中存在完美匹配.

设对任意的 $1\leqslant i\leqslant n$,R_i 与 C_i' 匹配.

取 $R_i(1\leqslant i\leqslant n)$ 行与 C_i' 列相交的 n 个格子,在这些格子中填 1,其余格子中填 0,构造出一个 n 排列矩阵,用 n_{k+1} 减去这个 n 排列矩阵得到 n_k.由归纳假设,

知 n_k 可表示成 k 个 n 排列矩阵之和.

综上,原命题成立.

▶ **例 9** 对一个 $m\times n$ 的棋盘随机涂色:每一个方格都独立地涂红色或黑色,概率都是$\frac{1}{2}$.如果有一条公共边的同色方格序列从 p 出发到 q 结束,我们就说 p 与 q 属于同一个同色连通区域.证明:同色连通区域的期望值大于$\frac{mn}{8}$.

证明

(此方法属于 Noam Elkies)

按照第一行从左到右,第二行从左到右……的顺序将棋盘的方格编号为 1,2,…,mn.对 i 用归纳法证明:如果只考虑前 i 个方格组成的图形,那么同色分量的期望值至少是$\frac{i}{8}$.

当 $i=1$ 时,显然正确.由归纳步骤,假定第 i 个方格与棋盘左边的棱或上边的棱不相邻,那么可以分成三种情况:

(1) 第 i 个方格与上方相邻方格及左边相邻方格都不同色的概率是$\frac{1}{4}$,在这种情况下,加上第 i 个方格就加了一个分量;

(2) 第 i 个方格与上方相邻方格及左边相邻方格同色,但是与对角线方向的上方方格及左边方格不同色的概率是$\frac{1}{8}$.在这种情况下,加上第 i 个方格就减少一个分量或者保持分量数不变;

(3) 在所有其他情况下,当加上第 i 个方格时,保持分量数不变.

因此,加上第 i 个方格使分量数的期望值至少增加$\frac{1}{4}-\frac{1}{8}=\frac{1}{8}$,于是归纳步骤就完成了.

如果第 i 个方格与棋盘左边的棱相邻,那么情况比较容易分析:当第 i 个方格与上方相邻方格不同色时加一个分量,否则分量数不变.因此,加上第 i 个方格使分量的期望值增加$\frac{1}{2}$.类似的还有第 i 个方格与棋盘上边的棱相邻的情况.

于是根据数学归纳法,分量的期望值至少增加$\frac{i}{8}$,原命题得证.

▶例 10 在 10×10 的方格表中，每个格子的顶点处可放置一个点光源，每个点光源可照亮以其为顶点的所有格子.求光源个数的最小值，使得任意去掉一个点光源后，每个格子依然均被照亮.

(2017 年第 53 届蒙古数学奥林匹克竞赛，十年级)

解

将问题一般化，考虑 $2n\times2n$(n 为奇数)的方格表.

下面用数学归纳法证明：至少需要 $2n^2+n$ 个点光源.

(1) 当 $n=1$ 时，在 2×2 的方格表中，假设只有两个点光源：

(i) 若中心处无点光源，则任意取走一个点光源后，格子不能均被照亮；

(ii) 若中心处有点光源，只需取走中心处的点光源，则格子不能均被照亮.从而，至少需要三个点光源才能满足题中条件(放置在中轴上的三个格点处即可)，结论成立.

(2) 假设当 $n-2$(n 为奇数，$n\geqslant3$)时，结论成立.

考虑 n 时的情况.由归纳假设，知处在中心位置的 $2(n-2)\times2(n-2)$ 个格子至少需要 $(2n-3)\times(n-2)$ 个点光源.接下来考虑 $2n\times2n$ 方格表的最外面两圈格子.将最外面的一圈格子染为黑色.由于在中心位置的 $2(n-2)\times2(n-2)$ 个格子的顶点处放置的点光源无法照亮黑格，设至少需要 x 个点光源才能将黑格全部照亮.考虑如下形式的二元组：对于一个点光源和一个黑格，若该点光源照亮了此黑格，则将这个点光源和此黑格配成一个二元组.

下面计算二元组的个数 S.

一方面，任意一个黑格必定出现在两个二元组中；若不然，其四个顶点处至多只有一个点光源，将此点光源去掉后，该黑格无法被照亮，与题设矛盾.故 $S\geqslant 2\times4(2n-1)$.

另一方面，对于一个照亮了黑格的点光源，若它在方格表的中心位置的 $(2n-1)\times(2n-1)$ 正方形的四个顶点处，则它至多在三个二元组中，而其余每个点光源至多在两个二元组中.于是，$S\leqslant 2x+4$.

故 $2x+4\geqslant2\times4(2n-1)\Rightarrow x\geqslant 8n-6$.

从而，在 $2n\times2n$ 的方格表中，至少需要

$$(2n-3)\times(n-2)+8n-6=2n^2+n$$

个点光源.

由数学归纳法，知结论成立.

因此，当 $n=5$ 时，至少需要 55 个点光源.

将这个方格表放置在平面直角坐标系的第一象限中，原点与左下方顶点重合，格点的横纵坐标均为整数，那么只需在点$(2i-1,j)$处放置点光源，其中$i=1,2,\cdots,5,j=0,1,\cdots,10$，即可满足要求.

▶**例 11** 一个单词是由$\{a,b,c,d\}$中的字母组成的n个字母的一个序列.如果这个单词包含连续两个同样的字母组，那么就称这个单词是复杂的.例如，单词 *caab*，*baba* 和 *cababdc* 都是复杂单词.而 *bacba*，*dcbdc* 不满足上述条件，它们不是复杂单词，称这些单词是简单的.证明：如果n是正整数，那么有n个字母的简单单词超过2^n个.

证明

用$S(n)$表示长度为n的简单单词的集合，s_n表示长度为n的简单单词的个数.如果在$S(n)$的每个单词末尾添加一个$\{a,b,c,d\}$中的字母，那么得到一个有$n+1$个字母的集合$T(n+1)$，并且$|T(n+1)|=4s_n$.

显然$S(n+1)\subset T(n+1)$，但是两者并不相等，因为添加一个字母后可能会让简单单词变为复杂单词.

注意到，对于$1\leqslant k\leqslant m=\left\lfloor\dfrac{n+1}{2}\right\rfloor$，在末尾恰有两段$k$个字母重复就会发生这种情况.

设$T_k(n+1)$表示这些恰有两段k个字母重复的复杂单词集合.显然有

$$s_{n+1}\geqslant|T(n+1)|-|T_1(n+1)|-|T_2(n+1)|-\cdots-|T_m(n+1)|.$$

因为对于这样的单词，我们可以缩减最后k个字母，得到有$n+1-k$个字母的简单单词，并且它们显然是不同的，所以可得$|T_1(n+1)|=s_n$和$T_k(n+1)\leqslant s_{n+1-k}$.

于是有不等式

$$s_{n+1}\geqslant 3s_n-s_{n-1}-s_{n-2}-\cdots-s_{n+1-m}.$$

因为$s_1=4,s_2=12$，所以只要用强归纳法证明$s_{n+1}>2s_n$就够了.

利用上面的结论，很容易得到：

$$s_{n+1}\geqslant 3s_n-\frac{1}{2}s_n-\frac{1}{4}s_n-\cdots>3s_n-s_n=2s_n.$$

于是，原命题得证.

▶**例 12** 设实数x满足$0<x<1$，记x在十进制下的小数为$0.c_1c_2c_3\cdots$. 设

$B(x)$为 x 的小数点后任意 6 位连续数字组成的集合，例如，

$$B\left(\frac{1}{22}\right)=\{\overline{045454},\overline{454545},\overline{545454}\},$$

若 x 为区间$(0,1)$内的任意无理数，求集合 $B(x)$中元素个数的最小值.

(2018 年第 34 届意大利数学奥林匹克竞赛)

解

集合 $B(x)$中最少有 7 个元素.

以下证明：

(1) 存在无理数 x，使得 $B(x)$的元素个数不超过 7；

(2) 对于实数 y，若 $B(y)$中的元素个数不大于 6，则 y 必为有理数.

证明 (1) 令 x 在十进制下的小数的第一位数字为 1，后面接 5 个 0，后面又是一个 1，接下来是 6 个 0，后面再接一个 1，接下来是 7 个 0，以此类推.

则

$$B(x)=\{\overline{000000},\overline{000001},\overline{000010},\overline{000100},\overline{001000},\overline{010000},\overline{100000}\},$$

即集合 $B(x)$中恰有 7 个元素.

接下来证明：x 为无理数.

用反证法.

假设 x 为有理数.则存在正整数 k，使得 x 的小数点右边 k 位之后出现循环节，设循环节的长度为 l.

由于 x 必定包含无数组长度超过 $2l$ 的连续的 0，于是必有一组连续的 0 位于小数点右边 k 位之后，这表明循环节为 l 个 0，这与 x 小数点后含有无数个 1 矛盾.

从而，x 为无理数.

(2) 设 $B_k(y)$为 y 的小数点后任意连续的 k 位数字组成的集合.

用数学归纳法证明：若 $B_k(y)$的元素个数不大于 k，则 y 为有理数.

当 $k=1$ 时，结论显然成立.

假设结论对 k 成立，考虑 $k+1$ 时的情况.

注意到，每个 y 的小数点后 $k+1$ 位数字均对应一个 k 位的数字.

显然，对于 y 的小数点后任意 k 位数字，至少存在一个 $k+1$ 位数字与之对应.于是，$B_k(y)$的元素个数必不多于 $B_{k+1}(y)$.

对给定的 y，由归纳假设，知若 $B_k(y)$的元素个数不大于 k，则 y 为有理数.

又 $B_k(y)$的元素个数必不超过 $k+1$，否则 $B_{k+1}(y)$的元素个数多于 $k+$

1.于是，$B_k(y)$，$B_{k+1}(y)$的元素个数均为$k+1$.

从而，上面提到的对应为一一对应.这表明，y的小数点后任意$k+1$位数字均能由它的前k位数字唯一确定.

因为存在$k+1$类不同的连续k位数字，所以必存在i，j，使得当$i<j$时，第i位后的k位数字与第j位后的k位数字相同，即i，j之间的数字为循环节.故y为有理数.

令$B(y)=B_6(y)$，即得所证.

▶**例 13** Jenny有一堆共n块的石头，n是正整数，$n\geqslant 2$.每一步，她将一堆石头分成两小堆，如果新的两堆石头分别是a块和b块，那么把积ab写在黑板上.（例如，如果Jenny从一堆12块的石头开始，她可以先分成一堆5块、一堆7块，并把$5\times 7=35$写在黑板上；然后把一堆5块的石头分成一堆2块、一堆3块，并把$2\times 3=6$写在黑板上.）她不断重复这一过程，直到每堆石头都恰好是1块.证明：不管怎样分石头，黑板上所有数的和始终不变.

证明

先看n较小时的情况.

当$n=2$时，从一堆2块的石头开始，只有一种可能，即分成两堆各有1块.把$1\times 1=1$写在黑板上，这就是最后的和.

当$n=3$时，从一堆3块的石头开始，必定分成一堆2块和一堆1块，把$2\times 1=2$写在黑板上.然后把一堆2块的石头分成两堆都是1块，并在黑板上写上$1\times 1=1$，这就给出和$2+1=3$.

当$n=4$时，我们有两种分法把一堆4块的石头分成两小堆.

第一种分法，将一堆4块的石头分成两堆都是2块，然后再把每一堆都分成两堆都是1块，得到的和是$2\times 2+1\times 1+1\times 1=6$.

第二种分法，将石头分成一堆3块和一堆1块，然后将一堆3块的石头像$n=3$的情况那样分，所以得到$3\times 1+2\times 1+1\times 1=6$.两种分法最后所得的结果相同.

当$n=5$时，从一堆5块的石头开始，可以发现得到的和是10.

到目前为止，我们得到的和是1，3，6，10.注意到这些数都是三角形数，所以猜想对一堆有n块的石头，最后得到的这个和是$\frac{n(n-1)}{2}$.我们对n用强归纳法.

我们已经检验了$n=2$的情况.

假定对一堆有 n 块的石头，不管如何分，最后得到的和都是$\frac{n(n-1)}{2}$.

下面考虑一堆有 $n+1$ 块的石头.第一次必须把石头分成两堆，比如说是一堆 a 块和一堆 b 块($a+b=n+1, 1\leqslant a, b\leqslant n$)，然后在黑板上写上 ab.把一堆 a 块的石头分成 a 堆，每堆都是 1 块.因为 $1\leqslant a\leqslant n$，由强归纳法知得到的和是$\frac{a(a-1)}{2}$.类似地，把一堆 b 块的石头分成 b 堆，每堆都是 1 块，得到的和是$\frac{b(b-1)}{2}$.把这些数相加，得

$$\begin{aligned} ab+\frac{a(a-1)}{2}+\frac{b(b-1)}{2} &= \frac{a^2+b^2+2ab-a-b}{2} \\ &= \frac{(a+b-1)(a+b)}{2} \\ &= \frac{n(n+1)}{2}. \end{aligned}$$

根据数学归纳法，命题得证.

▶**例 14** 在某群岛中有标号为 $1, 2, \cdots, 2017$ 的 2017 个岛屿."红龙"和"蓝眼"两家公司计划在某些岛屿之间建立航线.在每两个岛屿间恰有一家公司以下面方式建立航线：由标号小的岛屿至标号大的岛屿.

若不存在标号为 a, b $(a<b)$的两个岛屿，使得由 a 至 b 有两种旅行方式：要么只使用红龙公司的航线，要么只使用蓝眼公司的航线，则称这样的航线安排为"好航线图".求好航线图的个数.

(2017 年克罗地亚国家队选拔考试)

解

称红龙公司的航线为红线，蓝眼公司的航线为蓝线.

记有 n 个岛屿的某群岛中，好航线图的个数为 a_n.

下面考虑由 $n+1$ 个岛屿组成的群岛及其中的 1 号岛屿.

记与 1 号岛屿用红线联结的所有岛屿组成集合 A，与 1 号岛屿用蓝线联结的所有岛屿组成集合 B.

注意到，由集合 A 中的某些岛屿至集合 B 中的某些岛屿的所有航线均为蓝线.否则，会存在标号为 a, b 的岛屿，满足 $a\in A, b\in B, a<b$，且 $a\to b$ 的航线为红线，则 $1\to b$ 的航线为蓝线，且 $1\to a$ 和 $a\to b$ 的航线为红线.故 $1\to b$ 的旅行既

可以只走红线又可以只走蓝线，矛盾.

类似地，由集合 B 中的某些岛屿至集合 A 中的某些岛屿的所有航线均为红线，如图 3.5.

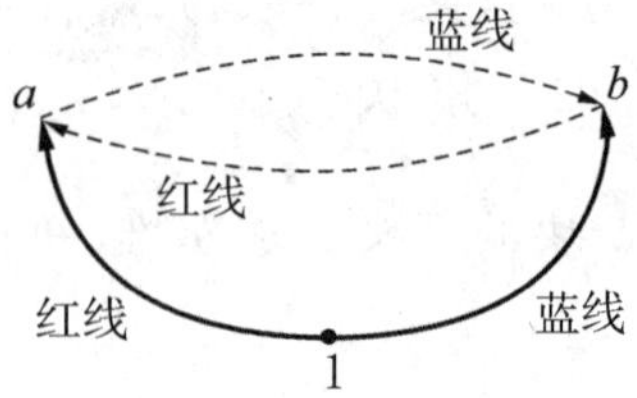

图 3.5

令集合 A 包含 $k(k\in\{0,1,\cdots,n\})$ 个岛屿，则集合 B 包含 $n-k$ 个岛屿.

注意到，在集合 A 中形成了一个具有好航线图的群岛.

类似地，在集合 B 中也成立.

又对于集合 A 和 B 中的每一个具有好航线图的群岛，恰有一个包含 $n+1$ 个岛屿的群岛也具有好航线图.

接下来，用数学归纳法证明 $a_n=n!$.

$a_1=1$ 显然成立.

假设对于所有的 $k(k\leqslant n)$，$a_k=k!$，

则 $a_{n+1}=\sum\limits_{k=0}^{n}\mathrm{C}_n^k a_k a_{n-k}=\sum\limits_{k=0}^{n}n!\ =(n+1)!$.

故 $a_n=n!$，$a_{2017}=2017!$.

▶**例 15** 设 n 为正整数，现有半径为 $1,2,\cdots,n$ 的磁盘各两个(一个透明、一个不透明)，每个磁盘的圆心处均有一个小孔，可以用细棒把磁盘串成磁盘堆.要求串成满足以下条件的两个磁盘堆：

(1) 每个磁盘堆中的 n 个磁盘半径各不相同；

(2) 俯视磁盘堆，可看到磁盘堆中所有 n 个磁盘的边缘，即若在磁盘堆中有不透明的磁盘，则没有比它更小的磁盘可放在它下面.

求满足条件的不同放法数.

(2017 年第 55 届荷兰国家队选拔考试，第一次)

解

将满足条件的磁盘堆称为“有效的”.用 a_n 表示 n 对磁盘(半径为 $1,2,\cdots,n$)的有效磁盘堆的放法数.

下面对 n 用数学归纳法证明：

$$a_n=(n+1)!.$$

当 $n=1$ 时，可做两个不同的磁盘堆，则

$$a_1=2=(1+1)!.$$

假设对 n 结论成立.

考虑一个包含 $n+1$ 对磁盘的有效磁盘堆.若去掉半径为 $n+1$ 的磁盘，则每个磁盘的边缘仍可以俯视看到.于是，剩下一个 n 对磁盘的有效磁盘堆.从而，每个 $n+1$ 对磁盘的有效磁盘堆均可以通过在 n 对磁盘的有效磁盘堆中的某个位置添加一个半径为 $n+1$ 的透明磁盘来实现.原则上，这可以有 $n+1$ 种方法：在顶端的磁盘上，在第二高的磁盘上，……，在底部的磁盘上方，在底部的磁盘下方.无论插入磁盘堆中哪个位置，半径为 $n+1$ 的透明磁盘总是可见的.若一个半径为 $n+1$ 的不透明磁盘插入非底部的任何位置，则其下面的磁盘将不再可见，所以它只能插入底部的磁盘下方.于是，将半径为 $n+1$ 的磁盘放在磁盘堆的最下面，有 $2a_n$ 种方法.将半径为 $n+1$ 的透明磁盘放在剩下的 n 个位置，有 na_n 种方法.故

$$a_{n+1}=2a_n+na_n=(n+2)a_n=(n+2)(n+1)!=(n+2)!.$$

综上，满足条件的不同放法数为 $(n+1)!$.

▶例 16 求所有的实数 c，使得存在一种将整点 $(x,y)\in\mathbf{Z}^2$ 对应为正整数标签的方式，满足：

(1) 只有有限个不同标签；

(2) 对于每一个 i，在标签为 i 的所有整点中，任意两个整点间的距离均不小于 c^i.

(2017 年第 46 届美国数学奥林匹克竞赛)

解

当 $c<\sqrt{2}$ 时，将 $\mathbf{Z}^2$ 分为两个子集：

$$L_1=\{(x,y)\mid x+y\text{ 为奇数}\},$$
$$L_1'=\{(x,y)\mid x+y\text{ 为偶数}\}.$$

注意到，L_1，L_1' 均由边长为 $\sqrt{2}$ 的正方形构成，可将其看成 $\mathbf{Z}^2$ 放大到 $\sqrt{2}$ 倍得到的相似图形.

类似地，可将 L_1' 分为与其自身相似的两个部分 L_2，L_2'，它们均由边长为

$(\sqrt{2})^2=2$ 的正方形构成；L'_2 又可分为 L_3, L'_3，它们均由边长为 $(\sqrt{2})^3$ 的正方形构成，以此类推.

于是，对于任意的 $N\geqslant 1$，$\mathbf{Z}^2$ 可分为 $N+1$ 个部分：$L_1, L_2, \cdots, L_N, L'_N$. 它们分别由边长为 $\sqrt{2}, (\sqrt{2})^2, \cdots, (\sqrt{2})^N, (\sqrt{2})^N$ 的正方形构成.

因为 $\frac{\sqrt{2}}{c}>1$，所以存在正整数 N，使得

$$\left(\frac{\sqrt{2}}{c}\right)^{N+1}\geqslant\sqrt{2}\Leftrightarrow c^{N+1}\leqslant(\sqrt{2})^N.$$

对于 $i=1,2,\cdots,N$，将 L_i 内的点均标记为 i，将 L'_N 内的点均标记为 $N+1$，则 L_i 内的任意两个点之间的距离均至少为 $(\sqrt{2})^i>c^i$. L'_N 内的任意两个点之间的距离均至少为 $(\sqrt{2})^N\geqslant c^{N+1}$. 满足题目要求.

下面考虑 $c\geqslant\sqrt{2}$ 的情况.

对于任意一个非零整数 m，定义

$$R_m=\{(x,y)\mid 1\leqslant x\leqslant 2^a, 1\leqslant y\leqslant 2^b\}\subseteq\mathbf{Z}^2,$$

其中 $(a,b)=\left(\left\lfloor\frac{m}{2}\right\rfloor,\left\lceil\frac{m}{2}\right\rceil\right)$.

用数学归纳法证明：对于 R_m，不存在标签数不超过 m 的有效的标签方式.

从而，对于 $\mathbf{Z}^2$ 也不存在满足题目要求的标签方式.

$m=0$ 的情况显然成立.

当 m 为正奇数时，假设对于 R_{m-1}，不存在用 $1,2,\cdots,m-1$ 做标签的有效方式；而对于 R_m，存在用 $1,2,\cdots,m$ 做标签的有效方式. 考虑对这个 R_m 做标签的方式.

因为 $R_{m-1}\subseteq R_m$，所以存在点 (x_0,y_0) 满足 $y_0\leqslant 2^{\frac{m-1}{2}}$，且其标签为 m.

但点 (x_0,y_0) 不在 R_m 中的任一区域 R' 的外部（R' 与 R_{m-1} 同构），则 (x_0, y_0) 和区域 R' 中的其他点之间的距离至多为

$$\sqrt{(2^{\frac{m-1}{2}}-1)^2+(2^{\frac{m-1}{2}})^2}<(\sqrt{2})^m\leqslant c^m,$$

故在区域 R' 中不可能有某个点的标签为 m.

但由归纳假设，区域 R' 中没有一个点的标签为 $1,2,\cdots,m-1$，矛盾.

当 m 为正偶数时，假设对于 R_{m-1}，不存在用 $1,2,\cdots,m-1$ 做标签的有效方式；而对于 R_m，存在用 $1,2,\cdots,m$ 做标签的有效方式. 由归纳假设，知存在点 (x_0, y_0) 满足

$$\frac{1}{4}\times 2^{\frac{m}{2}}<y_0\leqslant\frac{3}{4}\times 2^{\frac{m}{2}},$$

其标签必为 m(因为此时的 R_m 相当于横向复制一个 R_{m-1}).

但点(x_0,y_0)不在 R_m 中的任一区域 R' 的外部(R' 与 R_{m-1} 同构),则(x_0,y_0)和区域 R' 中的其他点的距离小于

$$\sqrt{\left(\frac{3}{4}\times 2^{\frac{m}{2}}\right)^2+(2^{\frac{m-2}{2}})^2}=\frac{\sqrt{13}}{4}\times(\sqrt{2})^m<(\sqrt{2})^m\leqslant c^m,$$

故区域 R' 中没有一个点的标签为 m.

但由归纳假设,知区域 R' 中只用 $1,2,\cdots,m-1$ 做标签是不可能的,矛盾.

综上,$c<\sqrt{2}$.

▶**例 17** 设整数 $n\geqslant 1$.如果一个集合 $S\subset\{0,1,\cdots,4n-1\}$,对于任何 $k\in\{0,1,\cdots,n-1\}$,满足以下条件:

(i) 集合 $S\cap\{4k-2,4k-1,4k,4k+1,4k+2\}$ 至多有两个元素;

(ii) 集合 $S\cap\{4k+1,4k+2,4k+3\}$ 至多有一个元素,

那么称集合 S 是"罕见的".

证明:集合$\{0,1,\cdots,4n-1\}$恰有 $8\cdot 7^{n-1}$ 个"罕见的"子集.

证明

方法一 设 a_n 是$\{0,1,\cdots,4n-1\}$的"罕见的"子集个数,b_n 是$\{0,1,\cdots,4n-1\}$的不包含 $4n-1$ 和 $4n-2$ 的"罕见的"子集个数.下面设法求递推关系.

对 $k=n-1$ 应用第二个条件,可知差 a_n-b_n 是只包含 $4n-1$ 和 $4n-2$ 之一的"罕见的"子集个数.

如果该集合包含 $4n-1$,那么由第一个条件中的 $k=n-1$ 得到 $S\cap\{4n-6,4n-5,4n-4\}$ 至多有两个元素,因为第二个条件迫使 $4n-3$ 不属于该集合.可以推得 $4n-4$ 是否属于该集合与其他选择无关,所以得到 $2a_{n-1}$ 个这样的集合.

如果该集合包含 $4n-2$,那么又由第一个条件知,$S\cap\{4n-6,4n-5,4n-4\}$ 至多有一个元素.如果 $4n-4$ 属于该集合,那么该集合必不包含 $4n-6=4(n-1)-2$ 或 $4n-5=4(n-1)-1$,所以得到 b_{n-1} 个这样的集合.如果 $4n-4$ 不属于该集合,那么恰好得到$\{1,2,\cdots,4(n-1)-1\}$的一个"罕见的"子集,于是共有 a_{n-1} 个这样的集合.

由此一共得到 $b_{n-1}+a_{n-1}$ 个这样的集合.

因此，

$$a_n-b_n=2a_{n-1}+b_{n-1}+a_{n-1}=3a_{n-1}+b_{n-1}. \tag{6}$$

下面需要得出一个关于 b_n 的递推关系.b_n 是不包含 $4n-1$ 或 $4n-2$ 的“罕见的”子集.

第一个条件告诉我们，$S\cap\{4n-6,4n-5,4n-4,4n-3\}$ 至多有两个元素，如果 $4n-4$ 或 $4n-3$ 中恰有一个属于该集合，或者两者都不属于该集合，那么可将其除去，最后得到 $\{1,2,\cdots,4(n-1)-1\}$ 的一个“罕见的”子集，所以共有 $3a_{n-1}$ 个“罕见的”子集.如果 $4n-1,4n-3$ 都属于该集合，那么将其除去后又得到不含有 $4(n-1)-2$ 或 $4(n-1)-1$ 的 $\{1,2,\cdots,4(n-1)-1\}$ 的一个“罕见的”子集，于是得到 b_{n-1} 个这样的集合.

我们得到

$$b_n=3a_{n-1}+b_{n-1}. \tag{7}$$

比较式(6)和式(7)，得到 $b_n=3a_{n-1}+b_{n-1}=a_n-b_n$.因此，$a_n=2b_n$.将其代回式(7)，得到 $a_n=7a_{n-1}$.因为 $a_1=8$，所以 $a_n=8\cdot7^{n-1}$.

方法二 可对加强的命题 $P(n)$ 进行归纳：$\{1,2,\cdots,n\}$ 的“罕见的”子集个数恰好是 $8\cdot7^{n-1}$，且恰好是不包含 $4n-1$ 或 $4n-2$ 的集合的一半.利用这一点，关于 a_n 的递推关系恰好变为 $\frac{1}{2}a_{n-1}\cdot6+\frac{1}{2}a_{n-1}\cdot8$，其中第一项来自至少包含 $4n-6$ 和 $4n-5$ 两者之一的集合，第二项来自两者都不包含的集合.于是 $a_n=7a_{n-1}$，又 $a_1=8$，所以 $a_n=8\cdot7^{n-1}$.

▶**例 18** 设 n 为正整数.若一对 n 元整数组 $(a_1,a_2,\cdots,a_n)$ 和 $(b_1,b_2,\cdots,b_n)$ 满足条件

$$\left|\sum_{k=1}^{n}a_kb_k\right|\leqslant1,$$

则称之为“优雅对”.问：最多能有多少个不同的 n 元整数组，使得它们当中任何两个均构成优雅对？

（2017 年第 29 届亚太地区数学奥林匹克竞赛）

解

考虑下面的例子：数组共 n 项，$*$ 可代表任意多个 0.

$$(*),(*,1,*),(*,-1,*),$$
$$(*,1,*,1,*),(*,1,*,-1,*).$$

注意到，这样的 n 元数组总数为

$$1+n+n+C_n^2+C_n^2=n^2+n+1.$$

其中的任意两个数组，积 a_ib_i 最多有两个非零，而此情况只有在（ $*$,1, $*$,1, $*$ ）和（ $*$,1, $*$, -1 , $*$ ）中的对应项相乘，且非零项的位置相同时才可能出现.此时，对应的积 a_ib_i 一个为 1，另一个为 -1，和为 0.

故这个例子满足题设条件.

下面证明 n^2+n+1 即为所求的最大值.

先证明一个引理.

引理 给定 $2n+1$ 个不同的非零 n 元实数组，其中一定存在两个数组 $(a_1, a_2, \cdots, a_n)$ 和 $(b_1, b_2, \cdots, b_n)$，使得

$$\sum_{k=1}^{n} a_k b_k > 0.$$

这里的非零 n 元实数组是指该数组中至少有一项不为 0.

证明 用数学归纳法.

$n=1$ 的情况显然成立.因为任意三个非零实数中，一定有两个同号，其乘积大于 0.

假设对 $2n-1$ 个非零 $n-1$ 元实数组，结论成立.接下来考虑 $2n+1$ 个非零 n 元实数组的情况.固定一个数组 $x=(x_1, x_2, \cdots, x_n)$.

设实数 φ 满足 $\tan\varphi=\dfrac{x_1}{x_2}$. 将每一个数组 $a=(a_1, a_2, \cdots, a_n)$ 变换为 $(a_1\cos\varphi-a_2\sin\varphi, a_1\sin\varphi+a_2\cos\varphi, a_3, a_4, \cdots, a_n)$，对 x 也做此变换.

变换后，数组 x 的第一项变为 0，且保持所有的 $\sum\limits_{k=1}^{n} a_k b_k$ 不变.反复应用这一变换，每次把 x 中的一项变为 0，直到数组 x 中仅剩最后一项非零.随后，可通过对所有数组的所有项乘以一个适当的系数，使得 x 的最后一项为 -1，而乘以该系数后仍保持所有 $\sum\limits_{k=1}^{n} a_k b_k$ 的符号不变.故可以假定其中一个数组的形式为 $a=(0,0,\cdots,0,-1)$.

若除数组 a 之外，还有一个数组 b 的最后一项为非正，则 a 和 b 满足结论要求.于是，可设除 a 之外所有的数组的最后一项均为正.把所有数组的最后一项去除.若两个 n 元数组 b 和 c 由此过程产生了相同的 $n-1$ 元数组，则

$$\sum_{k=1}^{n} b_k c_k=\sum_{k=1}^{n-1} b_k^2+b_n c_n>0,$$

结论得证.

若除 a 之外所有的 n 元数组由此过程产生了各不相同的 $n-1$ 元数组，则最多有一个为零数组 $(0,0,\cdots,0)$，把它和 a 去掉后，对剩下的 $2n-1$ 个数组就可以使用归纳假设了.从而，必可找到数组 b 和 c，使得

$$\sum_{k=1}^{n-1} b_k c_k + b_n c_n > 0 + b_n c_n > 0.$$

引理得证.

设 A 为非零整数组的集合，且满足其中任何两个均构成优雅对.

将 A 划分为 n 个子集 $A_1, A_2, \cdots, A_n$，其中 A_i 为集合 A 中最后一个非零项为第 i 项的数组集合.只需证明 $|A_i| \leqslant 2i$，即可完成本题的证明，这是因为

$$2+4+\cdots+2n=n^2+n,$$

再加上 $(0,0,\cdots,0)$，即得结论.

用反证法.

假设 $|A_i| \geqslant 2i+1$.

若集合 A_i 有至少三个数组只在第 i 项非零，则其中必有两个在该项同号.

因为数组互不相同且其各项均为整数，所以

$$\left|\sum_{k=1}^{n} a_k b_k\right| \geqslant 2,$$

矛盾.

于是，集合 A_i 最多有两个数组只在第 i 项非零，把它们从 A_i 中除去，剩下的每一个数组在前 $n-1$ 项中至少有一项非零.

对于集合 A_i 中剩下的每一个数组 a，若其第 i 项为正数，则保持该数组不变；若其第 i 项为负数，则把 a 的每一项均乘以 -1，这样操作不会改变优雅对的要求.经过此变换，可得到两种情况：

(1) 存在两个数组 a, b，它们的前 $i-1$ 项均相同，故

$$\sum_{k=1}^{i-1} a_k b_k = \sum_{k=1}^{i-1} a_k^2 > 0. \tag{8}$$

由于各项均为整数，故式(8)不小于1.

(2) 对任意两个数组，前 $i-1$ 项均不完全相同，此时由引理知，可找到两个数组 a, b，使得

$$\sum_{k=1}^{i-1} a_k b_k \geqslant 1.$$

无论上述哪种情况，均有

$$\sum_{k=1}^{i} a_k b_k \geqslant 2,$$

这与优雅对的要求矛盾.

综上可知,最多有 n^2+n+1 个不同的 n 元整数组满足题设条件.

▶**例 19** 有 n 只鸡进行一对一的锦标赛.每一场对决均有胜负之分(没有平局),先啄到对方的鸡为胜者.如果鸡 u 啄到鸡 w,而鸡 w 啄到鸡 v,那么就算鸡 u 间接啄到鸡 v.在锦标赛结束时,如果有一只鸡啄到或者间接啄到所有其他的鸡,那么就称这只鸡为这次锦标赛的鸡王.证明:每一次锦标赛都有一只鸡王.

证明

对 n 进行归纳.

当 $n=2$ 时,必有一只鸡啄到另一只鸡,啄到对方的这只鸡就是鸡王.于是任何有两只鸡参加的锦标赛都有一只鸡王.

假定当 $n=k$ 时,结论成立.也就是说,对某个 $k\geqslant 2$,有 k 只鸡参加的锦标赛有一只鸡王.

考虑有 $k+1$ 只鸡参加的锦标赛.我们暂时把某只鸡 t 放在一边,然后关注其余 k 只鸡.根据归纳假定,必有一只鸡是这 k 只鸡参加的亚锦标赛中的鸡王,现在考虑鸡 t.

如果鸡 t 被亚锦标赛的鸡王啄到,那么这只鸡王就是整个锦标赛的鸡王.

如果鸡 t 被另一只鸡啄到,而这另一只鸡被亚锦标赛的鸡王啄到,那么这只鸡王间接啄到鸡 t,于是这只鸡王就是整个锦标赛的鸡王.

余下的情况是鸡 t 啄到亚锦标赛的鸡王,但是没有被任何亚锦标赛中鸡王啄到的鸡啄到(鸡 t 啄到所有被亚锦标赛的鸡王啄到的鸡).在这种情况下,我们就称鸡 t 为鸡王.

注意,任何没有被鸡 t 啄到的鸡也没有被亚锦标赛的鸡王啄到.于是这只鸡必定被亚锦标赛的鸡王啄到过的某一只鸡啄到,因为鸡 t 啄到所有被鸡王啄到过的鸡,这就是说,鸡 t 间接啄到这只鸡,于是鸡 t 啄到或者间接啄到所有另外的鸡.

根据数学归纳法原理,就推得了我们的结论.

▶**例 20** 已知 n,d 为两个正整数,记 $S_n(d)$ 为有序数组 $(x_1,x_2,\cdots,x_d)$ 构成的集合,其中:

(i) 对于所有的 $1\leqslant i\leqslant d$,均有 $x_i\in\{1,2,\cdots,n\}$;

(ii) 对于所有的 $1\leqslant i\leqslant d-1$,均有 $x_i\neq x_{i+1}$;

(iii) 不存在 $1\leqslant i<j<k<l\leqslant d$,使得 $x_i=x_k,x_j=x_l$.

(1) 求 $S_3(5)$ 中的元素个数;

(2) 证明:$S_n(d)\neq\varnothing$ 当且仅当 $d\leqslant 2n-1$.

(2018 年越南数学奥林匹克竞赛)

解

(1) 称满足条件的数组为"好的",设 (a,b,c,d,e) 使得 $a,b,c,d,e\in\{1,2,3\}$,且满足条件(ii)(iii).

若数组前三项两两不同,不妨假设

$$(a,b,c)=(1,2,3).$$

对于 $(1,2,3,d,e)$,必有 $d=2,e=1$.

而 (a,b,c) 有 $3!$ 种选择,从而,这样的五元有序好数组共有 $3!=6$ 个.

若数组前三项中有两项相等,不妨假设

$$(a,b,c)=(1,2,1).$$

对于 $(1,2,1,d,e)$,必有 $d=3,e=1$.

而 (a,b,c) 有 6 种选择,从而,这样的五元有序好数组共有 6 个.

综上,$|S_3(5)|=6+6=12$.

(2) 若 $d=2n-1$,则

$$(1,2,\cdots,n-1,n,n-1,\cdots,2,1)$$

是好数组.这表明,对于所有的 $1\leqslant d\leqslant 2n-1$,均有 $S_n(d)\neq\varnothing$.

下面用数学归纳法证明:d 的最大值为 $2n-1$,即当 $d=2n$ 时不存在任何好数组.

当 $n=1$ 时,$d=2$,结论成立.

假设对于所有的 $1\leqslant k\leqslant n$,均不存在任何 $d=2k$ 元好数组.

当 $k=n+1$ 时,假设结论不成立,即存在 $d=2k=2(n+1)$ 元的好数组 $(x_1,x_2,\cdots,x_{2n+2})$.记 S 为 $n+1$ 在这个 $2(n+1)$ 元好数组中出现的次数.

若 $S=0$,则长度为 $2n+2$ 的好数组中所有的数均不超过 n,矛盾.

若 $S=1$,则当 $n+1$ 是第一个或最后一个元素时,可以删去它,从而得到一个长度为 $2n+1$ 的好数组,其中所有的数均不超过 n,矛盾.于是,$n+1$ 必定在某两个元素之间,设这个好数组为

$$(*,\cdots,*,u,n+1,v,*,\cdots,*).$$

若 $u\neq v$,则删去 $n+1$ 后仍得到一个长度为 $2n+1$ 的好数组,其中所有的数均不超过 n,矛盾.

若 $u=v$,则删去 $n+1$ 和 u 或 v.由于没有相邻两数相等,则可得到一个长度为 $2n$ 的好数组,其中所有的数均不超过 n,矛盾.

根据前面的证明及对称性,可假设没有一个数只出现一次.

于是,若 $S=2$,则 $1,2,\cdots,n+1$ 均在这个好数组中恰出现两次.记 T 是两个 $n+1$ 之间的项数,即这个好数组形如

$$(*,\cdots,*,n+1,\underbrace{*,\cdots,*}_{T\text{项}},n+1,*,\cdots,*),$$

则其他项均不同于这 T 个数.

设这 T 个数的取值为 $\{1,2,\cdots,m\}$,则 $T=2m\leqslant 2n$.这 T 个数构成一个 T 元好数组,矛盾.

若 $S\geqslant 3$,由前面的讨论知,这种情况可以化为其他某个元素出现的次数不超过 2.

综上,结论成立.

演习场

习题3

1. 设$\{a_n\}$为一个实数数列，$a_1=t$，$a_{n+1}=4a_n(1-a_n)$.求有多少个不同的实数t，使得$a_{2006}=0$.

2. 整数1，2，…，n的排列满足：每个数或者大于它前面的所有数，或者小于它前面的所有数.试问：有多少种这样的排列？

（1989年第21届加拿大数学奥林匹克竞赛）

3. 设O是由边长为1的单位方格组成的方格纸上的一个固定结点.现以P_k表示方格纸上的以点O为起点、长度为k且各段都位于网格线上的所有不同折线的条数.求证：对所有k，都有$P_k<2\times 3^k$.

（1959年第22届莫斯科数学奥林匹克竞赛）

4. 有n条直线，满足每两条互不平行，每三条不共点，它们将欧氏平面分成多少个区域（连通部分）？其中有多少个是有限的？

5. 在平面上给定$n(n>4)$个点，其中任何3点都不共线.试证：至少存在C_{n-3}^2个以上述给定点为顶点的凸四边形.

（1969年第11届国际数学奥林匹克竞赛）

6. 圆上有n个点$(n>1)$，依次为P_1，P_2，…，P_n.联结这n个点，使得折线$P_1P_2\cdots P_n$不自交.问：这样的联结方法有多少种？

（1986年联邦德国数学奥林匹克竞赛）

7. 指示板上装有若干个电灯泡，且都亮着.今有若干个按钮，可以改变与该按钮相连的所有灯泡的亮灭状态.现知对任何一组灯泡，都有一个按钮与该组内的奇数个灯泡相连.求证：可以通过揿动这些按钮，熄灭所有的灯泡.

（1995年第58届莫斯科数学奥林匹克竞赛）

8. 试证罗伯茨(S.Roberts)1889年得到的下列结果（罗伯茨定理）.

设在欧氏平面中有n条直线，其中有$\lambda_i(\geqslant 3)$条相交于同一点$(i=1,2,\cdots,k)$，μ_j条互相平行$(j=1,2,\cdots,h)$，则这些直线将欧氏平面分为

$$R=1+n+C_n^2-\sum_{i=1}^{k}C_{\lambda_i-1}^2-\sum_{j=1}^{h}C_{\mu_j}^2 \qquad (1)$$

个区域.

9. 已知a_1，a_2，…，a_{11}为给定的11个互不相同的正整数，且总和小于

2007.在黑板上依次写上 1,2,…,2007 这 2007 个数.将连续的 22 次操作定义为一个操作组:第 i 步操作可以从黑板上现有的数中任选出一个,当 $1\leqslant i\leqslant 11$ 时,加上 a_i,当 $12\leqslant i\leqslant 22$ 时,减去 a_{i-11}.如果最终结果为 1,2,…,2007 的偶排列,则称这个操作组为“优的”,否则称这个操作组为“次优”的.问:优的操作组与次优的操作组哪种多?多多少?(对 $1,2,\cdots,n$ 的一个排列 $x_1,x_2,\cdots,x_n$,如果 $\prod\limits_{i>j}(x_i-x_j)$ 为正数,则称它为偶排列,否则称它为奇排列.)

(2007 年中国中学生数学冬令营)

第四讲 递推方法

递推方法是组合学中的一个非常基本而重要的方法，它的基本想法就是分两步走：组合计算和代数处理. 第一步非常重要，即面对一个比较复杂的组合问题(通常是计数问题)，先假定 n 时的计数公式 $p(n)$，再在其基础上求得 $n+1$ 时的计数公式 $p(n+1)$，这便是递推方法的基本思想，可以把混乱的思路厘清. 至于如何计算，则是第二步代数处理的任务. 递推方法是一种把组合问题"还原"为代数问题的努力(类似用解析法做几何题). 不少有名的问题，例如"装错信封问题""蛙跳问题"等，都可以用递推方法来解决.

4.1 数列递推

知识桥

数列递推其实有点数学归纳法的味道，只不过数学归纳法强调的是命题，而递推强调的是计算. 对于纯粹的数列递推，关键就在于计算，求出数列的通项公式. 而对于组合问题，特别是计数问题，除了计算，还要求正确地写出递推公式. 其实有明显递推公式的数列并不多，不过加以改造后问题就会千变万化，足以在组合问题中广泛使用.

训练营

▶ **例 1** 已知 P 为集合 $S_n=\{1,2,\cdots,n\}$ 的一个排列. 元素 $j\in S_n$，如果满足 $P(j)=j$，则称它为 P 的一个不动点. 令 f_n 为 S_n 的无不动点的排列数，g_n 为恰好有一个不动点的排列数.

求证：$|f_n-g_n|=1$.

(1982年第14届加拿大数学奥林匹克竞赛)

证明

我们首先证明无不动点的排列数 f_n 为

$$\begin{aligned}f_n&=\mathrm{P}_n^n-\mathrm{P}_n^{n-1}+\mathrm{P}_n^{n-2}-\cdots+(-1)^n\mathrm{P}_n^0\\&=\sum_{r=0}^{n}(-1)^r\mathrm{P}_n^{n-r}.\end{aligned}$$

显然，$f_1=0$，$f_2=1$.分两种情况考虑：

(1) $1=f(i)$且$i=f(1)$.

此时还有 $n-2$ 个元素，其无不动点的排列数为 f_{n-2}.又 $1=f(i)$，而$f(i)$有 $n-1$ 种选择，因此共有$(n-1)f_{n-2}$个.

(2) $1=f(i)$且$i\neq f(1)$.

此时显然无不动点的排列数为 f_{n-1}，又 $1=f(i)$，而 $f(i)$有 $n-1$ 种选择，因此共有$(n-1)f_{n-1}$个.

于是有

$$f_n=(n-1)f_{n-1}+(n-1)f_{n-2},$$

$$f_n-nf_{n-1}=-(f_{n-1}-(n-1)f_{n-2}),$$

$$f_n-nf_{n-1}=(f_2-2f_1)(-1)^{n-2}=(-1)^{n-2},$$

即

$$f_n-nf_{n-1}=(-1)^n.$$

因此，

$$\frac{f_n}{n!}-\frac{f_{n-1}}{(n-1)!}=\frac{(-1)^n}{n!},$$

$$\frac{f_{n-1}}{(n-1)!}-\frac{f_{n-2}}{(n-2)!}=\frac{(-1)^{n-1}}{(n-1)!},$$

$$\cdots$$

$$\frac{f_2}{2!}-\frac{f_1}{1!}=\frac{(-1)^2}{2!},$$

相加可得

$$\frac{f_n}{n!}=\frac{1}{2!}-\frac{1}{3!}+\frac{1}{4!}-\cdots+\frac{(-1)^n}{n!},$$

$$\begin{aligned}f_n&=n!\left(\frac{1}{2!}-\frac{1}{3!}+\frac{1}{4!}-\cdots+\frac{(-1)^n}{n!}\right)\\&=\mathrm{P}_n^n-\mathrm{P}_n^{n-1}+\mathrm{P}_n^{n-2}-\cdots+(-1)^n\mathrm{P}_n^0.\end{aligned}$$

注意到，对 S_n 的每个恰有一个不动点的排列 P，设 $P(j)=j$，则将 j 删去后得到的排列是集合

$$S_{n-1}=\{1,2,\cdots,j-1,j+1,\cdots,n\}$$

的一个无不动点的排列，因此有

$$g_n=nf_{n-1}.$$

于是，

$$\begin{aligned}g_n&=n\sum_{r=0}^{n-1}(-1)^r \mathrm{P}_{n-1}^{n-1-r}\\&=\sum_{r=0}^{n-1}(-1)^r n\mathrm{P}_{n-1}^{n-1-r}\\&=\sum_{r=0}^{n-1}\mathrm{P}_n^{n-r}(-1)^r,\end{aligned}$$

从而

$$f_n-g_n=(-1)^n\mathrm{P}_n^0=(-1)^n,$$

因此

$$|f_n-g_n|=1.$$

▶**例 2** 如果集合 $\{1,2,\cdots,n\}$ 的排列 P 满足 $P\circ P=$ 恒等排列（把排列看成 $\{1,2,\cdots,n\}$ 到自身的双射），则称 P 为对合.求 $\{1,2,\cdots,n\}$ 的对合个数 t_n 的递推式，并以和的形式求出 t_n 的公式.

解

设 t_n 是 $\{1,2,\cdots,n\}$ 的对合个数，即 $\{1,2,\cdots,n\}$ 的满足 $P\circ P=$ 恒等排列的 P 的个数.加入另一个元素 $n+1$，使 $n+1$ 是不动点的对合有 t_n 个；而使 $n+1$ 不是不动点的 $\{1,2,\cdots,n+1\}$ 的对合有 $n\cdot t_{n-1}$ 个，即

$$t_{n+1}=t_n+nt_{n-1},\ t_1=1,\ t_2=2.$$

取 $2k$ 个元素，有 C_n^{2k} 种取法.分成 k 个无序对，有 $\dfrac{(2k)!}{2^k\cdot k!}$ 种方法.其他的 $n-2k$ 个元素是不动点，要对 $k=0,1,\cdots,\left[\dfrac{n}{2}\right]$ 求和，于是就得到

$$t_n=\sum_{k=0}^{\left[\frac{n}{2}\right]}\mathrm{C}_n^{2k}\cdot\frac{(2k)!}{2^k\cdot k!}.$$

点评

此题是递推方法的典型题目，把组合问题转化为了代数问题.当然，正如不是所有平面几何问题用解析法处理都合适，许多组合怪题也不能够代数化.这样的例子在后面还会见到.

▶**例3** 将数字 $1,2,3,\cdots,n$ 填入标号为 $1,2,3,\cdots,n$ 的 n 个方格里，每个方格填一个数字，则标号与所填数字均不相同的填法有多少种？

解

令 a_n 为符合条件的填法，并增加数 $n+1$ 和标号为 $n+1$ 的方格.

对于 a_n 中的每一个填法，我们将第 k 格的数移到第 $n+1$ 格，而将$n+1$ 填入第 k 格，得到符合条件的填法 na_n 种.

对于仅有第 k 格填入的是 $k(1\leqslant k\leqslant n)$，其他 $n-1$ 个数的填法符合条件 a_{n-1}的 n 个数，我们也将第 k 格的数移到第 $n+1$ 格，而将 $n+1$ 填入第 k 格，得到符合条件的填法 na_{n-1}种.

于是，
$$a_{n+1}=na_n+na_{n-1}.$$
易知
$$a_1=0,a_2=1.$$
令 $a_n=n!\ b_n$，有
$$(n+1)b_{n+1}=nb_n+b_{n-1},$$
即
$$b_{n+1}-b_n=-\frac{1}{n+1}(b_n-b_{n-1}),$$
$$\prod_{k=1}^{n-1}(b_{k+1}-b_k)=\prod_{k=1}^{n-1}\left(-\frac{1}{k+1}(b_k-b_{k-1})\right),$$
故
$$b_n-b_{n-1}=(-1)^{n-2}\frac{2}{n!}(b_2-b_1)=(-1)^n\frac{1}{n!},$$
$$\sum_{i=1}^{n}(b_i-b_{i-1})=\sum_{i=1}^{n}(-1)^i\frac{1}{i!},$$
$$b_n=\sum_{i=1}^{n}(-1)^i\frac{1}{i!},$$
于是 $a_n=n!\sum\limits_{i=1}^{n}(-1)^i\frac{1}{i!}$即为所求.

点评

有时计数问题看似是排列组合问题，但其繁杂的情形常令人无从下手.若从元素的递增角度考虑，则往往能利用递推式加以解决.

▶例 4 字母表$\{0,1,2\}$中有多少个 n -字可使相邻两数的差至多是 1?

解

我们用图 4.1 表示这个问题.沿有向边的每一步生出一个允许的字.无箭头的线表示可双向通行.

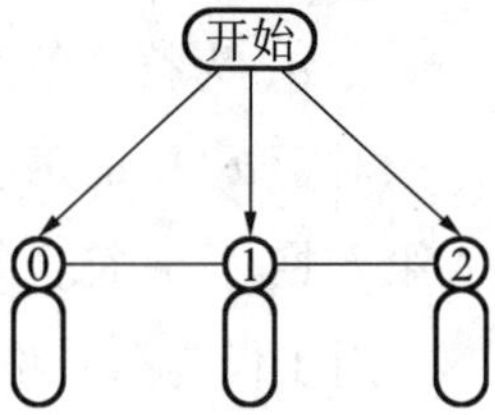

图 4.1

设 x_n 是从初始状态出发的 n -字的个数，并将以 1 开头的 n -字个数记为 x_{n-1}.由对称性知，以 0 或 2 开头的 n -字的个数相同，记为 y_{n-1}.由图并根据加法原理，有

$$x_n=x_{n-1}+2y_{n-1}, \tag{1}$$

$$y_n=y_{n-1}+x_{n-1}. \tag{2}$$

由这些递推式可得 $2y_{n-1}=x_n-x_{n-1}$ 和 $2y_n=x_{n+1}-x_n$.将这两个等式代入式(2)，我们得到

$$x_{n+1}=2x_n+x_{n-1}. \tag{3}$$

初始条件是 $x_1=3,x_2=7$.由 $x_2=2x_1+x_0$，可知定义 $x_0=1$ 时，递推式仍满足.我们就从 $x_0=1,x_1=3$ 开始，解差分方程的特征方程

$$\lambda^2-2\lambda-1=0,$$

它的两个解是

$$\lambda_1=1+\sqrt{2}\text{和}\lambda_2=1-\sqrt{2},$$

因此，式(3)的通解是

$$x_n=a(1+\sqrt{2})^n+b(1-\sqrt{2})^n.$$

对 $n=0$ 及 $n=1$，可得 a 与 b 的方程

$$a+b=1,\ a(1+\sqrt{2})+b(1-\sqrt{2})=3,$$

其解为
$$a=\frac{1+\sqrt{2}}{2},\ b=\frac{1-\sqrt{2}}{2}.$$

因此，
$$x_n=\frac{(1+\sqrt{2})^{n+1}}{2}+\frac{(1-\sqrt{2})^{n+1}}{2}.$$

▶**例 5** 设正整数 M 在 n 进制表示下的各位数字互不相同，并且除最左边的数字外，每个数字都与它左边的某个数字相差 ± 1. 试求所有这样的正整数 M 的个数(答案用 n 的显函数以最简形式给出).

(1990 年第 19 届美国数学奥林匹克竞赛)

解

首先，我们允许 0 作为最左边的数字，并用 $F(n)$ 表示满足要求的 M 的个数. 于是

$F(1)=1$(唯一的数是 0)；

$F(2)=4(0,01,1,10)$；

$F(3)=11(0,01,012,1,10,102,12,120,2,21,210)$；

$F(4)=26(0,01,012,0123,1,10,102,1023,12,120,1203,123,1230,2,21,210,2103,213,2130,23,231,2310,3,32,321,3210)$.

由上述例子可见，最右边一位数字或为各位数字中最大的，或为最小的. 让我们来证明这一点.

设满足要求的 n 进制表示数

$$M=\overline{k_1k_2\cdots k_m},\ 1<m\leqslant n,$$

记 $k_i=\min\{k_1,k_2,\cdots,k_m\}$，$k_j=\max\{k_1,k_2,\cdots,k_m\}$，并设 $i,j<m$. 不妨设 $i<j$. 因为每位数字都与它左边某个数字相差 ± 1，故对任何正整数 h，$k_i<h<k_j$，都必存在 $l<j$，使 $k_l=h$. 特别地，对于 $h=k_m$，有 $k_l=k_m$，$l\neq m$，矛盾.

因而，$F(n+1)$ 个满足要求的 $n+1$ 进制表示的正整数可以分为 3 类：

(1) $n+1$ 个一位数：$0,1,2,\cdots,n$；

(2) n 进制表示中满足要求的 $F(n)$ 个数，右边添上一位数字，它比该数中已用到的最大数字大 1；

(3) n 进制表示中满足要求的 $F(n)$ 个数，将各位数字分别加 1，然后在右边添上原数的各位数字中的最小数.

由此即得递推关系式

$$F(n+1)=n+1+2F(n),$$
$$F(n+1)+(n+3)=2(F(n)+(n+2)).$$

由此递推即得

$$F(n+1)+(n+3)=2^n(F(1)+(1+2))=2^{n+2},$$
$$F(n)=2^{n+1}-n-2.$$

最后，在 $F(n)$ 的计数中除去首位为 0 的数：0，01，012，…，012…$(n-1)$，共 n 个数，便得所有满足要求的正整数 M 的总数为 $2^{n+1}-2n-2$.

点评

构造可递推的函数，是解此题的关键.

4.2 几何及杂题中的递推

知识桥

在几何计数和杂题中，递推也是一个重要方法，只不过在解题中我们有意无意地将一个几何计数问题“映射”到了一个代数数列问题.这样的“映射”往往并不十分困难，但有时会因为图形的复杂性而引起混淆.

训练营

▶**例 1** 将一个四棱锥的每个顶点染上一种颜色，并使同一条棱的两个端点异色.如果只有 5 种颜色可供使用，那么不同的染色方法总数是多少?

(1995 年中国高中数学联赛)

解

我们可把四棱锥推广为 n 棱锥，颜色数推广为 m 种($n\geqslant 3, m\geqslant 4$).

事实上，顶点 S 可用 m 种颜色中的任一种染色，并且 S 上的颜色不能再出现在多边形 $A_1A_2\cdots A_n$ 的顶点上.问题转化为用 $m-1$ 种颜色给多边形的顶点染色，相邻的顶点不同色.设有 a_n 种染法，则

$$a_3=(m-1)(m-2)(m-3).$$

对 $n>3$，考虑 a_n 的递推关系.若从顶点 A_1 开始，则 A_1 有 $m-1$ 种染法，继而 $A_2, A_3, \cdots, A_{n-1}$ 均有 $m-2$ 种染法.最后到 A_n，如果只要求 A_n 与 A_{n-1} 不同色，则仍有 $m-2$ 种染法，于是总共有 $(m-1)(m-2)^{n-1}$ 种染法.

在这个计算中可以分为两类:一类是 A_n 与 A_1 不同色，这符合要求，正是染法数 a_n;另一类是 A_n 与 A_1 同色，这不符合要求，但可将 A_n 与 A_1 合并成一点，得出染法数 a_{n-1}.于是

$$\begin{cases} a_n+a_{n-1}=(m-1)(m-2)^{n-1}, \\ a_3=(m-1)(m-2)(m-3), \end{cases}$$

变形并递推得

$$\begin{aligned} a_n-(m-2)^n &= -(a_{n-1}-(m-2)^{n-1}) \\ &=(-1)^2(a_{n-2}-(m-2)^{n-2}) \\ &=\cdots \\ &=(-1)^{n-2}(m-2) \\ &=(-1)^n(m-2), \end{aligned}$$

即 $a_n=(m-2)((m-2)^{n-1}+(-1)^n)$.

从而,整个棱锥的染法总数为

$$N=m(m-2)((m-2)^{n-1}+(-1)^n).$$

特别地,当 $n=4, m=5$ 时,

$$N=5\cdot 3\cdot(3^3+1)=420.$$

▶**例 2** A 城有 n 个女孩和 n 个男孩,且每个女孩都认识所有的男孩.B 城有 n 个女孩 $g_1, g_2, \cdots, g_n$ 和 $2n-1$ 个男孩 $b_1, b_2, \cdots, b_{2n-1}$,其中女孩 g_i 认识男孩 $b_1, b_2, \cdots, b_{2i-1}$,但不认识其他男孩,$i=1,2,\cdots,n$.对于任意的 $r=1,2,\cdots,n$,从 A 城与 B 城各选取 r 个女孩与 r 个男孩组成 r 对舞伴,要求每个女孩的舞伴都是自己认识的男孩.分别将 A 城和 B 城满足要求的不同选法种数记为 $A(r)$ 和 $B(r)$.求证:$A(r)=B(r)$,$r=1,2,\cdots,n$.

(1997 年第 38 届国际数学奥林匹克竞赛预选题)

证明

为方便使用递推法,将题中 $A(r)$ 和 $B(r)$ 分别记为 $A(n,r)$ 和 $B(n,r)$.

由于 A 城的 n 个女孩中每人都认识所有男孩,故有

$$A(n,r)=(C_n^r)^2\cdot r!=\frac{(n!)^2}{((n-r)!)^2 r!}. \tag{1}$$

下面我们对 $B(n,r)$ 建立一个递推关系式,设 $n\geqslant 3$ 且 $2\leqslant r\leqslant n$.考察在 B 城中选取 r 对舞伴,且使每个女孩都认识自己舞伴的所有可能选法.分两种情况来计数.

当 g_n 是选中的 r 个女孩之一时,其余的 $r-1$ 对舞伴共有 $B(n-1,r-1)$ 种不同选法.g_n 可在余下的 $(2n-1)-(r-1)=2n-r$ 个男孩中任选 1 个男孩为舞伴,有 $2n-r$ 种选法.由乘法原理知,共有 $(2n-r)\cdot B(n-1,r-1)$ 种不同选法.

当 g_n 未被选中时,当然有 $r<n$.于是 r 个女孩全部选自 $g_1, g_2, \cdots, g_{n-1}$,且她们的舞伴也都来自 $b_1, b_2, \cdots, b_{2n-3}$ 之中.所以不同选法种数恰为 $B(n-1,r)$.

这样一来,当 $n\geqslant 3$ 时总有

$$B(n,n)=nB(n-1,n-1),$$

$$B(n,r)=B(n-1,r)+(2n-r)B(n-1,r-1), \quad (2)$$

其中 $r=2,3,\cdots,n-1$.

由式(1)有

$$A(n-1,r)=\frac{((n-1)!)^2}{((n-1-r)!)^2r!},$$

$$A(n-1,r-1)=\frac{((n-1)!)^2}{((n-r)!)^2(r-1)!},$$

由此可得

$$A(n,r)=A(n-1,r)+(2n-r)A(n-1,r-1). \quad (3)$$

式(2)和式(3)表明,$A(n,r)$与$B(n,r)$满足相同的递推关系式.此外,对任意 $n\in\mathbf{N}^*$,都有 $A(n,1)=n^2=B(n,1)$ 和 $A(2,2)=2=B(2,2)$.所以对所有 $n\in\mathbf{N}^*$ 和 $r=1,2,\cdots,n$,均有 $A(n,r)=B(n,r)$.

点评

本题是通过建立相同的数列递推式来证明两个数列相等.对于复杂得难以求出表达式的数列,这个方法值得借鉴.

▶ **例 3** 在圆周上给定 20 个点,并用 10 条既无公共端点又互相不交的弦来联结它们.问:共有多少种不同的连线法?

(1950 年第 13 届莫斯科数学奥林匹克竞赛)

解

设当圆周上有 $2n$ 个点,用 n 条弦来联结它们时,满足要求的不同连线法总数为 k_n.如图4.2,在给定点中选定一点 A,并设它与点 B 间有弦 AB 相连,则点 A 和 B 将圆周分成的两条弧中,每条弧上都有偶数个给定点.设由 A 顺时针到 B 的圆弧上有 $2j$ 个点,则另一条弧上有 $2(9-j)$个点.两条弧上给定点的不同连线数分别为 k_j 和 k_{9-j}.故知以弦 AB 为一条弦的不同连线种数为 $k_j\cdot k_{9-j}$,从而得到如下的递推关系式:

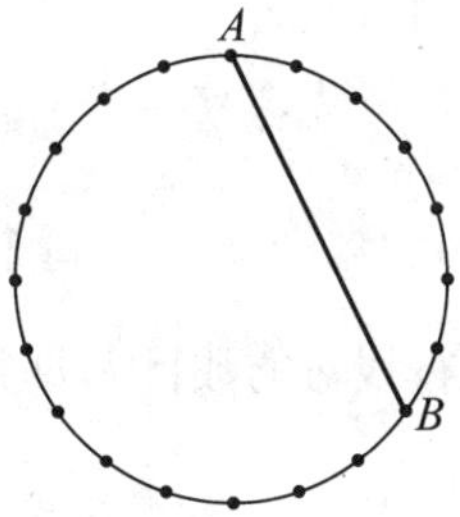

图 4.2

$$k_n=k_{n-1}+k_1k_{n-2}+k_2k_{n-3}+\cdots+k_{n-2}k_1+k_{n-1}.$$

容易看出,$k_1=1$,$k_2=2$.由上面的递推关系式可以依次算出:$k_3=5$,$k_4=$

14, $k_5=42$, $k_6=132$, $k_7=429$, $k_8=1430$, $k_9=4862$, $k_{10}=16\,796$，即所求的不同连线法的总数为 16 796.

点评

本题也是卡塔兰数的著名例子，是一个将递推用得比较透彻的问题.

▶**例 4** 平面上的一点若有 k 条已知直线通过，则称它为 k 重点.在平面上引 n 条直线，这些直线相交所得的二重，三重，……，n 重点的数目分别为 k_2, k_3, …, k_n.求这些直线将平面分成多少块.

解

可分为以下 4 步进行讨论：

(1) 平面上引 n 条直线，且无两线平行及三线共点.设这些直线将平面分成 $V(n)$ 块.

考察其中的一条直线，它被其余 $n-1$ 条直线截成 n 段，去掉这条直线后，每段两侧的两块合成一块，故块数将减少 n，而剩下 $V(n-1)$ 块.因此有递推式 $V(n)=V(n-1)+n$.显然 $V(1)=2$，故得

$$\begin{aligned}V(n)&=V(n-1)+n=V(n-2)+(n+(n-1))\\&=\cdots=V(1)+(2+3+\cdots+n)\\&=2+(2+3+\cdots+n)=\frac{1}{2}(n^2+n+2).\end{aligned}$$

(2) 平面上引 n 条直线，这些直线相交所得的二重，三重，……，n 重点的数目分别为 k_2, k_3, …, k_n.

先考察一个 r 重点，将通过该点的直线适当平移，使得无三线共点，则共得到 C_r^2 个交点.对每个点都这样做，共得 $\sum\limits_{r=2}^{n} k_r C_r^2$ 个交点.再加上这些直线中的平行线对的数目 l，即得 C_n^2.因此，

$$C_n^2=\sum_{r=2}^{n} k_r C_r^2+l,$$

$$l=C_n^2-\sum_{r=2}^{n} k_r C_r^2.$$

(3) 平面上引 n 条直线，无三线共点，但有 l 对平行线.先考察一条直线，其余的 $n-1$ 条直线将此直线分成 $n-l_i$ 段，其中 l_i 为与此直线平行的已知直线

的数目.去掉这条直线后,平面被分成的块数减少$n-l_i$.逐一去掉这些直线,最后剩下一块(即全平面),故得:

$$\begin{aligned}&(n-l_n)+((n-1)-l_{n-1})+\cdots+1+1\\&=(1+2+3+\cdots+n)-\sum_{i=1}^{n}l_i+1\\&=\frac{1}{2}(n^2+n+2)-l.\end{aligned}$$

(4) 回到原题,设这n条直线将平面分成$p(n)$块.考察一个r重点,将过这点的r条直线适当平移,使其中无三线共点,这时新增加的块数为$\frac{1}{2}(r^2+r+2)-2r$.对每个点都这样做,共增加的块数为$\sum\limits_{r=2}^{n}\left(\frac{1}{2}(r^2+r+2)-2r\right)k_r$.加上原来的$p(n)$块,总共有$p(n)+\sum\limits_{r=2}^{n}\left(\frac{1}{2}(r^2+r+2)-2r\right)k_r$块.另一方面,由(2)知所引的$n$条直线中平行线对的数目为$C_n^2-\sum\limits_{r=2}^{n}k_rC_r^2$,由(3)知在调整每条直线使无三线共点时,这些直线将平面分成的块数为

$$\begin{aligned}&\frac{1}{2}(n^2+n+2)-l\\&=\frac{1}{2}(n^2+n+2)+\sum_{r=2}^{n}k_rC_r^2-C_n^2,\end{aligned}$$

故得

$$\begin{aligned}&p(n)+\sum_{r=2}^{n}\left(\frac{1}{2}(r^2+r+2)-2r\right)k_r\\&=\frac{1}{2}(n^2+n+2)+\sum_{r=2}^{n}k_rC_r^2-C_n^2,\end{aligned}$$

解得

$$p(n)=n+1+\sum_{r=2}^{n}(r-1)k_r.$$

点评

此题比较复杂,一时难以下手.于是先考虑最简单(或特殊)的情况,一步步来.你会发现从简单情形到终点的路并不那么遥远.

▶例5 某生物学家观察一只变色龙捉苍蝇.变色龙每捉一只苍蝇都要休息一会儿.生物学家注意到:

(a) 变色龙休息了1分钟后捉到了第一只苍蝇;

(b) 捉第 $2m$ 只苍蝇之前休息的时间与捉第 m 只苍蝇之前休息的时间相同,且比捉第 $2m+1$ 只苍蝇之前休息的时间少1分钟;

(c) 当变色龙停止休息时,能立即捉到一只苍蝇.

问:

(1) 变色龙第一次休息9分钟之前,共捉了多少只苍蝇?

(2) 多少分钟之后,变色龙捉到第98只苍蝇?

(3) 1999分钟之后,变色龙共捉了多少只苍蝇?

(1999年第40届国际数学奥林匹克竞赛预选题)

解

设捉第 m 只苍蝇之前变色龙休息的时间为 $r(m)$,则 $r(1)=1$,$r(2m)=r(m)$,$r(2m+1)=r(m)+1$,这表明 $r(m)$ 等于数 m 的二进制表示中1的数目.

设 $t(m)$ 为变色龙捉到第 m 只苍蝇的时刻,$f(n)$ 为 n 分钟后变色龙一共捉到的苍蝇的数目,则对每个正整数 m,有 $t(m)=\sum\limits_{i=1}^{m} r(i)$,$f(t(m))=m$.于是,可得下列递推式:

$$t(2m+1)=2t(m)+m+1,$$
$$t(2m)=2t(m)+m-r(m),$$
$$t(2^p m)=2^p t(m)+pm2^{p-1}-(2^p-1)r(m).$$

其中第一个公式是由下列两式相加而得:

$$\sum_{i=1}^{m} r(2i)=\sum_{i=1}^{m} r(i)=t(m),$$
$$\sum_{i=0}^{m} r(2i+1)=1+\sum_{i=1}^{m}(r(i)+1)=t(m)+m+1.$$

第二个公式由下式而得:

$$\begin{aligned}t(2m)&=t(2m+1)-r(2m+1)\\&=2t(m)+m+1-(r(m)+1)\\&=2t(m)+m-r(m).\end{aligned}$$

第三个公式是对 p 用数学归纳法,并利用第二个公式而得.

(1) 即求 m,使 $r(m+1)=9$.在二进制中,有9个1的最小数为

$$(\underbrace{11\cdots1}_{9个})_2=2^9-1=511,$$

所以 $m=510$.

(2) 因为 $t(98)=2t(49)+49-r(49)$,

$$t(49)=2t(24)+25,$$

$$t(24)=2^3t(3)+3\times3\times2^2-(2^3-1)r(3),$$

$$r(1)=r(2)=1,\ r(3)=2,$$

$$r(49)=r(\overline{110001_2})=3,$$

所以 $t(3)=4, t(24)=54, t(49)=133, t(98)=312$.

(3) 因为当且仅当 $n\in[t(m),t(m+1)]$ 时, $f(n)=m$, 本题即求 m_0, 使 $t(m_0)\leqslant1999<t(m_0+1)$.

因为 $t(2^p-1)=t(2(2^{p-1}-1)+1)=2t(2^{p-1}-1)+2^{p-1}$,

所以 $$t(2^p-1)=p\cdot2^{p-1},$$

且 $t(2^p)=2^pt(1)+p\cdot2^{p-1}-(2^p-1)r(1)=p\cdot2^{p-1}+1$.

$$\begin{aligned}t(\overline{\underbrace{11\cdots1}_{q\text{个}}\underbrace{00\cdots0}_{p\text{个}}{}_2})&=t(2^p(2^q-1))\\&=2^pt(2^q-1)+p(2^q-1)2^{p-1}-(2^p-1)r(2^q-1)\\&=2^p\cdot q\cdot2^{q-1}+p(2^q-1)2^{p-1}-(2^p-1)q\\&=(p+q)2^{p+q-1}-p\cdot2^{p-1}-q\cdot2^p+q,\end{aligned}$$

$$t(2^8)=8\times2^7+1<1999<9\times2^8+1=t(2^9),$$

可得 $2^8<m_0<2^9$.

于是, m_0 的二进制表示有 9 位数.

设 $q=3, p=6$ 及 $q=4, p=5$, 则分别有

$$t(\overline{111000000_2})=9\times2^8-6\times2^5-3\times2^6+3=1923,$$

$$t(\overline{111100000_2})=9\times2^8-5\times2^4-4\times2^5+4=2100,$$

所以 m_0 在二进制表示中前 4 个数码为 1110.

因为 $$t(\overline{111010000_2})=2004,$$

$$t(\overline{111001111_2})=2000,$$

$$t(\overline{111001110_2})=1993,$$

所以 $f(1999)=\overline{111001110_2}=462$.

点评

使用进位制和递推,方能揭示这个问题的本质,找到解题的途径.

▶例 6 对任意正整数 n，$1\times n$ 的矩形板由 n 个单位正方形格子组成.将矩形板用以下三种纸片覆盖：1×1 的红色方片，1×1 的绿色方片，1×2 的蓝色矩形片.设 t_n 为用这些纸片覆盖矩形板的方式数.证明：$t_n\mid t_{2n+1}$.

（2018 年印度数学奥林匹克竞赛）

证明

将 $1\times(2n+1)$的矩形板上的格子依次标为

$$C_i(i=-n,-(n-1),\cdots,-1,0,1,\cdots,n).$$

考虑它们被覆盖的可能情况.

(1) 蓝色矩形片覆盖了(C_{-1},C_0).此时，左边的$(C_{-n},C_{-(n-1)},\cdots,C_{-2})$能够以 t_{n-1}种方式被覆盖，右边的$(C_1,C_2,\cdots,C_n)$能够以 t_n 种方式被覆盖；

(2) 蓝色矩形片覆盖了(C_0,C_1).此时，左边的 n 个格子能够以 t_n 种方式被覆盖，右边的 $n-1$ 个格子能够以 t_{n-1}种方式被覆盖；

(3) 红色方片覆盖了 C_0.此时，左右两侧的格子均能够以 t_n 种方式被覆盖；

(4) 绿色方片覆盖了 C_0.这种情况与(3)类似.

故

$$t_{2n+1}=t_{n-1}t_n+t_nt_{n-1}+2t_n^2=t_n(2t_{n-1}+2t_n)\Rightarrow t_n\mid t_{2n+1}.$$

▶例 7 求由数字$\{0,1,2\}$组成的长度为 n，但不包含子数字串 100，101，200 或 201 的数字串的个数.

解

我们从一个长度为 $n-1$ 的数字串引申出去，看看会发生什么情况.如果一个数字串不包含本命题所排除的任何子数字串，那么就称这个数字串为“好”数字串.设 s_n 是长度为 n 的“好”数字串的个数，a_n 是长度为 n 且末尾是 1 或 2 的“好”数字串的个数，b_n 是长度为 n 且末尾是 10 或 20 的“好”数字串的个数(为方便起见，这里设 $a_0=b_0=b_1=0$).

如果长度至少是 2 的数字串的末尾不是 1，2，10 或 20，那么其末尾必是 00.因为数字串 100，200 已经被排除，所以 $n\geqslant3$ 时其末尾必是 000.继续这一个过程，我们可以发现这个数字串必定全部是 0.还可以看出，对 $n=0$ 或 1，上述结论也成立.因此，可以得到对一切 n，有 $s_n=a_n+b_n+1$.

我们总是可以把一个 2 放到任何一个长度为 $n-1$ 的“好”数字串的后面，得到一个长度为 n 且末尾是 2 的“好”数字串.要得到一个长度为 n 且末尾是 1 的

“好”数字串,我们只能把一个1放到一个长度为$n-1$且末尾是1或2的“好”数字串的后面,或者放到一个全部是0的数字串的后面.于是得到

$$a_n=s_{n-1}+a_{n-1}+1.$$

最后,一个长度为n且末尾是10或20的“好”数字串显然可以通过在一个长度为$n-1$且末尾是1或2的“好”数字串的后面补一个0得到,于是

$$b_n=a_{n-1}.$$

将前两个递推关系相加和相减,分别得到$s_n-s_{n-1}=2a_{n-1}+2$,$s_n+s_{n-1}=2a_n$.将第二个递推关系的下标稍作改动,用来消去a_{n-1},得到

$$s_n-s_{n-1}=s_{n-1}+s_{n-2}+2,$$

即

$$s_n=2s_{n-1}+s_{n-2}+2.$$

注意到$t_n=s_n+1$满足齐次递推关系$t_n=2t_{n-1}+t_{n-2}$.

为了解这个递推关系,注意到特征多项式

$$r^2-2r-1=0$$

有根$r_1=1+\sqrt{2}$,$r_2=1-\sqrt{2}$,因此

$$t_n=C_1(1+\sqrt{2})^n+C_2(1-\sqrt{2})^n.$$

由初始条件$t_0=s_0+1=2$和$t_1=s_1+1=4$,得到

$$C_1+C_2=2,(1+\sqrt{2})C_1+(1-\sqrt{2})C_2=4,$$

解这两个线性方程,得到$C_1=1+\frac{1}{\sqrt{2}}$,$C_2=1-\frac{1}{\sqrt{2}}$.经过变形后,可得

$$s_n=\frac{1}{\sqrt{2}}((1+\sqrt{2})^{n+1}-(1-\sqrt{2})^{n+1})-1.$$

演习场

习题4

1. 求满足下列条件的序列的个数：

(1) 长为 n；

(2) 每一项为0,1或2；

(3) 0不为2的前一项，也不为2的后一项.

2. 给定 n 个不同的字母，每个可用两次，配成 n 对，每一对中的两个字母可以相同也可以不同.用 u_n 表示不同配对方式的种数(若仅仅是对的顺序不同，或某些对中两个字母的顺序不同，则认为是同一种配对方式).求证：

$$u_{n+1}=(n+1)u_n-\frac{1}{2}n(n-1)u_{n-2}.$$

(1985年第26届国际数学奥林匹克竞赛预选题)

3. 从集合$\{0,1,2,3,4\}$中取 n 个组成"词"，使其中每相邻的两数之差都是1.问：共能构成多少个词？

(1987年第28届国际数学奥林匹克竞赛预选题)

4. 设 $A=(a_1,a_2,\cdots,a_m)$ 是由 m 个数 $a_i\in\{0,1\}$，$i=1,2,\cdots,m$ 组成的 m 数组.定义运算 S 如下：

$$S(A)=(b_1,b_2,b_3,b_4,\cdots,b_{2m-1},b_{2m}),$$

其中当 $a_i=1$ 时，$b_{2i-1}=0$，$b_{2i}=1$；当 $a_i=0$ 时，$b_{2i-1}=1$，$b_{2i}=0$，$i=1,2,\cdots,m$.用 $S^n(A)$ 表示 n 层嵌套运算 $S(S(\cdots S(A)\cdots))$.取 $A=(1)$.试问：在 $S^n(A)=(a_1,a_2,\cdots,a_{2^n})$ 中有多少个由连续两项组成的数对 (a_i,a_{i+1}) 满足 $a_i=a_{i+1}=0$？

(1988年中国数学奥林匹克集训班试题)

5. 将一个2003边形的每个顶点染为红、蓝、绿三种颜色之一，使得相邻顶点的颜色互不相同.问：有多少种满足条件的染色方法？

6. 已知平面上有 n 条直线，其中任何两条不平行，任何3条不共点.这些直线互相相交共有多少个交点？这些直线可构成多少个三角形？这些直线把平面分成多少个部分？其中有多少个部分是无界的？

(1976年基辅数学奥林匹克竞赛)

7. 若 A_n 表示用 1×2 的矩形覆盖 $2\times n$ 的矩形的不同方法种数，B_n 表示由

1 和 2 组成的和为 n 的不同数列的个数，而 C_n 定义为

$$C_n=\begin{cases}\mathrm{C}_m^0+\mathrm{C}_{m+1}^2+\mathrm{C}_{m+2}^4+\cdots+\mathrm{C}_{2m}^{2m}, & n=2m,\\ \mathrm{C}_{m+1}^1+\mathrm{C}_{m+2}^3+\mathrm{C}_{m+3}^5+\cdots+\mathrm{C}_{2m+1}^{2m+1}, & n=2m+1.\end{cases}$$

试证：数 A_n，B_n，C_n 相等.

（1988 年第 29 届国际数学奥林匹克竞赛预选题）

8. 已知 A 和 E 为正八边形的一组相对顶点.一只青蛙从点 A 开始跳跃.如果青蛙在任何一个异于 E 的顶点，那么它可以跳到两个相邻顶点之一，而当它跳到点 E 时就停在那里.

若一条 n 步跳跃的路线定义为顶点的一个序列（P_0，P_1，…，P_n），它满足条件：

（1）$P_0=A$，$P_n=E$；

（2）对每个 i，$0\leqslant i\leqslant n-1$，$P_i\neq E$；

（3）对每个 i，$0\leqslant i\leqslant n-1$，$P_i$ 与 P_{i+1} 是正八边形的两个相邻顶点.

设 e_n 为经过 n 步跳跃到达点 E 的不同路线条数.求证：

$$e_{2n-1}=0,\ e_{2n}=\frac{1}{\sqrt{2}}(x^{n-1}-y^{n-1}),\ n=1,2,\cdots,$$

其中 $x=2+\sqrt{2}$，$y=2-\sqrt{2}$.

（1979 年第 21 届国际数学奥林匹克竞赛）

第五讲　代数杂题举隅

训练营

▶例1　考察一个仅由数字1和2组成的100位数.允许从中挑出任意10个连续的数字,并将前5个与后5个数字的位置互换.如果一个100位数可以由另一个数经过若干次上述操作而得到,则称这两个数是合同的.问:至多可以选出多少个两两不合同的仅由数字1和2组成的100位数?

(1973年第36届莫斯科数学奥林匹克竞赛)

解

因为每次操作时,都是将取出的10个数字中的前5个数字后移5位,后5个数字前移5位,故无论操作了多少次,一个数字的所处位数与它开始时的位数之差一定是5的倍数.换句话说,若把100个数字分成下列5组:

$$S_j=\{5k+j \mid k=0,1,2,\cdots,19,j=1,2,3,4,5\},$$

则在操作过程中,每个数字的位数只能在组内变化.而且只要适当安排操作顺序,每个数字可以移到组内任何另一位置.因此,在合同的意义下,每组内的20个数字的相互位置无关,即无论怎样交换位置,它们总是合同的.有关系的是其中1的个数,即只要5组数字中有一组中1的个数不同,两个数就一定不是合同的.

对于每一组数字来说,1的个数可为0,1,2,…,20.故由乘法原理知,互不合同的由数字1和2组成的100位数至多有21^5个.

▶例2　设$a<b<c<d$,且(x,y,z,t)是(a,b,c,d)的任意排列.问:表达式

$$n=(x-y)^2+(y-z)^2+(z-t)^2+(t-x)^2$$

可以取多少个不同的值?

(1946 年匈牙利数学奥林匹克竞赛)

解

方法一 因为 n 的表达式关于 (x,y,z,t) 是轮换对称的,故可设 $x=a$.又因表达式关于 y 和 t 是对称的,故对于 (b,c,d) 的 6 种不同排列,n 至多能取 3 个不同的值.

另一方面,因为 $a<b<c<d$,故有

$$\begin{aligned}&n(a,b,c,d)-n(a,b,d,c)\\=&(b-c)^2+(d-a)^2-(b-d)^2-(c-a)^2\\=&2(bd+ac-bc-ad)\\=&2(b-a)(d-c)>0,\\&n(a,c,b,d)-n(a,b,c,d)\\=&2(ab+cd-ac-bd)\\=&2(c-b)(d-a)>0,\end{aligned}$$

由此可得

$$n(a,c,b,d)>n(a,b,c,d)>n(a,b,d,c),$$

即 n 可取 3 个不同的值.

方法二 注意到表达式

$$\begin{aligned}&n(x,y,z,t)+(x-z)^2+(y-t)^2\\=&n(x,y,z,t)+(x^2+y^2+z^2+t^2)-2(xz+yt)\end{aligned}$$

关于 (x,y,z,t) 是对称的,故其值与 (x,y,z,t) 是 (a,b,c,d) 的何种排列无关.又因上式右端第二项也是关于 (x,y,z,t) 对称的,故 $n(x,y,z,t)$ 的不同值个数与 $xz+yt$ 所能取得的不同值个数相等.

表达式 $v=xz+yt$ 的值取决于将 (a,b,c,d) 分成两对的分法,而这种分法恰有 3 种:$\{a,b;c,d\}$,$\{a,c;b,d\}$,$\{a,d;b,c\}$,因此 v 有 3 个值:

$$v_1=ab+cd,\ v_2=ac+bd,\ v_3=ad+bc.$$

容易验证 $v_1>v_2>v_3$,故知 n 可以取 3 个不同的值.

▶**例 3** 设 n 为给定的大于 1 的奇数,集合 $S=\{1,2,\cdots,n\}$.称单射 $f:S\to S$ 为 S 的排列.求 S 的排列 f 的个数,使得

$$|f(1)-1|+|f(2)-2|+\cdots+|f(n)-n|=\frac{n^2-1}{2}.$$

解

将和式$|f(1)-1|+|f(2)-2|+\cdots+|f(n)-n|$去掉绝对值符号，所得结果为$2n$个数的代数和，其中$1,2,\cdots,n$恰好各出现2次，并且该代数和中恰好有$n$个数前面为减号.这表明

$$\begin{aligned}\sum_{k=1}^{n}|f(k)-k| &\leqslant 2\left(n+(n-1)+\cdots+\frac{n+3}{2}\right)+\frac{n+1}{2}-\\ &\quad 2\left(1+2+\cdots+\frac{n-1}{2}\right)-\frac{n+1}{2}\\ &=2((n-1)+(n-3)+\cdots+2)\\ &=\frac{n^2-1}{2}.\end{aligned}$$

此不等式成立是因为前面为减号的n个数最小为2个1，2个2，……，2个$\frac{n-1}{2}$和1个$\frac{n+1}{2}$.

上面的讨论表明，题中所求的排列f是使得$|f(1)-1|+|f(2)-2|+\cdots+|f(n)-n|$最大的排列.这样的排列在当$n=2k+1$时，要求$f(k+2),f(k+3),\cdots,f(2k+1)\leqslant\{1,2,\cdots,k+1\}$，而$f(1),f(2),\cdots,f(k)\in\{k+1,k+2,\cdots,2k+1\}$.于是，所求排列的个数为$(2k+1)\cdot(k!)^2$.

综上，满足条件的排列的个数为$n\left(\left(\frac{n-1}{2}\right)!\right)^2$.

▶**例4** 已知6台电子计算机中，每两台之间都有导线相连.现有5种颜色的涂料，问：应怎样为每条导线各涂上1种颜色，才能使得从每台计算机连出的5条导线的颜色都互不相同？

(1984年第47届莫斯科数学奥林匹克竞赛)

解

用6点$A_1,A_2,\cdots,A_6$来代表6台电子计算机，用两点间连线来代表导线，并将15条线段分成5组：

$$\{A_1A_2,A_3A_4,A_5A_6\},\{A_2A_3,A_4A_5,A_6A_1\},$$
$$\{A_1A_3,A_4A_6,A_2A_5\},\{A_2A_4,A_5A_1,A_3A_6\},$$
$$\{A_3A_5,A_6A_2,A_1A_4\}.$$

易见，只要把5组导线各涂上1种颜色便可满足题中要求.

▶ **例 5** 当电子管的管脚和插座的插孔数目都是 20 时，是否对于任何编号方式，都有一种插入方式使得每个管脚与它插入的插孔号码都不相同？

（1957 年第 20 届莫斯科数学奥林匹克竞赛）

解

事实上，只要管脚和插孔的数目是偶数，就会对于任何编号方式，都有题中所要求的插入方式.当然，我们只对数目为 20 的情形来证明.

用反证法.若不然，则在每种插入方式中，都至少有一个管脚的号码与它所插入的插孔号码相同.因为共有 20 种不同的插入方式，故知每种插入方式都恰有一组管脚与插孔号码相同.

设第 i 个管脚的编号是 a_i，第 i 个插孔的编号是 b_i.于是对所有 i，$a_i-b_i \pmod{20}$ 应当取遍 0，1，2，…，19.从而有

$$\begin{aligned}&(a_1-b_1)+(a_2-b_2)+\cdots+(a_{20}-b_{20})\\ \equiv\ &0+1+2+\cdots+19\equiv 10 \pmod{20}.\end{aligned}$$

但另一方面，又有

$$a_1+a_2+\cdots+a_{20}\equiv 10 \pmod{20},$$
$$b_1+b_2+\cdots+b_{20}\equiv 10 \pmod{20},$$

故有

$$(a_1-b_1)+(a_2-b_2)+\cdots+(a_{20}-b_{20})\equiv 0 \pmod{20},$$

矛盾.命题得证.

▶ **例 6** 在一条单行道上有 n 个停车点，每处可停一辆车.编号为 1 到 n 的车依次进入这条单行道.第 i 个司机喜欢停在第 a_i 个停车点，并直接驶到该处.如果该处空着，他就把车停在那里，否则他就驶向下一个停车点.如果后面的停车点全部有车，他就驶离该单行道.求使得每辆车都能停在这条单行道上的数列 $\{a_1,a_2,\cdots,a_n\}$ 的个数.

（1996 年圣彼得堡数学奥林匹克竞赛）

解

若加上第 $n+1$ 个停车点，并把道路延伸成从第 $n+1$ 个停车点到第 1 个停车点的环路，则共有 $(n+1)^n$ 个数列 a_i，这是因为每一个司机都有 $n+1$ 个选择.有一个停车点会是空的.如果第 $n+1$ 个停车点是空的，则数列 a_i 能解决原来的问题.把数列 a_i 按每组 $n+1$ 个分成 $(n+1)^{n-1}$ 组，每组是一个数列的循环平移（每项加 1，

每项加 2 等，超过 $n+1$ 时减去 $n+1$)，而且其中只有一个数列满足要求.

因此，满足要求的数列个数为 $(n+1)^{n-1}$.

例 7(握手问题) 亚当斯夫妇参加一个聚会，他们到达时已有 3 对夫妇在那里了.相互握手时，没人和自己的配偶握手，没人和相同的人握手多于 1 次，没人和自己握手.

握手结束后，亚当斯先生询问每人(包括他的妻子)握手的次数.使他吃惊的是，每人的答案都不一样.问：亚当斯夫人握手多少次？

解

将 8 个人表示成 8 个点(如图 5.1).

各人的答案一定是数 0，1，2，3，4，5，6.假如某人，不妨设为 A，已经和 B，C，D，E，F，G 握手共 6 次，则由 A 向这些点各引一条线段，如图 5.2.

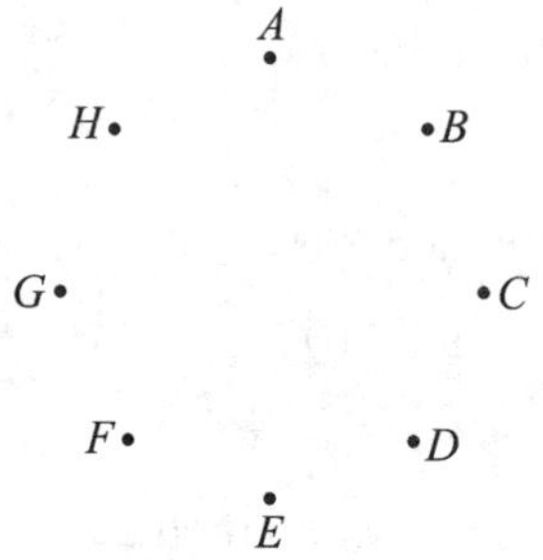

图 5.1

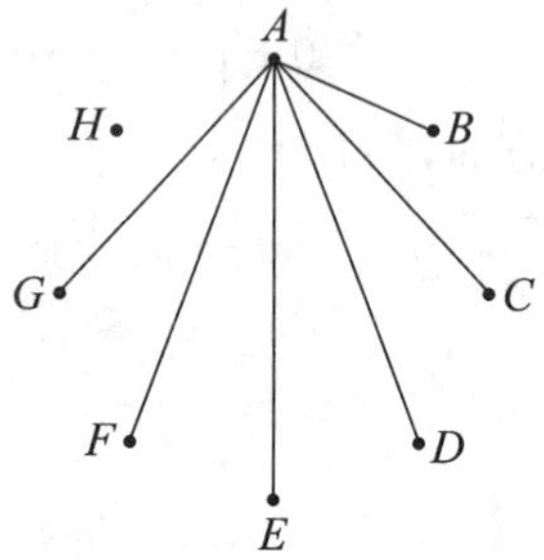

图 5.2

从图中可看出，没有和别人握过手的一定是 H.由于 A 不和自己的配偶握手，进一步可知，A 和 H 一定是夫妇.

按照假设，B，C，D，E，F，G 中有一人握手 5 次，不妨设为 B(若需要可以重新编号).不失一般性，可以认为和 B 握手的是 A，C，D，E，F，如图 5.3.

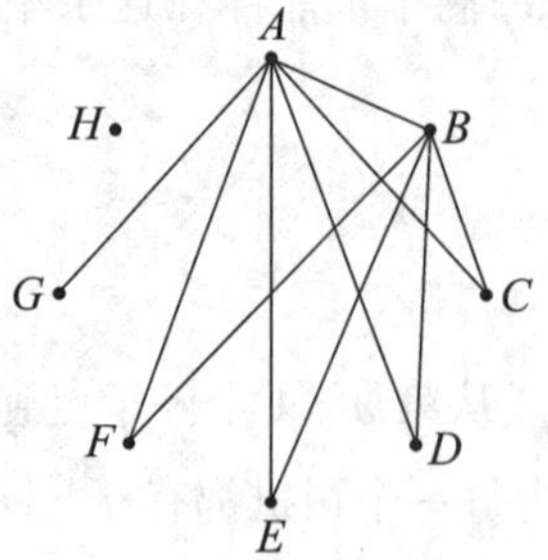

图 5.3

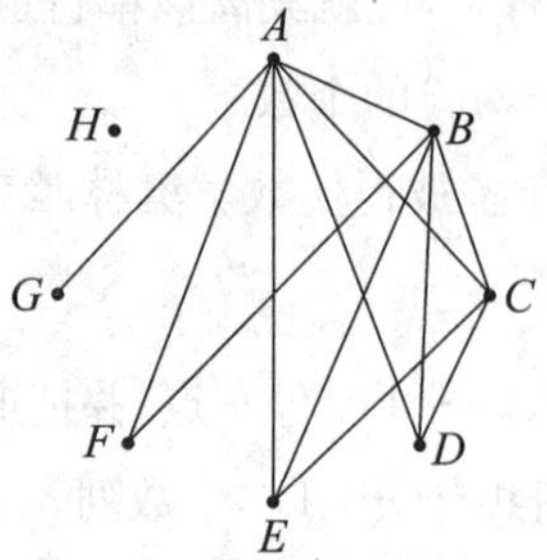

图 5.4

由图中可以看出,G 是握手 1 次的人,而且 B 和 G 是夫妇.

如前面所进行的那样(若需要可以重新编号),我们假定 C 和 A,B,D,E 握手共 4 次,如图 5.4.

与前面同样的理由可知,F 和 C 是夫妇,因而 D 和 E 是夫妇.

D 和 E 每人握手 3 次.亚当斯先生没有得到两个握手 3 次的答案,因此 D 和 E 一定是亚当斯夫妇,所以亚当斯夫人握手 3 次.

▶**例 8** 对怎样的自然数 n 和 k,二项式系数 C_n^{k-1}, C_n^k, C_n^{k+1} 成等差数列?(1973 年匈牙利数学奥林匹克竞赛)

解

所求的自然数 n 和 k 应满足方程

$$C_n^{k-1}-2C_n^k+C_n^{k+1}=0. \tag{1}$$

显然应有 $k-1\geqslant 0$,$k+1\leqslant n$,即有

$$1\leqslant k\leqslant n-1. \tag{2}$$

将方程(1)两端同时乘以$(k+1)(n-k+1)(C_n^k)^{-1}$,得到

$$k(k+1)-2(k+1)(n-k+1)+(n-k)(n-k+1)=0,$$

化简得

$$n=(n-2k)^2-2.$$

我们把上式改写成

$$n=u^2-2, \tag{3}$$

其中 u 是满足关系式 $u=n-2k$ 或 $u=2k-n$ 的自然数.由此可得 k 的值为

$$k_1=\frac{n-u}{2}=\frac{u^2-u}{2}-1=C_u^2-1,$$

$$k_2=\frac{n+u}{2}=\frac{u^2+u}{2}-1=C_{u+1}^2-1,$$

可知,k 取整数值.

为使 n 取自然数值,由式(3)知 $u\geqslant 2$.但当 $u=2$ 时,$k_1=0$ 且 $k_2=2$,$n=2$,与式(2)矛盾,故有 $u\geqslant 3$.这时,

$$k_1=C_u^2-1\geqslant 2,\ k_1=\frac{n-u}{2}<n.$$

又因 $k_1+k_2=n$,且 $k_1<k_2$,所以 k 的两个值都满足不等式(2).

综上所述,我们得到二项式系数 C_n^{k-1},C_n^k,C_n^{k+1} 成等差数列的充分必要条件

是：$n=u^2-2, k=C_u^2-1$ 或 $k=C_{u+1}^2-1, u\geqslant 3$.

▶**例 9** 设 x 是一个正整数，若一串正整数 $x_0=1, x_1, x_2, \cdots, x_l=x$ 满足 $x_{i-1}<x_i, x_{i-1}\mid x_i, i=1,2,\cdots,l$，则称 $\{x_0, x_1, x_2, \cdots, x_l\}$ 为 x 的一条因子链，称 l 为该因子链的长度. 我们约定以 $L(x)$ 和 $R(x)$ 分别表示 x 的最长因子链的长度和最长因子链的条数.

对于 $x=5^k\times 31^m\times 1990^n$（$k,m,n$ 是正整数），试求 $L(x)$ 和 $R(x)$.

解

方法一 我们先来推导 $L(x)$ 与 $R(x)$ 的一般表示式. 设 x 的标准分解式为

$$x=p_1^{\alpha_1}p_2^{\alpha_2}\cdots p_s^{\alpha_s},$$

其中 $p_1, p_2, \cdots, p_s$ 是不同的素数. 因为 x 的不同因子链只有有限多条，所以必有最长的因子链. 若某一因子链相邻两数之商是一个合数，则可在这两数间再插进一个数，加长该因子链. 因而最长因子链的必要条件是链中相邻两数之商是素数. 这样的链的长度应为

$$\alpha_1+\alpha_2+\cdots+\alpha_s. \tag{4}$$

反过来，若某因子链相邻两数之商都是素数，那么该链的长度也如式(4)所示，因而该链也是最长因子链. 于是，从 1 开始，逐次乘以 x 的一个素因子，最后达到 x，这样生成的任何一串数都是一条最长因子链. 乘不同素因子的不同顺序产生了不同的最长因子链. 根据以上讨论，利用有重复的排列公式，我们可以计算最长因子链的条数：

$$R(x)=\frac{(\alpha_1+\alpha_2+\cdots+\alpha_s)!}{\alpha_1!\ \alpha_2!\ \cdots\alpha_s!}.$$

对于

$$x=5^k\times 31^m\times 1990^n=2^n\times 5^{k+n}\times 31^m\times 199^n,$$

我们有

$$L(x)=k+m+3n,$$

$$R(x)=\frac{(k+m+3n)!}{(k+n)!\ m!\ (n!)^2}.$$

方法二 设 $x=uv$，其中 u 和 v 是大于 1 的正整数，且 $(u,v)=1$.

设 $\{u_0, u_1, \cdots, u_s\}$ 和 $\{v_0, v_1, \cdots, v_t\}$ 分别是 u 和 v 的最长因子链. 我们将 u_iu_j 标在坐标平面的整数格点 (i,j) 上. 在以 $(1,1)$，$(s,1)$，$(1,t)$ 和 (s,t) 这四点为顶点的矩形中，从 $(1,1)$ 出发，每次沿坐标线向右或向上走一步到达另一整数

格点，最后到达对顶点(s,t).如上所述的每一条折线对应着 $x=uv$ 的一条最长因子链，因而 x 的最长因子链的长度为

$$L(x)=L(u)+L(v).$$

由 u 的每一条最长因子链与 v 的每一条最长因子链，所生成的 x 的最长因子链的数目都是

$$\frac{(s+t)!}{s!\ t!}=\frac{(L(u)+L(v))!}{(L(u))!\ (L(v))!},$$

因而 x 的最长因子链的总条数为

$$R(x)=\frac{(L(u)+L(v))!}{(L(u))!\ (L(v))!}R(u)R(v).$$

根据以上讨论，对于

$$x=5^k\times 31^m\times 1990^m=2^n\times 5^{k+n}\times 31^m\times 199^n,$$

我们有

$$\begin{aligned}L(x)&=L(2^n)+L(5^{k+n})+L(31^m)+L(199^n)\\&=n+k+n+m+n\\&=k+m+3n,\end{aligned}$$

$$R(x)=\frac{(k+m+3n)!}{(k+n)!\ m!\ (n!)^2}.$$

点评

此题的背景为群论中的若尔当-赫尔德定理(Jordan - Hölder theorem)，可参见刘培杰编著的《数学奥林匹克试题背景研究》.

▶**例 10** 已知 n 个四元集合 $A_1,A_2,\cdots,A_n$，每两个集合有且只有一个公共元素，并且有 $\mathrm{Card}(A_1\cup A_2\cup\cdots\cup A_n)=n$，试求 n 的最大值.这里 Card A 为集合 A 中元素的个数.

(2006 年江苏省高中数学联赛复赛加试题)

解

考虑任一元素 $a\in A_1\cup A_2\cup\cdots\cup A_n$.如果每个 A_i 均含有 a，则由条件知，各 A_i 中的其他元素都不相同，故 $\mathrm{Card}(A_1\cup A_2\cup\cdots\cup A_n)=3n+1>n$，与已知条件矛盾.因此至少有一个 A_i 不含 a，不妨设 $a\notin A_1$.若含 a 的集合不少于 5 个，那么由已知条件知，A_1 与这 5 个集合各有一个公共元素(此元素当然不是 a)，

而且这 5 个元素互不相同(若有相同的元素,则这个公共元素是两个含 a 集合的公共元素,于是这两个集合就有两个公共元素,又与已知条件矛盾),从而 $\text{Card}\,A_1\geqslant 5$,矛盾.所以含 a 的集合不多于 4 个.

另一方面,因为 $\text{Card}\,A_1+\text{Card}\,A_2+\cdots+\text{Card}\,A_n=4n$,所以每个元素恰好属于 4 个集合.不妨设含有元素 b 的集合为 A_1,A_2,A_3,A_4,则由上述结论可知,$\text{Card}\,(A_1\cup A_2\cup A_3\cup A_4)=3\times 4+1=13$.如果 $n>13$,那么存在元素 $c\notin A_1\cup A_2\cup A_3\cup A_4$.设含 c 的集合为 A_5,则 A_5 不同于 A_1,A_2,A_3,A_4,因而不含 b.而 A_5 与 A_1,A_2,A_3,A_4 各有一个公共元素(当然不是 b),这 4 个公共元素互不相同(理由同上),且都不是 c,从而 $\text{Card}\,A_5\geqslant 5$,矛盾.因此 $n\leqslant 13$.

$n=13$ 是可能的.例如,不难验证,如下 13 个集合:$\{0,1,2,3\}$,$\{0,4,5,6\}$,$\{0,7,8,9\}$,$\{0,10,11,12\}$,$\{10,1,4,7\}$,$\{10,2,5,8\}$,$\{10,3,6,9\}$,$\{11,1,5,9\}$,$\{11,2,6,7\}$,$\{11,3,4,8\}$,$\{12,1,6,8\}$,$\{12,2,4,9\}$,$\{12,3,5,7\}$符合要求.故 $n_{\max}=13$.

▶**例 11** 给定正整数 $n(\geqslant 2)$,求 $|X|$ 的最小值(这里 $|X|$ 表示有限集合 X 的元素个数),使得对集合 X 的任意 n 个二元子集 $B_1,B_2,\cdots,B_n$,都存在集合 X 的一个子集 Y,满足:

(1) $|Y|=n$;

(2) 对 $i=1,2,\cdots,n$,都有 $|Y\cap B_i|\leqslant 1$.

(2006 年第 6 届中国西部数学奥林匹克竞赛)

解

当 $|X|=2n-2$ 时,不一定存在满足条件的 Y.事实上,令 $X=\{1,2,\cdots,2n-2\}$,考虑 X 的一个划分 $B_1=\{1,2\}$,$B_2=\{3,4\}$,$\cdots$,$B_{n-1}=\{2n-3,2n-2\}$.因为 $|Y|=n$,所以 Y 中至少有两个元素属于同一个 B_j,此时 $|Y\cap B_j|>1$,矛盾.

下面证明 $|X|=2n-1$ 符合题意.

记 $B=\bigcup\limits_{i=1}^{n}B_i$,$|B|=2n-1-z$,则存在 z 个在所有 B_i 中未出现的元素,记为 $a_1,a_2,\cdots,a_z$.如果 $z\geqslant n-1$,则取 $Y=\{a_1,a_2,\cdots,a_{n-1},d\}$,$d\in B$ 便可.

设 $z<n-1$,并设在 $B_1,B_2,\cdots,B_n$ 中仅出现 1 次的元素有 t 个.因

$$\sum_{i=1}^{n}|B_i|=2n,$$

故

$$t+2(2n-1-z-t)\leqslant 2n,$$
$$t\geqslant 2n-2-2z.$$

因此,在 $B_1,B_2,\cdots,B_n$ 中的出现次数 $\geqslant 2$ 的元素至多累计出现了 $2n-(2n-2-2z)=2+2z$ 次.

考虑在 $B_1,B_2,\cdots,B_n$ 中出现 1 次的元素 $b_1,b_2,\cdots,b_t$,于是 $B_1,B_2,\cdots,B_n$ 中的元素不含 $b_1,b_2,\cdots,b_t$ 的至多有 $\frac{2+2z}{2}=1+z$ 个,故至少有 $n-(z+1)=n-z-1$ 个元素含有 $b_1,b_2,\cdots,b_t$.

不妨设 $B_1,B_2,\cdots,B_{n-1-z}$ 分别含有 $b_1,b_2,\cdots,b_t$ 中的元素 $\tilde{b}_1,\tilde{b}_2,\cdots,\tilde{b}_{n-1-z}$(如果这样的 $B_l(1\leqslant l\leqslant n-1-z)$ 有多个则任选一个).

因为 $2(n-1-z)+z=2n-2-z<2n-1$,所以必有某个元素 d 不出现在 $B_1,B_2,\cdots,B_{n-1-z}$ 中,但出现在 $B_{n-z},B_{n-z+1},\cdots,B_n$ 中.记 $Y=\{a_1,a_2,\cdots,a_z,\tilde{b}_1,\tilde{b}_2,\cdots,\tilde{b}_{n-1-z},d\}$,则 Y 满足要求.

▶**例 12** 若 S 为 m 个正整数对 $(a,b)(1\leqslant a<b\leqslant n)$ 所组成的集合.求证:至少有 $\frac{4m\left(m-\frac{n^2}{4}\right)}{3n}$ 个三元数组 (a,b,c),使得 $(a,b),(a,c)$ 与 (b,c) 都属于 S.

(1989 年亚太地区数学奥林匹克竞赛)

证明

考虑 n 个点 $1,2,\cdots,n$.如果 $(i,j)\in S$,则在 i 与 j 之间连一条线,我们来求这个图中三角形的个数(即具有题中所述性质的三元数组 (a,b,c) 的个数)T.

设 $(i,j)\in S$.记从 i 引出的线的条数为 d_i(其中包含 (i,j) 这一条).

考虑以 (i,j) 为边的三角形,至少有 d_i+d_j-n 个.因为每个三角形有三条边,所以 S 中至少有

$$T=\frac{1}{3}\sum_{(i,j)\in S}(d_i+d_j-n) \tag{5}$$

个三角形.

对于每个固定的 i,恰有 d_i 个 j 使 $(i,j)\in S$,所以在式(5)中 d_i 出现了 d_i 次.

又注意到 (i,j) 既可作为从 i 引出的边,又可作为从 j 引出的边,被计算了两次,所以

$$\sum_{i=1}^{n} d_i = 2m. \tag{6}$$

又

$$\sum_{(i,j)\in S} n = n \sum_{(i,j)\in S} 1 = nm, \tag{7}$$

且式(5)中的 d_i 出现了 d_i 次，所以

$$\sum_{(i,j)\in S} (d_i + d_j) = \sum_{i=1}^{n} d_i^2.$$

由柯西不等式及式(6)得

$$\sum_{i=1}^{n} d_i^2 \geqslant \frac{1}{n}\Big(\sum_{i=1}^{n} d_i\Big)^2 = \frac{1}{n}(2m)^2 = \frac{4m^2}{n}. \tag{8}$$

由式(5)(7)(8)得

$$T \geqslant \frac{1}{3}\left(\frac{4m^2}{n} - nm\right) = \frac{4m\left(m - \frac{n^2}{4}\right)}{3n}.$$

▶**例 13** 已知 $X=\{0,a,b,c\}$，在 X 上定义运算 $\oplus$ 如表 5.1：

表 5.1

$\oplus$	0	a	b	c
0	0	a	b	c
a	a	0	c	b
b	b	c	0	a
c	c	b	a	0

$M(X)=\{f \mid f:X\to X\}$ 是从 X 到自身的所有函数的集合.

(1) 如果

$$S=\{f\in M(X) \mid f((x\oplus y)\oplus x)=(f(x)\oplus f(y))\oplus f(x)\},$$

等式对任意的 $x,y\in X$ 成立，试确定 S 内元素的数目；

(2) 如果

$$I=\{f\in M(X) \mid f(x\oplus x)=f(x)\oplus f(x)，任取\ x\in X\},$$

试确定 I 内元素的数目.

(1994 年中国台北数学奥林匹克竞赛)

解

(1) 由题中的运算表，容易得到对 $x\in\{a,b,c\}$，都有

$$0\oplus x=x\oplus 0=x,\ x\oplus x=0,$$

而对于 a,b,c 的任意一个排列 x,y,z，都有

$$x\oplus y=z,$$

从而知该运算满足交换律，即任取 $x,y\in\{0,a,b,c\}$，都有

$$x\oplus y=y\oplus x.$$

由题中的运算表，容易验证该运算还满足结合律，即任取 $x,y,z\in\{0,a,b,c\}$，都有

$$(x\oplus y)\oplus z=x\oplus(y\oplus z).$$

因此，任取 $x,y\in\{0,a,b,c\}$，有

$$(x\oplus y)\oplus x=(y\oplus x)\oplus x=y\oplus(x\oplus x)=y\oplus 0=y.$$

因为 f 是 X 到 X 的函数，所以 $f(x),f(y)\in\{0,a,b,c\}$，从而也有

$$(f(x)\oplus f(y))\oplus f(x)=f(y),$$

于是，任取 $f\in M(X)$，都有 $f\in S$，从而有

$$S=M(X),$$

因此 $|S|=|M(X)|$.另一方面，设 $f\in M(X)$，即

$$f:(0,a,b,c)\to(f(0),f(a),f(b),f(c)),$$

其中 $f(0),f(a),f(b),f(c)\in X$，则每一项都有 $|X|=4$ 种取值.由乘法原理，有 $|M(X)|=4^4=256$，从而有 $|S|=256$.

(2) 当且仅当任取 $x\in X$，

$$f(x\oplus x)=f(x)\oplus f(x)$$

成立时，$f\in I$.因为任取 $x\in X$，有 $x\oplus x=0$，所以

$$f(x\oplus x)=f(0),$$

$$f(x)\oplus f(x)=0,$$

从而当且仅当 $f(0)=0$ 时，

$$f(x\oplus x)=f(x)\oplus f(x),$$

因此得

$$I=\{f\in M(X)\mid f(0)=0\}.$$

设 $f\in I$，则有

$$f:(0,a,b,c)\to(f(0),f(a),f(b),f(c)),$$

即

$$f:(0,a,b,c)\to(0,f(a),f(b),f(c)),$$

其中 $f(a),f(b),f(c)$ 在 $X=\{0,a,b,c\}$ 中取值.由乘法原理，有

$$|I|=4^3=64.$$

▶**例 14** 集合 X 由 n 个元素组成.X 中最多有多少个三元子集,使得其中任意两个三元子集都恰有一个公共元素?

(1979 年第 21 届国际数学奥林匹克竞赛预选题)

解

用 k_n 表示所求的子集数.设从集合 X 中取出 k_n 个三元子集,其中任意两个都恰有一个公共元素.分 3 种可能情形讨论.

(1) 集合 X 的每个元素都至多出现在两个三元子集中.设$\{a,b,c\}$是其中一个三元子集,则其他任意一个三元子集都与子集$\{a,b,c\}$相交,而且所有其他子集中至多有一个包含元素 a,至多有一个包含元素 b,至多有一个包含元素 c.因此,所有子集至多有 $1+3\cdot 1=4$ 个,即$k_n\leqslant 4$.

(2) 集合 X 中有一个元素出现在 3 个三元子集中,且集合 X 的每个元素至多出现在 3 个三元子集中.设$\{a,b,c\}$是其中一个三元子集.于是其他任意一个子集都与它相交,而且所有其他子集中至多有两个包含元素 a,至多有两个包含元素 b,至多有两个包含元素 c.因此,所有子集至多有 $1+3\cdot 2=7$ 个,即 $k_n\leqslant 7$.

(3) 集合 X 中含有元素 a,它至少属于 4 个三元子集,则这 4 个含有元素 a 的三元子集中所有其他元素两两不同,而其他任意一个子集也应包含元素 a.否则,这样的子集与 4 个三元子集中的每一个恰有一个公共元素,所以它将至少含有 4 个元素.于是在此情形下,有 $1+2\cdot k_n\leqslant n$,即 $k_n\leqslant\left[\frac{n-1}{2}\right]$.

当 $n=1,2,3,4,5$ 时,显然有 $k_1=k_2=0,k_3=k_4=1,k_5=2$.设 $n=6$,则集合 X 的每个元素至多属于两个三元子集,否则三元子集的并集将含有 7 个元素.因此情形(1)成立,即 $k_6\leqslant 4$.另一方面,设 $X=\{a,b,c,d,e,f\}$,则三元子集取为$\{a,b,c\},\{c,d,e\},\{e,f,a\},\{b,d,f\}$,于是 $k_6=4$.

设 $n\in\{7,8,\cdots,16\}$,则当出现情形(3)时,三元子集的个数至多为 $\left[\frac{16-1}{2}\right]=7$.当出现情形(1)或(2)时,三元子集的个数也至多为 7.另一方面,如果集合 X 的元素中有 7 个为 a,b,c,d,e,f,g,则有 7 个三元子集:$\{a,b,c\}$,$\{c,d,e\},\{e,f,a\},\{b,d,f\},\{a,g,d\},\{b,g,e\},\{c,g,f\}$.于是当 $n=7,8,\cdots,16$ 时,$k_n=7$.

最后设 $n\geqslant 17$,则不论哪种情形总有 $k_n\leqslant\left[\frac{n-1}{2}\right]$,而且在如下选取三元子集时达到上界:集合 X 中取一个元素为所有三元子集所共有,并将所有其他元素配成对(当 n 为偶数时需去掉一个元素),再与共有元素一起组成三元子集.于是当 $n\geqslant 17$ 时,$k=\left[\frac{n-1}{2}\right]$.

▶例 15 设 n 是一个正整数,考虑 $S=\{(x,y,z)\mid x,y,z=0,1,2,\cdots,n,x+y+z>0\}$这样一个三维空间中具有 $(n+1)^3-1$ 个点的集合.问:最少要多少个平面,使得它们的并集包含 S,但不含 $(0,0,0)$?

(2007 年第 48 届国际数学奥林匹克竞赛)

解

方法一 简化为二维的情况比较简单,方法如下.

我们可以考虑最外一圈的 $4n-1$ 个点,如果没有直线 $x=n$ 或 $y=n$,那么每条直线最多过这 $4n-1$ 个点中的两个,故至少需要 $2n$ 条直线.如果有直线 $x=n$ 或 $y=n$,那么将此直线和其上的点去除,再考虑最外一圈,只不过点数变成了 $4n-3$ 个,需要至少 $2n-1$ 条直线,再加上去掉的那条,正好也是 $2n$ 条直线.如果需要多次去除直线,以至于 $x=1,x=2,\cdots,x=n$ 这所有 n 条直线全部被去除了,那么剩下的 $(0,1),(0,2),\cdots,(0,n)$ 至少还需要 n 条直线去覆盖,$2n$ 条直线亦是必须的.另外,$2n$ 条直线显然是满足要求的,所以二维的最终结果就是 $2n$.

但是将这种方法推向三维的时候,会出现困难,因为现在用来覆盖的不是直线而是平面,有了三个自由变量,而且不容易选取标志点来进行考察.当然,我们有理由相信答案就是 $3n$.在这个前提下,通过转化,将这个看起来是一个组合计数的问题变成一个代数问题.

首先,我们将每个平面表述成一个三元一次多项式的形式.比如平面 $x+y+z=1$就可表示成 $x+y+z-1$.将所有这些平面表述成如此形式后,我们将这些多项式相乘.我们需要证明的只有一点,就是乘出来的多项式至少具有 $3n$ 次($3n$ 个平面是显然可以做到的,只要证明这点,$3n$ 就是最佳答案了).

这个乘出来的多项式具有如下特点:它在 x,y,z 均等于 0 时不等于 0,而在 x,y,z 取其他 $0\sim n$ 的数值时,其值均为 0.我们发现,当多项式中的某一项具有某个字母的至少 $n+1$ 次时,我们可以将其降低为较低的次数.采用的方法是,利

用仅仅讨论 x,y,z 在取 $0,1,2,\cdots,n$ 这些值时多项式的取值均为 0 这一事实，在原多项式里可以减去形如 $x(x-1)(x-2)\cdots(x-n)$ 或者此式子的任何倍数的式子，从而，如果多项式中某一项的某个字母次数超过 n，可以用此方法将其变成小于或等于 n.

我们假设用此方法变换后剩余的多项式是 F，显然 F 的次数不大于原乘积多项式的次数.下面需要证明的，就是 F 中 $x^n y^n z^n$ 这一项的系数非 0(F 中只有这一项的次数是 $3n$).要想证明这样的问题，我们需要证明二维情况下(即两个未知数时)的两个引理.

引理 1 一个关于 x 和 y 的实系数多项式，x 和 y 的次数均不超过 n.如果此多项式在 $x=y=0$ 时非零，在 $x=p,y=q(p,q=0,1,2,\cdots,n$，且 p,q 不全为 0)时为零，那么此多项式中 $x^n y^n$ 的系数必然不为零.

证明 假设 $x^n y^n$ 的系数是 0，则当 $y=1,2,3,\cdots,n$ 中的任一值时，将 y 代入多项式，所得的多项式必须都是零多项式.这是由于当 y 取这些值时，此多项式为关于 x 的不超过 n 次的多项式，却有 $n+1$ 个零点，所以将 y 看作常数，按 x 的次数来整理该多项式时，x^n 的次数是一个关于 y 的不超过 $n-1$ 次的多项式，有 n 个零点，故为零多项式.因此，当按照 x 的次数来整理多项式时，x 的最高次最多是 $n-1$ 次.现将 $y=0$ 代入多项式，转化为关于 x 的多项式，最多是 $n-1$ 次，但是有 n 个零点($1,2,\cdots,n$)，因此这个多项式应当是零多项式.但是这与此多项式在 $x=y=0$ 时非零矛盾!

引理 2 一个关于 x 和 y 的实系数多项式，x 和 y 的次数均不超过 n.如果此多项式在 $x=p,y=q(p,q=0,1,2,\cdots,n)$ 时均为 0，则此多项式为零多项式.

证明 当 $y=0,1,2,\cdots,n$ 中的任意一值时，将 y 代入多项式，变成关于 x 的不超过 n 次的多项式.这个新多项式必然是零多项式，否则它不可能有 $n+1$ 个零点，所以按 x 的次数来整理原多项式，对于任意的 $k=0,1,2,\cdots,n$，x^k 项的系数 $C_k(y)$ 都是一个关于 y 的不超过 n 次的多项式，但是有 $n+1$ 个零点，故所有的系数都为零.

回到原题.假设 F 中 $x^n y^n z^n$ 这一项的系数为 0，那么将 z 看作常数，考虑按 x 和 y 的次数来整理多项式 F.F 中 $x^n y^n$ 项的系数是一个关于 z 的不超过 $n-1$ 次的多项式.但是由引理 2，这个多项式却有 $1,2,\cdots,n$ 共 n 个零点，故它是零多项式.现在我们令 $z=0$，化归成关于 x 和 y 的多项式.此时，$x^n y^n$ 项的系数已经是 0，但是我们发现，这个多项式恰恰在 $x=y=0$ 时非零，在 $x=p,y=q(p,q=0,1,2,\cdots,n$，且 p,q 不全为 0)时为零，这与刚才的引理 1 矛盾!

综上,我们证明了多项式 F 中 $x^n y^n z^n$ 这一项的系数非 0,即原乘积多项式至少有 $3n$ 次,就是说至少需要 $3n$ 个平面,才能覆盖题目中要求的所有点而不过原点,故原题的答案为 $3n$.

方法二 (此解法属于朱华伟和付云皓)很容易发现,$3n$ 个平面能满足要求.例如平面 $x=i$,$y=i$ 和 $z=i(i=1,2,\cdots,n)$,易见这 $3n$ 个平面的并集包含 S,但不含原点.另外的例子是平面集

$$x+y+z=k(k=1,2,\cdots,3n).$$

我们证明 $3n$ 是最少可能数,为此要用到下面的引理.

引理 3 考虑 k 个变量的非零多项式 $P(x_1,x_2,\cdots,x_k)$.若满足 $x_1,x_2,\cdots,x_k\in\{0,1,\cdots,n\}$,$x_1+x_2+\cdots+x_k>0$,点 $(x_1,x_2,\cdots,x_k)$ 都是 $P(x_1,x_2,\cdots,x_k)$ 的零点,且 $P(0,0,\cdots,0)\neq 0$,则多项式的阶 $\deg P\geqslant kn$.

证明 我们对 k 用数学归纳法.当 $k=0$ 时,由 $P\neq 0$ 知结论成立.现假设结论对 $k-1$ 成立,下证结论对 k 成立.

令 $y=x_k$,设 $R(x_1,x_2,\cdots,x_{k-1},y)$ 是 P 被 $Q(y)=y(y-1)\cdots(y-n)$ 除的余式.

因为多项式 $Q(y)$ 以 $y=0,1,\cdots,n$ 为 $n+1$ 个零点,所以 $P(x_1,x_2,\cdots,x_{k-1},y)=R(x_1,x_2,\cdots,x_{k-1},y)$ 对所有 $x_1,x_2,\cdots,x_{k-1},y\in\{0,1,\cdots,n\}$ 成立.

因此 R 也满足引理的条件.

明显有 $\deg R\leqslant\deg P$,所以只要证明 $\deg R\geqslant kn$ 即可.

现在,将多项式 R 写成 y 的降幂形式:

$$\begin{aligned}R(x_1,x_2,\cdots,x_{k-1},y)=&R_n(x_1,x_2,\cdots,x_{k-1})y^n\\&+R_{n-1}(x_1,x_2,\cdots,x_{k-1})y^{n-1}+\cdots\\&+R_0(x_1,x_2,\cdots,x_{k-1}),\end{aligned}$$

我们证明 $R_n(x_1,x_2,\cdots,x_{k-1})$ 满足归纳假设条件.

事实上,考虑多项式

$$T(y)=R(0,0,\cdots,0,y),$$

易知 $\deg T(y)\leqslant n$,这个多项式有 n 个根,$y=1,2,\cdots,n$.

另一方面,由 $T(0)\neq 0$ 知 $T(y)\neq 0$,因此 $\deg T=n$,且它的首项系数是 $R_n(0,0,\cdots,0)\neq 0$.特别地,在 $k=l$ 的情况下,我们得到系数 R_n 是非零的.

类似地,取任意 $a_1,a_2,\cdots,a_{k-1}\in\{0,1,\cdots,n\}$,且 $a_1+a_2+\cdots+a_{k-1}>0$.

在多项式 $R(x_1,x_2,\cdots,x_{k-1},y)$ 中令 $x_i=a_i$,我们得到 y 的多项式 $R(a_1,a_2,\cdots,a_{k-1},y)$,它以 $y=0,1,\cdots,n$ 为根,且 $\deg R\leqslant n$,因此它是一个零多项式.

所以 $R_i(a_1,a_2,\cdots,a_{k-1})=0$，$i=0,1,\cdots,n$.特别地，有 $R_n(a_1,a_2,\cdots,a_{k-1})=0$.

这样我们就证明了多项式 $R_n(x_1,x_2,\cdots,x_{k-1})$ 满足归纳假设的条件，所以 $\deg R_n\geqslant(k-1)n$.

故 $\deg R\geqslant\deg R_n+n\geqslant kn$.引理得证.

回到原题.假设 N 个平面的并集包含 S 但不包含原点，设它们的方程是：

$$a_ix+b_iy+c_iz+d_i=0.$$

考虑多项式 $P(x,y,z)=\prod\limits_{i=1}^{N}(a_ix+b_iy+c_iz+d_i)$，它的阶为 N.对任何 $(x_0,y_0,z_0)\in S$，这个多项式有 $P(x_0,y_0,z_0)=0$ 但 $P(0,0,0)\neq0$，因此由引理 3 得到 $N=\deg P\geqslant3n$.

点评

这是一道很难的题目.最关键的一点就是将这个看似组合计数的问题转化成纯代数问题.尤其是在有二维背景的前提下，在考试规定的时间内，很少有人能跳出思维的局限.这或许就是为什么全世界顶尖的高中生中只有区区 4 人做出此题的原因吧.

▶例 16 考虑 $m\times n$ 的矩形方格表 $ABCD$，共有 $(m+1)\times(n+1)$ 个交叉点.工程师们想建一条从点 A 出发沿着平行于矩形 $ABCD$ 的边的线段构成的路，使得经过每个交叉点恰一次，最后回到点 A.

(1) 证明：要建成满足条件的路，当且仅当 m,n 中至少有一个为奇数；

(2) 对于满足(1)的正整数 m,n，求路中转弯交叉点个数的最小值.

(2018 年越南国家队选拔考试)

解

(1) 将水平格线从上到下编号为 $1,2,\cdots,m+1$，竖直格线从左到右编号为 $1,2,\cdots,n+1$.

假设点 A 在矩形方格表的左上角，记为 $(1,1)$.

先证必要性.

整条路可以用分别表示向左、向右、向上、向下的字母 L、R、U、D 组成的字母列表示.

因为有 $(m+1)(n+1)$ 个交叉点，所以字母列的长度为 $(m+1)(n+1)$.

这条路从点 A 出发,又回到点 A,于是向右的次数与向左的次数相同,向下的次数与向上的次数相同,即这个字母列中 R 的个数与 L 的个数相等,D 的个数与 U 的个数相等.这表明,$(m+1)(n+1)$ 为偶数.因此,m,n 中至少有一个为奇数.

再证充分性.

不失一般性,假设 m 为奇数.构造一条满足条件的路,如图 5.5.

(i) 从点 $A(1,1)$ 出发向右至点 $(1,n+1)$;

(ii) 从点 $(1,n+1)$ 向下至点 $(2,n+1)$,再向左至点 $(2,2)$,接着向下至点 $(3,2)$,再向右至点 $(3,n+1)$,……

(iii) 从点 $(m,n+1)$ 向下至点 $(m+1,n+1)$,再向左至点 $(m+1,1)$,最后向上至点 $A(1,1)$.

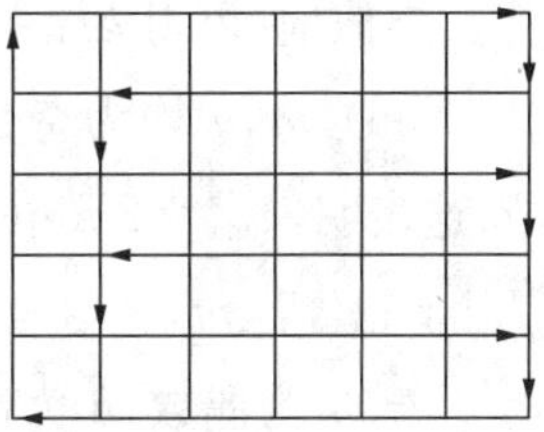

图 5.5

这条路显然满足条件.

(2) 考虑两个转弯交叉点(A 也算一个交叉点),它们之间有一条路.

设这条路中"水平子路"的条数为 r,"竖直子路"的条数为 c,转弯的次数为 k(不包含点 A).

先证明两个引理.

引理 1 $k+1=2r=2c$.

证明 对于每一个转弯交叉点,恰有一条水平子路和一条竖直子路在这个交叉点相接,于是转弯交叉点的个数(包含点 A)就是形如(水平子路,竖直子路)的无序对的个数,其中水平子路与竖直子路有一个公共的转弯交叉点.此外,每条水平子路恰与两条竖直子路分别有一个公共的转弯交叉点,每条竖直子路恰与两条水平子路分别有一个公共的转弯交叉点.于是,$k+1=2r=2c$.

引理 2 $r\geqslant m+1$ 或 $c\geqslant n+1$.

证明 若 $r\leqslant m$,则存在一行上的每个交叉点均在竖直子路上.这表明,$c\geqslant n+1$.

类似地,若 $c\leqslant n$,则有 $r\geqslant m+1$.

引理 1、2 得证.

下面分三种情况讨论.

(i) m 为奇数,n 为偶数.

假设 $r\leqslant m$.

由引理 2,知存在一行上的 $n+1$ 个交叉点均在不同的竖直子路上.因为这条线上有奇数个交叉点，所以这样的路不可能回到点 A，矛盾.

于是，$r \geqslant m+1$.

从而，$k=2r-1 \geqslant 2m+1$.

用类似于图 5.5 的方法可以构造一条恰有 $m+1$ 条水平子路的路.

因此，$k_{\min}=2m+1$.

(ii) m 为偶数，n 为奇数.

类似地，可得 $k_{\min}=2n+1$.

(iii) m，n 均为奇数. 此时有不等式 $r \geqslant m+1$ 和 $c \geqslant n+1$，且等号均能成立. 这表明，$k_{\min}=2\min\{m, n\}+1$.

综上，若 m，n 均为奇数，则 $k_{\min}=2\min\{m, n\}+1$；

若 m 为偶数，n 为奇数，则 $k_{\min}=2n+1$；

若 m 为奇数，n 为偶数，则 $k_{\min}=2m+1$.

演习场

习题 5

1. 任给 5 个整数.证明:从中必能选出 3 个数,使此 3 个数之和能被 3 整除.

(1978 年安徽省数学竞赛)

2. 设集合 $S=\{A_0,A_1,A_2,A_3\}$,在 S 上定义运算 $A_i\oplus A_j=A_k$,其中 k 为 $i+j$ 被 4 除的余数,$i,j=0,1,2,3$.问:满足关系式 $(x\oplus x)\oplus A_2=A_0$ 的 $x(x\in S)$ 的个数为多少?

3. 已知 $[x]$ 表示不超过 x 的最大整数,求方程 $3^{2x}-[10\times 3^{x+1}]+\sqrt{3^{2x}-[10\times 3^{x+1}]+82}=-80$ 的解的个数.

(1999 年河北省数学竞赛)

4. 试证:在任意 n 个正整数构成的集合中,总有一个非空子集,它所含的各数之和可以被 n 整除.

(1970 年英国数学奥林匹克竞赛)

5. 今有 13 台仪器和 12 种不同颜色的导线,每两台仪器之间都用 1 根导线联结.问:能否做到使从每台仪器连出的 12 根导线都是 12 种不同颜色?

(1984 年第 47 届莫斯科数学奥林匹克竞赛)

6. 两个相同的齿轮各有 32 个齿,它们在啮合时同时掉了 6 对齿.试证:可以适当安排两个齿轮的位置,使得它们在转动时,一个齿轮的断齿总能碰上另一个齿轮的整齿.

(1974 年第 37 届莫斯科数学奥林匹克竞赛)

7. 考察集合 $\{x^2+px+q=0\mid p,q$ 为整数,$1\leqslant p\leqslant 1997,1\leqslant q\leqslant 1997\}$ 的如下两个子集:第一个子集由所有具有整根的二次三项式组成,第二个子集由所有无实根的二次三项式组成.试问:哪一个子集中的元素较多?

8. 有 1998 名运动员,号码为 1~1998 这 1998 个自然数.从中选出若干名运动员加入仪仗队,但要使剩下的运动员中没有一个人的号码数等于另外两个人的号码数的乘积.加入仪仗队的运动员至少有多少人?给出你的选取方案,并简述理由.

(1998 年北京市数学竞赛)

9. 某部落语言里只使用两个字母,且这种语言的任何一个单词都不是另一个单词的词头.这个部落的语言词典中能否包含:3 个各有 4 个字母的单词,10 个各有 5 个字母的单词,30 个各有 6 个字母的单词,以及 5 个各有 7 个字母的单词?

(1983 年第 17 届全苏数学奥林匹克竞赛)

10. 在某部落的语言中,任何由 0 和 1 所构成的含有 10 个数码的序列都是一个单词.当且仅当一个单词可由另一个单词经过如下程序而得到时,两个单词为同义词:先从单词中删去若干个相连的数码,这些数码的和应为偶数,再将删去的数码按相反的顺序写在原位上.问:该部落的语言中共有多少个意义不同的单词?

(1989 年圣彼得堡数学奥林匹克竞赛)

11. 给定自然数 $n \geqslant 2$.设 M 是所有不超过 n 的自然数数对 $i<k$ 的集合的子集.已知如果数对 $i<k$ 属于集合 M,则所有数对 $k<m$ 都不属于 M.集合 M 最多含有多少个元素?

(1979 年第 21 届国际数学奥林匹克竞赛预选题)

12. 集合 X 可划分为两两不交的子集 $A_1, A_2, \cdots, A_n$,又可划分为两两不交的子集 $B_1, B_2, \cdots, B_n$.已知任意两个不交的子集 A_i 与 B_j 的并集 $A_i \cup B_j$ 至少含有 n 个元素($1 \leqslant i \leqslant n, 1 \leqslant j \leqslant n$).证明:集合 X 的元素个数至少为 $\frac{n^2}{2}$.

13. 设 n 和 r 都是正整数,且有 $r+3 \leqslant n$.求证:二项式系数 $C_n^r, C_n^{r+1}, C_n^{r+2}, C_n^{r+3}$ 不可能是一个等差数列中的连续 4 项.

(1974 年波兰数学奥林匹克竞赛)

14. 在一个(不知其内部结构的)“黑匣子”上,安装了一个由 n 盏指示灯组成的信号盘和一个由 n 个开关组成的控制器,其中每个开关都有两种不同状态.当对控制器上的开关进行一切可能的状态变换时,信号盘上的指示灯相应地呈现出一切可能的“亮”“灭”组合,且信号盘上指示灯的亮灭状态唯一地取决于控制器上开关的状态.已知每变换一个开关的状态,都恰好能改变一盏指示灯的亮灭状态.求证:每一盏指示灯的状态都唯一地取决于一个开关的状态(即每盏指示灯都有一个自己的控制开关).

(1973 年第 36 届莫斯科数学奥林匹克竞赛)

15. 如果图 G 有 n 个顶点,且没有长度为 4 的圈.证明:边数 $|E| \leqslant \left[\frac{n}{4}(1+\sqrt{4n-3})\right]$.

16. 设 $p(x)$是一个整系数多项式，$r(2i-1)(i=1,2,3,\cdots,512)$是 $p(2i-1)$被 1024 除所得的余数，序列$(r(1),r(3),\cdots,r(1023))$称为$p(x)$的余数序列.如果一个余数序列是$(1,3,5,\cdots,1023)$的一个排列，则称它是完全的.求证：不同的完全余数序列不超过 2^{35} 个.

17. 设有 11 个集合 $M_1,M_2,\cdots,M_{11}$，满足：

(i) $|M_i|=5,i=1,2,\cdots,11$；

(ii) $|M_i\cap M_j|\neq 0,1\leqslant i<j\leqslant 11$.

记 $T=M_1\cup M_2\cup\cdots\cup M_{11}$，并令

$$n(x)=|\{M_i\,|\,x\in M_i,1\leqslant i\leqslant 11\}|,$$

$$n=\max\{n(x)\,|\,x\in T\},$$

求 n 的可能值中的最小值.

(1994 年罗马尼亚数学奥林匹克竞赛)

18. 若四元集 $E=\{a,b,c,d\}$中的 4 个数 a,b,c,d 能够分成和相等的两组，则称 E 为“平衡集”.试求集合 $M=\{1,2,\cdots,100\}$的平衡子集的个数.

第六讲 构造方法

构造方法当然是竞赛数学(特别是组合问题)的“创举”,充分发挥了命题和解题者的聪明才智.其实对应就是一种构造,只是对应往往构造的是同类,例如从集合到集合,从数列到数列,从图形到图形.这一讲的构造含义更为广泛,构造对象更多也更不易想到,例如构造数、函数、运算乃至其他模型等,以便把问题的本质揭示出来.

6.1 赋值法

知识桥

赋值法是一个非常基本又为人津津乐道的方法,基本想法是通过为每个对象记上一个标记,把较为复杂的组合问题转化为一个比较简单的代数运算问题.所赋的值往往是1、-1之类,有时也会用到单位根或黄金分割比等更不容易想到的值.

训练营

▶**例1** 在平面上给定一个n点集M,其中任何3点都不共线.两个端点都在M中的每条线段均标上数$+1$或-1,并且标上-1的线段条数为m.如果顶点都在M中的三角形的3条边上所标数之积为-1,则称该三角形为负的.求证:负三角形的个数与乘积mn的奇偶性相同.

(1978年罗马尼亚数学奥林匹克竞赛)

证明

记负三角形的个数为 k.对于每个三角形,把标在其 3 条边上的数连乘,然后把所有这样得到的乘积连乘,得到的乘积为 $(-1)^k$.另一方面,因为每条线段恰属于 $n-2$ 个三角形,所以其上所标的数在这个连乘积中出现 $n-2$ 次,因此,得到的连乘积应为 $(-1)^{(n-2)m}$.这表明 k 与 $(n-2)m$ 的奇偶性相同,从而 k 与 mn 的奇偶性相同.

▶**例 2** 今有 n^2+n 个直角,每个都是由两根长度为 1 的铁棒焊接而成.用这些直角排列成一个正方形方格网,其中有 n^2 个 1×1 的小方格.我们把边向上和向右的直角称为 A 类角,把边向下和向左的直角称为 B 类角.求证:方格网中 A 类角与 B 类角的个数相等.

(1991 年苏联教委推荐试题)

证明

因为 $n\times n$ 的方格网中共有 $2(n^2+n)$ 条长度为 1 的边,所以 n^2+n 个直角全被用到,且方格网中的每条小边都恰属于 1 个直角.

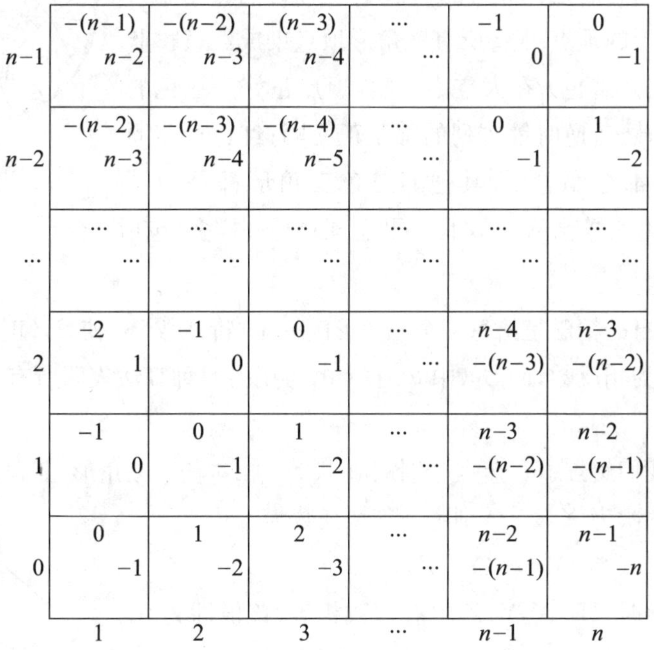

图 6.1

我们为方格网中的每条小边赋值,如图 6.1 所示.易见,方格网中每个 A 类角的两边上的数之和为 1，每个 B 类角的两边上的数之和为 -1，另外两类直角(边向上和向左的直角称为 C 类角，边向下和向右的直角称为 D 类角)中每个角的两边上的数之和均为 0.记方格网中 4 类直角的个数分别为 a,b,c,d.由赋值关于主对角线的反对称性(即值为 i 的边，其对称边的值为 $-i$)知，方格网中所有边的值之和为 0，故有

$$a\cdot 1+b\cdot(-1)+c\cdot 0+d\cdot 0=0,$$

由此即得 $a=b$.

点评

组合问题自身所具有的复杂性，正是问题困难之所在，而让题目显得困难也正是命题者的目的.避开组合复杂性的一条途径是将其代数化，这往往是命题者设置的问题本质.赋值法集中体现了这样的想法，耐人寻味.

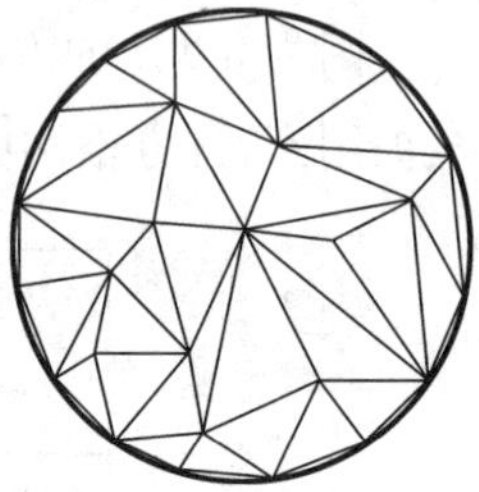

图 6.2

▶**例 3** 如图 6.2，X 星球是一个奇怪的星球，它的表面铺满了三角形，每个三角形都代表一个国家.这些三角形的所有边均满足：除端点外，边上没有其他点能成为另一个三角形的顶点.现将所有三角形顶点染成红、黄、蓝三色之一(任意着色).在太空中观察，顶点正好为三色的三角形，红、黄、蓝逆时针排列的都是正义国；红、黄、蓝顺时针排列的都是邪恶国；其他非三色三角形都是中立国.求证：无论怎样着色，正义国与邪恶国总是一样多(包括 0 个).

证明

这道题目的精髓是给每一个三角形配一个"特征数"S，使 S_1(正义国)与 S_2(邪恶国)互为相反数，而 S_3(中立国)$=0$，再用另一种算法表明所有的特征数之和为 0.

比如，我们给红、黄、蓝点分别赋值 1、0、-1.对任一三角形，三顶点按逆时针排列，赋值依次为 X,Y,Z，则定义其特征数为

$$(X-Y)^3+(Y-Z)^3+(Z-X)^3.$$

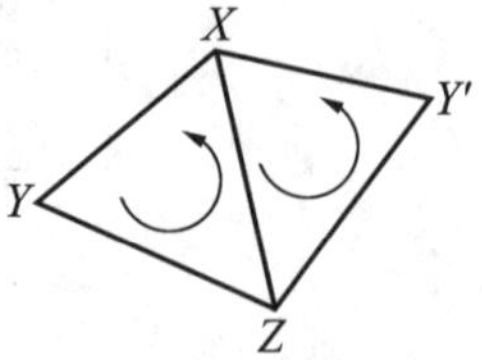

图 6.3

易知，此时只要 X,Y,Z 中有两数相等，该值即为 0，于是 $S_3=0$.又 $S_1=-6$，$S_2=6$，确为相反数.

由题设知，三角形的每一条边恰好属于两个三角形.如图 6.3，在计算左、右两个三角形的特征数时，分别出现

$(Z-X)^3$ 与 $(X-Z)^3$，两者刚好互为相反数！因此，所有国家的特征数之和为 0.

今设正义国有 m 个，邪恶国有 n 个，于是

$$-6m+6n=0,$$

$$m=n.$$

因此，正义国与邪恶国一样多.

▶**例 4** 设 S 是一个有限集合，$|S|=n$，又 k 是正整数.求 S 的满足 $S_1\cap S_2\cap\cdots\cap S_k=\varnothing$ 的 k 个有序子集组 $(S_1,S_2,\cdots,S_k)$ 的个数.

解

将 $S=\{x_1,x_2,\cdots,x_n\}$ 的子集族 $S_1,S_2,\cdots,S_k$ 与一个由 0,1 组成的 $k\times n$ 数表相对应，如图 6.4 所示.如果元素 x_j 属于集合 S_i，就在表中第 i 行与第 j 列的交叉格子中标上数 1，否则就标上 0.显然，$\bigcap\limits_{i=1}^{k} S_i=\varnothing$ 等价于这一数表中任一列都不全是 1.记上述 $k\times n$ 且每一列都不全是 1 的数表集合为 T，则易见符合要求的有序子集组 $(S_1,S_2,\cdots,S_k)$ 的集合与集合 T 一一对应.

	x_1	x_2	…	x_n
S_1	1	1	…	0
S_2	1	0	…	1
…	…	…	…	…
S_k	1	1	…	0

图 6.4

由于数表中每一格都有两种填数法，故 T 中任一数表的第 1 列，第 2 列，……，第 n 列都有 2^k-1 种选取.又各列的选取是独立的，从而 $|T|=(2^k-1)^n$.因此所求的个数是 $(2^k-1)^n$.

点评

解答中使用的数表，直观地描述了元素与集合的从属关系，用处很多.

构造数表的填数法有两个目的，其一，为了区分元素是否属于子集(本题中只需要这一点，因此数 0,1 可以换为任意两个不同的数)；其二，数表中第 i 行中所填数之和等于 S_i 的元素个数，第 j 列中所填数之和等于 $S_1,S_2,\cdots,S_k$ 中包含 x_j 的子集个数，两方面看均有明确的组合意义.

有时，针对具体问题，也可以采用其他填数法，只要对"横加"与"竖加"有适用的解释即可.

▶**例 5** 在 8×8 的国际象棋棋盘上，一枚棋子每一步只能向上、向右或向左下方走一个方格(如图 6.5).它能否从棋盘左下角的方格出发，走遍所有方格，

并且每个方格恰好经过一次？

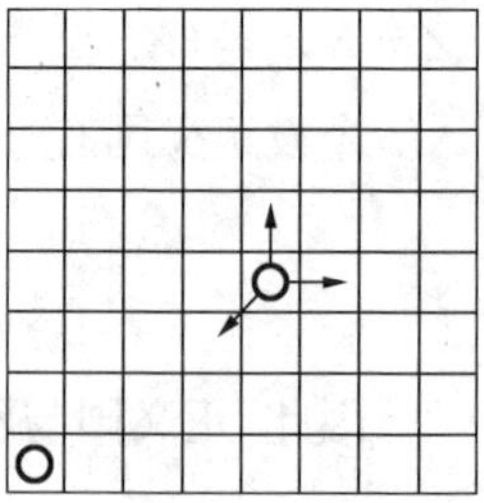

图 6.5

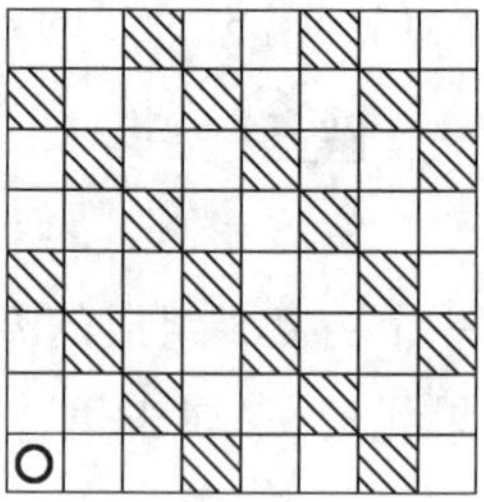

图 6.6

解

用 0,1,2,…,7 从下到上给方格的行编号，并用相同的数从左到右给方格的列编号，对每个编号的方格求出它所在的行数与列数之和 x.棋子初始位置的方格上的和为 0.每走一步，它所在的方格上的和 x 要么增加 1，要么减少 2，因此 x 被 3 除的余数构成下面的数列：0,1,2,0,1,2,….

设棋子能走遍所有方格，而且经过每个方格恰好一次，按所走的顺序，把除初始位置外的 63 个方格分为 21 组，每组 3 个方格，则每一组恰有一个方格，它的和为 3 的倍数.但是这样的方格（图 6.6 中带阴影的方格）只有 20 个，矛盾.因此棋子不能走遍所有方格.

▶例 6 设奇数 $a,b>1$，对一个 $a\times b$ 的方格表，记第 i 行第 j 列的格子为 (i,j).将格子 $(2,1)$，$(a-2,b)$，(a,b) 去掉，并将剩下的部分用 2×2 的方块和 2×1 的多米诺骨牌铺满，证明：所用多米诺骨牌数至少为 $\frac{3}{2}(a+b)-6$.

（2018 年第 12 届塞尔维亚数学奥林匹克竞赛）

证明

将格子 (i,j) 赋值为 $(-1)^{i+j}(i+j)$，则所有 $ab-3$ 个格子的和为

$$\begin{aligned}&\sum_{i=1}^{a}\left((-1)^{i}\sum_{j=1}^{b}(-1)^{j}(i+j)\right)-(-1)^{2+1}(2+1)\\&-(-1)^{a-2+b}(a-2+b)-(-1)^{a+b}(a+b)\\=&\sum_{i=1}^{a}(-1)^{i+1}\left(i+\frac{b+1}{2}\right)-(-3)-(a+b-2)-(a+b)\\=&-\frac{3}{2}(a+b)+6.\end{aligned}$$

而每个 2×2 的方块覆盖的格子赋值之和为 0，每个 2×1 的多米诺骨牌覆盖的格子赋值之和为 1 或 -1.易知，至少要用 $\frac{3}{2}(a+b)-6$ 块多米诺骨牌.

▶例 7 有 2018 人围坐圆桌玩游戏.开始时，裁判将 k 张卡片发给这 2018

人(裁判手中不剩卡片),每人均会获得一些卡片(允许存在一人或多人不获得卡片).每一轮,裁判选择一人(与此人相邻的两人均有至少一张卡片),与此人相邻的两人均拿出一张卡片给他.第一轮在初始状态下进行,以后每一轮均在上一轮的结果下进行.若对于每个人,与其相邻的两人中均至少有一人没有卡片,则游戏结束.求 k 的最大值,使得在游戏开始时,无论裁判如何发这 k 张卡片,以及接下来每一轮如何选人,游戏一定会结束.

(2018 年捷克-波兰-斯洛伐克数学奥林匹克竞赛)

解

设圆桌旁的 2018 人按顺时针方向依次记为 $a_1,a_2,\cdots,a_{2018}$.

(1) 当 $k\geqslant 2018$ 时,裁判在开始时不给 a_1 发卡片,给 $a_2,a_3,\cdots,a_{2017}$ 每人各发一张卡片,给 a_{2018} 发 $k-2016$ 张卡片,接下来,在第 $K(K\leqslant 2018)$ 次时选择 a_K,则不难验证,按照游戏规则,在经过 2018 次选择后,又回到了初始状态.于是,裁判只需要再按照之前每轮的选择方法,就可以使游戏永远不结束.

(2) 当 $k=2017$ 时,假设游戏永远不结束.将这 2017 张卡片分别记为 b_1, $b_2,\cdots,b_{2017}$.

(i) 若在某轮后(也可能在初始状态)有相邻两人均有 0 张卡片,不妨设为 a_1,a_2,则此后的每一轮,a_{2018},a_1,a_2,a_3 均不能被裁判选择.

此时,对 $K=1,2,\cdots,2016$,若卡片 b_l 在 a_{K+2} 手中,则给卡片 b_l 赋值 K,并记所有卡片赋值的平方和为 S.下一轮,假设裁判选取的人为 a_{l+2},则 S 的值减少 $(l-1)^2+(l+1)^2-2l^2=2$.

故由 S 为正整数,知再经过有限轮,游戏一定会终止.

从而,一定不会出现相邻两人均有 0 张卡片的情况.

(ii) 因为在游戏开始后的任一时刻,必至少有一人手中的卡片数为 0,不妨设拥有 0 张卡片的人有 n 个,按顺时针方向依次分别记为 $a_{i_1},a_{i_2},\cdots,a_{i_n}$ $(i_1<i_2<\cdots<i_n)$.于是,这 n 个人两两不相邻,且除他们之外的 $2018-n$ 人共有 2017 张卡片.

定义 $a_{i_{n+1}}=a_{i_1}$.

对 $j\in\{1,2,\cdots,n\}$,若均有 a_{i_j} 与 $a_{i_{j+1}}$ 之间的人手中拥有的卡片数比人数至少多 1,则卡片总数至少为 2018,矛盾.故一定存在 $j\in\{1,2,\cdots,n\}$,使得在 a_{i_j} 与 $a_{i_{j+1}}$ 之间的每个人手中均恰有 1 张卡片.

称 $a_{i_j},a_{i_{j+1}}$ 及 a_{i_j} 与 $a_{i_{j+1}}$ 之间的所有人按顺时针方向组成的段为“好的”,好段中包含的人数称为好段的长度.

考虑所有好段中长度最小的一个(当有多个最小长度时,任选一个),不妨设其两端的人为 a_{i_1} 与 a_{i_2}.则在接下来的轮次中,该好段中的人定会被裁判选择.否则,由(i)知游戏必会结束.

下面考虑在某一轮裁判选择该好段中的人之后的情况.

若选择 a_{i_1} 或 a_{i_2},则变化情况为:

$$\cdots\underline{*01}11\cdots10\cdots\to\cdots\underline{*20}11\cdots10\cdots$$

此时好段的最小长度减小;

若选择异于 a_{i_1},a_{i_2} 的某人(此时好段中应至少有 3 个人拥有卡片),则变化情况为:

$$\cdots01\cdots1\underline{111}1\cdots10\cdots\to\cdots01\cdots1\underline{030}1\cdots10\cdots$$

此时好段的最小长度也减小.

从而,经过有限次操作后,一定会出现好段的最小长度为 3,即某顺次相邻的三人卡片数依次为 010 的情况.由(i)知,裁判在接下来的轮次中一定会选择该好段中的某人,且只能是端点处的有 0 张卡片的某人.于是,出现有相邻两人手中均恰有 0 张卡片的情况.由(i)知,游戏必定会结束,与假设矛盾.

综合(1)(2),知 k 的最大值为 2017.

6.2 构造函数

知识桥

构造函数(和运算)当然是比较有趣也比较高级的方法.其实赋值就相当于构造了一种函数(通常是最为简单的常数函数或只取几个不同数值的函数),至于构造更为复杂的函数和运算,当然就更加困难.组合学中最重要的构造函数叫母函数,我们在1.5节已经学习过.从欧拉时代起,母函数就得到了充分研究,可写出厚厚的专著.对于高中数学竞赛来说,构造函数应该算是非常高级的方法,由于可能涉及无穷,一般不是特别多见.

训练营

▶**例1** 桌上有一些人民币,包括:3张1元,2张2元,1张5元,1张10元,1张50元,它们能组成多少种币值?不同币值各有多少种组合方案?

解

1元币3张,可以组合成0元或1元或2元或3元各一种,用$1+x+x^2+x^3$来表示,其中x^k代表k元币值,其系数为组成这一币值的方案数.于是2元币2张可用$1+x^2+x^4$来表示,5元币1张可用$1+x^5$来表示,以此类推.

于是有母函数

$$\begin{aligned}&(1+x+x^2+x^3)(1+x^2+x^4)(1+x^5)(1+x^{10})(1+x^{50})\\=&1+x+2x^2+2x^3+2x^4+3x^5+2x^6+3x^7+2x^8+2x^9+3x^{10}\\&+2x^{11}+3x^{12}+2x^{13}+2x^{14}+3x^{15}+2x^{16}+3x^{17}+2x^{18}+2x^{19}\\&+2x^{20}+x^{21}+x^{22}+x^{50}+x^{51}+2x^{52}+2x^{53}+2x^{54}+3x^{55}+2x^{56}\\&+3x^{57}+2x^{58}+2x^{59}+3x^{60}+2x^{61}+3x^{62}+2x^{63}+2x^{64}+3x^{65}\\&+2x^{66}+3x^{67}+2x^{68}+2x^{69}+2x^{70}+x^{71}+x^{72}.\end{aligned}$$

各币值及方案数见各项幂值及系数.

▶ **例 2** 将若干个球分为 n 堆，然后合并起来，重新分成 $n+k$ 堆.

证明：至少有 $k+1$ 个球第二次是分在比第一次小的堆中.

证明

如果一个球第一次所在的堆中有 a 个球，第二次所在的堆中有 b 个球，我们就将这个球与有序数对 $\left(\frac{1}{a},\frac{1}{b}\right)$ 对应.

考虑纵坐标与横坐标的差

$$\frac{1}{b}-\frac{1}{a}.$$

我们希望至少有 $k+1$ 个这样的差是正数（差为正等价于 $b<a$，即这个球第二次是在比第一次小的堆中）. 下面考虑它们的总和 S.

为了计算 S，可以分别算出横、纵坐标之和. 由于同一堆中 b 个球的纵坐标之和是 $b\times\frac{1}{b}=1$，故第二次 $n+k$ 堆中的所有球的纵坐标之和是 $(n+k)\times 1=n+k$. 同理，n 堆中所有球的横坐标之和是 n. 因此

$$S=(n+k)-n=k.$$

由于每个差 $\frac{1}{b}-\frac{1}{a}<1$，故由上式推出，$S$ 中至少有 $k+1$ 个差是正的，这就证明了结论.

▶ **例 3** 一条链子上有 $2k$ 个白珠子和 $2m$ 个黑珠子. 现要将这条链子剪断，把珠子均分给 2 人，每人得 k 个白珠子和 m 个黑珠子. 问：最少要剪开几处才能保证上述分法定能实现？

（2000 年以色列数学奥林匹克竞赛）

解

将这条链子围成一个圆，并将相邻两个珠子之间的空位按顺时针方向编号为 $1,2,\cdots,2k+2m$.

令 $w(i)$ 表示从 i 号位依顺时针方向到 $i+k+m$ 号位之间的白珠子数目，$i=1,2,\cdots,2k+2m$（当 $i+k+m>2k+2m$ 时，$i+k+m$ 号位表示 $i+k+m-(2k+2m)$ 号位）.

由于在 $w(1)+w(2)+\cdots+w(2k+2m)$ 中，每个白珠子恰计算了 $(k+m)$ 次，故

$$w(1)+w(2)+\cdots+w(2k+2m)=k(2k+2m),$$

$$\frac{w(1)+w(2)+\cdots+w(2k+2m)}{2k+2m}=k.$$

因此,存在 $i,j\in\{1,2,\cdots,2k+2m\}$,使得 $w(i)\leqslant k$,$w(j)\geqslant k$.

又因为对任意 $t\in\{1,2,\cdots,2k+2m\}$,有

$$|w(t)-w(t+1)|\leqslant 1,$$

故必有 $x\in\{1,2,\cdots,2k+2m\}$,使得 $w(x)=k$.

于是只要从 x 号位及 $x+k+m$ 号位剪开,这一段上就恰有 k 个白珠子和 m 个黑珠子,所以剪开 2 处即能满足要求.

点评

与前面几道题相比,此题的构造函数比较隐蔽,也就更加困难些.构造函数是比较高级的反映组合问题代数化本质的手段,而赋值则可以看作是一种简单的构造函数.

▶ **例 4** 设 P 是一个奇素数.考察集合 $\{1,2,\cdots,2P\}$ 的满足下列两个条件的子集 A:

(1) $|A|=P$;

(2) A 中所有元素之和可被 P 整除.

试求所有这样的子集 A 的个数.

(1995 年第 36 届国际数学奥林匹克竞赛)

解

方法一 记 $W=\{1,2,\cdots,2P\}$,并令

$$U=\{1,2,\cdots,P\},V=\{P+1,P+2,\cdots,2P\}.$$

易见,对于 W 的任一异于 U 和 V 的 P 元子集 E,都有

$$E\cap U\neq\varnothing,\ E\cap V\neq\varnothing.$$

如果 W 的两个满足上述条件的 P 元子集 S 和 T 又满足下列两个条件:

(i) $S\cap V=T\cap V$;

(ii) 只要编号适当,$S\cap U$ 的元素 $s_1,s_2,\cdots,s_m$ 和 $T\cap U$ 的元素 $t_1,t_2,\cdots,t_m$ 对于适当的 $k\in\{0,1,\cdots,P-1\}$,有

$$s_i-t_i\equiv k(\mathrm{mod}\ P),\ i=1,2,\cdots,m,$$

我们就将这两个子集 S 和 T 归入同一类.

对于同一类中的不同子集 S 和 T，显然有 $k\neq 0$.因而有

$$\sum_{i=1}^{P} s_i-\sum_{i=1}^{P} t_i\equiv mk\not\equiv 0\pmod P.$$

这表明，同一类中的不同子集的元素和模 P 的余数各不相同，因而每一类中至多有 P 个子集.

另一方面，对于 W 的每个异于 U 和 V 的 P 元子集 S，当保持 $S\cap V$ 中的元素不动，而将 $S\cap U$ 中的元素在 U 中进行轮换时，还可得到 $P-1$ 个 P 元子集，这 P 个子集当然属于同一类.所以每一类都恰有 P 个子集，其中恰有一个子集的元素之和能被 P 整除.

综上可知，集合 W 的满足条件(1)和(2)的子集 A 的总数为

$$\frac{1}{P}(C_{2P}^{P}-2)+2.$$

方法二 为计算 W 的满足条件(1)和(2)的子集 A 的个数，我们考察如下的母函数：

$$g(t,x)=(t+x)(t+x^2)\cdots(t+x^{2P})=\sum_{k,m} a_{km}t^k x^m, \tag{1}$$

其中 a_{km} 是展开式中 $t^k x^m$ 项的系数，它恰好表示 W 的适合下列两个条件的子集个数：

(i) 该子集的元数为 k；

(ii) 该子集的元素之和为 m.

记 $\varepsilon=e^{i\frac{2\pi}{P}}$，并令 $E=\{\varepsilon^0,\varepsilon^1,\cdots,\varepsilon^{P-1}\}$，于是由式(1)有

$$\begin{aligned}\sum_{t\in E}\sum_{x\in E} g(t,x)&=\sum_{t\in E}\Big(\sum_{k,m}a_{km}t^k\Big(\sum_{x\in E}x^m\Big)\Big)=\sum_{t\in E}\Big(\sum_{k,m,P\mid m}a_{km}t^k\Big)P\\&=\Big(\sum_{P\mid k,P\mid m}a_{km}\Big)P^2.\end{aligned}\tag{2}$$

上述计算过程中用到如下的关系式：

$$\sum_{j=0}^{P-1}\varepsilon^{jn}=\begin{cases}0, & P\nmid n,\\ P, & P\mid n.\end{cases}$$

另一方面，我们利用 $g(t,x)$ 的定义式而不利用其展开式来计算同一和式，又有

$$\sum_{t\in E}\sum_{x\in E} g(t,x)=\sum_{t\in E}\sum_{x\in E}(t+x)(t+x^2)\cdots(t+x^{2P})$$

$$=\sum_{t\in E}\left((t+1)^{2P}+\sum_{x\in E-\{1\}}(t+x)(t+x^2)\cdots(t+x^{2P})\right)$$
$$=\sum_{t\in E}((t+1)^{2P}+(P-1)(t^P+1)^2)$$
$$=\sum_{t\in E}(t+1)^{2P}+4P(P-1)$$
$$=\sum_{t\in E}(1+C_{2P}^{1}t+\cdots+C_{2P}^{2P}t^{2P})+4P(P-1)$$
$$=P(1+C_{2P}^{P}+1)+4P(P-1)=P(C_{2P}^{P}+4P-2).\tag{3}$$

比较式(2)和(3)得到

$$\sum_{P\mid k,P\mid m}a_{km}=\frac{1}{P}(C_{2P}^{P}+4P-2)=\frac{1}{P}(C_{2P}^{P}-2)+4.$$

上式左端除去 $a_{0,P(2P+1)}=1=a_{2P,0}$ 这两项之后，余下的诸项之和就是满足条件(1)和(2)的子集 A 的总数.从而所求的总数为

$$\sum_{P\mid k,P\mid m}a_{km}-2=\frac{1}{P}(C_{2P}^{P}-2)+2.$$

▶**例 5** 在空间坐标系中给定一个点集 E，它由 3 个坐标都是从 0 到 1982 之间的整数的所有点组成.将 E 中每点都涂上红蓝两色之一，使得顶点在 E 中而棱平行于坐标轴的每个长方体上的红顶点数都能被 4 整除.问:这样的不同涂色法共有多少种?

(1983 年第 24 届国际数学奥林匹克竞赛预选题)

解

首先证明如下引理.

引理 集合 E 中点的涂色满足题中要求的充要条件是:顶点在 E 中且边平行于坐标轴的每个矩形都有偶数个红顶点.

证明 若有某个矩形 π_0 的红顶点数为奇数，不妨设它恰有一个红顶点.考察以 π_0 为公共界面的两个长方体，在两者中与 π_0 相对的面分别为 π_1 和 π_2.由于涂色满足题中要求，故矩形 π_1 和 π_2 各有 3 个红顶点.从而以 π_1 和 π_2 为一组相对面的长方体有 6 个红顶点，矛盾.这就证明了必要性 .

设每个矩形都有偶数个红顶点.对于任意一个长方体，如果它的所有顶点都同色，则红顶点数当然能被 4 整除.如果它的顶点不全同色，则必有 1 条棱，它的两个端点异色.因为每个矩形都有偶数个红顶点，所以长方体中与它平行的另外 3 条棱，每一条的两个端点都异色，从而长方体恰有 4 个红顶点.引理得证.

设 E_1 是集合 E 与 3 条坐标轴相交的 $1+3\times1982$ 个点的集合.对于 E_1 的任意一种涂色法,存在 E 的唯一一种满足要求的涂色法,它在 E_1 上的涂色与给定涂色情形相同.为此考察函数

$$f(x,y,z)=\begin{cases}0, & 点(x,y,z)为红色,\\ 1, & 点(x,y,z)为蓝色,\end{cases}$$

并由 $f(x,y,z)$的值来确定点(x,y,z)的颜色.定义模 2 的加法运算$a\oplus b$ 如下:

$$a\oplus b=\begin{cases}0, & a+b 为偶数,\\ 1, & a+b 为奇数.\end{cases}$$

对于任意的$(x,y,z)\in E$,令

$$f(x,y,z)=f(x,0,0)\oplus f(0,y,0)\oplus f(0,0,z).$$

容易验证,这一公式对于 E_1 中的点成立,且当按这样定义的函数值 $f(x,y,z)$来确定 $E-E_1$ 中的点的涂色时,边平行于坐标轴、顶点在 E 中的每个矩形都有偶数个红顶点.事实上,当矩形顶点依次为(x_1,y_1,z),(x_2,y_1,z),(x_2,y_2,z),(x_1,y_2,z)时,由定义便有

$$\begin{aligned}&f(x_1,y_1,z)\oplus f(x_2,y_1,z)\oplus f(x_2,y_2,z)\oplus f(x_1,y_2,z)\\ =&f(x_1,0,0)\oplus f(0,y_1,0)\oplus f(0,0,z)\oplus f(x_2,0,0)\oplus f(0,y_1,0)\oplus f(0,0,z)\\ &\oplus f(x_2,0,0)\oplus f(0,y_2,0)\oplus f(0,0,z)\oplus f(x_1,0,0)\oplus f(0,y_2,0)\oplus f(0,0,z)\\ =&0,\end{aligned}$$

即矩形有偶数个红顶点.这表明由 $f(x,y,z)$的值所确定的涂色满足题中要求.

另一方面,对于在 E_1 上的涂色与给定情形相同且满足题中要求的 E 的任一涂色情形,考察点(x,y,z)的函数值 $f_1(x,y,z)$.由引理知,顶点为$(x,y,0)$,$(x,0,0)$,$(0,y,0)$,$(0,0,0)$的矩形有偶数个红顶点,故有

$$f_1(x,y,0)=f(x,0,0)\oplus f(0,y,0)\oplus f(0,0,0).$$

同理有

$$f_1(x,0,z)=f(x,0,0)\oplus f(0,0,0)\oplus f(0,0,z),$$

从而又有

$$\begin{aligned}f_1(x,y,z)&=f_1(x,y,0)\oplus f(x,0,0)\oplus f_1(x,0,z)\\ &=f(x,0,0)\oplus f(0,y,0)\oplus f(0,0,0)\oplus f(x,0,0)\oplus f(x,0,0)\\ &\quad\oplus f(0,0,0)\oplus f(0,0,z)\\ &=f(x,0,0)\oplus f(0,y,0)\oplus f(0,0,z)=f(x,y,z).\end{aligned}$$

这就证明了由 E_1 的涂色到 E 的满足题中要求的涂色法的对应是一个双射.从而 E 的满足题中要求的不同涂色法的总数等于 E_1 的涂色法总数 $2^{1+3\times1982}=2^{5947}$.

▶ **例 6** 有 20 座村庄坐落在一个圆周上，每座村庄里有 20 名士兵，不同村庄的两名士兵之间可进行比赛，任意两名士兵的实力均不相同，且实力强的士兵赢得比赛.若在村庄 A 与 B 的比赛中至少有 k 场是村庄 A 的士兵获胜，则称村庄 A 的实力强于村庄 B.比赛结果是每座村庄的实力均强于其相邻村庄(顺时针方向).求 k 的最大值.

(2018 年瑞士国家队选拔考试)

解

考虑每座村庄实力从强到弱排第 10 位的士兵，不妨设这 20 名士兵中实力最弱的人来自村庄 A.则对于其余任一座村庄 B，因为 B 中前 10 强的士兵可战胜 A 中最弱的 11 名士兵，所以 A 至多战胜 B 的场数共计 $400-10\times11=290$.

从而，若要使每座村庄的实力均强于其相邻村庄(顺时针方向)，则需 $k\leqslant290$.

下面给出 $k=290$ 成立的构造.

将 400 名士兵从弱到强依次编号为 1 到 400.将 20 座村庄按逆时针方向依次编号为 $A_1,A_2,\cdots,A_{20}$.

将编号 1 到 400 的士兵遵循以下规则逐次安排到村庄 $A_1,A_2,\cdots,A_{20}$：A_1 安排 1 人，即编号为 1 的士兵；A_2 安排 2 人，即编号为 2，3 的士兵；……；A_{20} 安排 20 人，即编号为 191，192，…，210 的士兵；然后 A_1 安排 19 人，即编号为 211，212，…，229 的士兵；A_2 安排 18 人，即编号为 230，231，…，247 的士兵；……；A_{19} 安排 1 人，即编号为 400 的士兵.

对于 $i=2,3,\cdots,20$，A_i 中先安排的 i 名士兵可战胜 A_{i-1} 中先安排的 $i-1$ 名士兵，A_i 中后安排的 $20-i$ 名士兵可战胜 A_{i-1} 中所有的士兵，故 A_i 与 A_{i-1} 的比赛中至少有

$$i(i-1)+20(20-i)=(i-10)(i-11)+290\geqslant290$$

场为村庄 A_i 胜，由此可得 A_i 实力强于 A_{i-1}.

而村庄 A_1 中后安排的 19 名士兵均可战胜村庄 A_{20} 中的 20 名士兵，从而，A_1 与 A_{20} 的比赛中至少有 $19\times20=380>290$ 场为 A_1 胜，由此可得 A_1 的实力强于 A_{20}.

于是有 A_1 强于 A_{20}，A_{20} 强于 A_{19}，A_{19} 强于 A_{18}，……，A_2 强于 A_1，即比赛结果为每座村庄的实力均强于其相邻村庄(顺时针方向)，符合题意.

综上，k 的最大值为 290.

▶ **例 7** （由 Erdös-Anning 提供）先证明：对于任何正整数 n，存在不共线的 n 个点的集合，使得任何两点之间的距离都是整数；再证明：具有这样性质的集合不是无限集.

证明

为了构造这样的 n 个点的集合，我们在圆心位于原点的单位圆上取间隔相等的点，找出所有这些相互之间的距离都是有理数的点.

我们知道存在一个角 θ，使 $\sin\theta=\frac{3}{5}$，$\cos\theta=\frac{4}{5}$.从 x 轴的正半轴开始，在单位圆上取点 P_k，使中心角与 $2k\theta$ 对于模 2π 同余（当 k 较大时，意味着必须绕着圆走）.现在 P_i 与 P_j 之间的距离是

$$P_iP_j=2|\sin(i-j)\theta|.$$

容易证明，对于任何整数 k，$\sin k\theta$ 是有理数.一种方法是由棣莫弗公式，得

$$\cos k\theta+\mathrm{i}\sin k\theta=\left(\frac{4+3\mathrm{i}}{5}\right)^k.$$

也可以用以下公式推导：

$$\sin(k+1)\theta=2\cos\theta\cdot\sin k\theta-\sin(k-1)\theta.$$

因为点是绕着圆走的，可能发生重叠，这将会使有些点之间的距离为零，所以唯一微妙之处在于取点.只有对某个 k 有 $\sin k\theta=0$ 时，才可能发生这种情况.由 $\sin k\theta=\frac{m^k}{5^k}$，其中 m^k 是一个不能被 5 整除的整数，可知实际上有 $\sin k\theta\neq 0$，所以这些点并不会发生重叠.

对后一个命题用反证法.假定这样的无限集存在，取其中 A 和 B 两点.对于另一点 P，由三角形不等式，得到 $|PA-PB|\leqslant AB$.由鸽巢原理，对一个确定的整数 k，存在无穷多个 P，使 $PA-PB=k$.考虑所有这样的点 P 的轨迹，这是一条双曲线，称其为 H_1.现在把注意力集中于 H_1 上的点，这又是一个无限集.在 H_1 上取 C 和 D 两点，再利用同样的方法找到一条不同的双曲线 H_2，它包含无穷多个 H_1 上的点.但一个熟知的几何事实是：不同的双曲线至多有 4 个交点，但我们找到的交集却是无限的，这就出现了矛盾.因此，原命题得证.

▶ **例 8** 任取正整数 n.在有序数组 $(1,2,\cdots,n)$ 的全体置换 $(x_1,x_2,\cdots,x_n)$ 中，将比值 $\frac{x_k}{k}(1\leqslant k\leqslant n)$ 两两不同的置换的个数记为 a_n.证明：a_n 为奇数.

（2018 年第 47 届美国数学奥林匹克竞赛）

证明

若 $y_j=k$ 当且仅当 $x_k=k$，则称置换 $y=(y_1,y_2,\cdots,y_n)$ 为置换 $x=(x_1,x_2,\cdots,x_n)$ 的逆置换.

由于逆置换生成的 n 个比值 $\frac{y_j}{j}$ 恰分别为原置换生成的 n 个比值 $\frac{x_k}{k}$ 的倒数，从而原置换生成的比值两两不同当且仅当其逆置换生成的比值两两不同.

按照原置换与逆置换一一对应的方式不难看出，a_n 的奇偶性和那些与自身逆置换相同(称为自反的)且生成比值两两不同的置换的个数相同.

注意到，任一自反置换 x 均可由如下方式得到：将 $\{1,2,\cdots,n\}$ 任意分割为若干个一元组和二元组，然后对所有一元组 $\{i\}$ 规定 $x_i=i$；对所有二元组 $\{j,k\}$ 规定 $x_j=k,x_k=j$.

自反置换的全体与上述分割方式一一对应.

又每个一元组提供的比值均为 1，则一个生成比值两两不同的自反置换对应的分割至多有一个一元组.

故 $a_n\equiv b_n \pmod 2$，其中 b_n 表示在 $\{1,2,\cdots,n\}$ 中选取 $\left[\frac{n}{2}\right]$ 个两两无交且内比两两不同的二元组的全部取法数(一个二元组的内比是指用它所含的两数中的较大数除以较小数所得的商).

对于任意两个无交的二元组 $\{a,b\}$ 与 $\{c,d\}$，若其内比相同，不妨设 $\frac{a}{b}=\frac{c}{d}$，则可将这两个二元组替换为 $\{a,c\}$ 与 $\{b,d\}$(称为一次调换)，其内比依然相同.容易看出，内比相同的两个二元组经过连续两次调换后变回自身.

构造图 G，其顶点集为 $\{1,2,\cdots,n\}$ 中 $\left[\frac{n}{2}\right]$ 个两两无交二元组的全部取法，且两顶点间连线当且仅当其对应的取法只相差若干次无交调换(即每次调换后得到的二元组不再参与调换).则图 G 共有 $\left(2\left[\frac{n-1}{2}\right]+1\right)!!$ 个顶点.这是因为对偶数 n，元素 1 有 $n-1$ 种配成二元组的方式，对剩余 $n-2$ 个元素重复该过程即得总取法数为 $(n-1)!!$；对奇数 n，不参与配对的元素共 n 种选择，再对其余 $n-1$ 个元素利用偶数的结论即得总取法数为 $n!!$.

此外，图 G 的某顶点为孤立点当且仅当其对应的二元组内比两两不同(从而无法进行调换)，于是，b_n 即为图 G 的孤立点个数.

通过与顶点个数类似的分析，知对 $m\geqslant 2$ 个内比相同的二元组，若要对其做 k 次无交调换，则调换方式共有 $C_m^{2k}(2k-1)!!$ 种(规定 $(-1)!!=1$).于是，对

这 m 个二元组，所有无交调换方式（含 0 次调换）的总数为

$$d_m=\sum_k C_m^{2k}(2k-1)!!\ \equiv\sum_k C_m^{2k}=2^{m-1}(\bmod 2),$$

即 d_m 为偶数.

一般地，对任意若干个二元组，只要其内比不是两两不同，则对其做无交调换的方式总数可表示为若干个 d_m（m 随各组内比相同的二元组数量而定）的乘积，故其依然为偶数.

从而，排除掉 0 次调换的情况后，可知图 G 的任一非孤立点均与奇数个顶点相连.

由于全体顶点的度之和为偶数，故图 G 的非孤立点个数必为偶数.

又由于图 G 的顶点总数为奇数，因此 b_n 为奇数，即 a_n 为奇数.

▶**例 9** 设 k 为给定的正整数.求所有的正整数 n，使得在三角形的边界上可以标记 n 个异于顶点的点，用线段将其中一部分点联结，可以满足如下条件：

(1) 每条边上均存在被标记的点；

(2) 对每对处于不同边上的点 X,Y，在第三边上有且仅有 k 个标记点同时与 X,Y 相连，并且有且仅有 k 个标记点与 X,Y 均不相连.

（2018 年爱沙尼亚国家队选拔考试）

解

设 A,B,C 分别为三边上的被标记的点的集合，a,b,c 分别为这些集合中的点的个数.

考虑这样的三元组 (p,q,r)，其中 $p\in A,q\in B,r\in C$，且这三个点要么两两相连要么彼此不连.

若 p 与 q 相连，则据题意可在集合 C 中选出 k 个点与 p,q 均相连；若 p 与 q 不相连，则据题意可在集合 C 中选出 k 个点与 p,q 均不相连.于是，这样的三元组 (p,q,r) 共有 kab 个.

类似地，讨论 q 与 r 是否相连及 p 与 r 是否相连，分别可得满足条件的三元组 (p,q,r) 共有 kbc 个及 kac 个.

从而，$ab=bc=ca$，也即 $a=b=c=\dfrac{n}{3}$.

接下来考虑其他的三元组 (p,q,r)，其中 $p\in A,q\in B,r\in C$.

与前面类似，若 p 与 q 相连，则可在集合 C 中选出 k 个点与 p,q 均不相连；若 p 与 q 不相连，则可在集合 C 中选出 k 个点与 p,q 均相连.于是，这样的三元

组(p,q,r)共有$kab=k\left(\frac{n}{3}\right)^2$个.

以此类推,并结合上面的分析,可得所有的三元组共有$4k\left(\frac{n}{3}\right)^2$个.

又所有的三元组应有$\left(\frac{n}{3}\right)^3$个,于是$4k\left(\frac{n}{3}\right)^2=\left(\frac{n}{3}\right)^3\Rightarrow n=12k$.

下面证明每条边上标记$4k$个点可以满足题意.

当$k=1$时,将三角形的三边记为0,1,2,每条边上的四个点记为0,1,2,3.

对任意$i=0,1,2$,将边i上的偶数点与边$i+1\pmod 3$上的点0,1相连,将边i上的奇数点与边$i+1\pmod 3$上的点2,3相连,显然符合题意.

对于$k>1$,只需将每次新添的12个点均按上述方法构造即可.

▶**例 10** 设n为不小于3的自然数.在正n边形中选择一些对角线,使得其中任意两条在此正n边形内部(不含顶点)相交的对角线互相垂直.求最多能选择多少条对角线.

(2017年爱沙尼亚国家队选拔考试,第二轮)

解

当n为奇数时,可选择从某一顶点引出的所有$n-3$条对角线,显然这些对角线符合题设要求.

考虑任意一条对角线,它将n边形分成一部分包含奇数个顶点,另一部分包含偶数个顶点.在后一部分中,中间两顶点联结构成的边与前述对角线平行.因此,存在两条互相垂直的对角线的必要条件是存在两条互相垂直的边.故必有$n\equiv 0\pmod 4$,与n为奇数矛盾.因此,这种情况下没有两条对角线相互垂直,最多能选择$n-3$条对角线.

当$n\equiv 2\pmod 4$时,选择某顶点A,然后按顺时针方向,舍弃与A相邻的点B,选择与B相邻的点C,以此类推,可选$\frac{n}{2}$个点.联结每两个相邻的被选中的点,得$\frac{n}{2}$条对角线.将点A与所有被选中的点相连,得到$\frac{n}{2}-1-2$条新的对角线;将点A与在n边形中和它相对的点相连,可得到1条新的对角线.这样共有$\frac{n}{2}+\frac{n}{2}-3+1=n-2$条对角线,且这些对角线符合题设要求.

当$n\equiv 0\pmod 4$时,可先按前述方法选择$\frac{n}{2}$个点,连出$\frac{n}{2}$条对角线.

若$\frac{n}{2}\equiv 2 \pmod 4$，可从这$\frac{n}{2}$个点组成的$\frac{n}{2}$边形中按前述方法选择$\frac{n}{2}-2$条对角线，这样共有$\frac{n}{2}+\frac{n}{2}-2=n-2$条对角线，且这些对角线符合题设要求；

若$\frac{n}{2}\equiv 0 \pmod 4$，则再从这个$\frac{n}{2}$边形中选择$\frac{n}{4}$个点，以此类推，最终可选出$n-2$条符合题设要求的对角线.

接下来证明：无法选择更多数量的对角线.

先证明在被选中的所有对角线中，与某条被选中对角线相交于正n边形内部的全部对角线必定只能指向两个相互垂直的方向.考虑一对在n边形内相交且垂直的对角线，夹在来自不同对角线的两个端点之间的n边形顶点数量必小于$\frac{n}{2}$，而对于另一对在n边形内相交且垂直的对角线(若存在)，这个结论也成立.这表明，第二对对角线的端点不可能全在分别来自第一对两条对角线的某两个端点所夹的n边形顶点之中.因此，至少第一对中的一条对角线与第二对中的一条对角线在n边形内相交，即这两对对角线指向两个相互垂直的方向.

现设有d条被选中的对角线，它们在n边形内共有k个交点.

考虑正n边形被这些对角线分割后所形成的小区域.易知，这些区域均是以原n边形的顶点和被选中对角线的交点为顶点的多边形，这些区域的内角总和为$(n-2)\cdot 180^\circ+k\cdot 360^\circ$，顶点个数总和为$n+2d+4k$，其中原$n$边形有$n$个顶点，每条对角线添加2个顶点，每个对角线交点添加4个顶点.

设这些区域共有w个，则由凸m边形的内角和为$(m-2)\cdot 180^\circ$，可得

$$(n-2)\cdot 180^\circ+k\cdot 360^\circ=(n+2d+4k-2w)\cdot 180^\circ,$$

于是，$n-2+2k=n+2d+4k-2w$，即$w=d+k+1$.

设共有w'个至少有4个顶点的区域.

注意到，所有含直角数量不少于2的区域至少有4个顶点.这表明，每个联结n边形内两个相邻交点的线段均为该区域的一条边.设选中的对角线中指向某个方向(不妨设其为水平方向)的对角线有a条，指向与其垂直方向的对角线有b条，不妨设$a\leqslant b$.若某区域有两个位于同一条被选中的水平对角线上相邻两交点处的直角顶点，且该区域自身位于这条对角线上方，则共有$k-a$个这样的区域；若某区域有两个位于同一条被选中的水平对角线上相邻两交点处的直角顶点，且该区域自身位于这条对角线下方，则共有$b-1$个这样的区域.

于是，$w'=k-a+b-1\geqslant k-1$.

故

$$
\begin{aligned}
n+2d+4k &\geqslant 4w'+3(w-w') \\
&=3w+w'\geqslant 3w+k-1 \\
&=3(d+k+1)+k-1 \\
&=3d+4k+2 \\
&\Rightarrow d\leqslant n-2.
\end{aligned}
$$

综上可知，当 n 为偶数时，最多能选择 $n-2$ 条对角线；当 n 为奇数时，最多能选择 $n-3$ 条对角线.

点评

当 $n\equiv 0 \pmod 4$ 时，有另一种选择对角线的方式.将顶点按顺时针方向依次标为 $0,1,\cdots,n-1$.联结所有标为 i 和 $\frac{n}{2}-i$ 的点，其中 $i=-\frac{n}{4}+1,-\frac{n}{4}+2,\cdots,\frac{n}{4}-1$（若 i 为负数则加上 n），这样的对角线共有 $\frac{n}{2}-1$ 条.再选择与这些对角线垂直的 $\frac{n}{2}-1$ 条对角线，这样就选出了 $n-2$ 条符合要求的对角线.

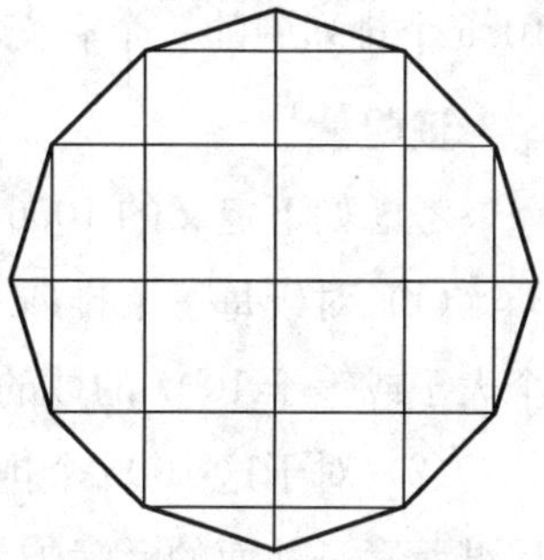

图 6.7

图 6.7 为 $n=12$ 时的一种取法.

6.3 构造图

训练营

▶**例 1** 在数 1,2,…,2010 的两个排列 $a_1,a_2,\cdots,a_{2010}$ 和 $b_1,b_2,\cdots,b_{2010}$ 中,如果对某个 k 的值,有 $a_k=b_k(1\leqslant k\leqslant 2010)$,那么称这两个排列有交集.证明:存在 1006 个由数 1,2,…,2010 组成的排列,任何其他排列保证至少与这 1006 个排列中的一个有交集.

证明

考虑如下定义的 1006 个排列:

(1) 对于每一个排列 $a_1,a_2,\cdots,a_{2010}$,当 $1007\leqslant k\leqslant 2010$ 时,取 $a_k=k$,即每个大于或等于 1007 的数的位置固定;

(2) 对于这 1006 个排列中的第 i 个排列,把 a_1 取为 i,该排列中的每一个后继元素是前面的元素加 1,但是一旦到达 1006 就回到 1.

这样给出的这些排列就是

$$1,2,3,\cdots,1006,1007,1008,\cdots,2010$$
$$2,3,4,\cdots,1006,1,1007,1008,\cdots,2010$$
$$3,4,5,\cdots,1006,1,2,1007,1008,\cdots,2010$$
$$\vdots$$
$$1005,1006,1,2,\cdots,1004,1007,1008,\cdots,2010$$
$$1006,1,2,\cdots,1004,1005,1007,1008,\cdots,2010$$

我们构造这组排列的方式,使得在 1,2,…,1006 这些数中的每一个数都能作为第 k 个数出现在某个排列中,其中 $1\leqslant k\leqslant 1006$.

考虑任何排列 $a_1,a_2,\cdots,a_{2010}$.在 $a_1,a_2,\cdots,a_{1006}$ 的范围内有 1006 个数,但是只有 1004 个值超过 1006.因为没有一个值在一个排列中出现两次,所以这 1006 个数中有一个数必取一个不超过 1006 的值,比如说 $a_k=j$,其中 $1\leqslant k\leqslant 1006,1\leqslant j\leqslant 1006$.但是,注意到就像上面那样,在这一组排列中有某个排列 $b_1,b_2,\cdots,b_{2010}$ 满足 $a_k=b_k=j$.于是任何排列相交于上述一组排列中的某个排列,这样就证明了存在 1006 个排列,使任何其他排列保证至少与这 1006 个排列中的一个有交集.

▶**例 2** 在 $n\times n$ 的方格表的每个格子里填上数 -1,0 或 1.记每行、每列、每条对角线上的数之和构成集合 A.若

$$\{-n,-n+1,\cdots,0,1,\cdots,n\}\subseteq A,$$

求 n 的最小可能值.

(2018 年爱沙尼亚数学奥林匹克竞赛,决赛,十二年级)

解

注意到,当某个和为 n 或 $-n$ 时,该和对应的格子内应全部填 1 或 -1.

于是,若某行上的数之和为 n,则不可能再有某列或某对角线上的数之和为 $-n$.

类似地,若某列上的数之和为 $-n$,则不可能再有某行或某对角线上的数之和为 n.

若某对角线上的数之和为 n,则 n 应为偶数(否则,另一条对角线与其他各行各列均不能出现和为 $-n$ 的情况).但若如此(一条对角线上全填 1,另一条对角线上全填 -1),则不会有某行或某列上的数之和为 $n-1$.

不失一般性,假设某行上的数之和为 n,另一行上的数之和为 $-n$.

又注意到,当某个和为 $n-1$ 或 $-n+1$ 时,该和对应的格子内应恰有一个填 0,其余全部填 1 或 -1.

由前述情况可知,每列以及每条对角线上均至少含一个 -1 或 1,从而只有某行上的数之和可能为 $n-1$ 与 $-n+1$.

再注意到,当某个和为 $n-2$ 时,该和对应的格子内应恰有一个填 -1,其余全部填 1;或恰有两个填 0,其余全部填 1.至此,在每列以及每条对角线上,要么含有两个 1 和两个 -1,要么 -1、0、1 均包含,要么含有两个 0.

从而,只可能某行上的数之和为 $n-2$.

类似地,也只可能某行上的数之和为 $-n+2$.

综上,表格至少含有 6 行.

表 6.1 为一个符合题意的构造.

表 6.1

1	1	1	1	1	1
1	1	1	1	0	1
−1	−1	0	−1	−1	−1
−1	−1	−1	1	−1	−1
1	−1	1	1	1	1
−1	−1	−1	−1	−1	−1

▶**例 3** 三个 $n\times n$ 的正方形如图 6.8 摆放，称其为图形 Φ，其中相邻的两个正方形的公共线段长为 1.求所有的正整数 n，使得图形 Φ 能被 1×3 和 3×1 的矩形没有重叠地覆盖.

（2018 年第 68 届白俄罗斯数学奥林匹克竞赛，决赛，D 类）

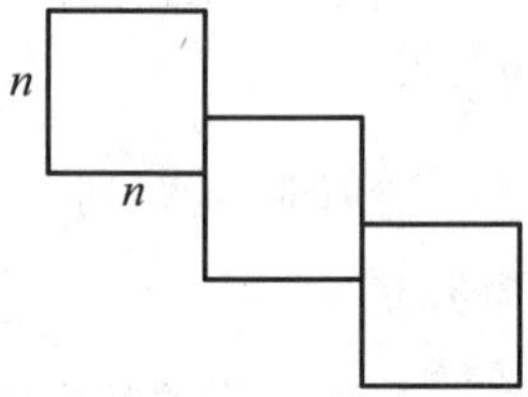

图 6.8

解

当 $n=3k(k\in\mathbf{N}^*)$ 时，图形 Φ 显然能够被那些矩形覆盖.

当 $n=3k+1(k\in\mathbf{N}^*)$ 时，先在两个交接的位置各放置一个水平的矩形，使得中间的正方形占据两个单元格，两边的正方形占据一个单元格.于是，在两边的正方形中，每一个所剩的部分又可分割为 $(3k+1)\times3k$ 和 $3k\times1$ 两部分，它们显然可被那些矩形覆盖；中间正方形中所剩的部分可分割为两个 $3k\times2$ 和一个 $(3k+1)\times(3k-3)$ 共三个部分，显然也都可被那些矩形覆盖.从而，$n=3k+1$ 符合题意.

当 $n=3k+2(k\in\mathbf{N}^*)$ 时，假设图形 Φ 可被覆盖.由于每一个正方形包含 $n^2=3(3k^2+4k+1)+1$ 个单元格，且两个相邻的正方形仅可以由一个矩形贯穿，于是左上方的正方形除了右下角的单元格之外均被矩形覆盖.将其单元格按表 6.2 的方式染上三种颜色，容易看出，每一个矩形将覆盖三种颜色单元格各一个.然而，标号为 2 的单元格比标号为 1 的单元格多一个，矛盾.

表 6.2

1	2	3	1	2	3	1	2
2	3	1	2	3	1	2	3
3	1	2	3	1	2	3	1
1	2	3	1	2	3	1	2
2	3	1	2	3	1	2	3
3	1	2	3	1	2	3	1
1	2	3	1	2	3	1	2
2	3	1	2	3	1	2	

因此，$n=3k+2$ 不合题意.

综上，当 $n=3k$ 或 $n=3k+1(k\in\mathbf{N}^*)$ 时符合题意.

▶**例 4** 已知 $2n\times 2n$ 的正方形区域的每个格子里均有一个座位，现有 $2n^2$ 对情侣要入座，每人坐一个座位.定义：一对情侣之间的距离为他们的座位相差的行数与相差的列数之和(例如，若有一对情侣分别坐在格子(3，3)和(2，5)，则他们之间的距离为 $|3-2|+|3-5|=3$)；所有情侣的总距离等于这 $2n^2$ 对情侣之间的距离总和.求总距离的最大值.

(2017 年中国台湾数学奥林匹克选训营，第二阶段)

解

先考虑水平方向的距离和的最大值.将所有人投影到同一行上，并在每一对情侣之间连线.

若存在两对情侣的连线不重叠，则在两对情侣中各取一人交换位置，此时水平方向的距离和会变大.将所有连线不重叠的情侣调整位置，最终可以使任两对情侣的连线均重叠.

不失一般性，假设每一对情侣的男士均在女士左侧.易知，男士均必须在左

侧的 n 列中.否则,若有一对情侣的男女方均在右侧的 n 列中,则右侧 n 列还剩下 $2n^2-2$ 个座位,但还有另外 $2n^2-1$ 对情侣要入座,于是必然有一对情侣均在左侧的 n 列中.而都在左侧 n 列中的情侣,其连线不可能和都在右侧 n 列中的情侣的连线重叠,矛盾.这表明,每对情侣中的男士均必然属于左侧 n 列,女士均必然属于右侧 n 列.易计算此时的水平方向距离和为

$$2n\left(\sum_{i=1}^{n}(n+i)-\sum_{i=1}^{n}i\right)=2n^3.$$

类似地,垂直方向距离和的最大值也为 $2n^3$.

故总距离至多为 $4n^3$.

下面证明:至少存在一种方法可使总距离达到 $4n^3$.

考虑将情侣分成 A,B 两组,每组 n^2 对,并将座位分成四个象限,每个象限均为 $n\times n$ 的子正方形区域.令第一象限全坐 A 组女士,第二象限全坐 B 组男士,第三象限全坐 A 组男士,第四象限全坐 B 组女士,则可发现此构造达到上述估计的最大值.

▶**例 5** 在 2017×2017 的方格表上,某些格子中会有一只瓢虫,其余的格子为空.瓢虫可在方格表的格子之间移动,但不能离开表.移动可以是横向的(向左或向右),也可以是纵向的(向上或向下).瓢虫进行一次横向移动,则下次必须进行纵向移动;类似地,瓢虫进行一次纵向移动,则下次必须进行横向移动.求瓢虫的最小数目,使得无论其初始位置和移动路径如何,它们中的两只最终能同时在同一个格子中相遇.

(2017 年克罗地亚数学竞赛,决赛,四年级)

解

若将 2016^2 只瓢虫放置于方格表左下方的 2016×2016 子方格表中,并把该子方格表看作 1008×1008 个含 4 个单位格子的图形,让里面的瓢虫均按图 6.9 的方向移动,则经过四次移动后,所有瓢虫均回到初始位置,且不会有两只瓢虫同时在同一个格子中相遇.

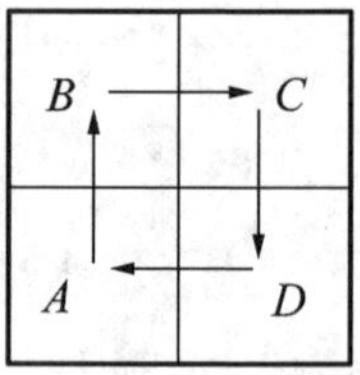

图 6.9

下面证明:放置2016^2+1 只瓢虫时,无论初始时瓢虫处于什么位置,必定会出现两只瓢虫相遇.

以如图 6.10 的方式将方格表中的格子标记为 A,B,C,D,即奇数行轮流标记 A,B,偶数行轮流标记 C,D.称标记为 A 的格子为 A 格,并类似定义 B 格、C

格、D 格.

注意到,在 B 格或 C 格的瓢虫经过一次移动后到达 A 格或 D 格;在 A 格的瓢虫经过两次移动后可以到达 D 格.

又共有 2016^2+1 只瓢虫,可假设至少有 $1008\times2016+1$ 只瓢虫位于 A 格或 D 格.否则,至少有 $1008\times2016+1$ 只瓢虫位于 B 格或 C 格,情况类似.

因为 D 格共有 1008^2 个,所以 A 格中至少有 1008^2+1 只瓢虫.

经过两次移动后,所有原先位于 A 格中的瓢虫都到达 D 格,即至少有 1008^2+1 只瓢虫到达 1008^2 个 D 格中,因此至少有两只瓢虫同时在同一个格子中相遇.

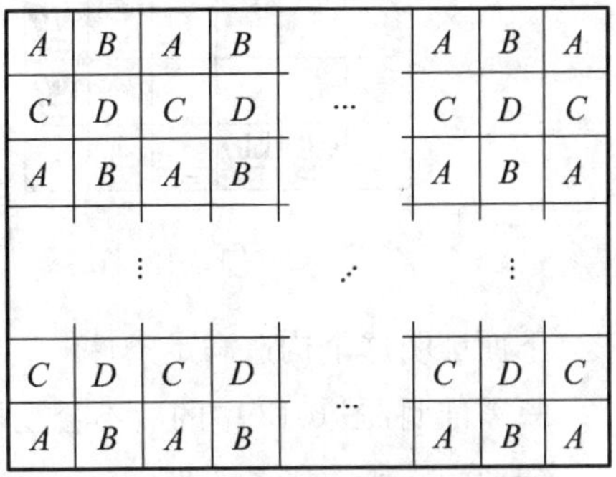

图 6.10

▶ **例 6** 求在一个 2017×2017 的棋盘上最多可以放多少个后,使得每个后至多攻击到一个其他的后?

(2017 年塞尔维亚数学奥林匹克竞赛)

解

取 $n=2017$.

假设放了 $m(m>n)$ 个后,且没有一行中多于两个后.于是,至少有 $m-n$ 行中有两个后.从而,至多有 $m-2(m-n)=2n-m$ 个后单独在一行.

类似地,至多有 $2n-m$ 个后单独在一列.

由每个后均要单独在一行或一列,则

$$m\leqslant2(2n-m)\Rightarrow m\leqslant\left[\frac{4n}{3}\right]=2689.$$

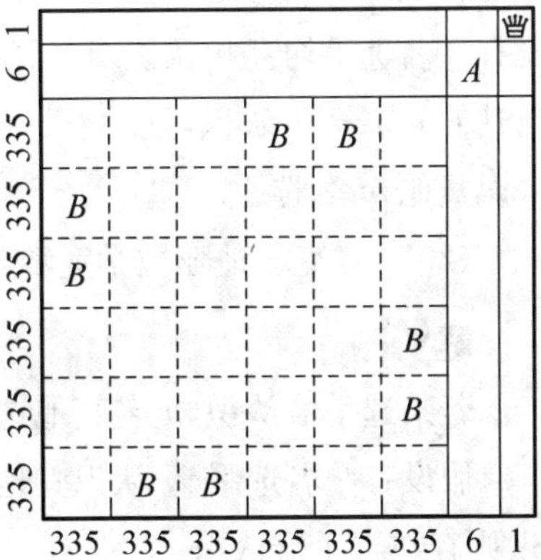

图 6.11

构造如图 6.11 所示的方格表.其中的字母 A 表示一个 6×6 的方格表,如图 6.12 所示,共放了 8 个后;字母 B 表示一个 335×335 的方格表,以类似图 6.13 所示的方式布局,共放了 335 个后.

此时,图 6.11 中共放置了 $8\times335+8+1=2689$ 个后.

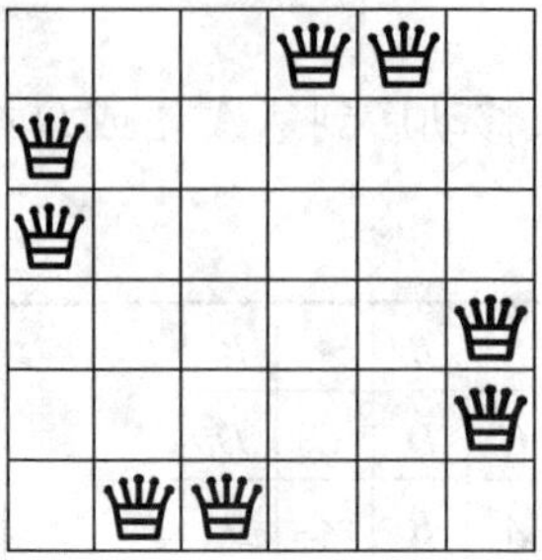

图 6.12

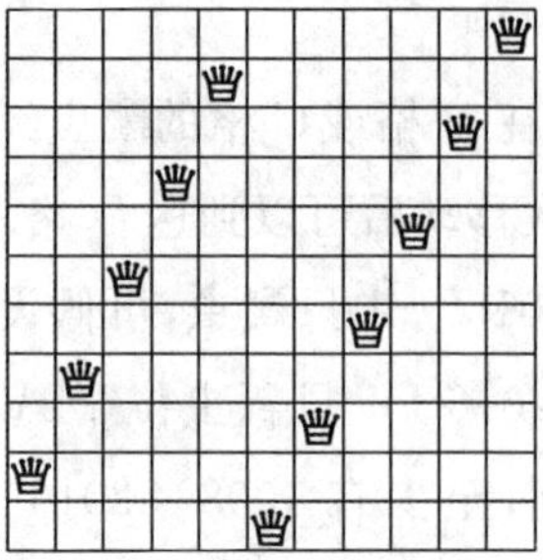

图 6.13

下面证明这个构造满足条件.

只需证明:图 6.13 中的后不会互相攻击.

记图中后所在格子的坐标(x,y)满足 $y\equiv 2x \pmod{335}$.

于是,每个格子对应的 $x-y$ 互不相同.

又$(3,335)=1$,则每个格子对应的$x+y$ 也互不相同.从而,没有两个后在同一条对角线上.结合每行每列上均只有一个后,因此,这 335 个后互不攻击.

图 6.12 中的每个后只能攻击到一个其他后,且图 6.13 中的每个后互不攻击.由于图 6.11 中的字母 B 是按照字母 A 对应的形式排列的,故图 6.11 中的每个后也只能攻击到至多一个其他后.因此,此图的构造满足条件.

▶**例 7**　一场比赛有 300 名选手参加,每对选手要么认识、要么不认识,且没有 3 名选手均互相认识.求 n 的最大值,使得以下条件成立:若每名选手最多与其他 n 名选手认识,且对于每一个正整数 $m(1\leqslant m\leqslant n)$,存在至少一名选手恰认识其他 m 名选手.

(2017 年克罗地亚数学竞赛,决赛,四年级)

解

若某选手恰认识 m 名其他选手,则称此选手的"度"为 m.

假设有一名选手 X 认识其他 201 名选手,且将这 201 名选手组成一个集合 S. 则存在选手恰认识 1,2,…,200 名其他选手.

除了 X 和 S,还有 98 名选手.由于没有 3 名选手均相互认识,于是他们不可能认识 S 中的其他人.

从而,S 中最多有 99 名不同度的选手.

因此,最多有 $1+99+98=198<201$ 名不同度的选手,即不可能存在选手恰认识 1,2,…,201 名其他选手.故没有一名选手恰认识其他 201 名选手.

下面证明：$n=200$ 满足条件.

称 100 名选手 $A_1,A_2,\cdots,A_{100}$ 为 A 组，剩下 200 名选手 $B_1,B_2,\cdots,B_{200}$ 为 B 组.

对于每个 $i\in\{1,2,\cdots,100\}$ 及每个 $j\in\{1,2,\cdots,200\}$，取 $i\leqslant j$.令 A_i,B_j 是相互认识的，剩下的其他选手互不认识.这表明，没有 3 名选手相互认识，于是 A 组中没有两人是相互认识的，且 B 组中也没有两人是相互认识的.

当 $i\in\{1,2,\cdots,100\}$时，选手 A_i 认识且只认识选手 $B_i,B_{i+1},\cdots,B_{200}$，于是 A_i 恰有 $201-i$ 名认识的选手，从而存在恰认识 200，199，…，101 名其他选手的选手.

类似地，当 $j\in\{1,2,\cdots,100\}$时，选手 B_j 认识且只认识 $A_1,A_2\cdots,A_{j-1},A_j$.故 B_j 恰认识 j 名选手.

因此，存在恰认识 1，2，…，100 名其他选手的选手.

综上可知，n 的最大值为 200.

▶**例 8** 设整数 $n\geqslant 2$.对平面上给定的无三点共线的 n 个点，存在 m 条直线，使得没有直线经过任何给定的点；任取 n 个点中不同的两点 X,Y，则存在一条直线，使得 X,Y 在直线的两侧.求最小的正整数 m.

（2017 年第 55 届荷兰国家队选拔考试，第三次）

解

在圆上以顺时针方向依次取点 $P_1,P_2,\cdots,P_n$，则 n 条弦 $P_1P_2,P_2P_3,\cdots,P_nP_1$ 均至少与一条直线相交.

因为每条直线最多与两条弦相交，所以当 n 为偶数时，直线条数 m 至少为 $\frac{n}{2}$；当 n 为奇数时，直线条数 m 至少为$\frac{n+1}{2}$.

下面证明上述结论满足要求.

先证明：对给定的四个不同点 P_1,P_2,Q_1,Q_2，总存在一条直线将 P_1,P_2 分在其两侧，同时将 Q_1,Q_2 也分在其两侧.

取线段 P_1P_2,Q_1Q_2 的中点所在直线 l.若直线 l 经过点 P_1，则也经过点 P_2.

因为无三点共线，所以直线 l 不过点 Q_1,Q_2.于是，可绕着 P_1P_2 的中点旋转直线 l，得到的直线 l'与线段 Q_1Q_2 相交，此时点 P_1,P_2 均不在直线 l'上.其余三种情况类似.若直线 l'还经过另一个给定点，则可将直线 l'稍移动位置，使得其不再经过任意给定点.

因为点数有限,所以此操作总是可行的.由此,可使 P_1,P_2 和 Q_1,Q_2 分布在直线两侧.

若 n 为奇数,则去掉一个不在任意给定点所构成的所有点对连线上的任意点,仍满足题目条件.鉴于此,只需考虑 n 为偶数的情况,构造$\frac{n}{2}$条直线的例子.

先确定一条与任意两点连线均不平行的直线(由 n 有限知,这是可以实现的).然后,在平面上移动这条直线,使得直线逐一扫过给定点.当此直线上无给定点,且直线两边各有$\frac{n}{2}$个点时,称其为第一条直线.这样的操作将平面分为两个区域,不妨称为左边、右边.继续以这样的方式添加直线,使得每添加一条直线均使左边、右边各增加一个区域(每个区域必包含给定点).最后,在左(右)边选择尚未被直线分开的两点.

由上面的操作知,左(右)边存在一条直线,可以将这两个点分开.于是,左(右)边又多出一个区域.

若在某一时刻,左(右)边不再包含没分开的点对,则只使用剩余区域中的点.在加上$\frac{n}{2}-1$条直线后,左(右)边至少有$\frac{n}{2}$个区域,每个区域至少包含一个给定点.

从而,每个区域必恰包含一个给定点.

因此,共用了$\frac{n}{2}$条直线.

综上可知,用 $m_{\min}=\begin{cases}\frac{n}{2}, n\text{ 为偶数},\\ \frac{n+1}{2}, n\text{ 为奇数}\end{cases}$ 条直线总是能够满足题意.

▶**例 9** 规定:一个边长为 a,b 的矩形能放入边长为 c,d 的矩形,要么 $a\leqslant c$ 且 $b\leqslant d$,要么 $a\leqslant d$ 且 $b\leqslant c$.例如,边长为 1 和 5 的矩形能放入边长为 1 和 5 的矩形,也能放入边长为 6 和 2 的矩形.

设 S 为含有 2019 个矩形的集合,其中每个矩形的边长是从 1 到 2018 的整数.证明:在集合 S 中,存在三个矩形 A,B,C,使得 A 能放入 B,B 能放入 C.

(2018 年爱尔兰数学奥林匹克竞赛)

证明

若 R 能放入 R'，则记为 $R\subseteq R'$.

注意到，"$\subseteq$"具有自反性和传递性.

若集合 S 的 n 元子集 C 中的元素可以按递增的顺序排列，即 $R_1\subseteq R_2\subseteq\cdots\subseteq R_n$，则称 C 为"n 链的".

n 链中可以包含全等的矩形.例如，所有的 n 个矩形可能是两两全等的.若 S 的一个子集 A 不包含 2 链的子集，则称 A 为"反链的".特别地，在反链中不存在任意两个矩形是全等的.

在集合 S 中，对于任意一个矩形 R，选择一个链 C_R，以 R 作为最大元素，且这个链最长，设 $f(R)$ 为 C_R 的链长.

先证明两个引理.

引理 1 对于任意正整数 n，子集 $f^{-1}(n)$ 是反链的.

证明 为了证明这个引理，只要证明：对于不同的 $R, R'\in S$，若 $f(R)=f(R')$，则有 $\{R, R'\}$ 是反链的.

事实上，若 $f(R)=f(R')$，且 $R'\subseteq R$，则 $C_R{}'\cup\{R\}$ 是一个以 R 为最大元素的链，且链长为 $f(R)+1$，与 $f(R)$ 的定义矛盾.

引理 2 集合 S 的一个反链的子集 A 中最多有 1009 个元素.

证明 设 A 为一个有 n 个元素的反链.

令 $A=\{R_1, R_2, \cdots, R_n\}$，其中 R_i 的宽、长分别为 w_i、$l_i(w_i\leqslant l_i)$.

假设对任意的正整数 $i, j(1\leqslant i<j\leqslant n)$，均有 $w_i\leqslant w_j$.

若 $w_i=w_j(i<j)$，则 $\{R_i, R_j\}$ 为一条链，与反链假设矛盾.

于是，$w_i<w_j$.

类似地，可推出 l_i 关于正整数 i 严格递减.

由此可得

$$w_1<w_2<\cdots<w_n\leqslant l_n<\cdots<l_2<l_1.$$

上面至少有 $2n-1$ 个不同的正整数，且每个正整数均为 1 至 2018 的正整数，即 $2n-1\leqslant 2018$.

因此，$n\leqslant 1009$.

引理 1、2 得证.

由引理 1、2，知 $f^{-1}(1)\cup f^{-1}(2)$ 至多有 2018 个元素.

由于 $f^{-1}(1)\cup f^{-1}(2)$ 中的元素个数小于 S 中的元素个数，于是存在 $R\in$

S，使得 $f(R)\geqslant 3$.原命题得证.

▶**例 10** 已知一座城市有 $n(n\geqslant 3)$ 个岛.最初时，渡船公司提供一些岛与岛之间的航线，满足不能将这 n 个岛拆分成两个子集，使得任意在不同子集中的两个岛之间没有航线.以后每年，渡船公司将关闭某两个岛 X 与 Y 之间的航线，同时为了保持所提供的服务，渡船公司将根据规则开通一些新的航线：对于任意恰与 X，Y 之一有航线的岛，渡船公司开通一条这个岛与 X，Y 之外的一个岛之间的新的航线.

假设在某时刻，若以任意方式将这 n 个岛拆分为两个非空子集，则某年后渡船公司将关闭一条连接属于两个不同子集的两个岛之间的航线.证明：一些年后，存在一个岛与其他所有岛之间均有航线.

(2016 年第 57 届国际数学奥林匹克竞赛预选题)

证明

最初时，选取任意有航线相连的两个岛 A，B.将岛 A 放入集合 P，将岛 B 放入集合 Q.由条件知，一定有另外一个岛 C，与岛 A，B 之一有航线.不失一般性，不妨设岛 C 与岛 A 之间有航线.将岛 C 放入集合 Q.

若一个集合中的每个岛均与另一个集合中的每个岛之间有航线，则称这两个岛的集合构成一个"网络".

下面证明：所有的岛可以一个接一个地被放入集合 $P\cup Q$.

假设集合 P 与 Q 构成一个网络，且 $3\leqslant |P\cup Q|<n$.

当 $A\in P$，$B\in Q$，且岛 A，B 之间的航线被关闭后，这种关系不再成立.此时，定义

$$P'=\{A,B\},$$
$$Q'=(P\cup Q)-\{A,B\},$$

则集合 Q' 是非空的.

下面考虑任意的岛 $K\in P-\{A\}$.

由集合 P 与 Q 的关系，知岛 K 与 B 之间有航线.若关闭岛 A 与 B 之间的航线之前岛 K 与 A 之间没有航线，则关闭岛 A 与 B 之间的航线之后开通岛 K 与 A 之间的航线.于是，岛 K 与 A 和 B 之间均有航线.对于集合 $Q-\{B\}$ 中的任意一个岛，也有同样的结论.

从而，集合 P' 与 Q' 构成网络，且 $P'\cup Q'=P\cup Q$.

因此，这些岛总能被拆分成集合 P，Q，使得 P 与 Q 构成网络.

由于 $|P\cup Q|<n$，则存在一些岛不属于 $P\cup Q$.由条件知，一些年后一定有一个岛 $M\in P\cup Q$ 和一个岛 $N\notin P\cup Q$，这两个岛之间的航线被关闭.不失一般性，不妨设 $M\in P$，则集合 Q 中的每个岛(无论之前是否与岛 N 有航线)均与岛 N 之间有航线.于是，可以将岛 N 放入集合 P.从而，得到新的集合 P 和 Q，且 P 和 Q 仍然构成网络.同时，$|P\cup Q|$ 的值增加了 1.

用同样的方式可使集合 $P\cup Q$ 中的元素个数不断增加，最后使 $P\cup Q$ 包含了所有的岛.因此，可以假设 $|P\cup Q|=n$.

假设一些年后 $A\in P$ 和 $B\in Q$ 之间的航线被关闭，则将岛 A 和 B 放入集合 P'，剩下的岛放入集合 Q'.故 P' 与 Q' 构成网络.当岛 A 与 $C\in Q$ 之间的航线被关闭后，这种关系不再成立.

因此，这种情况最终一定会发生，此时，岛 B 将同其他所有岛之间均有航线.

▶**例 11** 设 n 为正整数.对于 $n\times n$ 的矩阵，若满足以下 3 个条件，则称此矩阵为“白金矩阵”：

(1) 所有 n^2 个元均从 1 到 n 中取值；

(2) 每一行、每一列及主对角线(从左上角到右下角)均由 1 到 n 组成；

(3) 存在一个由 n 个元(由 1 到 n)组成的集合，使得没有两个元位于同一行或同一列，也没有一个元位于主对角线.

试确定所有 n 的取值，使得存在 $n\times n$ 的白金矩阵.

(2018 年第 20 届菲律宾数学奥林匹克竞赛)

解

对于 $n=1,2$ 的情况，白金矩阵不存在.

定义一条截线，它包含来自不同行与列的 n 个矩阵的元，且由数字 1 到 n 组成.

当 $n\geqslant 3$ 且为奇数时，可构造一个 $n\times n$ 的白金矩阵.

先从左至右以数字 $1,n,n-1,\cdots,2$ 填满第一行；然后按从上到下、从左至右的顺序，以到达第 n 列时换行至第 1 列的一条线的方式填满每一条“对角线”；每一条对角线从它位于第一行的元开始，每到下一个元的位置加 1，直到最后一行.从这一点开始，每一个元取模 n 的余数，但在余数为 0 的位置用 n 代替.

例如,对于 $n=3$,有以下的白金矩阵

$$\begin{pmatrix}1&3&2\\3&2&1\\2&1&3\end{pmatrix}=\begin{pmatrix}1&&\\&2&\\&&3\end{pmatrix}+\begin{pmatrix}&3&\\&&1\\2&&\end{pmatrix}+\begin{pmatrix}&&2\\3&&\\&1&\end{pmatrix}.$$

由以上构造方式知,对于 $1\leqslant i,j\leqslant n$,位于第 i 行第 j 列的元为 $a_{ij}=2i-j$(在模 n 的意义下).

对于固定的行 i,位于不同列 j,j' 的元是不同的;对于固定的列 j,由 n 为奇数,可知位于不同行 i,i' 的元也是不同的.

由于每一条对角线均为截线,于是以 2 作为第一行起始元的对角线是一条截线.

从而,矩阵是白金矩阵.

设偶数 $n\geqslant8$,则 $n-3\geqslant5$,且为奇数.

考虑按照上面方式构造 $(n-3)\times(n-3)$ 的白金矩阵,记为 $\boldsymbol{C}_{n-3}$.

构造 $n\times n$ 的矩阵:$\left(\begin{array}{c|c}\boldsymbol{C}_{n-3}&\boldsymbol{A}\\\hline\boldsymbol{B}&\boldsymbol{C}_3\end{array}\right)$,其中

$$\boldsymbol{C}_3=\begin{pmatrix}n-2&n&n-1\\n&n-1&n-2\\n-1&n-2&n\end{pmatrix},$$

$\boldsymbol{A}$ 为 $(n-3)\times3$ 的矩阵,$\boldsymbol{B}$ 为 $3\times(n-3)$ 的矩阵.

下面需要填满与 $\boldsymbol{C}_{n-3}$ 相邻的矩阵 $\boldsymbol{A},\boldsymbol{B}$.

为此,从 $\boldsymbol{C}_{n-3}$ 的除了主对角线外的 $(n-3)-1=n-4\geqslant4$ 条对角线中选择三条.

对于这些截线中的一条,先将它的元竖直地投影到一个空行上,与此同时,也将它的元水平地投影到一个空列上,再将这条被选中的截线上的所有元替换为 $n-2$.然后,分别用 $n-1$ 和 n 作为替换符,重复以上步骤对另外两条截线进行操作.这样得到的矩阵就是一个白金矩阵.在以上的 $\boldsymbol{C}_{n-3}$ 的 $n-4\geqslant4$ 条对角线中,至少有一条还未被用到.这一条对角线将与 $\boldsymbol{C}_3$ 的一条非主对角线的截线一起,组成 $n\times n$ 的矩阵,这条截线中的任意一个元均不在主对角线上.因此,这样组成的矩阵是白金矩阵.

对于 $n=8$ 的情况,其构造过程如下:

$$
\left(\begin{array}{ccccc|ccc}
1 & 5 & 4 & 3 & 2 & & & \\
3 & 2 & 1 & 5 & 4 & & & \\
5 & 4 & 3 & 2 & 1 & & & \\
2 & 1 & 5 & 4 & 3 & & & \\
4 & 3 & 2 & 1 & 5 & & & \\
\hline
 & & & & & 6 & 8 & 7 \\
 & & & & & 8 & 7 & 6 \\
 & & & & & 7 & 6 & 8
\end{array}\right)
\rightarrow
\left(\begin{array}{ccccc|ccc}
1 & \textcircled{6} & 4 & 3 & 2 & 5 & & \\
3 & 2 & \textcircled{6} & 5 & 4 & 1 & & \\
5 & 4 & 3 & \textcircled{6} & 1 & 2 & & \\
2 & 1 & 5 & 4 & \textcircled{6} & 3 & & \\
\textcircled{6} & 3 & 2 & 1 & 5 & 4 & & \\
\hline
 & & & & & 6 & 8 & 7 \\
4 & 5 & 1 & 2 & 3 & 8 & 7 & 6 \\
 & & & & & 7 & 6 & 8
\end{array}\right)
$$

$$
\rightarrow
\left(\begin{array}{ccccc|ccc}
1 & 6 & \textcircled{7} & 3 & 2 & 5 & 4 & \\
3 & 2 & 6 & \textcircled{7} & 4 & 1 & 5 & \\
5 & 4 & 3 & 6 & \textcircled{7} & 2 & 1 & \\
\textcircled{7} & 1 & 5 & 4 & 6 & 3 & 2 & \\
6 & \textcircled{7} & 2 & 1 & 5 & 4 & 3 & \\
\hline
4 & 5 & 1 & 2 & 3 & 6 & 8 & 7 \\
2 & 3 & 4 & 5 & 1 & 8 & 7 & 6 \\
 & & & & & 7 & 6 & 8
\end{array}\right)
$$

$$
\rightarrow
\left(\begin{array}{ccccc|ccc}
1 & 6 & 7 & \textcircled{8} & \boxed{2} & 5 & 4 & 3 \\
\boxed{3} & 2 & 6 & 7 & \textcircled{8} & 1 & 5 & 4 \\
\textcircled{8} & \boxed{4} & 3 & 6 & 7 & 2 & 1 & 5 \\
7 & \textcircled{8} & \boxed{5} & 4 & 6 & 3 & 2 & 1 \\
6 & 7 & \textcircled{8} & \boxed{1} & 5 & 4 & 3 & 2 \\
\hline
4 & 5 & 1 & 2 & 3 & 6 & 8 & 7 \\
2 & 3 & 4 & 5 & 1 & 8 & 7 & 6 \\
5 & 1 & 2 & 3 & 4 & 7 & 6 & 8
\end{array}\right).
$$

最终的矩阵是白金矩阵，且其中的所有非对角线的元组成一条截线.

最后，考虑 $n=4$ 和 $n=6$ 的矩阵 $\boldsymbol{M},\boldsymbol{N}$：

$$
\boldsymbol{M}=\begin{pmatrix}
1 & 2 & 3 & 4 \\
3 & 4 & 1 & 2 \\
4 & 3 & 2 & 1 \\
2 & 1 & 4 & 3
\end{pmatrix},
$$

$$N=\begin{pmatrix}1&2&3&4&5&6\\5&3&6&1&4&2\\4&1&5&2&6&3\\2&4&1&6&3&5\\6&5&4&3&2&1\\3&6&2&5&1&4\end{pmatrix}.$$

易证,矩阵 $\boldsymbol{M}$,$\boldsymbol{N}$ 都是白金矩阵.

综上可知,对于任意的整数 $n\geqslant 3$,均存在一个白金矩阵.

6.4 模型法

知识桥

构造一个模型来研究组合问题，即把一个复杂的问题转化为一个简单明了的问题，也是解数学问题的基本想法.图论是组合学的一个分支，图论方法就是典型的模型法，例如常见的把人看成点，凡认识的人之间连一条边，不认识的不连边，这就构成了一个(简单)图.当然还有一些其他模型，读者应细细体会.

训练营

▶**例 1** 求最小的正整数 n，使在任意 n 个无理数中，总存在 3 个数，其中任意两数之和仍为无理数.

解

当 $n=4$ 时，有反例$\{\sqrt{2}, \sqrt{2}+1, -\sqrt{2}, -\sqrt{2}+1\}$.下面证明 $n=5$ 时命题成立.

设 x, y, z, u, v 是 5 个无理数，用 5 个顶点来代表.若两数之和是有理数，则在两点之间连一条红线，否则连一条蓝线，于是得到一个两染色的图 k_5.若 k_5 中不存在蓝色三角形(即命题不成立)，则其中也不存在红色三角形(因为若 $x+y$, $y+z$, $z+x$ 均为有理数，则 x, y, z 也均为有理数，矛盾!).所以它一定存在一个边长为 5 的红圈，即 $x+y$, $y+z$, $z+u$, $u+v$, $v+x$ 均为有理数.这又推得 x, y, z, u, v 均为有理数，矛盾！从而 $n=5$ 时命题成立.

▶**例 2** 证明下述组合恒等式：

$$\sum_{p=k-3}^{n-3} \mathrm{C}_p^{k-3} \cdot \mathrm{C}_{n-p-1}^{2}=\mathrm{C}_n^k.$$

证明

假设一个团体有 n 个人，依次编号为 $1,2,3,\cdots,n$.从中选 k 个人组成一个委员会，有 C_n^k 种方法.另一方面，设这 k 个人的编号为$1\leqslant a_1<a_2<\cdots<a_{k-1}<a_k\leqslant n$，则 a_{k-2}可取从 $k-3$ 到 $n-3$ 的每一个值，且若 a_{k-2}取定，前 $k-3$ 个人有 $C_{a_{k-2}-1}^{k-3}$种取法，最后两人有 $C_{n-a_{k-2}-1}^2$种取法，即另 $k-1$ 个人有 $C_{a_{k-2}-1}^{k-3}\cdot C_{n-a_{k-2}-1}^2$种取法，关于 a_{k-2}求和即得所证.

▶**例 3**　考察由$\{1,2,3,4,5,6\}$组成的一个排列：$a_1a_2a_3a_4a_5a_6$，要求经过不超过 4 次调换其中的两个数字，可得到 123456.求满足条件的排列的个数.

（第 12 届韩国数学奥林匹克竞赛）

解

对排列 $\pi=(a_1,a_2,\cdots,a_n)$，令 $f_\pi(k)=a_k$.如果在$(a_1,a_2,\cdots,a_n)$中，$f_\pi(a_{i_1})=a_{i_2}$，$f_\pi(a_{i_3})=a_{i_4}$，$\cdots$，$f_\pi(a_{i_{k-1}})=a_{i_k}$，$f_\pi(a_{i_k})=a_{i_1}$，则称$(a_{i_1},a_{i_2},\cdots,a_{i_k})$为一个圈.对于每一个圈$(a_{i_1},a_{i_2},\cdots,a_{i_k})(k\geqslant 2)$，调换 a_{i_1}，a_{i_2}的位置，则原圈分成两个小圈$(a_{i_1})(a_{i_2},a_{i_3},\cdots,a_{i_k})$，故经过 $k-1$ 次调换可以得到 k 个单元圈.

如果$\{1,2,3,4,5,6\}$的一个排列 π 不能经过不多于 4 次调换得到排列(123456)，即 6 个单元圈的形式，由上面论证知 π 中的圈数为 1.

如果 π 中的圈数为 1，则圈为$(a_{i_1},a_{i_2},\cdots,a_{i_6})$.对圈$(a_{j_1},a_{j_2},\cdots,a_{j_k})(k\geqslant 2)$调换 a_{j_t}，$a_{j_s}$$(t<s)$，则原圈化为两个圈$(a_{j_1},a_{j_2},\cdots,a_{j_{t-1}},a_{j_s},a_{j_{s+1}},\cdots,a_{j_k})$及$(a_{j_t},a_{j_{t+1}},\cdots,a_{j_{s-1}})$.对于两个圈$(a_{j_1},a_{j_2},\cdots,a_{j_t})$及$(a_{k_1},a_{k_2},\cdots,a_{k_s})$，调换 a_{j_1}与 a_{k_1}，则两个圈并成一个圈$(a_{j_1},a_{j_2},\cdots,a_{j_t},a_{k_1},a_{k_2},\cdots,a_{k_s})$.故调换任两数，至多增加一个圈.由于 π 初始时圈数为 1，故至少经过 5 次，才能化为 6 个圈的形式，即至少要经过 5 次调换才能得到(123456).

而仅有 1 个圈的 π 有 $5!$个，故所求排列个数为 $6!-5!=600$.

点评

由上述论证知：将 6 改为 n，4 改为$n-2$，则所求 $f(n)=n!-(n-1)!$.

▶**例 4**　在规格为 11×11 的方格纸上标定 22 个方格，使得在每一行和每一列中都恰好标定两个方格.如果所标定的方格的某一种排列方式，经过若干次

行与行或列与列之间的互换而变成另一种排列方式，则认为这两种排列方式是等价的.问：这些标定方格共有多少种互不等价的排列方式？

(1966 年第 29 届莫斯科数学奥林匹克竞赛)

解

考虑 22 个标定方格的中心，并将同行两点和同列两点间都连一条线段，于是得到一个有 22 个顶点，每点都是 2 度的偶图(如图 6.14).由图论定理知，这个图一定是由一个或几个互不相交的圈构成的.由于图中圈的边都是水平或竖直的，故每个圈都有偶数条边，且若有一个标定点在圈上，与该点同行或同列的标定点也在同一个圈上.设该图共分为 k 个圈，圈上的点对数分别为 n_1，n_2，…，n_k，则 $n_1+n_2+\cdots+n_k=11$.

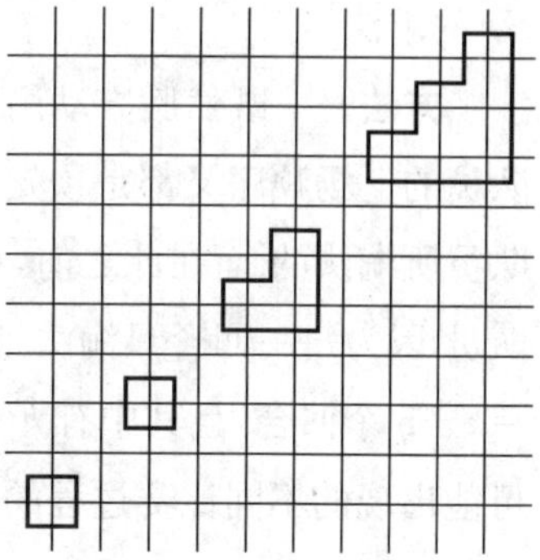

图 6.14

注意，当进行列与列或行与行之间的交换时，每个圈仍然成为圈，而且每两个顶点数相同的圈，都可以通过行或列之间的交换而互变.由此可见，当且仅当所有圈的顶点对数$\{n_1,n_2,\cdots,n_k\}$不同时，两种排列方式不等价.而这种不同的组又对应于将 11 分拆为不小于 2 的整数之和的不同分法.这种分法共有 14 个：11，9+2，8+3，7+4，6+5，7+2+2，6+3+2，5+4+2，5+3+3，4+4+3，5+2+2+2，4+3+2+2，3+3+3+2 和 3+2+2+2+2，故知 22 个标定点的不等价的排列方式共有 14 种.

▶**例 5** 甲、乙两队各出 7 个队员，按事先排好的顺序参加围棋擂台赛.双方先由 1 号队员比赛，负者被淘汰，胜者再与负方 2 号队员比赛……直到有一方队员全被淘汰为止，另一方获得胜利.试求所有可能出现的不同比赛过程的种数.

解

解答这个问题显然既要用乘法原理，又要用加法原理.这是因为：胜方可能仅出场 1 个队员，就连续击败了负方所有的队员；胜方也可能动用了 1 号和 2 号两个队员，相继击败了负方所有的队员……胜方还可能 7 个队员全部上场，才击败了负方所有的队员.因此，所有可能出现的不同比赛过程的种数应当是上述 7 种情况的过程种数之和，这是加法原理.另外，由于胜方可能是甲队，也可能是乙队,所以所有可能出现的不同比赛过程的种数应当是上述过程种数之和的两倍,这是乘法原理.

通过上述分析,我们已清楚地看到,关键的问题是求出胜方动用了 $k(1\leqslant k\leqslant 7)$ 个队员获胜的所有可能出现的不同比赛过程的种数 S_k.下面我们来讨论 S_k 的求法.

方法一 既然胜方动用了 k 个队员才淘汰了负方的全部 7 个队员,而双方队员的上场顺序又都是预先排定的,所以负方的 7 号队员一定是被胜方的 k 号队员所淘汰的.而在此之前,负方已被淘汰了 6 个队员,胜方则被淘汰了 $k-1$ 个队员.因为每一回合只淘汰且必淘汰一个队员,所以在此之前已比赛了 $6+k-1=k+5$ 个回合,且其中有 $k-1$ 个回合中被淘汰的是胜方的队员,可见此时所有可能出现的不同比赛过程的种数为 C_{k+5}^{k-1},即

$$S_k=C_{k+5}^{k-1},\ k=1,2,\cdots,7.$$

所以,所有可能出现的不同比赛过程的种数是

$$2(C_6^0+C_7^1+C_8^2+\cdots+C_{12}^6)=2C_{13}^7=3432.$$

方法二 设想有 7 个排成一行的小球(用它们代表负方已排定了顺序的 7 个队员),我们用 $k-1$ 块隔板将它们隔开为 k 段(其中有些段可能为空),并对这些段按自左至右的顺序编号.

对小球也按自左至右的顺序编号.只要第 k 段不空,就令第 j 段($1\leqslant j\leqslant k$)中的球的号码代表被胜方的第 j 号队员所淘汰的负方队员的号码.一种分段方式即对应着一种可能的比赛过程,所以 S_k 就是将 7 个已排为一行的小球分为 k 段,且使最右端的一段不空的分段方式数.显然,每一种分段方式,就是一种如何将 $k-1$ 块隔板和前 6 个小球依次放到 $k+5$ 个位置上的方式,也就是在 $k+5$ 个位置上,有哪 $k-1$ 个位置放隔板,有哪 6 个位置放小球的方式.因此有

$$S_k=C_{k+5}^{k-1}=C_{k+5}^{6}.$$

以下同方法一.

点评

方法一是通过普通的组合模式,即从"在 $k+5$ 个回合中,有哪 $k-1$ 个回合中淘汰的是胜方队员"入手来解答这个问题的.而方法二中所用的模式,在排列组合中叫作"不尽相异元素的排列问题."

▶**例6** 现有2个边长分别为3,4,5的三角形,4个边长分别为4,5,$\sqrt{41}$的三角形,6个边长分别为$\frac{5}{6}\sqrt{2}$,4,5的三角形.以上述三角形为面,可以拼成多少个四面体?

(1987年中国高中数学联赛)

解

将所给的3种三角形依次编为1号,2号,3号.易知1号和2号都是直角三角形,而3号是钝角三角形.由抽屉原理知,四面体的4个面中,至少有两面是全等三角形.此外,不难证明,在一个四面体中,如果有两个侧面三角形全等,则另外两个侧面三角形或者是全等三角形,或者都是等腰三角形.因为所给的三角形中没有等腰三角形,所以四面体的4个侧面三角形必然是两组全等三角形.

(1) 用2个1号三角形.

如图6.15,因为长为3的棱是两条长为4的棱的公垂线,故有$x>3$.因$\frac{5}{6}\sqrt{2}<3$,所以x不能为$\frac{5}{6}\sqrt{2}$,即2个1号和2个3号三角形不能拼成四面体.另一方面,设两条长为4的对棱的夹角为θ,由异面直线上点的距离公式有

$$x^2=3^2+4^2+4^2-2\cdot 4^2\cos\theta.$$

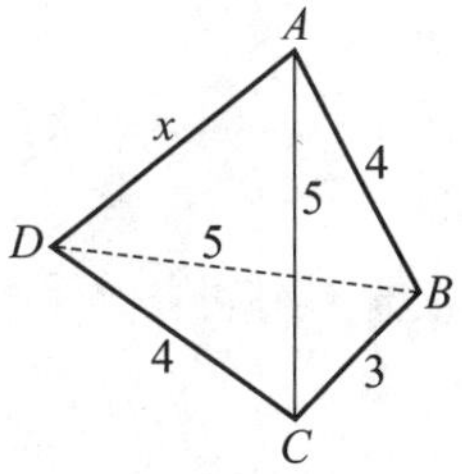

图6.15

当$\theta=\frac{\pi}{2}$时,$x=\sqrt{41}$,所以用2个1号和2个2号三角形可以拼成一个四面体.

(2) 用2个3号三角形.

如图6.16,在四面体$ABCD$中,$\triangle ABC$和$\triangle DBC$是两个3号三角形.记$a=BC=\frac{5}{6}\sqrt{2}$,$AD=x$.分别过A,D作直线BC的垂线,交直线BC于B_1和C_1.易知,$\triangle AB_1C\cong\triangle DC_1B$,故有$CC_1=BB_1=y$,$AB_1=DC_1=h$.由勾股定理有

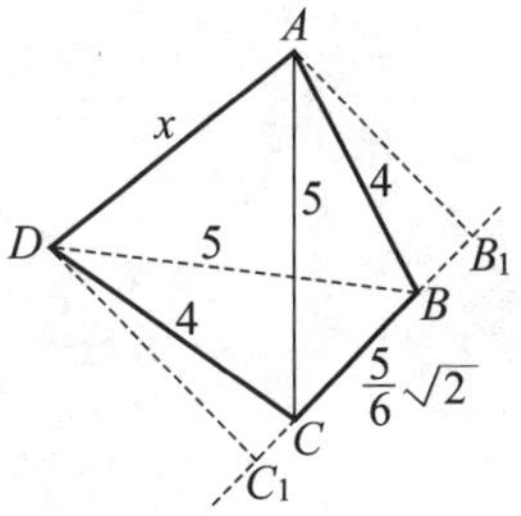

图6.16

$$5^2-(a+y)^2=h^2=4^2-y^2,$$

解得$y=\frac{1}{2}\left(\frac{9}{a}-a\right)$.由此可得,异面直线$AB_1$,$DC_1$的公垂线长$d=B_1C_1=a+2y=\frac{9}{a}=\frac{27\sqrt{2}}{5}>\sqrt{50}$.从而有

$$x \geqslant d > \sqrt{50} > \sqrt{41} > \frac{5}{6}\sqrt{2}.$$

由此可知,用 4 个 3 号三角形,或用 2 个 2 号及 2 个 3 号三角形都不能拼成四面体.

(3) 用 4 个 2 号三角形.

若能拼成四面体,则两条长为 4 的棱都是两条长为 5 的棱的公垂线,这是不可能的.

综上可知,用所给的三角形为面,只能拼成一个四面体.

演习场

习题6

1. 在整个平面上有一个无限大的方格棋盘，上面摆好了一些棋子，它们恰好布满一个 $3k\times n$ 的矩形.按下述规则进行游戏：每一枚棋子都可(沿水平方向或竖直方向)越过相邻的棋子，放进紧挨着这枚相邻棋子的空格里，并把相邻棋子从棋盘上取走.证明：不论怎样走，棋盘上都不会恰好剩下一枚棋子.

2. 在平面上给定一个正六边形，将它的每一边都分成1000等分，并用平行于六边形各边的线段将分点联结起来.在所得的网格中选择三个结点，使它们是任意大小和位置的正三角形的顶点，并把它们涂上颜色.用这种方法继续下去，每次对三个结点涂色，直到不能进行为止.证明：如果有一个结点没有涂色，那么它不可能是原六边形的顶点.

3. 在坐标平面的某些整点上放有棋子，每个整点上至多放一枚棋子.以如下方法移动棋子：把一枚棋子沿水平方向或竖直方向跳过相邻的、放有棋子的一个整点，到达下一个空着的整点，整点非空则不允许跳.

开始时所有棋子均在 x 轴下方或 x 轴上.问：能否经过若干次跳动，使得某枚棋子跳至 $y=5$ 的直线上?

4. 用1克、2克、3克、4克与5克砝码各一枚，能称量出多少种质量？各有几种方案?

5. 在前1000个正整数中，有多少可以表示成 $[2x]+[4x]+[6x]+[8x]$ 的形式？其中 x 是某个实数.

(1985年第3届美国数学邀请赛)

6. 记 $C_n=C_n^{\left[\frac{n}{2}\right]}$.证明：

$$\sum_{k=0}^{n} C_n^k C_k C_{n-k}=C_n C_{n+1}.$$

7. 求证：$\sum\limits_{k=0}^{n} C_{m+k}^{k} C_{a-k}^{n-k}=C_{m+a+1}^{n}$，其中 a,m,n 均为正整数，且 $a\geqslant n$.

8. 设 p,q 是正整数，$(p,q)=1$.将 pq 粒糖分成 k 包，使这些糖包既可以分成 p 堆，每堆 q 粒，也可以分成 q 堆，每堆 p 粒.求证：

$$k\geqslant p+q-1.$$

9. 如果考虑各加数之排列，则可把数3以如下4种方式表示为1个或多个正整数之和：

$$3,1+2,2+1,1+1+1$$

试问：对整数 n，共有多少种这样的表示？

（《π,μ,ε》第一卷，第 149～154 页，问题 2）

10. 圆周上的 n 个点依顺时针方向标号为 $1,2,\cdots,n$. 从中取 k 个点 x_1，$x_2,\cdots,x_k$，且自点 x_i 起顺时针方向至少有 a_i 个点不取（$1\leqslant i\leqslant k$），这里 a_1，$a_2,\cdots,a_k$ 是 k 个给定的非负整数. 求不同的取法种数.

11. 三边长均为整数且最大边长为 11 的三角形共有多少个？

（1983 年中国高中数学联赛）

12. 圆周上有 n 个点，两两连弦，使任意 3 条弦不共点. 这样做能把圆分成多少个小块？

第七讲 几何杂题举隅

训练营

▶**例 1** 若干人沿同一条直线道路匀速行走，且在某段时间内这些人的两两距离之和不断减小.求证：一定存在一个人，在这段时间里他与其余所有人的距离之和也在不断减小.

(1996 年第 22 届全俄数学奥林匹克竞赛)

证明

设共有 n 个人 $P_1,P_2,\cdots,P_n$，并用 V_{ij} 来表示 P_i 与 P_j 靠近的速度，$1\leqslant i,j\leqslant n$.约定 $V_{ii}=0,i=1,2,\cdots,n$.当 P_i 与 P_j 相向而行时，$V_{ij}>0$；当 P_i 与 P_j 相背而行时，$V_{ij}<0$；当 P_i 与 P_j 同向而行时，V_{ij} 可正可负也可能为 0.但是，由于任何两人的行走方向都固定不变，故两人至多相遇或追及 1 次.在发生相遇或追及前后，V_{ij} 由正变负；不发生这种情形时，V_{ij} 不变.由此可见，所有的 V_{ij} 都是不增的.

因为在所考察的一段时间内，n 个人的两两距离之和在不断减小，所以在这段时间内总有

$$\sum_{1\leqslant i<j\leqslant n} V_{ij}>0. \tag{1}$$

又因 $V_{ij}=V_{ji},V_{ii}=0,1\leqslant i,j\leqslant n$，所以式(1)可以化为

$$0<\sum_{1\leqslant i<j\leqslant n} V_{ij}=\frac{1}{2}\sum_{1\leqslant i,j\leqslant n} V_{ij}=\frac{1}{2}\sum_{j=1}^{n}\sum_{i=1}^{n} V_{ij}. \tag{2}$$

由于 n 个人只有有限多次相遇和追及的机会，故可在所考察的一段时间内选取一个发生最后一次相遇或追及后的时刻，这时由式(2)可知，存在某个 j，$1\leqslant j\leqslant n$，使得

$$\sum_{i=1}^{n} V_{ij}>0. \tag{3}$$

再由 V_{ij} 的不增性及没有相遇和追及发生时的不变性，即知式(3)在整个所

考察的一段时间内都成立,而它恰好表明第 j 个人与其余所有人的距离之和在整段时间里都在不断减小.

▶ **例 2** 从圆上一点 A 向圆内发射光线,当光线行进中遇到圆周时,就按反射角等于入射角的规律反射,在圆周上的反射点依次为 $B,C,D,\cdots$.求证:圆上存在无穷多个点,使得光线一次也射不到它们.

(1957 年基辅数学奥林匹克竞赛)

证明

不妨设圆的周长为 1.光线在圆周上向圆内反射,相当于在过该点的圆的切线上反射.反射角等于入射角,即进入的弦与反射出的弦的弦切角相等,因而两弦长度相等.这表明光线屡经反射所成的折线线段,都是圆中的等弦.又因等弦对等弧,因此相邻的两个反射点间所夹的弧长都相等.将弧长记为 α,则每个反射点到出发点 A 沿圆周的距离都是 α 的整数倍.若 α 为有理数,则所有反射点到 A 的距离都是有理数,于是圆上对应无理数的点都不是反射点,当然有无穷多个;若 α 为无理数,则所有反射点到 A 的距离都是无理数,于是圆上对应有理数的点都不是反射点,也有无穷多个.

综上可知,圆上总有无穷多个点不是反射点.

▶ **例 3** 将规格为 $m\times n$ 的矩形屏幕分成 mn 个单位小方格,其中亮着的小方格多于 $(m-1)\times(n-1)$ 个.如果在某个 2×2 的正方形中有 3 个小方格不亮,那么经过一段时间后,第 4 个小方格也会熄灭.求证:任何时候在屏幕上都至少有一个小方格亮着.

(1991 年第 54 届莫斯科数学奥林匹克竞赛)

证明

用反证法.若不然,设有一次屏幕上的所有小方格全都熄灭,则可以断言,从一开始便有如下两条成立:

(1) 在每行每列中都至少有 1 个小方格不亮;

(2) 任何两个不亮的小方格都是相通的,即可以找到一串不亮的方格联结两者,这串小方格中的任何两个相接的方格都或者在同一行或者在同一列(但不一定是相邻方格).

(1)是显然的.为证(2),我们进行反推.应当指出,在最后时刻,(2)是成立的.如

果在方格 A 熄灭之后(2)成立，则在包含 A 的某个 2×2 的正方形中，另 3 个单位方格也是熄灭的.设这 3 个方格分别为 B,C,D，其中 B 与 A 同行而 D 与 A 同列.对于在 A 熄灭之后的任何两个不亮的方格 E 和 F，由假设知 E 和 F 相通.如果所取的一串联结 E,F 的方格中不含 A，则两者在 A 熄灭之前就是相通的；如果这串方格中含有 A，则按相通定义知，方格 E 和 F 均与 B,D 之一相通，从而两者可由一串不经过 A 的方格相通，即在 A 熄灭之前也相通.这就证明了(2).

为了完成反证，只需再证如下的引理：

引理 使(1)和(2)成立的屏幕上至少有 $m+n-1$ 个不亮的方格.

证明 显然，引理的结论与已知条件矛盾.我们对 $k=m+n$ 使用归纳法来证明引理.

当 $k=2$ 时，结论显然成立.设当 $k=h$ 时结论成立.如果 $k=h+1$ 时结论不成立，即这时屏幕上的不亮方格数 $l\leqslant h-1=m+n-2$，不妨设 $m\geqslant n$，于是由抽屉原理知 m 行中必有 1 行，其中至多有 1 个不亮的方格 G.所以当屏幕上的任何两个不亮的方格 H 和 K 相通时，所选的一串联结 H 和 K 的方格或者不通过 G，或者沿方格 LGM 通过 G，这时 L 和 M 都与 G 同列，故可去掉 G 而仍然相通.从而可把 G 所在的一行方格去掉，并使余下的 $(m-1)\times n=k-1$ 的屏幕仍然满足(1)和(2).但这时屏幕上不亮的方格数 $l-1\leqslant h-2$，与归纳假设矛盾.这就完成了归纳证明.

▶ **例 4** 已知信号盘上共有 64 个灯泡，分别由 64 个按钮控制(每个灯泡各由自己的按钮控制).每一次启动时，可以揿动任意一组按钮，并可以记录下各个灯泡的亮灭状态.为了搞清各个灯泡各由哪个按钮控制，最少应当启动多少次?

(1990 年第 53 届莫斯科数学奥林匹克竞赛)

解

将 64 个按钮从 0 到 63 编号，并将这些号码用二进制来表示，分别记为 000000，000001，…，111111.在第 k 次启动时，就揿动那些第 k 位数字为 1 的按钮($k=1,2,\cdots,6$)，并在第 k 位把那些变亮的指示灯记为 1，未亮的指示灯记为 0.于是启动 6 次之后，每盏指示灯都得到一个二进制的 6 位数.显然，该 6 位数就是控制它的按钮的编号.可见，启动 6 次可以解决问题.

另一方面，可以证明，启动 5 次是不够的.事实上，第一次启动时，无论揿动哪些按钮，至少有 32 个指示灯处于相同的亮灭状态.第二次启动时，这 32 个指示灯中又至少有 16 个处于相同状态.这样继续下去,直到第五次启动,至少有 2 个指示灯处于相同状态.这意味着这 2 盏指示灯在 5 次启动中状态全都相同,因而无法区分控制这 2 盏指示灯的按钮.

综上可知,最少应启动 6 次.

▶例 5 调度室里有若干个按钮,用它们可以控制色灯信号盘.每揿动一个按钮,在信号盘上都会有一些色灯改变亮灭状态(每一个按钮控制着一些色灯,不同的按钮所控制的部分可能有交集).求证:信号盘可能呈现的状态总数恰好是 2 的某一个方幂.

(1980 年第 43 届莫斯科数学奥林匹克竞赛)

证明

对按钮的个数 n 使用归纳法.当 $n=1$ 时,信号盘显然有两种状态.设当 $n=k$ 时结论成立,则当 $n=k+1$ 时,我们先看前 k 个按钮的情形.由归纳假设,可设这时有 2^m 种不同状态,然后把第 $k+1$ 个按钮加进去.如果对于原有 2^m 种状态中的每一种,揿动第 $k+1$ 个按钮都得到一种新状态,显然这些新状态也互不相同,于是不同状态的种数增加 1 倍,变为 2^{m+1},结论成立.否则,必有原 2^m 种状态中的一种,在揿动第 $k+1$ 个按钮时,变为原 2^m 种状态中的一种.设在两种状态下所揿动的按钮除去相同的之外分别为 $i_1,i_2,\cdots,i_h$ 和 $j_1,j_2,\cdots,j_l,k+1$.于是将 $i_1,i_2,\cdots,i_h,j_1,j_2,\cdots,j_l$ 都揿动一次时,与揿动第 $k+1$ 个按钮的效果是一样的.这就是说,第 $k+1$ 个按钮控制的信号灯是前 k 个按钮的一个组合.所以,它的加入并不能使信号盘的状态数有所增加,仍然是 2^m 种.这就完成了归纳证明.

▶例 6 圆形花坛的中心装有一个浇灌设备,它的浇灌面是一个顶角为 $\frac{2\pi}{11}$ 的扇形.浇灌设备绕着花坛的中心匀速运动.花坛中栽有 100 棵玫瑰,任何两棵玫瑰都不在同一条半径上.

(1) 试证:必有某一时刻恰好同时浇到 10 棵玫瑰;

(2) 能否断言,必有某一时刻恰好同时浇到 11 棵玫瑰?

(1990 年苏联教委推荐试题)

解

(1) 将圆均分为 11 个全等的扇形,于是每个扇形的圆心角都是 $\frac{2\pi}{11}$.100 棵玫瑰栽在 11 个扇形中，由抽屉原理知，其中必有 1 个扇形中至少栽有 10 棵玫瑰.如果有一个扇形中恰好栽有 10 棵玫瑰，则前一个问题就解决了.以下设 11 个扇形中所栽的玫瑰数都不是 10，于是必有一个扇形中的玫瑰数不少于 11.同理，也必有一个扇形中的玫瑰数不多于 9.将前一个扇形绕着圆心向后一个扇形转动.因为任何两棵玫瑰都不在同一半径上，所以在转动过程中，扇形中的玫瑰数每次只能改变 1.于是在由不少于 11 变化到不多于 9 的过程中，必有某一时刻扇形中的玫瑰数恰好为 10.

(2) 将圆面分成 10 个圆心角各为$\frac{2\pi}{11}$的扇形和 10 个圆心角各为$\frac{\pi}{55}$的扇形，且使每两个大扇形之间都夹有一个小扇形.在每个小扇形内部各栽种 10 棵玫瑰.这种构造表明，不能断定必有某一时刻能同时恰好浇到 11 棵玫瑰.

▶ **例 7** 能否在直径为 1 的球形行星的表面上安置 8 个观察站，使得位于离行星表面高度为 1 处的任何目标物都至少能被两个观察站看到?

(1969 年基辅数学奥林匹克竞赛)

解

可以做到.考察同心球 M 和 S，其中 M 的直径为 1，S 的直径为 3.对于球面 M 上的任意一点 A，由它能观察到的点 K 的集合是球面 S 被球面 M 的过点 A 的切开面截出的那一部分(如图 7.1).记$\angle AOK=\alpha$，于是有

$$\cos\alpha\geqslant\frac{OA}{OK}=\frac{1}{3},$$

由余弦定理有

$$AK^2=OA^2+OK^2-2OA\cdot OK\cdot\cos\alpha\leqslant 2=OK^2-OA^2.$$

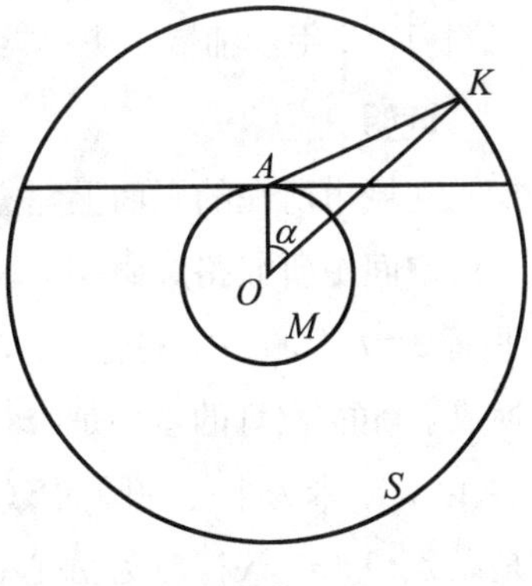

图 7.1

由此可知，$\angle OAK$ 为钝角或直角，此时从点 A 可以看到点 K.

在球 M 内作一个内接正方体，并在正方体的 8 个顶点处各设置一个观察站，即可满足题中要求.由前段证明知，只需证明，对任何 $K\in S$，正方体上必存在两个顶点 A 和 B，使得

$$\cos\angle AOK\geqslant\frac{1}{3},\cos\angle BOK\geqslant\frac{1}{3}.$$

设射线 OK 交正方体的一个面于点 K_1（可以交于面的边界或顶点），以 A 和 B 表示该面中最接近点 K_1 的两个顶点.于是，

$$AK_1 \leqslant AB, BK_1 \leqslant AB.$$

因为 $OA=OB=\frac{1}{2}, AB=\frac{\sqrt{3}}{3}$，故有

$$\cos\angle AOK=\cos\angle AOK_1 \geqslant \cos\angle AOB=\frac{\frac{1}{4}+\frac{1}{4}-\frac{1}{3}}{\frac{1}{2}}=\frac{1}{3}.$$

同理，$\cos\angle BOK \geqslant \frac{1}{3}$.命题得证.

▶**例 8** 甲城的路灯昼夜都亮着，这些路灯都由电池供电.若电池是新的，则路灯能照亮半径为 200 米的圆内的地面.电池工作时，该半径按每小时 10 米的比例线性地减少.城市的居民有时会把某些废电池换成新的.已知在一昼夜间该城耗尽了 18 000 个电池，且该城地域是半径为 10 千米的圆.求证：在该城中至少有一点，在某一时刻被多于 1 个路灯照亮.

（1982 年基辅数学奥林匹克竞赛）

证明

在城市所在的平面上建立直角坐标系，然后用 z 轴表示时间.我们就在这个三维空间中研究路灯照亮地面的变化过程，即在时刻 t 将被路灯照亮的地面用平面 $z=t$ 上的一个集合 $\{(x,y,z) \mid z=t\}$ 来表示.设在时刻 t_0，某一路灯的电池换成了新的，路灯的坐标是 (x_0,y_0)，于是在平面 $\{z=t_0\}$ 上，以点 $O(x_0,y_0,t_0)$ 为圆心、以 200 米为半径的圆面 $S(t_0)$ 被照亮.当 $t_0<t<t_0+20$ 时，此路灯照亮的范围是以点 $O_1(x_0,y_0,t)$ 为圆心、以 $200-10(t-t_0)$ 为半径的平面 $z=t$ 上的圆 $S(t)$.在 $t=t_0+20$ 时，圆 $S(t)$ 退化为点 $S(x_0,y_0,t_0+20)$，即路灯熄灭.由此可见，换一次新电池后，路灯照亮的范围 $Q=\{(x,y,z) \mid (x,y) \in S(z)\}$ 是一个以圆面 $S(t_0)$ 为底面、高为 20、顶点为 S 的圆锥，我们称之为该路灯的光锥.

显然，当且仅当地面上的点 (x,y) 在时刻 z 被路灯照亮时，$(x,y,z) \in Q$.由此可见，若两个路灯的光锥 Q_1 和 Q_2 有公共点 (x,y,z)，则点 (x,y) 在时刻 z 被两个路灯同时照亮.因而只需证明存在两个路灯，两者的光锥相交.

由已知，在一昼夜间该城耗尽了 18 000 个电池.这意味着有 18 000 个光锥，每个光锥的体积是

$$V_0=\frac{\pi}{3}(200)^2\times 20=\frac{8}{3}\pi\times 10^5.$$

如果这些光锥中的任何两个都不相交，则它们的体积之和为

$$V=18\,000V_0=48\pi\times 10^8.$$

另一方面，城市半径为 10 千米$=10^4$ 米，故光锥底面都在半径为 10^4+200 米的圆内(城市边缘的路灯能照亮离城市 200 米的地面).由于这 18 000 个光锥的顶点在平面$\{z=t_0\}$与$\{z=t_0+24\}$之间，故它们的底面在平面$\{z=t_0-20\}$的上方.这意味着这 18 000 个光锥都在高为 44、底面半径为 10^4+200 的圆柱内，这个圆柱的体积为

$$V'=\pi(10^4+200)^2\cdot 44=45.7776\pi\times 10^8<V,$$

矛盾.故必有两个光锥相交.

▶**例 9** 设 M 是平面上所有整点的集合，M 中的点$\{P_0,P_1,\cdots,P_n\}$构成的一条折线满足 $P_{i-1}P_i=1$，$i=1,2,\cdots,n$，则称这条折线的长度为 n.又设 $F(n)$表示起点 P_0 在原点，而终点 P_n 在 x 轴上的长度为 n 的不同折线的条数.求证：$F(n)=C_{2n}^n$.

(1991 年波兰数学奥林匹克竞赛)

证明

考察其中有 m 步向 y 轴正向走的折线.因为折线从原点出发，最后回到 x 轴，所以必有 m 步是向 y 轴负向走的，其余的 $n-2m$ 步则既可向 x 轴正向又可向 x 轴负向走.因此，这种折线的条数为 $C_n^m C_{n-m}^m\cdot 2^{n-2m}$.从而知长度为 n 的所有不同折线的条数为

$$F(n)=\sum_{m=0}^{\left[\frac{n}{2}\right]} C_n^m C_{n-m}^m\cdot 2^{n-2m}. \tag{4}$$

下面用等函数法来计算式(4)右端的和数.考察恒等式

$$(1+x)^{2n}=(1+2x+x^2)^n,$$

上式左端 x^n 的系数为 C_{2n}^n，右端 x^n 的系数为

$$\sum_{m=0}^{\left[\frac{n}{2}\right]}\frac{n!}{m!(n-2m)!m!}\cdot 2^{n-2m}=\sum_{m=0}^{\left[\frac{n}{2}\right]} C_n^m C_{n-m}^m\cdot 2^{n-2m}, \tag{5}$$

由式(4)和式(5)即得 $F(n)=C_{2n}^n$.

▶**例 10** 设 C 为圆周，D 为圆内部，点 $A\in C$，函数 $f:D\to\mathbf{R}$（实数集合）定义为

$$f(M)=\frac{|MA|}{|MM'|},M'=AM\cap C,M\in D.$$

证明：f 是严格凸的，即对所有 $M_1,M_2\in D,M_1\neq M_2$，P 为线段 M_1M_2 的中点，有

$$f(P)<\frac{1}{2}(f(M_1)+f(M_2)).$$

（1985 年第 26 届国际数学奥林匹克竞赛预选题）

证明

以 A 为原点，任取一条过 A 的直径为 x 轴，建立平面直角坐标系，并设圆 C 的直径为 1.

容易看出 $f(M)=m$ 的轨迹是一个圆，与圆 C 内切于点 A，交 x 轴于 $x=\frac{m}{1+m}$.

设 M_1,M_2 的坐标为 $(x_1,y_1),(x_2,y_2)$，$f(M_1)=m_1$，$f(M_2)=m_2$，$f(P)=p$，则点 P 的坐标为 $\left(\frac{x_1+x_2}{2},\frac{y_1+y_2}{2}\right)$.

因为

$$\begin{aligned}&(x_1+x_2)(x_2y_1^2+x_1y_2^2)-x_1x_2(y_1+y_2)^2\\=&x_1^2y_2^2+x_2^2y_1^2-2x_1x_2y_1y_2\\=&(x_1y_2-x_2y_1)^2\geqslant 0,\end{aligned}$$

所以

$$\frac{1}{2}\left(\frac{y_1^2}{x_1}+\frac{y_2^2}{x_2}\right)\geqslant\frac{1}{2}\cdot\frac{(y_1+y_2)^2}{x_1+x_2}=\frac{\left(\frac{y_1+y_2}{2}\right)^2}{\frac{x_1+x_2}{2}},$$

$$\frac{1}{2}\left(\frac{x_1^2+y_1^2}{x_1}+\frac{x_2^2+y_2^2}{x_2}\right)\geqslant\frac{\left(\frac{x_1+x_2}{2}\right)^2+\left(\frac{y_1+y_2}{2}\right)^2}{\frac{x_1+x_2}{2}},$$

即

$$\frac{p}{1+p}\leqslant\frac{1}{2}\left(\frac{m_1}{1+m_1}+\frac{m_2}{1+m_2}\right)$$

$\left(\text{过 } M_1 \text{ 且与圆 } C \text{ 内切于点 } A \text{ 的圆交 } x \text{ 轴于}\frac{x_1^2+y_1^2}{x_1}\text{，即}\frac{x_1^2+y_1^2}{x_1}=\frac{m_1}{1+m_1}\right)$，从而

$$p\leqslant\frac{1}{\frac{1}{2}\left(\frac{1}{1+m_1}+\frac{1}{1+m_2}\right)}-1$$

$$=\frac{2(1+m_1+1+m_2)}{1+\frac{1+m_2}{1+m_1}+1+\frac{1+m_1}{1+m_2}}-1$$

$$\leqslant\frac{2(1+m_1+1+m_2)}{4}-1$$

$$=\frac{1}{2}(m_1+m_2).$$

▶**例 11** 若 k 表示直线族 $\{ax+by=N\mid N\geqslant 0\}$ 中其上没有非负整点的直线条数.证明:

$$k=\frac{1}{2}(a-1)(b-1).$$

证明

(此题解法属于康继鼎)先证两个引理.

引理 1 设 $a>0,b>0,(a,b)=1$.对于平行直线族 $\{ax+by=N\mid N\geqslant 0\}$ 而言,只要 $N>ab-a-b$,则一定存在 $x_N\geqslant 0,y_N\geqslant 0$,使 $ax_N+by_N=N$,即直线 $ax+by=N$ 上有非负整点 (x_N,y_N).当 $N=ab-a-b$ 时,则不存在 $x_N\geqslant 0$,$y_N\geqslant 0$,使 $ax_N+by_N=N$,即直线 $ax+by=ab-a-b$ 上没有非负整点.

证明 可参见华罗庚著《数论导引》,科学出版社,1975 年版,第 11~12 页.

引理 2 设 $a>0,b>0,(a,b)=1,N\geqslant 0$,则直线 $ax+by=N$ 上没有非负整点的充要条件是

$$N=ab-ma-nb\quad(\text{其中 } m\geqslant 1,n\geqslant 1).$$

证明 先证充分性.采用反证法,假设直线 $ax+by=N$ 上有非负整点 (x^*,y^*),即有 $ax^*+by^*=ab-ma-nb$,从而有

$$a(x^*+m)+b(y^*+n)=ab. \tag{6}$$

由 $(a,b)=1$,知 $a\mid(y^*+n)$,$b\mid(x^*+m)$.又由 $m\geqslant 1,n\geqslant 1$,知 $y^*+n\geqslant a$,$x^*+m\geqslant b$.因此,由式(6)知

$$ab\geqslant 2ab.$$

但 $a>0,b>0$,故式(6)不能成立.这一矛盾即表明,直线 $ax+by=N$ 上没有非负整点.

再证必要性.若 $a=b=1$,此时对于任何 $m\geqslant 1,n\geqslant 1$,皆有 $ab-ma-nb<0$,而直线 $x+y=N$ 上总有非负整点 $(0,N)$.即 $a=b=1$ 时必要性成立.以下设 a,b 不同时为 1.因为 $(a,b)=1$,故 $a\neq b$,不妨设 $a<b$.不失一般性,以下用 $5x+7y=N$ 为例列表(如表 7.1),并分两步进行讨论.

表 7.1

N	0	1	2	3	4
0	$0=0\cdot5+0\cdot7$	$1=5\cdot7-4\cdot5-2\cdot7$	$2=5\cdot7-1\cdot5-4\cdot7$	$3=5\cdot7-5\cdot5-1\cdot7$	$4=5\cdot7-2\cdot5-3\cdot7$
1	$5=1\cdot5+0\cdot7$	$6=5\cdot7-3\cdot5-2\cdot7$	$7=0\cdot5+1\cdot7$	$8=5\cdot7-4\cdot5-1\cdot7$	$9=5\cdot7-1\cdot5-3\cdot7$
2	$10=2\cdot5+0\cdot7$	$11=5\cdot7-2\cdot5-2\cdot7$	$12=1\cdot5+1\cdot7$	$13=5\cdot7-3\cdot5-1\cdot7$	$14=0\cdot5+2\cdot7$
3	$15=3\cdot5+0\cdot7$	$16=5\cdot7-1\cdot5-2\cdot7$	$17=2\cdot5+1\cdot7$	$18=5\cdot7-2\cdot5-1\cdot7$	$19=1\cdot5+2\cdot7$
4 $(b-3)$	$20=4\cdot5+0\cdot7$	$21=0\cdot5+3\cdot7$	$22=3\cdot5+1\cdot7$	$23=5\cdot7-1\cdot5-1\cdot7$	$24=2\cdot5+2\cdot7$
5 $(b-2)$	$25=5\cdot5+0\cdot7$	$26=1\cdot5+3\cdot7$	$27=4\cdot5+1\cdot7$	$28=0\cdot5+4\cdot7$	$29=3\cdot5+2\cdot7$
6 $(b-1)$	$30=6\cdot5+0\cdot7$	$31=2\cdot5+3\cdot7$	$32=5\cdot5+1\cdot7$	$33=1\cdot5+4\cdot7$	$34=4\cdot5+2\cdot7$
7 (b)	$35=7\cdot5+0\cdot7$				

(1) 在标号为 0 的行中，除第一个元素 0 外，其他的 N 皆有 $0<N<a<b$，因此对于这些 N，直线 $ax+by=N$ 上显然没有非负整点，而且这些 N 都可以表示成 $N=ab-ma-nb(m\geqslant1,n\geqslant1)$ 的形式.

事实上，由于 $ab-a-b<a(b-1)$，因此 $ab-a-b$ 在标号 $\leqslant b-2$ 的行内.由引理 1 知，只要 $N>ab-a-b$，则直线 $ax+by=N$ 上就有非负整点.因此在标号为 $b-1$ 的行内，除开头第一个元素外，N 皆可以表示成 $ma+nb$ 的形式，而且 $m\geqslant1,n\geqslant1$.之所以有 $m\geqslant1,n\geqslant1$，是由于对这些 N 有

$$(b-1)a<N<ba, N=ma+nb,$$

由 $ma+nb<ba$，立知

$$m\leqslant b-1,\ n\leqslant a-1. \tag{7}$$

因此，如果 $n=0$，由 $(b-1)a<ma+nb$，知 $m>b-1$，此与式(7)矛盾；如果 $m=0$，由 $(b-1)a<ma+nb$ 及 $a<b$，知 $n>a-1$，又与式(7)矛盾.故必有 $m\geqslant1,n\geqslant1$.

由上即知,标号为 0 的行中,除第一个元素 0 外,其他的 N 皆有 $N+(ma+nb)=ab$,从而 $N=ab-ma-nb(m\geqslant 1,n\geqslant 1)$.

(2) 如果某列的第一个元素是 $ab-ma-nb(m\geqslant 1,n\geqslant 1)$,则该列的元素依次是

$$\left.\begin{array}{l} ab-ma-nb, \\ ab-(m-1)a-nb, \\ \quad\cdots \\ ab-1\cdot a-nb; \end{array}\right\} \tag{8}$$

$$\left.\begin{array}{l} (ab-1\cdot a-nb)+1\cdot a=0\cdot a+(a-n)b, \\ (ab-1\cdot a-nb)+2\cdot a=1\cdot a+(a-n)b, \\ (ab-1\cdot a-nb)+3\cdot a=2\cdot a+(a-n)b, \\ \quad\cdots \end{array}\right\} \tag{9}$$

对于式(8)中的这些 N,由引理 2 已证明的充分性可知,直线 $ax+by=N$ 上没有非负整点.对于式(9)中的这些 N,直线 $ax+by=N$ 上显然有非负整点.

综上可知,这种规律可遍及全体非负整数 N,从而必要性证毕.

下面回到原来的问题.

由引理 2 知,$k=\sum\limits_{i=1}^{a-1}\left[\dfrac{ib}{a}\right]$,

此处约定 $\sum\limits_{i=1}^{0}=0$.记 $ib=aq_i+r_i$,$0\leqslant r_i\leqslant a-1$,其中 $0\leqslant i\leqslant a-1$,显然有 $\left[\dfrac{ib}{a}\right]=\dfrac{ib}{a}-\dfrac{r_i}{a}$.又注意到 $\{r_i\mid 0\leqslant i\leqslant a-1\}=\{0,1,\cdots,a-1\}$,因此

$$\begin{aligned} k &= \sum_{i=1}^{a-1}\left[\frac{ib}{a}\right] \\ &=\frac{b}{a}\sum_{i=1}^{a-1} i-\frac{1}{a}\sum_{i=1}^{a-1} r_i \\ &=\left(\frac{b-1}{a}\right)\sum_{i=1}^{a-1} i \\ &=\frac{1}{2}(a-1)(b-1). \end{aligned}$$

▶ **例 12** 在某岛的海岸边坐落着几个港口,岛内有几个城镇.岛上的公路均是单向的,且每两条公路只可能在港口或城镇处相交.已知从某港口或城镇出

发沿公路行进不可能回到出发地.对于港口 i,j,用 f_{ij} 表示从港口 i 到港口 j 的不同路线的数目.

(1) 若岛上顺时针方向排列着 4 个港口 1,2,3,4,证明:$f_{14}f_{23}\geqslant f_{13}f_{24}$;

(2) 若岛上顺时针方向排列着 6 个港口 1,2,3,4,5,6,证明:

$f_{16}f_{25}f_{34}+f_{15}f_{24}f_{36}+f_{14}f_{26}f_{35}\geqslant f_{16}f_{24}f_{35}+f_{15}f_{26}f_{34}+f_{14}f_{25}f_{36}$.

(1996 年世界城市际数学联赛,高年级)

证明

(1) 若 $f_{13}=0$ 或 $f_{24}=0$,命题显然成立.因此不妨假设 $f_{13}>0$,$f_{24}>0$.考虑所有的路线对(P,Q),其中 P 是从 1 到 3 的一条路线,Q 是从 2 到 4 的一条路线,显然 P,Q 必定相交.设 X 是 P,Q 的第一个交点,则 $1\xrightarrow{\text{沿}P}X\xrightarrow{\text{沿}Q}4$ 是从 1 到 4 的一条路线,$2\xrightarrow{\text{沿}Q}X\xrightarrow{\text{沿}P}3$ 是从 2 到 3 的一条路线,即(P,Q)唯一地决定了一个路线对(R,S),其中 R 是从 1 到 4 的一条路线,S 是从 2 到 3 的一条路线,故

$$f_{14}\cdot f_{23}\geqslant f_{13}\cdot f_{24}.$$

(2) 记 $f_{14}f_{26}f_{35}$ 所对应的三元路线组的集合为 U,$f_{15}f_{24}f_{36}$ 所对应的集合为 V.将 $f_{16}f_{25}f_{34}$ 所对应的集合分成 4 个子集:(1,6)路线与(3,4)路线相交的三元路线组组成集合 W,W 分成三部分:(2,5)路线先与(1,6)相交的三元路线组组成集合 X;(2,5)路线先与(3,4)路线相交的三元路线组组成集合 Y;余下的三元路线组组成集合 Z.

对于 $f_{16}f_{24}f_{35}$ 中的三元路线组,若(1,6)路线与(2,4)路线相交,则放入集合 A,其余的放入集合 B;对于 $f_{15}f_{26}f_{34}$ 中的三元路线组,若(2,6)与(3,4)相交,则放入集合 C,其余的放入集合 D.所有的 $f_{14}f_{25}f_{36}$ 中的三元路线组构成集合 E.

对于 W 中的三元路线组,(1,6)和(2,4)存在交点,利用第一个交点得到(1,4)路线和(2,6)路线,形成了 E 中的一个三元路线组,故 $|W|\leqslant|E|$,用类似的方法可建立 $E\to W$ 的单射,$|E|\leqslant|W|$,故 $|E|=|W|$.

同理可得:$|U|=|A|$,$|V|=|C|$,$|X|=|D|$,$|Y|=|B|$,故原不等式成立,且不等号严格成立的充要条件是:Z 非空.

▶**例 13** 在坐标平面上给定点集 $S=\{(x,y)\mid x=1,2,\cdots,1993;y=1,2,3,4\}$.如果 $T\in S$,且 T 中任何 4 点都不是某个正方形的 4 个顶点,试求 $|T|$ 的最大值.

(1993 年中国数学奥林匹克国家队选拔赛)

解

我们先证明下面的引理.

引理 在相邻的 4 列上最多可放置 10 个点,使它们不构成任何正方形的顶点.

证明 假定在相邻的 4 列上放置了 11 个点.

如果 A 列上有 4 个点,剩下 7 个点分布在其余 3 列上,则必有某列上至少有 3 点.与 A 列相距为 1 的列上不能有相距为 1 的 2 点,与 A 列相距为 2 的列上不能有相距为 2 的 2 点,因此在与 A 列相邻或相间一列的两列上都不能有 3 个点.与 A 列相距为 3 的列上不能有相距为 3 的点,故 A 列与有 3 个点的列的分布只能如图 7.2(a)所示.

中间两列上的各 2 个点无论如何分布都必有 4 个点可构成正方形的顶点,如图 7.2(b)~(e).

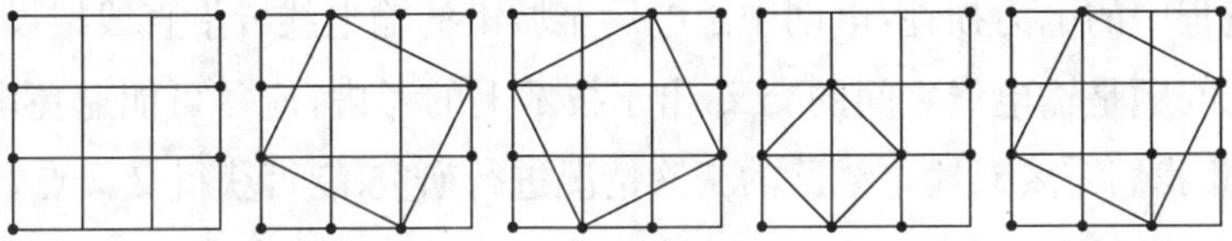

图 7.2

若没有 4 个点的列,则 3 个点的列恰有 3 个,这 3 列上点的分布不构成正方形顶点的只有 4 种可能的情况(包括对称),但是另一列上的 2 个点无论如何分布,都必有 4 个点可构成正方形的顶点.引理证毕.

现在回到原题.如图 7.3 所示,至少可以有 $\frac{1992}{4}\times 10+1\times 3=4983$ 个点,其中任何 4 点都不构成正方形的顶点:

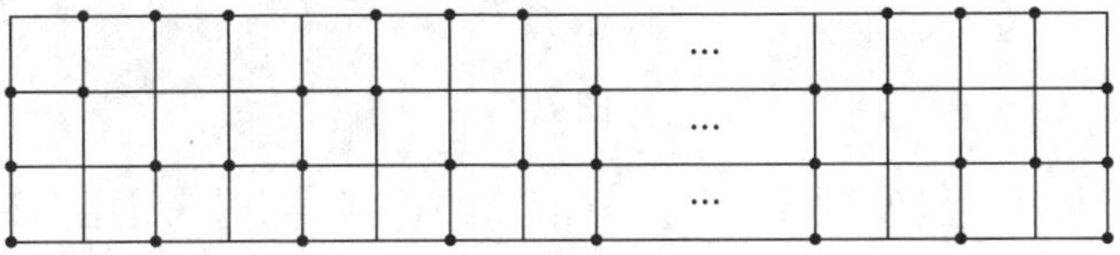

图 7.3

另一方面,如果有 4984 个点,把从第 1 到第 1992 列每 4 列分成一组,由引理知每组中最多能有 10 个点.若某组有 11 个点,就会出现 4 个点可构成正方形顶点的情况，故前$\frac{1992}{4}=498$个组中，最多有4980个点，所以第1993列上有4个点.由引理的证明知，与这一列靠近的3列上最多只能有6个点，因而在第1989列上就必须有4个点.因此最后的5列只能有如图7.4的三种可能情况.

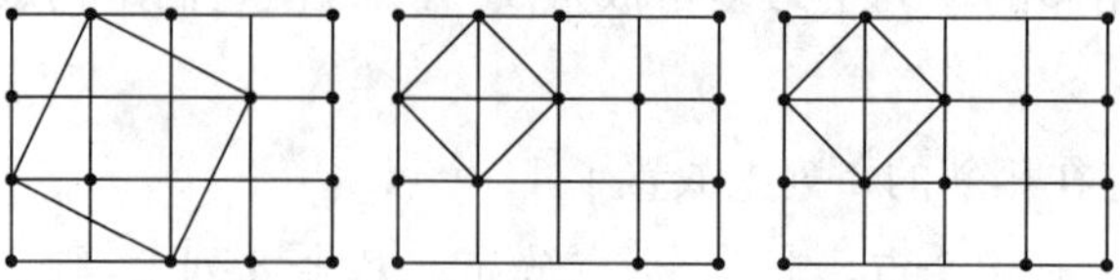

图7.4

不论哪种情况，均有4个点可构成正方形的顶点.

综上所述，$|T|_{\max}=4983$.

▶**例14** p座电厂$P_1,P_2,\cdots,P_p$向t个城市$T_1,T_2,\cdots,T_t$送电.为了减少送电过程中的电力损耗，电网中由电厂至城市的输电线皆沿直线架设，架设电网的主要问题是输电线之间的交叉.出于技术上的考虑，应尽可能避免电线多重相交，因此我们需要对输电线路的交叉情况进行研究.能否获得交叉点数n关于p和t的公式?

(本题选编自《老谋深算》(*More Mathematical Activities*))

解

为了获得n关于p和t的公式，可按下面的思路进行.例如，当$p=2$，$t=10$时，可画出图7.5.

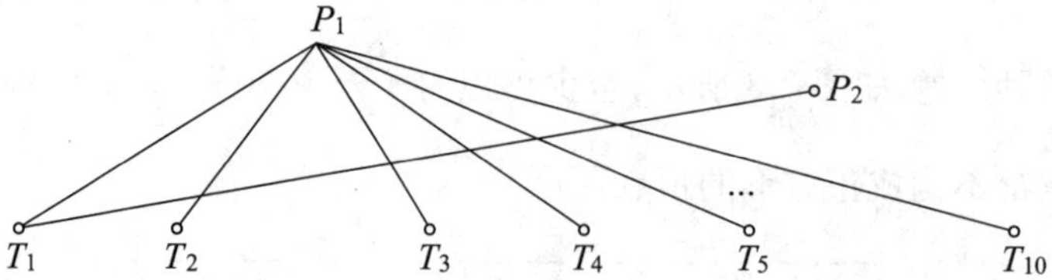

图7.5

设想所有从P_1出发到$T_1,T_2,\cdots,T_{10}$的连线，同时考虑由P_2到T_1的连线.显然P_2T_1分别与$P_1T_2,P_1T_3,\cdots,P_1T_{10}$相交，共9次;接下来$P_2T_2$与上述各连线相交共8次;以此类推，直到$P_2T_9$与上述各连线相交仅1次.于是，在2座电厂和10个城市的情形下，交叉点总数为

$$n=9+8+7+6+5+4+3+2+1=45.$$

对于 $p=2$，t 个城市的情形，我们有

$$n=\frac{1}{2}t(t-1).$$

如果再建第三座电厂 P_3，从它到各城市(T_i)架线，这些线将与从电厂 P_1 出发的连线相交$\frac{1}{2}t(t-1)$次.

建第四座电厂也有类似的情况，当它和 t 座城市相连时，将与从电厂 P_1，P_2，P_3 出发的连线各相交$\frac{1}{2}t(t-1)$次.于是有

$$\begin{aligned}n&=\frac{1}{2}t(t-1)\times(1+2+3+\cdots+(p-1))\\&=\frac{1}{2}t(t-1)\times\frac{1}{2}p(p-1).\end{aligned}$$

最后得到一般公式

$$n=\frac{1}{4}p(p-1)t(t-1).$$

▶**例 15** 在半径为 10 的圆周 C 上任给 63 个点.设以这些点为顶点，且三边长都大于 9 的三角形的个数为 S，求 S 的最大值.

(2007 年中国国家队选拔试题)

解

设圆周 C 的中心为 O，内接正 n 边形的边长为 a_n，则 $a_6=10>9$，且 $a_7<10\times\frac{2\pi}{7}<10\times\frac{2\times3.15}{7}=9$.

作圆 C 的内接正六边形 $A_1A_2A_3A_4A_5A_6$，则 $A_iA_{i+1}=a_6>9$，故可在 $\overset{\frown}{A_iA_{i+1}}$ 内取一点 B_i，使 $B_iA_{i+1}>9$，于是$\angle B_iOA_{i+1}>\frac{2\pi}{7}$，从而

$$\begin{aligned}\angle A_iOB_i&=\angle A_iOA_{i+1}-\angle B_iOA_{i+1}\\&<\frac{2\pi}{6}-\frac{2\pi}{7}<\frac{2\pi}{7},\end{aligned}$$

所以

$$A_iB_i<9\quad(i=1,2,\cdots,6,A_7=A_1),$$

故$\overset{\frown}{A_iB_i}$上任意两点的距离小于 9.

因 $63=6\times10+3$.在$\overset{\frown}{A_1B_1}$，$\overset{\frown}{A_2B_2}$，$\overset{\frown}{A_3B_3}$每段弧内任取 11 个点，而在$\overset{\frown}{A_4B_4}$，

$\overset{\frown}{A_5B_5}$，$\overset{\frown}{A_6B_6}$每段弧内任取 10 个点，则共取出 63 个点，组成集合 M.于是 M 内位于 6 条弧$\overset{\frown}{A_iB_i}$($i=1,2,\cdots,6$)中同一条弧上的任意两点的距离小于 9，而位于不同弧上的任意两点的距离大于 9.因此，以 M 中的点为顶点，且三边长都大于 9 的三角形个数为

$$\begin{aligned}S_0&=C_3^3\times 11^3+C_3^2C_3^1\times 11^2\times 10+C_3^1C_3^2\times 11\times 10^2+C_3^3\times 10^3\\&=23\,121.\end{aligned}$$

于是所求 S 的最大值大于或等于 S_0.

下面证明所求 S 的最大值即为 S_0.为此需要下面 3 个引理.

引理 1 在圆周 C 上任给 n 个点.以 C 上一点 P 为中心，长度等于圆周长的 $\frac{2}{7}$ 的弧 $\overset{\frown}{BPC}$（含 B，C 两点）称为点 P 的 $\frac{2}{7}$ 圆弧，则给定的 n 个点中必存在一点 P，它的 $\frac{2}{7}$ 圆弧至少覆盖给定点中的 $\left[\frac{n+5}{6}\right]$ 个点.

证明 取一个给定点 A，它的 $\frac{2}{7}$ 圆弧为 $\overset{\frown}{A_1AA_6}$.以 A_1，A_6 为端点的不含 A 的另一段弧记为 $\overset{\frown}{A_1BA_6}$，并将 $\overset{\frown}{A_1BA_6}$ 五等分，分点依次为 A_2，A_3，A_4，A_5（如图 7.6），于是 $\overset{\frown}{A_iA_{i+1}}$ 恰是整个圆周 C 的 $\frac{1}{7}$（$i=1,2,\cdots,5$）.因为 $\overset{\frown}{A_1AA_6}$ 上的给定点都被 A 的 $\frac{2}{7}$ 圆弧覆盖，若 $\overset{\frown}{A_iA_{i+1}}$ 上有给定点 P_i，则 $\overset{\frown}{A_iA_{i+1}}$ 上的所有给定点被点 P_i 的 $\frac{2}{7}$ 圆弧覆盖（$i=1,2,\cdots,5$），故所有 n 个给定点至多被其中 6 个给定点的 $\frac{2}{7}$ 圆弧覆盖.由抽屉原理，其中必有一个给定点的 $\frac{2}{7}$ 圆弧至少覆盖 $\left[\frac{n-1}{6}\right]+1=\left[\frac{n+5}{6}\right]$ 个给定点.引理 1 得证.

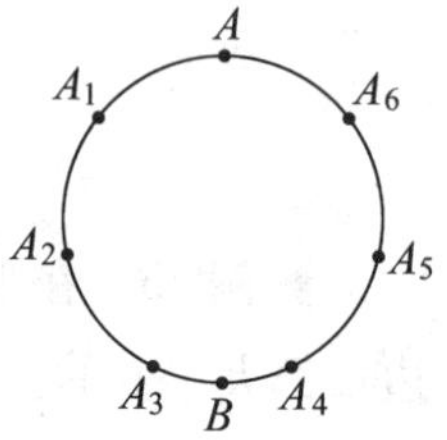

图 7.6

引理 2 在半径为 10 的圆周 C 上任取一条长度等于圆周长的 $\frac{5}{7}$ 的弧 $\overset{\frown}{A_1BA_6}$.在 $\overset{\frown}{A_1BA_6}$ 上任给 $5m+r$（m，r 为非负整数，且 $0\leqslant r<5$）个点，则以给定点为端点，长度大于 9 的线段数至多为 $10m^2+4rm+\frac{1}{2}r(r-1)$.

证明 将 $\overset{\frown}{A_1BA_6}$ 五等分，分点依次为 A_2，A_3，A_4，A_5，则 $\overset{\frown}{A_iA_{i+1}}$ 恰为整个

圆周长的$\frac{1}{7}$($i=1,2,\cdots,5$).于是同一段弧$\widehat{A_iA_{i+1}}$上任意两点的距离不超过 9.设$\widehat{A_iA_{i+1}}$上有 m_i 个已知点,则以已知点为端点且距离大于 9 的线段至多为

$$l=\sum_{1\leqslant i<j\leqslant 5} m_im_j, \tag{10}$$

其中

$$m_1+m_2+\cdots+m_5=5m+r.$$

因满足式(10)的非负整数组($m_1,m_2,\cdots,m_5$)的个数有限,故 l 的最大值必存在.下面证明当 l 取最大值时必有

$$|m_i-m_j|\leqslant 1\ (1\leqslant i<j\leqslant 5).$$

事实上,若 l 取最大值时存在 i,j($1\leqslant i<j\leqslant 5$),使得$|m_i-m_j|\geqslant 2$,不妨设 $m_1-m_2\geqslant 2$.令 $m_1'=m_1-1$,$m_2'=m_2+1$,$m_i'=m_i$($3\leqslant i\leqslant 5$),并令对应的整数为 l',则

$$m_1'+m_2'=m_1+m_2,$$

且

$$m_1'+m_2'+\cdots+m_5'=m_1+m_2+\cdots+m_5,$$

$$\begin{aligned}l'-l&=(m_1'm_2'-m_1m_2)+((m_1'+m_2')-(m_1+m_2))\\&\quad+((m_3'+m_4'+m_5')-(m_3+m_4+m_5))\\&=m_1-m_2-1\geqslant 1,\end{aligned}$$

这与 l 为最大矛盾.

故当 l 取最大值时,$m_1,m_2,\cdots,m_5$ 中有 r 个 $m+1$,有 $5-r$ 个 m,所以以给定点为端点且长度大于 9 的线段数不超过

$$\begin{aligned}&\mathrm{C}_r^2(m+1)^2+\mathrm{C}_r^1\mathrm{C}_{5-r}^1(m+1)m+\mathrm{C}_{5-r}^2m^2\\&=10m^2+4rm+\frac{1}{2}r(r-1).\end{aligned}$$

引理 3 在半径为 10 的圆周 C 上给出 n 个点组成点集 M,且 $n=6m+r$(m,r 为非负整数,$0\leqslant r<6$).设以 M 中的点为顶点,三边长都大于 9 的三角形个数为 S_n,则

$$S_n\leqslant 20m^3+10rm^2+2r(r-1)m+\frac{1}{6}r(r-1)(r-2).$$

证明 对 n 用归纳法.

当 $n=1$ 或 2 时,$S_n=0$,结论显然成立.

设 $n=k$($k\geqslant 2$)时结论成立,并设 $k=6m+r$(m,r 为非负整数,且$0\leqslant r<6$),则

$$S_k \leqslant 20m^3+10rm^2+2r(r-1)m+\frac{1}{6}r(r-1)(r-2).$$

当 $n=k+1$ 时，由引理 1 知给定的 $k+1$ 个点中必存在一点 P，它的 $\frac{2}{7}$ 圆弧 $\overset{\frown}{A_1PA_6}$ 至少覆盖给定点中的 $\left[\frac{k+1+5}{6}\right]=m+1$ 个点，这些点中每点到 P 的距离 $\leqslant PA_1=PA_6<9$. 故给定点中至多有 $(k+1)-(m+1)=5m+r$ 个点到 P 的距离大于 9，且这些点全在以 A_1，A_6 为端点但不含 P 的另一段弧 $\overset{\frown}{A_1BA_6}$ 上. 而这段弧的长度为整个圆周长的 $\frac{5}{7}$，由引理 2 知以这些点为端点、长度大于 9 的线段数至多为

$$10m^2+4rm+\frac{1}{2}r(r-1)$$

（当 $r=5$ 时，由引理 2 知，至多有 $10(m+1)^2$ 条线段，结论也成立），即以给定点为顶点的三角形中，其三边长都大于 9 且有一个顶点为 P 的三角形个数不多于

$$S_P=10m^2+4rm+\frac{1}{2}r(r-1).$$

去掉点 P，还剩 $k=6m+r$ 个点. 设以这 k 个点为顶点且三边长都大于 9 的三角形个数为 S_k，则由归纳假设有

$$S_k \leqslant 20m^3+10rm^2+2r(r-1)m+\frac{1}{6}r(r-1)(r-2),$$

于是

$$\begin{aligned} S_{k+1}=S_k+S_P &\leqslant 20m^3+10rm^2+2r(r-1)m+\frac{1}{6}r(r-1)(r-2) \\ &\quad +10m^2+4rm+\frac{1}{2}r(r-1) \\ &=20m^3+10(r+1)m^2+2(r+1)rm+\frac{1}{6}r(r+1)(r-1). \end{aligned}$$

这说明 $n=k+1=6m+(r+1)$ 时结论成立.

此外，当 $r=5$ 时，$m=k+1=6(m+1)$，上式化为 $S_{k+1}=20(m+1)^3$，结论也成立.

引理 3 得证.

回到原题. 当 $n=63=6\times10+3$ 时，由引理 3 得

$$\begin{aligned} S &\leqslant 20\times10^3+10\times3\times10^2+2\times3\times2\times10+\frac{1}{6}\times3\times2\times1 \\ &=23\,121, \end{aligned}$$

故 $S_{\max}=23\,121$.

▶**例 16** 已知一个矩形网格，其长和宽均为大于 1 的整数.从中不断地剪下长和宽均为大于 1 的奇数的矩形小网格，最后只剩下一个边长为 1 的正方形格子，求原矩形网格面积的最小值.

(2018 年爱沙尼亚数学奥林匹克竞赛，决赛，十一年级)

解

记最后剩下的格子为 X.

首先，X 不可能在原矩形的角落或边上，如图 7.7 和图 7.8.

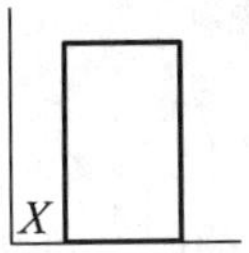

图 7.7

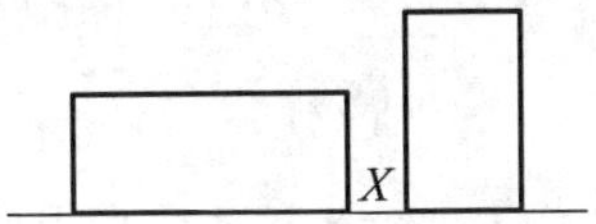

图 7.8

再考虑 X 周围 8 个格子分别属于哪些被剪掉的小矩形.

记右中的格子属于小矩形 A，不失一般性，假设右上的格子也属于 A.则正上的格子必然属于另一个小矩形 B.以此类推，左上的格子属于 B，左中和左下的格子属于小矩形 C，正下和右下的格子属于小矩形 D，如图 7.9.

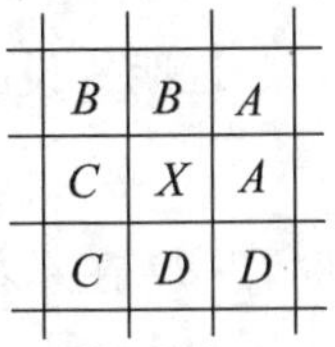

图 7.9

于是，从右中的格子向右直到原矩形边界的格子数与从 X 正下的格子向右直到原矩形边界的格子数应为两个相邻整数，且均可表示为一个或多个大于 1 的奇数之和.最小的这样的两个整数为 5 和 6(=3+3).

类似地，其他几个方向也是如此，如图 7.10.

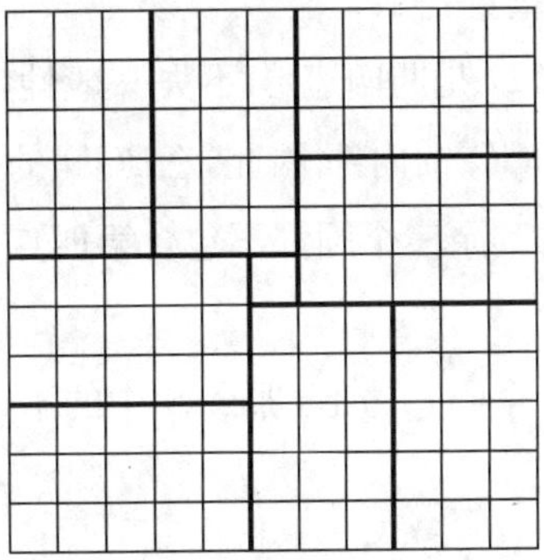

图 7.10

因此，原矩形长和宽至少均为 11，面积最小值为 121.

▶**例 17** 设 $n\geqslant 4$ 是确定的正整数.给出平面内无三点共线、无四点共圆的 n 个点的集合 $S=\{P_1,P_2,\cdots,P_n\}$.对于 $1\leqslant t\leqslant n$，设点 P_t 位于经过 P_i,P_j,P_k 的圆的内部，a_t 是 P_t 的个数，再设 $m(S)=\sum_{i=1}^{n}a_i$.证明：存在一个只与 n 有关的正整数 $f(n)$，当且仅当 $m(S)=f(n)$ 时，S 的点是一个凸多边形的顶点.

证明

设 P_a,P_b,P_c,P_d 这 4 个点的重量 $w(a,b,c,d)$ 是这样的点 P_i 的个数：$i\in(a,b,c,d)$，P_i 位于经过其余三点的圆的内部.观察

$$m(S)=\sum_{1\leqslant a<b<c<d\leqslant n}w(a,b,c,d).$$

容易看出，我们需要分析这 4 个点组成的四边形何时是凸四边形，何时是凹四边形.

引理 1 凸四边形的重量是 2.

证明 设凸四边形的顶点是 A,B,C,D，当且仅当

$$\angle ABC>180^\circ-\angle ADC\Leftrightarrow\angle ABC+\angle ADC>180^\circ$$

时，点 D 在 $\triangle ABC$ 外接圆的内部.因此，如果点 D 在 $\triangle ABC$ 外接圆的内部，那么由对称性，点 B 在 $\triangle ADC$ 外接圆的内部.如果不是这样，那么因为四边形 $ABCD$ 的内角和是 360°，则

$$\angle ABC+\angle ADC>180^\circ\Rightarrow\angle BAD+\angle ACD>180^\circ.$$

因此，点 A 在 $\triangle BCD$ 外接圆的内部，点 C 在 $\triangle ABD$ 外接圆的内部，这两种情况下，四边形 $ABCD$ 的重量都等于 2.

引理 2 凹四边形的重量是 1.

证明 设四边形 $ABCD$ 是凹四边形.不失一般性，设点 A 使内角 $\angle BAC>180^\circ$.于是推得点 A 在 $\triangle BCD$ 的内部.因此，$\triangle BCD$ 的外接圆包含点 A.但是，经过 A,B,C,D 中的三点的其余三个圆都不包含第四点，因此四边形 $ABCD$ 的重量等于 1.

如果 S 的顶点形成一个凸 n 边形，那么 S 中的不同四点形成的每一个四边形都是凸四边形，因此

$$m(S)=\sum_{1\leqslant a<b<c<d\leqslant n}w(a,b,c,d)=2C_n^4.$$

如果 S 的顶点形成一个凹 n 边形，那么 S 中不同四点形成的四边形中至少有一个是凹四边形，因此

$$m(S)=\sum_{1\leqslant a<b<c<d\leqslant n} w(a,b,c,d)<2C_n^4.$$

于是，当且仅当 S 中的点是一个凸多边形的顶点时，函数 $f(n)=2C_n^4$ 满足 $m(S)=f(n)$.

▶**例 18** 求平面内所有具有以下性质的有限点集 S：对于 S 中任意不同的三点 A,B,C，在 S 中存在第四点 D，使得点 A,B,C,D（以某种顺序）是一个平行四边形的顶点.

解

少于三点的集合谈不上满足条件. 假定存在三点或更多点的集合 S 满足条件. 注意因为共线的三点不能扩展为平行四边形，所以 S 中没有三点共线. 从 S 中取出三点为顶点，使这三点组成的$\triangle ABC$ 的面积最大. 过$\triangle ABC$ 的每一个顶点画平行于对边的直线，这三条直线形成$\triangle DEF$，其中 A 是 EF 的中点，B 是 DF 的中点，C 是 DE 的中点.

需要注意的第一件事是：$\triangle ABC$ 是面积最大的，意味着 S 完全包含在$\triangle DEF$ 中. 为了证明这件事，假定 $X\in S$ 在$\triangle DEF$ 外. 不失一般性，设 X 与 F 在直线 DE 的两侧. 因为 C 在直线 DE 上，且 $AB\parallel DE$，所以 X 距离 AB 比 C 距离 AB 远. 于是 $S_{\triangle ABX}>S_{\triangle ABC}$，这与$\triangle ABC$ 的选择矛盾.

需要注意的第二件事是：D,E,F 是能与 A,B,C 形成平行四边形的三个点. 根据 S 的性质，其中有一点属于 S. 不失一般性，假定这一点是 D. 因为 $S_{\triangle ABC}=S_{\triangle BCD}$，所以$\triangle BCD$ 的面积也最大. 于是可以重复使用上面的结论，找到第二个包含 S 的三角形，这个三角形与$\triangle DEF$ 相交，从而可以推出 S 完全包含在$\square ABDC$ 内.

如果 S 不恰好是一个平行四边形的顶点，那么它必定包含第五点 X. 根据对称性，可以假定 X 在$\triangle BCD$ 的内部，S 中必存在一点 Y，使得 B,D,X,Y（以某种顺序）是一个平行四边形的顶点. 如果该平行四边形是 $BXDY$，那么 XY 的中点也是 BD 的中点，它在直线 DF 上. 因此 Y 与 X 在直线 DF 的两侧，于是它在$\triangle DEF$ 的外部，这与上面的结论矛盾. 如果平行四边形是 $BDXY$ 或 $BDYX$，那么 $XY\parallel BD$，$XY\parallel AC$，于是与 BD 重合. 因此 Y 不能在$\square ABDC$ 的内部，这又是一个矛盾.

综上，对于三点或更多点的集合，只有一个平行四边形的 4 个顶点满足条件.

▶例 19 在一个单位正方形内放若干个圆，这些圆的周长的和等于 10.证明：存在一条直线至少与其中 4 个圆相交.

证明

设 $O_1, O_2, \cdots, O_n$ 是这些圆的圆心.考虑每个圆在该正方形的边 AB 上的射影(如图 7.11).

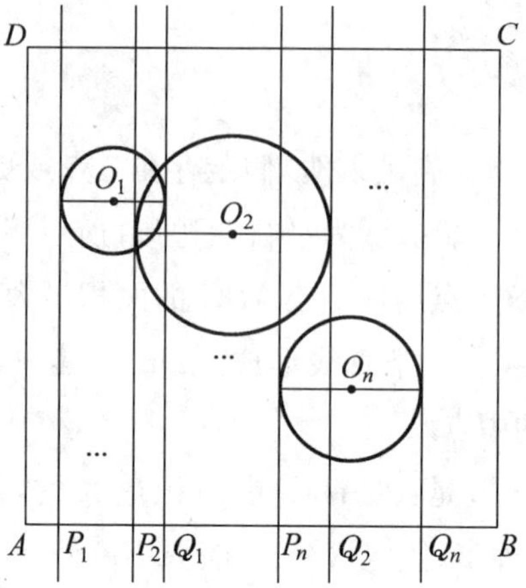

图 7.11

容易看出，每一个射影都是由圆的平行于 AB 的直径给出的.设 P_iQ_i 是边 AB 上的线段.于是，根据已知条件，我们知道 $\sum\limits_{i=1}^{n} l(P_iQ_i) = \frac{10}{\pi}$.

如果假定其中不存在 4 条线段的交，这意味着 AB 上的每一点至多被 3 条线段覆盖，于是 $\sum\limits_{i=1}^{n} l(P_iQ_i) \leqslant 3AB = 3$.这就是说，$\frac{10}{\pi} \leqslant 3$，这是一个矛盾.

因此必定存在 4 条线段的交，过交集中的任一点作垂直于 AB 的直线，即与 4 个圆相交，这 4 个圆的射影就包含这个点.

▶例 20 求所有满足如下要求的整数 $n(n \geqslant 3)$：平面内存在没有三点共线的 n 个不同的点，还存在实数 $r_1, r_2, \cdots, r_n$，使得对于不同的 i, j, k，$\triangle A_iA_jA_k$ 的面积是 $r_i + r_j + r_k$.

解

注意到,如果命题对某 k 个点不成立,那么对任何点数大于 k 的数也不成立.容易证明,当 $n=3$ 或 $n=4$ 时,命题成立.对于 $n=4$,画两张图.如果四边形 $A_1A_2A_3A_4$ 是一个凸四边形,那么沿对角线分割表示面积,可得

$$r_1+r_2+r_3+r_1+r_4+r_3=r_2+r_1+r_4+r_2+r_3+r_4,$$

或

$$r_1+r_3=r_2+r_4.$$

否则,假定 A_4 在$\triangle A_1A_2A_3$ 内,那么用两种方法表示$\triangle A_1A_2A_3$ 的面积,即用 A_4 分割或由已知条件得到

$$r_4=\frac{r_1+r_2+r_3}{3}.$$

考虑 $n=5$,我们分析凸包的各种可能性:

如果凸包是一个三角形,不失一般性,设这个三角形是$\triangle A_1A_2A_3$,那么 A_4,A_5 两点在其内部,由上面的结论可知

$$r_4=r_5=\frac{r_1+r_2+r_3}{3}.$$

但是现在要把 A_5 放到$\triangle A_1A_2A_4$,$\triangle A_1A_3A_4$ 或$\triangle A_2A_3A_4$ 的一个中去,由三角形的边和这两点,我们得到 $r_5<r_4$.除非这两点重合,否则这两种情况都会产生矛盾.

如果凸包是一个凸四边形,比如说四边形 $A_1A_2A_3A_4$,那么看由对角线相交形成的 4 个三角形,我们知道 A_5 必不在其中的两个之中,于是 A_5 必在该四边形的同一边所对的两个三角形中.假定这两个三角形是$\triangle A_1A_2A_3$ 和$\triangle A_1A_2A_4$,那么再由这两个三角形的分割,得

$$r_5=-\frac{r_1+r_2+r_3}{3}=-\frac{r_1+r_2+r_4}{3},$$

所以 $r_3=r_4$.

利用 $r_1+r_3=r_2+r_4$ 得到 $r_2=r_1$.最后可以用 A_5 分割四边形,可得

$$4r_5+2(r_1+r_2+r_3+r_4)=r_1+r_3+2(r_2+r_4),$$

于是 $4r_5+r_1+r_3=0$.再由 $3r_5+2r_1+r_3=0$,得到 $r_5=r_1$.

因此,我们可得 $S_{\triangle A_3A_4A_1}=S_{\triangle A_3A_4A_2}=S_{\triangle A_3A_4A_5}$.一个基本事实是:如果 A_1,A_2,A_5 在 A_3A_4 的同一侧,那么有 $A_1A_5 /\!/ A_3A_4$ 以及 $A_3A_4 /\!/ A_2A_5$,得到矛盾,因为我们不能过 A_5 画两条直线平行于 A_3A_4,除非这些点是共线的,但这又

是已知条件所不允许的.

如果是凸五边形 $A_1A_2A_3A_4A_5$，那么由一个顶点和从该顶点出发的对角线可以用 5 种不同的方法表示五边形的面积，即

$$3r_1+2(r_3+r_4)+r_2+r_5,$$
$$3r_2+2(r_4+r_5)+r_1+r_3,$$
$$3r_3+2(r_1+r_5)+r_2+r_4,$$
$$3r_4+2(r_1+r_2)+r_3+r_5,$$
$$3r_5+2(r_2+r_3)+r_1+r_4.$$

所有这些都必须相等，进行一些代数运算后，必有 $r_1=r_2=r_3=r_4=r_5$.

于是又像上面那样得到矛盾，即

$$S_{\triangle A_1A_2A_3}=S_{\triangle A_1A_2A_4}=S_{\triangle A_1A_2A_5}.$$

因此，满足要求的只有 $n=3$ 及 $n=4$.

演习场

习题 7

1. 如图 7.12,若$\triangle ABC$ 的三边长分别为 $n+x$,$n+2x$,$n+3x$,且 BC 边上的高 AD 长为 n,其中 n 为正整数,$0<x\leqslant 1$.则满足上述条件的三角形有多少个?

(2000 年河北省数学竞赛)

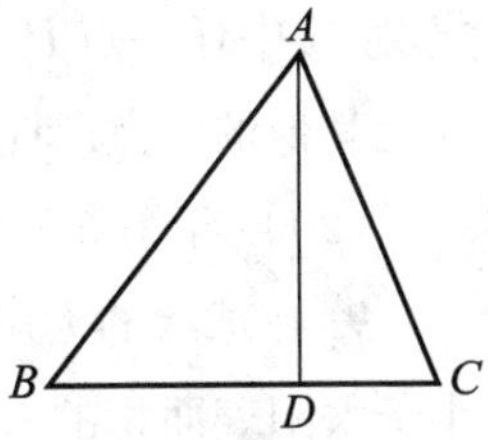

图 7.12

2. 设 $P_1,P_2,\cdots,P_{2n+3}$ 为平面上的 $2n+3$ 个点,其中任何 3 点都不共线,任何 4 点都不共圆.过其中 3 点作圆,使其余 $2n$ 个点在圆内和圆外各有 n 个,将这种圆的个数记为 k.求证:

$$k>\frac{1}{\pi}\mathrm{C}_{2n+3}^{2}.$$

(1987 年第 28 届国际数学奥林匹克竞赛预选题)

3. 给定平面上 $n(n\geqslant 2)$个不同的点.证明:其中相距为 1 的点对不超过 $\frac{1}{4}n+\frac{\sqrt{2}}{2}n^{\frac{3}{2}}$个.

4. 已知正方体的每个顶点上写着一个非负实数,且所有实数之和为 1.甲、乙两人做游戏:甲先挑选正方体的任意一面,乙挑选另一面,然后甲再挑第三个面,并约定平行于已选的面不能再选.求证:甲总可以使所选择的 3 个面的公共顶点上所写的数不大于$\frac{1}{6}$.

(1982 年第 16 届全苏数学奥林匹克竞赛)

5. 在不透明立方体的每个面上各写下一个自然数.若立方体的某些面(一面、两面或三面)可以同时看到,则记下这些面上的各数之和.问:用这样的方法最多可以得到多少个不同的数?

(第 32 届乌克兰数学奥林匹克竞赛)

6. 电子管的底面圆周上有 7 个管脚,插座上相应地有 7 个插孔(设它们都等距地分布在圆周上).能否分别将管脚和插孔都编上号码(从 1 到 7),使得无论怎样将电子管插在插座中,都至少有 1 个管脚插在同号插孔中?

(1957 年第 20 届莫斯科数学奥林匹克竞赛)

7. 已知规格为 2×2 的正方形纸片在每小格边长为 1 的方格纸上盖住了不少于 7 个格点.问:它到底盖住了几个格点?

(1985 年第 48 届莫斯科数学奥林匹克竞赛)

8. 平面上有整点集 $S=\{(a,b)\mid 1\leqslant a,b\leqslant 5,a,b\in\mathbf{Z}\}$.$T$ 为平面上另一整点集.对 S 中任一点 P,总存在 T 中不同于 P 的一点 Q,使得线段 PQ 上除点 P,Q 外无其他的整点.问:T 的元素个数最少是多少?

(2006 年第 5 届中国女子数学奥林匹克竞赛)

9. 在球状的太阳表面上发现有限个圆形黑斑,其中每一个黑斑所占面积都小于太阳表面积的一半.这些黑斑都是闭区域,且彼此不相交.求证:在太阳表面上有同一直径上的相对两点都未被黑斑盖住.

(1976 年第 39 届莫斯科数学奥林匹克竞赛)

10. 能否在空间中放置 4 个球和 1 个点光源,使得从点光源发出的每一根光线都至少能照射到一个球?

(1975 年第 38 届莫斯科数学奥林匹克竞赛)

11. 在平面上的 4 个定点安装 4 个点状的探照灯,它们都能分别照亮一个 90°的角域,但这些角的边仅可以朝北、朝南、朝东或朝西.试证:可以适当安排这些探照灯的照射方向,使它们照亮整个平面.

(1967 年第 30 届莫斯科数学奥林匹克竞赛)

12. 天文探照灯可以照亮一个卦限(所有平面角都是直角的三面角及其内部),现将它置于正方体的中心.能否将它转到适当角度,使它不能照亮正方体的任何一个顶点?

(1976 年第 39 届莫斯科数学奥林匹克竞赛)

13. 设 M 为一个八面体的棱长的集,该八面体的面为全等的四边形.证明:M 至多有 3 个元素.

(1985 年第 26 届国际数学奥林匹克竞赛预选题)

14. 设在桌子上放有 50 块走时准确的手表.求证:存在某一时刻,此时从桌子中心到手表分针末端的距离之和大于从桌子中心到手表中心的距离之和.

(1976 年第 10 届全苏数学奥林匹克竞赛)

15. 在平面上给出 3000 条直线,其中任何 2 条都不平行,任何 3 条都不共点.这些直线将平面分割成若干块多边形区域.求证:

(1) 这些多边形中至少有 1000 个三角形;

(2) 这些多边形中至少有 2000 个三角形.

(1972 年第 35 届莫斯科数学奥林匹克竞赛)

16. 一个凸多面体有 $10n$ 个面.求证:其中有 n 个面边数相同.

(1994 年福建省数学竞赛)

17. 一个正方形被剖分为 4 个小正方形,剖分图的边数为 12.若一个正方形被剖分为 2005 个凸多边形,试求剖分图中边数的最大值.

18. 考察正 $2n+1$ 边形和所有可能的以 $2n+1$ 边形的顶点为顶点的三角形.这些三角形中有一些包含了正 $2n+1$ 边形的中心.求包含正 $2n+1$ 边形中心的三角形数目.

19. 设 B 为 $n(n\geqslant 3)$ 维空间中坐标形如 $(\pm 1, \pm 1, \cdots, \pm 1)$ 的点构成的集合,且 B 中不同元素的个数大于 $\frac{2^{n+1}}{n}$.证明:B 中必有 3 个点,它们为某个正三角形的顶点.

(2000 年第 61 届普特南数学竞赛)

20. 在每小格边长为 1 的方格纸上画一个半径为 100 的圆,它不经过方格纸的任一格点,也不与任何一条网格线相切.问:这个圆可能穿过多少个方格?

(1968 年第 2 届全苏数学奥林匹克竞赛)

第八讲 组合计算

多数组合问题对计算的要求不高，但组合计算恰好相反.不管是什么类型的问题，让学生面对的要求和难度都是一样的.因为要求较多的预备知识，这类问题在奥林匹克数学竞赛中出现得不是很多.

8.1 求和与算两次

知识桥

“算两次”又称富比尼原理，作为一种重要方法，散见于各类数学问题中.其实质是将同一个量从两个不同的角度计算两次，利用等量关系来计算结果或研究其性质.求和中如有两个 $\sum$，可通过交换和号来达到目的.例如，要计算一个矩阵的所有元素之和，如果把每行的和求出再求总和有困难的话，就转而计算每列的和再求总和.这种求和交换和号的办法就是典型的“算两次”.

设 $A=\{a_1,a_2,\cdots,a_m\}$ 与 $B=\{b_1,b_2,\cdots,b_n\}$ 是两个有限集合，将 A 中元素 a_i 与 B 中元素 b_j 配成对子 (a_i,b_j)，$1\leqslant i\leqslant m$，$1\leqslant j\leqslant n$，所有这种对子组成的集合称为 A 与 B 的笛卡儿积，或者直积，记作 $A\times B$.设 S 是直积 $A\times B$ 的一个子集，对于 A 中一个固定元素 a_i，S 中所有含有 a_i 的对子 (a_i,b) 的集合记作 $S(a_i,*)$.很明显，B 中所有与 a_i 配对的元素的个数即是集合 $S(a_i,*)$ 所含元素的个数 $|S(a_i,*)|$.对于 A 中的不同元素 a_i 与 a_j，子集 $S(a_i,*)$ 与 $S(a_j,*)$ 没有公共元素，即 $S(a_i,*)\cap S(a_j,*)=\varnothing$，而且

$$S=S(a_1,*)\cup S(a_2,*)\cup\cdots\cup S(a_m,*).$$

也就是说，子集 $S(a_1,*)$，$S(a_2,*)$，$\cdots$，$S(a_m,*)$ 是集合 S 的一个划分，

因此有

$$|S|=\sum_{i=1}^{m}|S(a_i,*)|=\sum_{a\in A}|S(a,*)|, \tag{1}$$

其中$|S|$表示集合S的势.另一方面,对于B中一个固定元素b_j,S中所有含有b_j的对子(a,b_j)的集合记作$S(*,b_j)$.同样,子集$S(*,b_j)$所含元素的个数$|S(*,b_j)|$等于A中所有与b_j配对的元素的个数,而且$S(*,b_1)$,$S(*,b_2)$,…,$S(*,b_n)$是集合S的一个划分.于是又有

$$|S|=\sum_{j=1}^{n}|S(*,b_j)|=\sum_{b\in B}|S(*,b)|. \tag{2}$$

由式(1)与式(2),即得如下的富比尼原理:

设$A=\{a_1,a_2,\cdots,a_m\}$与$B=\{b_1,b_2,\cdots,b_n\}$是两个有限集合,S是直积$A\times B$的一个子集,则

$$|S|=\sum_{a\in A}|S(a,*)|=\sum_{b\in B}|S(*,b)|,$$

或者

$$|S|=\sum_{i=1}^{m}|S(a_i,*)|=\sum_{j=1}^{n}|S(*,b_j)|.$$

训练营

▶**例1** 有n粒弹子,任意将它们分成两堆,求出两堆弹子数的乘积;再任意将其中一堆分成两堆,求出这两堆弹子数的乘积.如此下去,每次任意将一堆分成两堆,求出这两堆弹子数的乘积,直到不能再分为止.求证:无论怎样分堆,所有乘积的和是不变的.

证明

我们考虑所有由两粒弹子所组成的弹子对数目.

一方面,它显然是$C_n^2=\dfrac{n(n-1)}{2}$.

另一方面,任意一个弹子对,一开始两粒弹子总在一堆中,最终两粒弹子总是被拆散了,这其中必有一个时刻,它们被拆开,分到两堆中去,而这两堆中弹子数的乘积恰好就是在这一步中被拆开的弹子对数目.因此,所有乘积的和恰好就是所有弹子对的数目.

综合两方面便知,所有乘积的和为$\dfrac{n(n-1)}{2}$,它当然不随分堆方法的变化

而改变.

▶**例 2** 在无穷方格纸平面上画有两个图形，每个图形都由若干个方格所构成.允许将每个图形沿格线平移任意多格.平面上的每个方格里都写着一个实数，并且使得对第一个图形的任意位置，它所盖住的方格中写的数的和都是正数.求证：可将第二个图形平移至一个适当的位置，使得它盖住的格子中所写数之和也是个正数.

证明

以某个方格中心为原点，格线方向为 x 轴建立直角坐标系，于是每个方格的中心都是整点.用 $[x,y]$ 代表以 (x,y) 为中心的小方格，用 $f[x,y]$ 代表 $[x,y]$ 内所写的实数.

设第一个图形是由 n 个小方格 $[x_1,y_1],[x_2,y_2],\cdots,[x_n,y_n]$ 组成的，第二个图形是由 m 个小方格 $[u_1,v_1],[u_2,v_2],\cdots,[u_m,v_m]$ 组成的.现在考虑数

$$S=\sum_{i=1}^{n}\sum_{j=1}^{m}f[x_i+u_j,y_i+v_j].$$

一方面，对每个固定的 j，$[x_i+u_j,y_i+v_j]$ $(1\leqslant i\leqslant n)$ 组成平移向量 (u_i,v_j) 后的第一个图形，所以 $\sum\limits_{i=1}^{n}f[x_i+u_j,y_i+v_j]>0$，于是

$$\begin{aligned}S&=\sum_{i=1}^{n}\sum_{j=1}^{m}f[x_i+u_j,y_i+v_j]\\&=\sum_{j=1}^{m}\Big(\sum_{i=1}^{n}f[x_i+u_j,y_i+v_j]\Big)>0.\end{aligned}$$

另一方面，若固定 i，则 $[x_i+u_j,y_i+v_j]$ $(1\leqslant j\leqslant m)$ 组成平移向量 (x_i,y_i) 后的第二个图形，于是 S 可以看作 n 个第二个图形盖住的方格中数的总和.因为 $S>0$，所以必定存在 i，使 $\sum\limits_{j=1}^{m}f[x_i+u_j,y_i+v_j]>0$，从而命题成立.

▶**例 3** 在平面上给定 n 个点，其中任何 3 点都不共线.允许在两点之间连线，但所连线段彼此不能相交(可以有公共端点).求证：可能连出的线段数的最大值与点对的选择无关.

(1971 年基辅数学奥林匹克竞赛)

证明

设这 n 个点的凸包是凸多边形 M，且 M 有 m 条边.因为任何两个给定点间

所连的线段都不会与 M 的边界相交，所以无论怎样连，迟早都要把多边形 M 的 m 条边都连出来.

下面我们证明，当所连线段数达到最大值时，在多边形 M 内部的所连线段数也都是相同的.当按要求联结线段并达到线段条数的最大值时，这些线段一定将多边形 M 分成若干个三角形，每个三角形的顶点都是给定点.实际上，若分出的诸区域中还有 n 边形($n\geqslant4$)，则在它的内部至少还可连 1 条对角线，这与已连线段数的最大性矛盾.

设多边形 M 被分成 k 个三角形，则这 k 个三角形的内角之和为 $k\cdot180°$.另一方面，对于这 k 个三角形的内角和，多边形 M 的内角的贡献为 $(m-2)\cdot180°$.多边形 M 之内的每个给定点的贡献是 $360°$，和为 $(m-2)\cdot180°+(n-m)\cdot360°$，从而得到

$$k=2(n-m)+(m-2)=2n-m-2.$$

又因每个三角形有 3 条边，k 个三角形有 $3k$ 条边(包括重复计数)，而多边形 M 的边仅为一个三角形的边，M 内部每条连线则是两个三角形的公共边，故得连线总数为

$$L=\frac{1}{2}(3k+m)=3n-m-3,$$

这显然是与点对选择无关的常数.

点评

本题显示了"算两次"的威力，强调组合代数化，非常典型.

▶**例 4** 设凸 $n(n\geqslant4)$ 边形中的任何 3 条对角线都不共点.问:这个 n 边形被它的所有对角线分成多少块内部不交的小多边形部分?

(1937 年第 3 届莫斯科数学奥林匹克竞赛)

解

方法一 设凸 n 边形被分成的诸区域中，边数最多的多边形为 m 边形，并设 k 边形的个数为 n_k，$k=3,4,\cdots,m$.我们从两个方面来分别计算顶点数及内角和.

一方面，分成的诸多边形的顶点总数为

$$3n_3+4n_4+\cdots+mn_m, \tag{3}$$

诸多边形的内角总和为

$$n_3\cdot 180°+2n_4\cdot 180°+\cdots+(m-2)n_m\cdot 180°. \tag{4}$$

另一方面,原 n 边形的每个顶点恰是 $n-2$ 个小多边形的公共顶点,而任何两条对角线的交点都是 4 个小多边形的顶点,且这样的交点共有 C_n^4 个,故知诸多边形的顶点总数又应为 $n(n-2)+4C_n^4$.由此及式(3)得到

$$3n_3+4n_4+\cdots+mn_m=n(n-2)+4C_n^4. \tag{5}$$

此外,原来的 n 边形的内角和为$(n-2)\cdot 180°$,对角线间的每个交点对内角和的贡献为 360°,所以,诸多边形的内角和又应为$(n-2)\cdot 180°+C_n^4\cdot 360°$.由此及式(4)得到

$$n_3+2n_4+\cdots+(m-2)n_m=n-2+2C_n^4. \tag{6}$$

(5)-(6)得到

$$2(n_3+n_4+\cdots+n_m)=(n-1)(n-2)+2C_n^4,$$

$$n_3+n_4+\cdots+n_m=C_{n-1}^2+C_n^4,$$

即分成的小多边形总数为 $C_{n-1}^2+C_n^4$.

方法二 当 $n=k$ 时,记凸 k 边形被对角线所分成的小多边形的总数为 m_k.当 $n=k+1$ 时,我们视顶点 A_{k+1} 为后加入的点,考察由于它的加入增加了多少个小多边形.

首先,由顶点 A_{k+1} 共引出 $k-2$ 条对角线,它们将新增加的$\triangle A_{k+1}A_1A_k$ 分成 $k-1$ 个小三角形,这些三角形全是新增加的.其次,对角线 $A_{k+1}A_j\ (j=2,\cdots,k-1)$ 将凸 $k+1$ 边形的其余顶点分成两组:$\{A_1,A_2,\cdots,A_{j-1}\}$ 和 $\{A_{j+1},A_{j+2},\cdots,A_k\}$.当且仅当两组各出一点时,所连的对角线与 $A_{k+1}A_j$ 相交.由于任何 3 条对角线不共点,故新增加的小多边形的个数(上面已计数的除外)与新增加的对角线交点数相同.后者的总数为

$$\sum_{m=1}^{k-2} m(k-1-m)=\frac{1}{2}(k-1)^2(k-2)-\frac{1}{6}(k-1)(k-2)(2k-3)$$
$$=C_k^3.$$

这样一来,我们得到递推关系式

$$m_{k+1}=m_k+(k-1)+C_k^3,$$

由此递推即得

$$m_n=m_3+2+3+\cdots+(n-2)+C_3^3+C_4^3+\cdots+C_{n-1}^3$$
$$=C_{n-1}^2+C_4^4+C_4^3+C_5^3+\cdots+C_{n-1}^3=C_{n-1}^2+C_n^4.$$

方法三 凸 n 边形中对角线总数为

$$C_n^2-n=\frac{1}{2}n(n-1)-n=\frac{1}{2}n(n-3)=C_{n-1}^2-1.$$

简记 $m=C_{n-1}^2-1$，并将这 m 条对角线排定次序为 $l_1,l_2,\cdots,l_m$.

先将 l_1 去掉，则小多边形的总数将减少 a_1+1 个，这里 a_1 为 l_1 与其他对角线相交的交点数(多边形的顶点不算在内).在已去掉 $l_1,l_2,\cdots,l_{j-1}$后，再去掉对角线 l_j，小多边形总数又将减少 a_j+1 个，这里 a_j 为 l_j 与尚未去掉的所有对角线相交的交点数.当把所有对角线都去掉之后，余下的多边形只有一个，即原来的 n 边形.故分成的小多边形的总数为

$$\sum_{j=1}^{m}(a_j+1)+1=\sum_{j=1}^{m}a_j+m+1=C_n^4+(C_{n-1}^2-1)+1=C_n^4+C_{n-1}^2.$$

▶例 5 (柯西(Cauchy)公式)考虑定义在 $X=\{a_1,a_2,\cdots,a_n\}$上的一个置换 f.若 $a_{i_1},a_{i_2},\cdots,a_{i_k}$ 各不相同，且满足 $f(a_i)=a_{i+1}$(令 $a_1=a_{k+1}$)，则称 $a_{i_1},a_{i_2},\cdots,a_{i_k}$ 构成一个长为 k 的圈$[a_{i_1}a_{i_2}\cdots a_{i_k}]$.求证：若 $n_1+2n_2+\cdots+kn_k=n$，则恰有 n_i 个长为 i 的圈的 X 上的置换个数为

$$\frac{n!}{n_1!\cdot n_2!\cdot\cdots\cdot n_k!\cdot 1^{n_1}\cdot 2^{n_2}\cdot\cdots\cdot k^{n_k}}.$$

证明

对满足条件的置换，按圈的长度从小到大排列如下：

$$\underbrace{[*]\cdots[*]}_{n_1\text{个}}\underbrace{[**]\cdots[**]}_{n_2\text{个}}\cdots\underbrace{[\overbrace{**\cdots*}^{k\text{个}}]\cdots[\overbrace{**\cdots*}^{k\text{个}}]}_{n_k\text{个}},$$

其中 * 表示圈中的数，将括号去掉便可得 X 中元素的一个排列.可知，这样的排列总数为 $n!$.

另一方面，对于一个确定的置换，可随意地排列长为 i 的 n_i 个圈，这样共有 $n_1!\cdot n_2!\cdot\cdots\cdot n_k!$种不同的方法.而对每个长为 i 的圈，其首位有 i 种不同取法，且当首位确定后，圈中元素排列方法是唯一的，因此分别有 $1^{n_1},2^{n_2},\cdots,k^{n_k}$ 种不同方法.所有 $n!$种排列都可用以上步骤给出，命题得证.

点评

与此相关的还有：将 n 元集做一个划分，使得出的 i 元素恰有 n_i 个($1\leqslant i\leqslant k$，$n_1+2n_2+\cdots+kn_k=n$)，则所有不同划分方法数为

$$\frac{n!}{n_1!\cdot n_2!\cdot\cdots\cdot n_k!\cdot(1!)^{n_1}\cdot(2!)^{n_2}\cdot\cdots\cdot(k!)^{n_k}}.$$

此外，我们还有如下的柯西恒等式：

$$\sum_{n_1+2n_2+\cdots+rn_r=n}\frac{1}{n_1!\cdot n_2!\cdot\cdots\cdot n_r!\cdot 1^{n_1}\cdot 2^{n_2}\cdot\cdots\cdot r^{n_r}}=1.$$

▶**例 6** 5个人玩骨牌，每次总是两人对两人，每个人都想和其他4人中的每一个人合作玩一轮，即打对家两次.试问：他们共需玩多少轮？请排出一种方案.

解

将5个人分别记为 $m_1,m_2,\cdots,m_5$，其中每两个人组成一个对子，共有10个对子 $a_1,a_2,\cdots,a_{10}$，其集合记作 A.假定这5个人共需玩 k 次，将这 k 次编号为 $1,2,\cdots,k$，其集合记作 B.对于 A 中对子 a_i 与 B 中次序号 j，如果对子 a_i 参加第 j 次游戏，就将 a_i 与 j 配成对子 (a_i,j)，其集合记作 S.现在用两种不同方式对 $|S|$ 进行计数.首先，对于 A 中的对子 a_i，由题设，它打对家两次，因此 $|S(a_i,*)|=2$.所以，$|S|=\sum_{i=1}^{10}|S(a_i,*)|=20$.其次，对于 B 中的次序号 j，由于每玩一次必有两个对子参加，因此，$|S(*,j)|=2$.所以，$|S|=\sum_{j=1}^{k}|S(*,j)|=2k$.由富比尼原理，$20=2k$，即 $k=10$.也就是说，共需玩10次，即共玩5轮.下面是符合题意的一种玩的方案：

m_1m_2 对 m_4m_5，m_1m_4 对 m_2m_5，

m_1m_2 对 m_3m_5，m_1m_5 对 m_2m_3，

m_1m_3 对 m_2m_4，m_1m_5 对 m_3m_4，

m_1m_3 对 m_4m_5，m_2m_4 对 m_3m_5，

m_1m_4 对 m_2m_3，m_2m_5 对 m_3m_4.

点评

在实际应用富比尼原理解题时，集合 A 与 B，以及直积 $A\times B$ 的子集 S 事先并不知道，需要根据具体的问题来选择.在集合 A 与 B 选定后，如何确定子集 S，亦即按照什么原则将 A 中的元素与 B 中的元素配成对，就是问题的关键.

▶**例 7** 设 X 是一个有限集，$|X|$ 表示集合 X 中的元素个数，S,T 是 $\{1,2,\cdots,n\}$ 的子集.如果对每一个 $s\in S$，有 $s>|T|$；且对每一个 $t\in T$，有 $t>|S|$，

就称有序对(S,T)是“允许的”.

问:集合$\{1,2,\cdots,10\}$有多少个“允许的”有序子集对?证明你的结论.

(1990年第51届美国普特南数学竞赛)

解

记A_n为$\{1,2,\cdots,n\}$的“允许的”有序子集对的数目.设(S,T)是一对“允许的”有序子集对.又设S有i个元素,T有j个元素.

由题意,S中的i个元素取自$j+1,j+2,\cdots,n$,T中的j个元素取自$i+1,i+2,\cdots,n$,所以有

$$A_n=\sum_{i=0}^{n}\sum_{j=0}^{n}C_{n-i}^{j}C_{n-j}^{i}.$$

因为$i\leqslant n-j$,$j\leqslant n-i$,故$i+j\leqslant n$.记$k=i+j$,则

$$A_n=\sum_{i=0}^{n}\sum_{j=0}^{n-i}C_{n-i}^{j}C_{n-j}^{i}=\sum_{i=0}^{n}\sum_{k=i}^{n}C_{n-i}^{k-i}C_{n+i-k}^{i},$$

交换求和次序得

$$A_n=\sum_{k=i}^{n}\sum_{i=0}^{n}C_{n+i-k}^{i}C_{n-i}^{k-i}=\sum_{k=0}^{n}C_{2n-k+1}^{k}.$$

上式的最后一个和式就是斐波那契数列($F_0=0,F_1=1,F_{n+2}=F_{n+1}+F_n$)的第$2n+2$项$F_{2n+2}$.

所以对本题,

$$A_{10}=F_{22}=17\ 711.$$

▶ **例 8** 证明:对于平面内任何有n个点的集合,在这些点中至多存在$cn\sqrt{n}$个点的距离等于1,这里$c>0$是某个绝对常数.

证明

设这n个点为P_i,$1\leqslant i\leqslant n$.以这n个点为圆心、1为半径作圆C_i.设a_i是这n个圆的每个圆上点的个数.我们关心的是$S=\frac{1}{2}\sum_{i=1}^{n}a_i$的范围,因为每个等于1的距离都计算了两次.

我们用两种方法计算三元组(P_i,A,B)的个数$(1\leqslant i\leqslant n)$,其中$A$,$B$是圆$C_i$上的点.固定$P_i$,点$(A,B)$的个数是$C_{a_i}^2$,所以三元组的总个数等于$\sum_{i=1}^{n}C_{a_i}^2$.

另外,因为$AP_i=1$,$BP_i=1$,所以P_i必在以A,B为圆心、1为半径的圆上.因为任何两个圆相交至多有两个交点,所以(A,B)的个数是C_n^2,这就推出三

元组(P_i, A, B)的个数至多是$n(n-1)$.

于是,得

$$\sum_{i=1}^{n} C_{a_i}^2 \leqslant n(n-1).$$

接下来由函数C_x^2的凸性,利用詹森不等式,得

$$\frac{S(2S-n)}{n^2} \leqslant n(n-1),$$

化为二次不等式$2S^2-nS-n^2(n-1)\leqslant 0$,于是

$$S \leqslant \frac{n+n\sqrt{8n-7}}{4}.$$

▶**例 9** 设$A_1, A_2, \cdots, A_n$是$\{1,2,\cdots,n\}$的子集,其中每一个至少有$\frac{n}{2}$个元素,并且当$i \neq j$时,有$|A_i \cap A_j| \leqslant \frac{n}{4}$.证明:

$$\left|\bigcup_{i=1}^{k} A_i\right| \geqslant \frac{k}{k+1}n.$$

证明

设$\bigcup_{i=1}^{k} A_i = \{b_1, b_2, \cdots, b_m\}$.我们的目标是要证明$m \geqslant \frac{k}{k+1}n$.

考虑以下的表格:集合$A_1, A_2, \cdots, A_k$表示行,元素$b_1, b_2, \cdots, b_m$表示列.如果b_j是集合A_i的元素,则在格子$(i,j)(1\leqslant i\leqslant k, 1\leqslant j\leqslant m)$中填1.设$x_i$是在第$i$列中1的个数,即出现元素$b_i(1\leqslant i\leqslant m)$的集合的个数.

设$S=\sum_{i=1}^{m} x_i$是整个表格中各数的和,对各行求和,得

$$\sum_{i=1}^{m} x_i = \sum_{i=1}^{k} |A_i| \geqslant \frac{nk}{2}.$$

现在再看$\sum_{1\leqslant i\leqslant j\leqslant k} |A_i \cap A_j|$.它等于在同一列中取出两个1的取法总数.但是这可以改写为用和式和组合数这两种记号表示,得

$$\sum_{1\leqslant i\leqslant j\leqslant k} |A_i \cap A_j| = \sum_{i=1}^{m} C_{x_i}^2.$$

根据已知条件,每个交集至多有$\frac{n}{4}$个元素,所以

$$\sum_{i=1}^{m} C_{x_i}^2 \leqslant \frac{n}{4} C_k^2. \tag{7}$$

利用柯西-施瓦兹(Cauchy - Schwartz) 不等式,得

$$\sum_{i=1}^{m} C_{x_i}^2=\frac{1}{2}\left(\sum_{i=1}^{m} x_i^2-\sum_{i=1}^{m} x_i\right)\geqslant\frac{1}{2}\left(\frac{S^2}{m}-S\right)=\frac{S^2-mS}{2m}.$$

因为 $S-\frac{m}{2}\geqslant\frac{nk}{2}-\frac{m}{2}\geqslant 0$,我们有

$$S^2-mS+\frac{m^2}{4}\geqslant\frac{n^2k^2}{4}-\frac{mnk}{2}+\frac{m^2}{4},$$

所以

$$\sum_{i=1}^{m} C_{x_i}^2\geqslant\frac{n^2k^2-2mnk}{8m}.$$

与式(7) 结合,可推得

$$\frac{n^2k^2-2mnk}{8m}\leqslant\frac{n}{4}C_k^2.$$

稍微进行一些运算,就可得

$$m\geqslant\frac{k}{k+1}n.$$

原命题得证.

▶ **例 10** 设 M 是平面内 $n(n\geqslant 4)$ 个点的集合,这 n 个点不共圆,且无三点共线.求所有的函数 $f:M\to\mathbf{R}$,满足对于任何包含 M 中的至少三点的圆 C,有

$$\sum_{P\in M\cap C} f(P)=0.$$

解

我们把至少包含 M 中三点的圆称为"好" 圆.每一个三点组恰好属于一个"好" 圆.先引进以下引理.

引理

$$\sum_{P\in M} f(P)=0.$$

证明 对于三点组 $T=\{P,Q,R\}$,设 $f(T)=f(P)+f(Q)+f(R)$.考虑 $\sum\limits_{T\subset M} f(T)$,这里 T 取遍每一个可能的三点组.

一方面,M 的每一个点都恰好包括在 C_{n-1}^2 个三点组内,所以

$$\sum_{T\subset M} f(T)=C_{n-1}^2\sum_{P\in M} f(P).$$

另一方面,假定我们选择一个"好" 圆 C,并计算完全在该圆上的所有三点组

的个数.如果该圆有 M 中的 k 个点,那么每个点都包括在 C_{k-1}^2 内,于是

$$\sum_{T\subset M\cap C} f(T)=C_{k-1}^2\sum_{P\in M\cap C} f(P)=0.$$

现在只要对所有的"好"圆求和.因为每一个三点组恰好包括在一个"好"圆内,所以

$$\sum_{T\subset M} f(T)=0.$$

结合这两个等式就证明了引理.

设 A,B 是任意两点,S 是经过这两点的所有"好"圆的集合.M 的所有点不共圆,于是 $|S|>1$.除属于 M 的 A,B 以外的每一个点恰好属于 S 的一个圆,所以

$$0=\sum_{C\in S}\sum_{P\in C\cap M} f(P)=|S|(f(A)+f(B))+\sum_{P\in M\setminus\{A,B\}} f(P).$$

利用引理,我们有

$$0=(|S|-1)(f(A)+f(B)).$$

由于 $|S|>1$,所以

$$f(A)+f(B)=0.$$

对于任意三点 A,B,C,有

$$2f(A)=(f(A)+f(B))+(f(A)+f(C))-(f(B)+f(C))=0,$$

所以唯一满足条件的函数是零函数.

8.2 组合恒等式

知识桥

组合恒等式主要研究与组合数有关的(求和)公式,这是一个比较特殊的分支,与一般的组合问题侧重点不同.现在数学界关于组合恒等式的研究已非常深入,这类问题在数学竞赛中也时有出现.虽然相对来说不是很多,这里也不妨略举几例.

训练营

▶**例 1** 证明恒等式:

$$(C_{2n}^0)^2-(C_{2n}^1)^2+(C_{2n}^2)^2-\cdots-(C_{2n}^{2n-1})^2+(C_{2n}^{2n})^2=(-1)^n\cdot C_{2n}^n.$$

证明

考虑恒等式

$$(1-x)^{2n}\cdot(1+x)^{2n}=(1-x^2)^{2n}$$

两边 x^{2n} 项的系数.右边系数为

$$(-1)^n\cdot C_{2n}^n,$$

左边系数为

$$\sum_{k=0}^{2n}C_{2n}^k((-1)^{2n-k}\cdot C_{2n}^{2n-k})=\sum_{k=0}^{2n}(-1)^k\cdot(C_{2n}^k)^2.$$

即证.

▶**例 2** 证明恒等式:

$$\sum_{p=0}^{n}(-1)^p\cdot C_{2n-p}^p=\begin{cases}1, & n\equiv0(\mathrm{mod}\ 3),\\0, & n\equiv1(\mathrm{mod}\ 3),\\-1, & n\equiv2(\mathrm{mod}\ 3).\end{cases}$$

证明

记 $S_n=\sum\limits_{p=0}^{n}(-1)^p\cdot C_{2n-p}^p$,则易得 $S_1=0,S_2=-1$.

$$
\begin{aligned}
S_n &= \sum_{p=0}^{n}(-1)^p \cdot \mathrm{C}_{2n-p}^{p} \\
&= \sum_{p\geqslant 0}(-1)^p \cdot (\mathrm{C}_{2n-1-p}^{p}+\mathrm{C}_{2n-1-p}^{p-1}) \\
&= \sum_{p\geqslant 0}(-1)^p \cdot (\mathrm{C}_{2n-2-p}^{p}+\mathrm{C}_{2n-2-p}^{p-1}+\mathrm{C}_{2n-1-p}^{p-1}) \\
&= \sum_{p\geqslant 0}(-1)^p \cdot (\mathrm{C}_{2n-2-p}^{p}+\mathrm{C}_{2n-1-p}^{p-1}-\mathrm{C}_{2n-2-p}^{p-2}+\mathrm{C}_{2n-1-p}^{p-1}) \\
&= \sum_{p\geqslant 0}(-1)^p \cdot (\mathrm{C}_{2(n-1)-p}^{p}+2\mathrm{C}_{2(n-1)-(p-1)}^{p-1}-\mathrm{C}_{2(n-2)-(p-2)}^{p-2}) \\
&= \sum_{p\geqslant 0}(-1)^p \cdot \mathrm{C}_{2(n-1)-p}^{p}+ \\
&\quad (-2)\cdot\sum_{p\geqslant 0}(-1)^p \cdot \mathrm{C}_{2(n-1)-p}^{p}-(-1)^p\sum_{p\geqslant 0}\mathrm{C}_{2(n-2)-p}^{p} \\
&= S_{n-1}-2S_{n-1}-S_{n-2} \\
&= -S_{n-1}-S_{n-2},
\end{aligned}
$$

由递推关系即可得欲证之结论.

点评

在证明过程中出现了形如 C_m^{-n} 的项($m,n\geqslant 0$),对此一般规定 $\mathrm{C}_m^{-n}=\mathrm{C}_m^{m-(-n)}=\mathrm{C}_m^{m+n}=0$.不难验证,这样的定义是满足已知的各种组合恒等式的.

▶例 3 设 $P_n(k)$表示 n 个元素中有 k 个不动的所有排列的种数.求证:

$$\sum_{k=0}^{n} kP_n(k)=n!. \tag{1}$$

(1987 年第 28 届国际数学奥林匹克竞赛)

证明

方法一 因为 $P_n(k)=\mathrm{C}_n^k P_{n-k}(0)=\dfrac{n!}{k!(n-k)!}P_{n-k}(0)$,所以有

$$
\begin{aligned}
\sum_{k=0}^{n} kP_n(k) &= \sum_{k=1}^{n}\frac{kn!}{k!(n-k)!}P_{n-k}(0) \\
&= n\sum_{k=0}^{n-1}\frac{(n-1)!}{k!(n-k-1)!}P_{n-1-k}(0) \\
&= n\sum_{k=0}^{n-1}\mathrm{C}_{n-1}^{k}P_{n-1-k}(0)=n\sum_{k=0}^{n-1}P_{n-1}(k).
\end{aligned} \tag{2}
$$

因为对所有 $n\in\mathbf{N}^*$,都有 $\sum\limits_{k=0}^{n}P_n(k)=n!$,故由式(2)即得式(1).

方法二 设 $S=\{a_1,a_2,\cdots,a_n\}$是一个 n 元集.对于 S 的任一排列,我们让它对应一个向量 $\boldsymbol{e}=(e_1,e_2,\cdots,e_n)$,其中 e_i 定义如下:当 a_i 是不动元时,$e_i=1$;

当 a_i 并非不动元时，$e_i=0, i=1,2,\cdots,n$.

对于任一恰有 k 个不动元的排列，它所对应的向量中恰有 k 个分量为 1.所以，所有排列所对应的向量中，含有 1 的个数为

$$m=\sum_{k=0}^{n} kP_n(k). \tag{3}$$

另一方面，a_i 为不动元的排列恰有 $(n-1)!$ 个.因而，所有向量中共有 $(n-1)!$ 个向量的第 i 个分量是 1.所以，所有向量中含有 1 的个数又应为

$$m=n\cdot(n-1)!=n!. \tag{4}$$

由式(3)和(4)即得式(1).

▶例 4 设 S 为 n 元集，使 S 中恰有 k 个元素不动的排列数记为 $P_n(k)$. 求证：

$$\sum_{k=0}^{n}(k-1)^2P_n(k)=n!.$$

(1987 年第 28 届国际数学奥林匹克竞赛预选题)

证明

因为

$$P_n(k)=\mathrm{C}_n^kP_{n-k}(0),\ \sum_{k=0}^{n} kP_n(k)=n!, \tag{5}$$

故有

$$\begin{aligned}\sum_{k=1}^{n} kP_n(k)&=\sum_{k=1}^{n} k\mathrm{C}_n^kP_{n-k}(0)=n\sum_{k=1}^{n}\mathrm{C}_{n-1}^{k-1}P_{n-k}(0)\\&=n\sum_{k=1}^{n}P_{n-1}(k-1)=n!.\end{aligned} \tag{6}$$

于是由式(5)和式(6)即得

$$\begin{aligned}\sum_{k=0}^{n}(k-1)^2P_n(k)&=\sum_{k=1}^{n}k^2P_n(k)-2\sum_{k=1}^{n}kP_n(k)+n!\\&=\sum_{k=1}^{n}k^2P_n(k)-n!\\&=\sum_{k=1}^{n}k^2\mathrm{C}_n^kP_{n-k}(0)-n!\\&=n\sum_{k=1}^{n}k\mathrm{C}_{n-1}^{k-1}P_{n-k}(0)-n!\\&=n\sum_{k=1}^{n}(k-1)P_{n-1}(k-1)=n!.\end{aligned}$$

▶**例 5** 试证:对任意 $n\in\mathbf{N}^*$,都有

$$\sum_{1\leqslant i_1<i_2<\cdots<i_k\leqslant n}\frac{1}{i_1i_2\cdots i_k}=n,$$

其中求和是对所有取自集合$\{1,2,\cdots,n\}$的数组 $i_1<i_2<\cdots<i_k$,$k=1,2,\cdots,n$ 进行的.

(1980 年奥地利-波兰数学奥林匹克竞赛)

证明

方法一 考虑多项式

$$P(x)=\left(x+\frac{1}{1}\right)\left(x+\frac{1}{2}\right)\cdots\left(x+\frac{1}{n}\right),\tag{7}$$

它的展开式记为

$$P(x)=x^n+a_1x^{n-1}+a_2x^{n-2}+\cdots+a_n.$$

由韦达定理有

$$a_1=\sum_{i_1=1}^{n}\frac{1}{i_1},a_2=\sum_{1\leqslant i_1<i_2\leqslant n}\frac{1}{i_1i_2},\cdots,a_n=\frac{1}{1\cdot 2\cdot\cdots\cdot n}.\tag{8}$$

于是由(7)-(8)知,所求证的等式左端的和式即为

$$\begin{aligned}a_1+a_2+\cdots+a_n&=P(1)-1=\left(1+\frac{1}{1}\right)\left(1+\frac{1}{2}\right)\cdots\left(1+\frac{1}{n}\right)-1\\&=(n+1)-1=n.\end{aligned}$$

方法二 记所求证的恒等式左端为 S_n,并用数学归纳法来证明 $S_n=n$.

当 $n=1$ 时,显然有 $S_1=1$.设 $n\geqslant 2$ 且 $S_{n-1}=n-1$.于是有

$$\begin{aligned}S_n-S_{n-1}&=\sum_{1\leqslant i_1<i_2<\cdots<i_k=n}\frac{1}{i_1i_2\cdots i_k}\\&=\frac{1}{n}\left(1+\sum_{1\leqslant i_1<i_2<\cdots<i_m\leqslant n-1}\frac{1}{i_1i_2\cdots i_m}\right)\\&=\frac{1}{n}(1+S_{n-1}),\end{aligned}$$

由此即得

$$S_n=S_{n-1}+\frac{1}{n}(1+S_{n-1})=n-1+1=n,$$

这就完成了归纳证明.

点评

多项式的构造是本题的关键,归纳法的应用也十分巧妙.

▶ **例 6** 证明恒等式：$n!=\sum_{m=0}^{n-1}(-1)^m C_n^m (n-m)^n$.

（1986 年中国国家集训队训练题）

证明

由二项式定理有

$$\sum_{m=0}^{n}(-1)^m C_n^m (n-m)^n=\sum_{m=0}^{n}(-1)^m C_n^m \sum_{k=0}^{n}(-1)^k C_n^k n^{n-k} m^k$$
$$=\sum_{k=0}^{n}(-1)^k C_n^k n^{n-k}\sum_{m=0}^{n}(-1)^m C_n^m m^k. \tag{9}$$

由此可见，证明的关键在于计算式(9)右端后一个和式的值.下面用数学归纳法来证明一组恒等式：

$$\sum_{m=0}^{n}(-1)^m C_n^m m^k=\begin{cases}0, & k=0,1,\cdots,n-1,\\ (-1)^n n!, & k=n.\end{cases} \tag{10}$$

当 $n=1$ 时，式(10)显然成立.设当 $n=h$ 时式(10)成立.则当 $n=h+1$ 时，对于 $k=0$ 的情形，式(10)化为熟知的组合恒等式，当然成立.当 $1\leqslant k\leqslant h+1$ 时，利用关系式 $mC_n^m=nC_{n-1}^{m-1}$，我们有

$$\sum_{m=0}^{h+1}(-1)^m C_{h+1}^m m^k=-n\sum_{m=1}^{h+1}(-1)^{m-1}C_h^{m-1}m^{k-1}$$
$$=-(h+1)\sum_{m=0}^{h}(-1)^m C_h^m (m+1)^{k-1}. \tag{11}$$

若 $k=1$，则式(11)右端为 0；若 $k>1$，则由二项式定理又有

$$\sum_{m=0}^{h+1}(-1)^m C_{h+1}^m m^k=-(h+1)\sum_{m=0}^{h}(-1)^m C_h^m \sum_{j=0}^{k-1}C_{k-1}^j m^j$$
$$=-(h+1)\sum_{j=0}^{k-1}C_{k-1}^j\sum_{m=0}^{h}(-1)^m C_h^m m^j.$$

再由归纳假设便知，当 $n=h+1$ 时，式(10)成立.

将式(10)的结果代入式(9)右端，便得

$$\sum_{m=0}^{n}(-1)^m C_n^m (n-m)^n=(-1)^n C_n^n n^{n-n}\cdot(-1)^n n!=n!.$$

▶ **例 7** 证明恒等式：

$$4^n=2\cdot\sum_{k=1}^{n}C_{2n-k-1}^{n-1}\cdot 2^k.$$

证明

我们先来证明如下的恒等式：

$$(x+y)^n=\sum_{k=1}^{n} C_{2n-k-1}^{n-1}(x^k+y^k)\left(\frac{xy}{x+y}\right)^{n-k}. \tag{12}$$

对 n 用数学归纳法.

当 $n=1$ 时，$x+y=C_{2-1-1}^{1-1}(x+y)$，命题成立.

设 $n=m-1$ 时命题成立，即有

$$(x+y)^{m-1}=\sum_{k=1}^{m-1} C_{2(m-1)-k-1}^{(m-1)-1}(x^k+y^k)\left(\frac{xy}{x+y}\right)^{(m-1)-k},$$

易得

$$\begin{aligned}(x+y)^m&=(x+y)^{m-1}\cdot(x+y)\\&=\sum_{k=1}^{m-1} C_{2(m-1)-k-1}^{(m-1)-1}(x^k+y^k)\left(\frac{xy}{x+y}\right)^{m-1-k}\cdot(x+y).\end{aligned}$$

注意到

$$\begin{aligned}&(x^k+y^k)\left(\frac{xy}{x+y}\right)^{m-k-1}\cdot(x+y)\\&=(x^{k+1}+y^{k+1})\left(\frac{xy}{x+y}\right)^{m-k-1}+(x+y)(x^{k-1}+y^{k-1})\left(\frac{xy}{x+y}\right)^{m-k}\\&=\sum_{t=1}^{k+1}(x^t+y^t)\left(\frac{xy}{x+y}\right)^{m-t},\end{aligned}$$

从而

$$\begin{aligned}(x+y)^m&=\sum_{k=1}^{m-1} C_{2(m-1)-k-1}^{(m-1)-1}\sum_{t=1}^{k+1}(x^t+y^t)\left(\frac{xy}{x+y}\right)^{m-t}\\&=\sum_{t=1}^{m}(x^t+y^t)\left(\frac{xy}{x+y}\right)^{m-t}\sum_{k=t-1}^{m-1} C_{2(m-1)-k-1}^{(m-1)-1}\\&=\sum_{t=1}^{m}(x^t+y^t)\left(\frac{xy}{x+y}\right)^{m-t} C_{2m-t-1}^{m-1}.\end{aligned}$$

故式(12)得证.在其中取 $x=y=2$，即得结论.

▶**例 8** 设 $t_n=1+x+x^2+\cdots+x^n$，$S_n=1+\frac{1+x}{2}+\left(\frac{1+x}{2}\right)^2+\cdots+\left(\frac{1+x}{2}\right)^n$，$n=1,2,\cdots$.求证：

$$C_{n+1}^1+C_{n+1}^2t_1+C_{n+1}^3t_2+\cdots+C_{n+1}^{n+1}t_n=2^nS_n. \tag{13}$$

(1923 年匈牙利数学奥林匹克竞赛)

证明

方法一 显然，为证恒等式(13)，只需证明该式两端含 $x^k(k=0,1,\cdots,n)$ 的项的系数分别相等就够了，即只需证明

$$C_{n+1}^{k+1}+C_{n+1}^{k+2}+\cdots+C_{n+1}^{n+1}=2^{n-k}C_k^k+2^{n-k-1}C_{k+1}^k+\cdots+C_n^k. \quad (14)$$

我们对 $n-k$ 用数学归纳法来证明式(14).当 $n-k=0$ 时，式(14)显然成立.设 $n-k=m$ 时该式成立.考察当 $n-k=m+1$ 时式(14)左端.

这时有

$$\begin{aligned}&C_{n+1}^{k+1}+C_{n+1}^{k+2}+\cdots+C_{n+1}^{n}+C_{n+1}^{n+1}\\=&(C_n^k+C_n^{k+1})+(C_n^{k+1}+C_n^{k+2})+\cdots+(C_n^{n-1}+C_n^n)+C_n^n\\=&C_n^k+2(C_n^{k+1}+C_n^{k+2}+\cdots+C_n^n),\end{aligned}$$

由归纳假设便有

$$\begin{aligned}&C_{n+1}^{k+1}+C_{n+1}^{k+2}+\cdots+C_{n+1}^{n+1}\\=&C_n^k+2(2^{n-k-1}C_k^k+2^{n-k-2}C_{k+1}^k+\cdots+C_{n-1}^k)\\=&2^{n-k}C_k^k+2^{n-k-1}C_{k+1}^k+\cdots+2C_{n-1}^k+C_n^k,\end{aligned}$$

这就完成了归纳证明.

方法二 我们先来证明当 $x=1$ 时式(13)成立.这时，$t_n=n+1$，$S_n=n+1$，因而式(13)化为

$$C_{n+1}^1+2C_{n+1}^2+\cdots+(n+1)C_{n+1}^{n+1}=2^n(n+1).$$

利用组合恒等式

$$kC_{n+1}^k=(n+1)C_n^{k-1},k=1,2,\cdots,n+1,$$

便得

$$\begin{aligned}&C_{n+1}^1+2C_{n+1}^2+\cdots+(n+1)C_{n+1}^{n+1}\\=&(n+1)(C_n^0+C_n^1+\cdots+C_n^n)=(n+1)2^n.\end{aligned}$$

当 $x\neq1$ 时，将式(13)两端分别乘以恒等式 $1-x=2\left(1-\frac{1+x}{2}\right)$ 两端的表达式，然后利用等比数列求和公式

$$(1-x)t_k=1-x^{k+1},\left(1-\frac{1+x}{2}\right)S_n=1-\left(\frac{1+x}{2}\right)^{n+1},$$

便知为证式(13)，只需证明

$$\begin{aligned}&C_{n+1}^1(1-x)+C_{n+1}^2(1-x^2)+\cdots+C_{n+1}^{n+1}(1-x^{n+1})\\=&2^{n+1}-(1+x)^{n+1},\end{aligned}$$

而上式恰为下列两个牛顿二项式的差：

$$C_{n+1}^0+C_{n+1}^1+\cdots+C_{n+1}^{n+1}=2^{n+1},$$

$$C_{n+1}^{0}+C_{n+1}^{1}x+\cdots+C_{n+1}^{n+1}x^{n+1}=(1+x)^{n+1}.$$

命题得证.

▶**例9** 若 n 是正整数,找出和 $C_{n+1}^{1}+C_{n+2}^{2}\cdot 2^{2}+C_{n+3}^{3}\cdot 3^{2}+\cdots+C_{2n}^{n}\cdot n^{2}$ 的公式.

解

考虑一个具有 $2n+1$ 名国际象棋选手的俱乐部,选手按等级从高到低依次编号为 $1,2,\cdots,2n+1$.

挑选 $n+1$ 名选手组成一个队,参加即将举行的与一个有竞争力的俱乐部的比赛.此外,从剩下的 n 名选手中,挑选一名领队和一名副领队.同一名选手可以兼任正副领队,但是每个领队的等级至少要高于1名队员.

若 k 是最低等级的队员,则 $n+2\leqslant k\leqslant 2n+1$.对每一个这样的 k,剩下的 n 个队员可有

$$C_{k-1}^{n}=C_{k-1}^{k-1-n}$$

种挑选方法,而领队有 $(k-1-n)^{2}$ 种挑选方法.

因此,挑选方法的总数是

$$C_{n+1}^{1}+C_{n+2}^{2}\cdot 2^{2}+C_{n+3}^{3}\cdot 3^{2}+\cdots+C_{2n}^{n}\cdot n^{2},$$

这就是所要求的和.

用 C_{2n+1}^{n+1} 种方法挑选队员,而用 n^{2} 种方法挑选领队,但要除去这样一些选择,即至少有一个领队的级别低于所有队员.假定两个领队的职务由同一名选手担任,则可以用 C_{2n+1}^{n+2} 种方法选择队员,再加上这位领队.可以让这 $n+2$ 名选手中级别最低的充当这唯一的领队.假定正副领队不是同一名选手,可用 C_{2n+1}^{n+3} 种方法选择队员,再加上这两位领队.若这 $n+3$ 名选手中级别最低的选手只担任一个领队,再确定其余 $n+2$ 名选手的其他职位.由此推出选择方法的总数是

$$n^{2}C_{2n+1}^{n+1}-C_{2n+1}^{n+2}-2(n+2)C_{2n+1}^{n+3}=\frac{n(n+1)^{3}C_{2n+1}^{n+1}}{(n+2)(n+3)},$$

此即为所求和的公式.

点评

此题的实例比较有意思,它是一座桥梁,通过算两次,把两个结论(一个复杂,一个简洁)联系在一起.

演习场

习题8

1. 在一个 $n\times n$ 的方格表中,任意 k 行与 l 列方格的交集称为一个$k\times l$ 子式(它包含 kl 个方格),并且称 $k+l$ 为该子式的半周长.现在有若干个半周长不小于 n 的子式盖住了表格的主对角线.求证:它们至少盖住了表格中一半的方格.

2. 设 n 是一个自然数,在 n 的十进制表示中,有 a_1 个数码 1,a_2 个数码 2,……,a_9 个数码 9.求证:

$$2^{a_1}\cdot 3^{a_2}\cdot 4^{a_3}\cdot\cdots\cdot 9^{a_8}\cdot 10^{a_9}\leqslant n+1,$$

并确定等号成立的条件.

3. 在凸 1000 边形中给定 500 个点,连同多边形顶点共 1500 个点中,任何 3 点都不共线.将上述凸 1000 边形剖分为一些三角形,所有 1500 个点都是这些三角形的顶点,而且这些三角形除此之外没有其他顶点.在这样的剖分之下,凸 1000 边形被分成了多少个三角形?

(1953 年第 16 届莫斯科数学奥林匹克竞赛)

4. 一张正方形纸的内部被针扎了 1965 个孔,这些孔和正方形顶点之中,任何 3 点都不共线.引若干条互不相交的直线段,它们的端点都是这些孔或正方形的顶点,将正方形分割成一些三角形,并且在这些三角形的内部和边上都不再有小孔.问:一共引了多少条线段?共得到多少个三角形?

(1965 年第 28 届莫斯科数学奥林匹克竞赛)

5. 一张正方形纸片内有 1000 个点,这些点及正方形的顶点之中,任意 3 点都不共线.在这些点及正方形的顶点间连一些线段,将正方形全部分成小三角形(以所连线段及正方形的边为边,且所连线段除端点外,两两无公共点).问:一共连有多少条线段?一共得到多少个三角形?

6. 设自然数 $n\geqslant 2$,将一个$(4n-3)\times(4n-3)$的方格表中的每个小方格任意染上红色或蓝色.若 $k\times l$ 子式是指由任意 k 行与 l 列相交得到的 kl 个方格,试证:一定存在该方格表的一个 $2\times n$ 子式,其中所有小方格同色.

7. 证明下列恒等式:

(1) $\displaystyle\sum_{k=0}^{n-1} C_{n-1}^{k}\cdot n^{n-1-k}\cdot(k+1)!=n^{n}$;

(2) $\sum_{k=0}^{n-1}\left(\sum_{j=0}^{k} C_n^j\right)\cdot\left(\sum_{j=k+1}^{n} C_n^j\right)=\frac{n}{2}C_{2n}^n$;

(3) $\sum_{c_1+c_2+\cdots+c_k=n} c_1c_2\cdots c_k=C_{n+k-1}^{2k-1}$,其中 $c_i(1\leqslant i\leqslant k)\geqslant 0$.

8. 对于 n 元集合 M 的任何两个子集 A 和 B,求集合 $A\cap B$ 的元素个数.求证:所有求得的个数之和为 $n\cdot 4^{n-1}$.

(1978 年波兰数学奥林匹克竞赛)

9. 证明恒等式:

$$\sum_{k=0}^{\left[\frac{n}{2}\right]}(-1)^k\frac{n}{n-k}C_{n-k}^k=\begin{cases}1, & n\equiv 1,5\ (\mathrm{mod}\ 6),\\ -1, & n\equiv 2,4\ (\mathrm{mod}\ 6),\\ -2, & n\equiv 3\ (\mathrm{mod}\ 6),\\ 2, & n\equiv 0\ (\mathrm{mod}\ 6).\end{cases}$$

10. 证明恒等式:$\sum_{k=0}^{r} C_m^kC_n^{r-k}=C_{m+n}^r$.

(1986 年中国国家集训队训练题)

11. 试证:对任意 $n\in\mathbf{N}$,均有

$$\sum_{k=0}^{n}\frac{(2n)!}{(k!)^2((n-k)!)^2}=(C_{2n}^n)^2.$$

(1982 年第 23 届国际数学奥林匹克竞赛预选题)

12. 给定幂级数$(1+x+x^2)^n=a_0+a_1x+\cdots+a_{2n}x^{2n}$.证明:

(1) $a_0a_1-a_1a_2+a_2a_3-\cdots-a_{2n-1}a_{2n}=0$;

(2) $a_0^2-a_1^2+a_2^2-\cdots+(-1)^{n-1}a_{n-1}^2=\frac{1}{2}(a_n+(-1)^{n-1}a_n^2)$;

(3) $a_0+a_3+a_6+\cdots=a_1+a_4+a_7+\cdots=a_2+a_5+a_8+\cdots=3^{n-1}$;

(4) 记 $k_1=a_0+a_4+a_8+\cdots$, $k_2=a_1+a_5+a_9+\cdots$, $k_3=a_2+a_6+a_{10}+\cdots$, $k_4=a_3+a_7+a_{11}+\cdots$,则 $k_1=k_2=k_3=k_4+1$.

13. 设 $a_1,a_2,\cdots,a_n$ 为正实数,S_k 为从 $a_1,a_2,\cdots,a_n$ 中每次取 k 个所得乘积的和.证明:

$$S_k\cdot S_{n-k}\geqslant(C_n^k)^2a_1a_2\cdots a_n,\ k=1,2,\cdots,n-1.$$

(1990 年亚太地区数学奥林匹克竞赛)

14. 设 $n,k\in\mathbf{N}^*$,且 $k<n$.求证:每个小于 C_n^k 的自然数都可以用唯一的方式表示成 $C_{a_1}^1+C_{a_2}^2+\cdots+C_{a_k}^k$ 的形式,其中 $0\leqslant a_1<a_2<\cdots<a_k<n$.

(1992 年圣彼得堡代表队选拔试题)

15. 设 A 是一个 n 元集，A 的 m 个子集 $A_1, A_2, \cdots, A_m$ 两两互不包含. 试证：

(1) $\sum\limits_{i=1}^{m} \frac{1}{\mathrm{C}_n^{|A_i|}} \leqslant 1$；

(2) $\sum\limits_{i=1}^{m} \mathrm{C}_n^{|A_i|} \geqslant m^2$，

其中 $|A_i|$ 表示 A_i 所含元素的个数.

（1993 年中国高中数学联赛）

第九讲　游戏问题举隅

训练营

例 1　甲、乙二人进行游戏，两人轮流将黑板上所写的整数 n 改写成 $n+d$，其中 d 为 n 的任意一个小于 n 的正因数.黑板上写的是整数 2，甲先开始玩，谁先写出大于 19 891 989 的数，谁就告负.问：在正确的玩法之下，谁能取胜？

（1989 年圣彼得堡数学奥林匹克竞赛）

解

甲能获胜.他每次都将黑板上的数加 1，则他写在黑板上的数都是奇数.因为奇数的因数也是奇数，故乙每次所取的 d 必为奇数，从而他改写的数总为偶数.这样一来，第一个超过 19 891 989 的数必然是乙所写，所以甲必获胜.

例 2　甲、乙二人玩写数游戏，规则是二人轮流在黑板上写一个不超过 P 的自然数，但禁止写出黑板上已有数的因数.甲先开始写，轮到谁写而无法写出任何数时就告负.

（1）当 $P=10$ 时，谁有必胜策略？

（2）当 $P=1000$ 时，谁有必胜策略？

（1987 年第 21 届全苏数学奥林匹克竞赛）

解

（1）甲有必胜策略.他可以先写 6，于是按规则不能再写 1，2，3.把其余 6 个数分成 3 组：(4，5)，(7，9)，(8，10)，无论乙写哪一个数，甲就写同组的另一个数.

（2）考察写数原则相同，但取数范围是由 2 到 1000 的这个游戏.如果这个游戏先写者有必胜策略，那么甲对原来的游戏只要照搬就行了.因为甲写下一个自然数后，乙是不能写 1 的.如果新游戏先写数的人没有必胜策略，那他只能告负,那么甲在原游戏中可以先写 1,从而将失败留给乙.可见,甲总有必胜策略.

▶例 3 有 5 个砝码,它们的质量分别为 1000 克,1001 克,1002 克,1004 克,1007 克,但砝码上并未注明质量,且外观又完全相同.现有一台带有指针的台秤,它可以显示出物体的克数.要求经 3 次称量就确定出质量为 1000 克的砝码,该怎样操作?

(1981 年第 44 届莫斯科数学奥林匹克竞赛)

解

将 5 个砝码分成 3 组,个数分别为 2,2,1.将前两组砝码各称量一次,因为 5 个砝码中每对砝码的质量和各不相同,故这时由称量结果便知质量为 1000 克的砝码在哪一组中.如果在第 3 组,问题就解决了;如果在前两组之一,则再将该组的砝码之一称量一次就行了.

▶例 4 在天平的两个盘中各放有 k 个砝码,均以 1 到 k 编号,而且左边的盘较重.如果交换任意两个具有同样号码的砝码,则要么右盘变重,要么两盘平衡.求 k 的所有可能值.

(1970 年第 33 届莫斯科数学奥林匹克竞赛)

解

由已知,左盘中每个砝码都重于右盘中同号码的砝码,记其质量差为 m_i,$i=1,2,\cdots,k$.因为只要交换一对号码数相同的砝码的位置,右盘就变重或两盘平衡,故有

$$m_i \geqslant \sum_{j \neq i} m_j,\ i=1,2,\cdots,k.$$

将上式对 i 从 1 到 k 求和,即得

$$\sum_{i=1}^{k} m_i \geqslant \sum_{i=1}^{k} \sum_{j \neq i} m_j = (k-1) \sum_{i=1}^{k} m_i,$$

由此得到 $k \leqslant 2$.当 $k=1$ 时显然成立;当 $k=2$ 时,每盘中的两个砝码质量都相等即可.故知满足题中要求的 k 值只有两个:1 和 2.

▶例 5 已知一架精确天平的左、右两盘中均可放置砝码.为了能分别称出质量为 $1,2,\cdots,n(n \in \mathbf{N})$ 克的 n 个钢球,最少需要多少个砝码?

(1990 年中国国家集训队训练题)

解

设需要 s 个砝码，其质量分别为 $a_1,a_2,\cdots,a_s$.易见，形如 $\varepsilon_1a_1+\varepsilon_2a_2+\cdots+\varepsilon_sa_s$，$\varepsilon_i\in\{-1,0,1\}$，$i=1,2,\cdots,s$ 的数共有 3^s 个，或者说互不相同的数最多有 3^s 个.但其中有 1 个是 0，其余的正负各半，故知这种形式的正数最多有 $\frac{1}{2}(3^s-1)$ 个.所以，这 s 个砝码至多能称量 $\frac{1}{2}(3^s-1)$ 个不同质量.要表示出 $1,2,\cdots,n$ 这 n 个质量，必须满足

$$n\leqslant\frac{1}{2}(3^s-1),$$

$$s\geqslant\log_3(2n+1).$$

由此可见，当 $2n+1$ 为 3 的幂时，至少要 $s=\log_3(2n+1)$ 个砝码；当 $2n+1$ 不是 3 的幂时，$s=[\log_3(2n+1)]+1$.

另一方面，取 s 个砝码的质量分别为 $1,3,3^2,\cdots,3^{s-1}$，则这些砝码的质量和为 $\frac{1}{2}(3^s-1)\geqslant n$.而且对任何 $0<k\leqslant n\leqslant\frac{1}{2}(3^s-1)$，$k$ 都可以用 3 的前 s 个幂的系数为 $-1,0,1$ 的代数和来表示.故用这 s 个砝码确实可称出 $1,2,\cdots,n$ 克的质量.

综上可知，最少需要的砝码数

$$s=\begin{cases}\log_3(2n+1), & 2n+1\text{ 为 3 的幂},\\ [\log_3(2n+1)]+1, & \text{其他情形}.\end{cases}$$

▶**例 6** 一组砝码共有 100 个，其中每两个的质量之差均不大于 20 克.试证：可以把这些砝码放入两个秤盘，每个盘中 50 个，使得两个盘中砝码的质量之差不大于 20 克.

（1970 年第 33 届莫斯科数学奥林匹克竞赛）

证明

将 100 个砝码任意排好顺序，并将前两个砝码分别放入两个秤盘中，然后把第 3 个砝码放入较轻的一个盘中（如果两盘质量相等，则可随意放入一个盘中）.以后轮到每个砝码时都放入质量较轻的一个盘中，直到放完为止.由放砝码的原则便知，两盘砝码的质量之差不大于 20 克.

▶例 7 已知有 $n+1$ 个砝码，总质量为 $2n$，每个砝码的质量都是自然数.一架天平的两个盘处于平衡状态.将砝码按由重到轻的顺序逐个放到天平盘中去，且每次放砝码时总是放到较轻的一方.如果天平处于平衡状态，则可将下一个砝码随意放到一个盘中.求证：当所有砝码都放完时，天平处于平衡状态.

(1984 年第 18 届全苏数学奥林匹克竞赛)

证明

用反证法容易证明，若最重砝码的质量为 k，则质量为 1 的砝码的个数 $m\geqslant k$.

当将所有质量大于 1 的砝码都放完之后，两盘砝码质量之差不超过 k，故当把质量为 1 的砝码逐个放入后，必处于平衡状态.

▶例 8 在一张桌子上放着一架天平和 n 个不同质量的砝码，把砝码依次放到天平盘中(每一步从桌子上任取一个砝码放到两盘之一中).

(1) 试证：可以按适当次序来放砝码，首先使得左边的盘子较重，然后让右边较重，接着再让左边较重，随后右边较重，以此类推.我们用字母 L 和 R 来分别表示左边或右边较重，于是称量过程就对应一串字母 LRLRLR….

(2) 试证：对于由 L 和 R 构成的有 n 个字母的任何一个字母串，都可以设计一个加放砝码的程序，使得称量结果的序列恰好对应于给定的字母串.

(1977 年第 11 届全苏数学奥林匹克竞赛)

证明

设砝码的质量为 $m_1<m_2<\cdots<m_n$.

(1) 先将 m_1 放到左盘，然后将 m_2 放到右盘.接着将 m_3 放到左盘，再将 m_4 放到右盘，继续这个过程直到放完为止.容易看出，称量过程对应的字母串恰为 LRLRLR….

(2) 将所有砝码按号码的奇偶性分成两组，并将含有最重砝码 m_n 的一组依给定字母串的最后一个字母是 L 还是 R 而放到左盘或右盘中，另一组砝码放到余下的那个盘中.现在我们反向考察给定的字母串，即从后面的字母往前看.如果倒数第二个字母与最后一个字母相同，则把最轻的砝码 m_1 拿掉；如果这两个字母不同，则把最重的砝码 m_n 拿掉.这样一来，问题就化成了有 $n-1$ 个砝码的情形.因为 $n=1$ 时结论显然成立，故由归纳法知结论成立.

▶例 9 一架天平有两个盘和一个指针，但没有砝码.指针沿一根量尺移动，当左盘质量为 L 而右盘质量为 R 时，指针恰好指在量尺上的 $R-L$ 处.

现有 $n(\geqslant 3)$ 袋硬币，每袋装有 $\frac{1}{2}n(n+1)+1$ 枚硬币.所有硬币的形状和颜色都相同，其中有 $n-1$ 袋真币和 1 袋伪币.所有真币质量相同，所有伪币质量也相同，但真币与伪币质量不同.

两个盘中都放上硬币并读出指针所指的数算作一次称量.求证：只要称量两次即可断定哪一袋是伪币.

(1989 年第 30 届国际数学奥林匹克竞赛预选题)

证明

(1) 当 n 为偶数时，从每袋中各取 1 枚，将一半放在左盘，另一半放在右盘进行称量，所得读数 x 便是一枚真币与一枚伪币质量之差.

第二次称量时将第 1 袋中的 $\frac{1}{2}n(n+1)$ 枚放在右盘，而从第 i 袋中取出 i 枚 $(i=1,2,\cdots,n)$ 放在左盘.设这时读数为 y，则 $y=mx$，$m\in\mathbf{N}$.当 $m\leqslant n$ 时，第 m 袋是伪币；当 $m>n$ 时，第 1 袋是伪币.

(2) 当 n 为奇数时，对前 $n-1$ 袋硬币进行与上面一样的称量.若两边相等，则第 n 袋为伪币.若两盘之差 $x\neq 0$，则第 n 袋为真币.在 $n>3$ 时，像上面一样地称量即可判定出伪币.当 $n=3$ 时，从第 1,3 两袋各取 1 枚分别放在左右两盘进行称量.若读数为 0，则第 2 袋为伪币；若读数不为 0，则第 1 袋为伪币.

▶例 10 已知 8 枚硬币中有 2 枚伪币，一枚轻于真币而另一枚重于真币.现有一架没有砝码的天平，试问：能否经过 3 次称量就确定出两枚伪币的质量之和与两枚真币的质量之和相比较，是轻、重还是相等？

(1990 年第 53 届莫斯科数学奥林匹克竞赛)

解

可以做到.将真币记作 a，重的伪币记作 w，轻的伪币记作 l，它们的质量也用相同的字母代表.

第一次称量，在天平的左右两盘中各放两枚硬币.如果平衡，则一盘为 aa，另一盘为 aa 或 wl.然后将这 4 枚硬币集中于左盘，将另 4 枚硬币放于右盘进行第二次称量.若平衡，则两枚伪币质量之和与真币相同；若不平衡，则右盘的轻重决定两枚伪币质量和的轻重.

如果第一次称量时不平衡，不妨设为左轻右重.然后将右盘两枚硬币取下并另换两枚放上，进行第二次称量，对称量结果进行分析判断：

(1) 平衡，天平两盘中的4枚均为真币；

(2) 保持原状，从右盘中取下和补上的4枚均为真币；

(3) 左轻右重倾斜加剧，从右盘取下的两枚和两次称量都未用到的两枚共4枚为真币；

(4) 左轻右重倾斜减轻，第一次称量未用的4枚为真币；

(5) 左重右轻，左盘两枚和未用到的两枚共4枚为真币.

第三次称量时，将4枚真币放在左盘，而另4枚放在右盘，即可得到所要的结果.

▶**例11** 有11袋硬币和一台有两个秤盘的天平，天平上有指针，可以指出哪一边重以及重多少.已知有1个袋子中装的是伪币而其余袋子中全是真币，所有真币的质量都相同，所有伪币的质量也相同，但与真币的质量不同.问：最少要称量多少次，才能够确定出哪个袋子中装的是伪币？

(1965年第28届莫斯科数学奥林匹克竞赛)

解

方法一 在前10袋中各取出1枚硬币放在天平左盘中，最后一袋中取出10枚硬币放在右盘中进行第一次称量，显然不会平衡，不妨设左轻右重，记下质量差a.

然后从前10袋中分别取出$1,2,\cdots,10$枚硬币放在左盘中，从最后一袋中取出55枚硬币放在右盘中进行第二次称量.当然还是左轻右重，记下质量差b.如果$a:b=2:11$，则最后一袋是伪币；如果$a:b=1:j\ (1\leqslant j\leqslant 10)$，则第$j$袋是伪币.可见，最少称量两次即可找出伪币.

方法二 从前5袋中分别取出1,2,3,4,5枚硬币放入天平左盘中，从接下来的5袋中也分别取出1,2,3,4,5枚硬币放入右盘中进行第一次称量.若平衡，则最后一袋是伪币；若不平衡，则最后一袋是真币.

在不平衡的情况下，不妨设左轻右重，记下质量差a.然后从前10袋中各取出1枚放在左盘中，并从最后一袋中取出10枚真币放入右盘中进行第2次称量.若左盘重，则伪币重，且伪币在6,7,8,9,10号袋之一中；若左盘轻，则伪币轻，且伪币在前5袋之一中.记下重量差b.当$a:b=j:1\ (1\leqslant j\leqslant 5)$时，参考伪币轻重即可确定装伪币的袋子.可见,称量两次即可找出伪币.

另一方面,称量一次时若不平衡显然无法确定哪袋是伪币.所以,为确定伪币最少要称量两次.

▶**例 12** 已知在1000枚硬币中可能有0,1或2枚伪币.伪币的质量彼此相同,但与真币不同.试问:能否使用一架没有砝码的天平称量3次,确定出其中有无伪币,以及伪币与真币谁轻谁重?

解

将1000枚硬币分放到天平两盘中,每盘各放500枚,进行第一次称量.结果可能有两种情形:

(1) 不平衡,不妨设左端较重.这表明有伪币存在(可能有1枚或2枚),且所有伪币都在同一端(如果两端各有1枚,则应平衡).这时,将较重一端的硬币均分成两组,每组250枚,分放到天平两盘中进行第二次称量.如果结果是不平衡,则可断定伪币在这500枚中且较真币重,不必再进行第三次称量.如果第二次称量的结果是平衡,则或者伪币在另外500枚之中(且较真币轻),或者伪币有2枚,在左右两盘中各1枚.这时再将一盘中的250枚硬币分成两组,每组125枚,进行第三次称量.因这时天平上的250枚硬币中至多有1枚伪币,故若结果是平衡,就知伪币较真币轻;若结果是不平衡,则伪币较真币重.

(2) 平衡,这意味着伪币可能有0或2枚.将其中1组均分为两组,每组250枚,进行第二次称量.若称量结果又是平衡,则1000枚硬币中没有伪币;若结果是不平衡,则表明伪币有2枚,且其中1枚在天平上.再将较重的一组分为两组,每组125枚,进行第三次称量.若结果是平衡,则伪币较真币轻;若结果是不平衡,则伪币较真币重.

▶**例 13** 已知有13枚银币,其中恰有1枚是伪币,其质量与真币不同.

(1) 如何使用无砝码的天平称量3次而找出伪币?

(2) 求证:上述做法不一定能判断出伪币比真币轻还是重,但若增加1枚已知的真币,则可称量3次后找出伪币并断定其轻重;

(3) 证明:若14枚银币中恰有1枚伪币,则无法用天平称量3次而找出伪币.

(1986年中国国家集训队训练题)

解

(1) 将 13 枚银币分成 4,4,5 三堆,并将前两堆分放入天平两盘中进行第一次称量,结果有两种可能:

(i) 平衡.从左盘中取下 3 枚,并换上第三堆中的 3 枚进行第二次称量.若仍为平衡,则第三堆中未称量过的 2 枚银币中有 1 枚是伪币.再将其中之一与真币进行比较即可判定哪 1 枚是伪币.注意,第三次称量若仍为平衡,则最后 1 枚是伪币,但不知其轻重.若第二次称量不平衡,则换上来的 3 枚中有 1 枚是伪币,且其轻重与所在盘的轻重一致.于是再取 3 枚中的 2 枚进行第三次称量,即可判定伪币及其轻重.

(ii) 不平衡,不妨设左轻右重.将这 8 枚银币分成 3 组:左 2 右 1,左 2 右 1,右 2,并将前两组分放入天平两盘进行第二次称量.

(a) 平衡.伪币在第 3 组,且是重的.对这 2 枚硬币进行第三次称量即可判定出伪币.

(b) 左轻.伪币或为左盘中原在左盘的两枚之一,或为右盘中原在右盘的那一枚.于是再对前两枚硬币进行第三次称量,即可定出伪币并指出其轻重.

(c) 左重.类似于(b)讨论即可解决.

(2) 设将 13 枚银币分成 3 堆,枚数分别为 a,a,$13-2a$,并对前两堆进行第一次称量.由前面称量过程中(1)(i)的情形知,$a=4$ 时,不一定能确定伪币的轻重.而且类似的分析表明,$a>4$ 或 $a<4$ 时更加行不通,即连伪币也确定不出来.

在有了一枚已知真币的情况下,我们可将这 14 枚银币分成 5,5,4 三堆,并将已知的真币放在第一堆中,将前两堆分别放入天平两盘进行第一次称量.

(i) 若平衡,则伪币是第三堆的 4 枚之一.从第三堆取 3 枚与 3 枚真币进行称量.若不平衡,则像(1)(i)中那样称量即可解决;若平衡,则第三堆中余下的 1 枚是伪币.再和 1 枚真币进行第三次称量即可判定其轻重.

(ii) 若第一次称量结果是不平衡,不妨设左轻右重.除去已知的真币(在左盘),余下 9 枚再分成 3 堆:左 2 右 1,左 2 右 1,右 3.像(1)(i)—(ii)那样进行称量,即可找出伪币并指出其轻重.

(3) 将 14 枚银币分成 3 堆:a,a,$14-2a$,并将前两堆分别放入天平两盘中进行第一次称量.

(i) 若 $a\leqslant 4$,则在平衡的情况下,余下两次称量无法断定 6 枚以上银币中的 1 枚不知轻重的伪币.

(ii) 若 $a\geqslant 5$,则在不平衡的情况下,余下两次称量无法判定出伪币.

综合起来即知,用 3 次称量无法指出 14 枚银币中的那枚不知轻重的伪币.

▶**例 14** 已知 11 个球中有 2 个具有放射性.对于任何一组球,经过一次检测即可得知其中有无具有放射性的球,但不能知道其中有几个球具有放射性.试证:若检测次数不足 7 次,则不能保证可找出那两个具有放射性的球;而经过 7 次检测,则总可以找出它们来.

(1966 年第 29 届莫斯科数学奥林匹克竞赛)

证明

首先,我们指出几个解决问题时应该遵循的原则:

(1) 如果在 k 个小球中有 1 个具有放射性,$2^{n-1}<k\leqslant 2^n$,则恰需经过 n 次检测可以找到它.只要每次对分(奇数时取大于半数的最小整数)并取一半进行检测即可.

(2) 如果在 k 个球中有 2 个具有放射性,则在哪 2 个球是有放射性的问题上,存在着 C_k^2 种可能性.类似于(1),如果 $C_k^2>2^n$,则经 n 次检测不能保证找出那 2 个有放射性的球.

(3) 如果从 k 个球中第一次对 m 个进行检测,则结果为"$-$"(表示没有放射性)时,2 个有放射性的球存在于余下的 $k-m$ 个球中,还有 C_{k-m}^2 种可能性;当结果为"$+$"时,还有 $C_k^2-C_{k-m}^2$ 种可能性.可见,每次检测的最佳选择在于使这两个数尽可能相同或相近.

如果从 11 个球中取出 2 个球做第一次检测而结果为"$-$",则余下 9 个球中含 2 个有放射性的球,而 $C_9^2=36>2^5$,由(2)知再进行 5 次检测是不够的.如果第一次取出 4 个球进行检测而结果为"$+$",则余下的可能性为 $C_{11}^2-C_7^2=34>2^5$,5 次检测还是不够.故知第一次检测一定要取 3 个球.设结果为"$-$",于是接着要从其余 8 个球中检测出 2 个有放射性的球.容易看出,第二次检测应取 2 个球.假设结果又是"$-$",于是问题化为从 6 个球中检测出 2 个有放射性的球.若第三次检测取 1 个球,则结果为"$-$"时导致 $C_5^2=10>2^3$,再用 3 次检测是不够的;若第三次检测时取 2 个球,则结果为"$+$"时导致 $C_6^2-C_4^2=9>2^3$,3 次检测也是不够的.这就证明了 6 次检测不能保证确定出那 2 个有放射性的球.

7 次检测足以确定出那 2 个有放射性的球.第一次检测 3 个球.若结果为"$+$",则第二次再检测其中两个,若为"$-$",则余下 1 个为有放射性的球;若为

“+”，则第三次检测其中之一，无论结果如何，都可定出1个有放射性的球.其余10个球中还有一个有放射性的球，进行4次检测当然足以定出来.如果第一次检测结果为“－”，则第二次再从其余8个球中取2个进行检测.若结果为“+”，则再取其中之一进行第三次检测，必可定出1个有放射性的球，以下检测同上，当然7次检测可以解决；若结果为“－”，则余下6个球中含2个有放射性的球，还有5次检测，当然也毫无问题.

▶**例15** 给定正整数n.已知用克数都是正整数的k个砝码和一台天平可以称出质量为$1,2,\cdots,n$克的所有物品的质量.

(1) 求k的最小值$f(n)$；

(2) 当且仅当n取什么值时，上述$f(n)$个砝码的组成方式是唯一确定的？证明你的结论.

(1999年中国高中数学联赛)

解

(1) 设这k个砝码的质量分别为$a_1,a_2,\cdots,a_k$，$1\leqslant a_1\leqslant a_2\leqslant\cdots\leqslant a_k$，$a_i\in\mathbf{N}$，$i=1,2,\cdots,k$.因为天平两端都可以放砝码，故可称出质量为

$$\sum_{i=1}^{k} x_i a_i,\ x_i\in\{-1,0,1\},\ i=1,2,\cdots,k \tag{1}$$

的所有不同质量.显然，若利用这k个砝码可以称量质量$1,2,\cdots,n$，则由对称性知，式(1)中的表达式的值也可以为$0,-1,-2,\cdots,-n$.从而有

$$\{-n,\cdots,-1,0,1,\cdots,n\}\subset\left\{\sum_{i=1}^{k} x_i a_i\,\middle|\,x_i\in\{-1,0,1\}\right\},$$

由此可得

$$2n+1\leqslant\left|\left\{\sum_{i=1}^{k} x_i a_i\,\middle|\,x_i\in\{-1,0,1\}\right\}\right|\leqslant 3^k,$$

解得$n\leqslant\frac{1}{2}(3^k-1)$.

易见，当$\frac{1}{2}(3^{m-1}-1)<n\leqslant\frac{1}{2}(3^m-1)$时，为了能称量出$1,2,\cdots,n$克的不同质量，应有$m\leqslant k$，这表明$k$的最小值$f(n)\geqslant m$.

另一方面，当$k=m$时，取$a_i=3^{i-1}(i=1,2,\cdots,m)$即可满足题中要求.这时，由整数的三进制表示可知，对任意$h\in\mathbf{Z}$，$0\leqslant h\leqslant 3^m-1$，都可写成

$$h=\sum_{i=1}^{k} y_i 3^{i-1}, y_i \in \{0,1,2\}, i=1,2,\cdots,m,$$

于是

$$h-\frac{1}{2}(3^m-1)=\sum_{i=1}^{m} y_i 3^{i-1}-\sum_{i=1}^{m} 3^{i-1}=\sum_{i=1}^{m}(y_i-1)3^{i-1}.$$

令 $x_i=y_i-1$，于是 $x_i\in\{-1,0,1\}$，$i=1,2,\cdots,m$. 因此，对所有满足 $-\frac{1}{2}(3^m-1)\leqslant l\leqslant\frac{1}{2}(3^m-1)$ 的整数 l，都有

$$l=\sum_{i=1}^{m} x_i 3^{i-1}, x_i\in\{-1,0,1\}, i=1,2,\cdots,m,$$

故知 k 的最小值 $f(n)=m$，其中 $\frac{1}{2}(3^{m-1}-1)<n\leqslant\frac{1}{2}(3^m-1)$.

(2) 首先，当 $\frac{1}{2}(3^m-1)<n<\frac{1}{2}(3^{m+1}-1)$ 时，由(1)中论证可知，$1,3,\cdots,3^{m-1},3^m$ 就是满足要求的一种砝码的组成方式. 下面证明：$1,3,\cdots,3^{m-1},3^m-1$ 也是满足要求的一种组成方式.

当 $1\leqslant l\leqslant\frac{1}{2}(3^m-1)$ 时，由(1)知可写成

$$l=\sum_{i=1}^{m} x_i 3^{i-1}, x_i\in\{-1,0,1\}, i=1,\cdots,m,$$

从而有

$$l=\sum_{i=1}^{m} x_i 3^{i-1}+0\cdot(3^m-1), x_i\in\{-1,0,1\}. \tag{2}$$

当 $\frac{1}{2}(3^m-1)<l\leqslant n<\frac{1}{2}(3^{m+1}-1)$ 时，$\frac{1}{2}(3^m-1)<l+1\leqslant\frac{1}{2}(3^{m+1}-1)$，于是由(1)知可写成

$$l+1=\sum_{i=1}^{m+1} x_i 3^{i-1}, x_i\in\{-1,0,1\}, i=1,\cdots,m+1,$$

且其中 $x_{m+1}=1$. 从而有

$$l=\sum_{i=1}^{m} x_i 3^{i-1}+(3^{m-1}-1), x_i\in\{-1,0,1\}. \tag{3}$$

式(2)和式(3)表明，砝码组 $1,3,3^{m-1},3^m-1$ 满足题中要求. 这样，就证明了当 $n\neq\frac{1}{2}(3^m-1)(m\in\mathbf{N})$ 时，满足题中要求的 $f(n)$ 个砝码的组成方式不唯一.

下面证明：当 $n=\frac{1}{2}(3^m-1)(m\in\mathbf{N})$ 时，满足要求的 $f(n)=m$ 个砝码的组

成方式是唯一确定的，即 $a_i=3^{i-1}, i=1,2,\cdots,m$.

若对每个 $-\frac{1}{2}(3^m-1)\leqslant l\leqslant\frac{1}{2}(3^m-1)$，都有

$$l=\sum_{i=1}^{m} x_i a_i, x_i\in\{-1,0,1\}, i=1,2,\cdots,m,$$

即有

$$\left\{0,\pm1,\cdots,\pm\frac{1}{2}(3^m-1)\right\}\subset\left\{\sum_{i=1}^{m} x_i a_i \,\middle|\, x_i\in\{-1,0,1\}\right\},$$

则必有

$$\left\{0,\pm1,\cdots,\pm\frac{1}{2}(3^m-1)\right\}=\left\{\sum_{i=1}^{m} x_i a_i \,\middle|\, x_i\in\{-1,0,1\}\right\}, \tag{4}$$

从而对于满足条件 $-\frac{1}{2}(3^m-1)\leqslant l\leqslant\frac{1}{2}(3^m-1)$ 的每个整数 l，都可唯一地表示为

$$l=\sum_{i=1}^{m} x_i a_i, x_i\in\{-1,0,1\}, i=1,2,\cdots,m.$$

特别地，当所有 x_i 都为 1 时，必有

$$\sum_{i=1}^{m} a_i=\frac{1}{2}(3^m-1),$$

于是

$$\sum_{i=1}^{m}(x_i+1)a_i=\sum_{i=1}^{m} x_i a_i+\sum_{i=1}^{m} a_i=\sum_{i=1}^{m} x_i a_i+\frac{1}{2}(3^m-1).$$

令 $y_i=x_i+1$，于是 $y_i\in\{0,1,2\}, i=1,2,\cdots,m$. 从而对每个 $0\leqslant l\leqslant 3^m-1$，都可唯一地表示为

$$l=\sum_{i=1}^{m} y_i a_i, y_i\in\{0,1,2\}, i=1,2,\cdots,m. \tag{5}$$

由式(4)可知，$1\leqslant a_1<a_2<\cdots<a_m$.

最后，用数学归纳法证明 $a_i=3^{i-1}, i=1,2,\cdots,m$.

当 $i=1$ 时，为使式(5)中 l 可取值 1，必有 $a_1=1$. 设当 $i=1,2,\cdots,h$ 时，有 $a_i=3^{i-1}$. 因为

$$\sum_{i=1}^{h} y_i a_i=\sum_{i=1}^{h} y_i 3^{i-1}, y_i\in\{0,1,2\}$$

恰为整数的三进制表示，所以它们所表示的 3^h 个数恰好是 $0,1,2,\cdots,3^h-1$. 再由式(4)知，a_{h+1} 应是除上述 3^h 个数外 $\left\{\sum_{i=1}^{m} y_i a_i \,\middle|\, y_i\in\{0,1,2\}\right\}$ 中最小的数，即

应有 $a_{h+1}=3^h$.这就完成了归纳证明.

综上可知,当且仅当 $n=\frac{1}{2}(3^m-1)(m\in\mathbf{N})$时,满足题中要求的$f(n)$ 个砝码的组成方式是唯一确定的.

▶ **例 16** 甲、乙、丙三人玩一个数字游戏.首先,甲告诉其他两人两个正整数 $n,k(n>k)$,并悄悄地告诉乙一个 n 位二进制数;然后,乙写出恰与该数 k 个位置不同的所有 n 位二进制数;最后,丙根据乙所写的数,猜甲告诉乙的数.问:关于 n,k,至少猜多少次就一定可以猜到正确答案?

(2017 年瑞士国家队选拔考试)

解

当 $n\neq 2k$ 时,考虑二进制数中任一个固定位置上的数字,乙所写的数与甲给的数相同的有 C_{n-1}^{k} 个,不同的有 C_{n-1}^{k-1} 个.而 $C_{n-1}^{k}\neq C_{n-1}^{k-1}$,丙通过计算个数知道该数位上的正确数字.从而,丙可以直接猜到正确答案.

当 $n=2k$ 时,注意到,对任意的 n 位二进制数 X 及与 X 每一位数字均不同的二进制数$\underbrace{1\cdots1}_{n个}-X$,乙均写出相同的数.

从而,丙至少要猜两次.

下面证明两次是充分的.

考虑前两位数字,乙所写的数与所给的数有四种关系:对对、错错、对错、错对,其中,前两种均为 C_{2k-2}^{k} 个,后两种均为 C_{2k-2}^{k-1} 个.而 $C_{2k-2}^{k}\neq C_{2k-2}^{k-1}$,通过计数知前后两种情况,猜一次就可知这两位的正确数字.

类似考虑第一、第 $i(i\in\{3,4,\cdots,n\})$位的两位数字,结合第一位的正确数字,就可知第 i 位的正确数字.从而,得到正确的答案.

综上,当 $n=2k$ 时猜的最少次数为 2;当 $n\neq 2k$ 时猜的最少次数为 1.

▶ **例 17** 5 名学生围坐在圆桌旁.教师给了他们一些苹果,并对他们说:“我给你们中的一些人一些苹果,任意两人的苹果个数不同.你们每人能知道自己左、右同学的苹果个数.”教师告诉了苹果的总数,并让学生猜他们对面两名同学拥有的苹果个数之差.

(1) 若苹果总数小于 16,证明:至少有一名学生能猜出正确的差;

(2) 证明:教师能给他们 16 个苹果,使得没有学生能猜出正确的差.

(2017—2018年第35届伊朗数学奥林匹克竞赛,第二轮)

证明

(1) 假设没有学生能猜出正确的差.

先证明一个引理.

引理 任意相邻两名学生拥有的苹果个数之和至少为5.

证明 (i) 相邻两名学生拥有的苹果个数之和不能等于1,否则必是一人有1个苹果,另一人没有苹果.于是,这两人拥有的苹果个数之差为1,能猜出,矛盾.

(ii) 相邻两名学生拥有的苹果个数之和也不能等于2,否则必是一人有2个苹果,另一人没有苹果(这是因为这两人拥有的苹果个数不等).于是,这两人拥有的苹果个数之差为2,能猜出,矛盾.

(iii) 若相邻两名学生拥有的苹果个数之和为3,则苹果的个数有两种可能的组合:$\{1,2\}$或$\{0,3\}$.则其他学生拥有的苹果个数不属于$\{0,1,2,3\}$.于是,苹果的总数至少为$3+4+5+6=18$,矛盾.

(iv) 若相邻两名学生拥有的苹果个数之和为4,则苹果的个数有两种可能的组合:$\{0,4\}$或$\{1,3\}$.则其他学生拥有的苹果个数不属于$\{0,1,3,4\}$.于是,苹果的总数至少为$4+2+5+6=17$,矛盾.

综上,任意相邻两名学生拥有的苹果个数之和至少为5.

引理得证.

下面只要证明不存在一名学生至少有6个苹果即可.因为其他4名学生至少有$2\times5=10$个苹果,所以,苹果的个数至少为16,矛盾.

若存在一名学生没有苹果,由引理,知与其相邻的两名同学分别至少有5、6个苹果.

剩下唯一的情况:5名学生拥有的苹果个数为$\{1,2,3,4,5\}$.于是,有1个苹果的学生其左、右的同学分别有4个、5个苹果,则这名学生猜他对面的两名同学拥有的苹果个数之差为1.因为该学生知道他对面的两名同学有5个苹果,且苹果的个数不可能是$\{1,4\}$或$\{0,5\}$这两种组合,所以,必是$\{2,3\}$组合.这表明,他对面的同学拥有的苹果个数之差为1,矛盾.

(2) 考虑5名学生拥有的苹果个数依次为1,4,3,2,6的情况.此时,任意相邻两名学生拥有的苹果个数之和分别为5,7,5,8,7.设任何一名学生对面的两名同学拥有的苹果个数为k,则这名学生不能猜出他对面的两名同学拥有的苹果个数之差,这是因为苹果的个数还可以是$\{0,k\}$组合.

▶**例 18** 有 n 名学生玩一个游戏.游戏开始前,每人至少有一块糖.每一轮游戏均会给这些学生分糖,规则为:在第 k 轮,已有糖数与 k 互素的学生均可以获得本轮的一块糖.证明:对于足够大的正整数 k,k 轮游戏以后,学生的糖数最多有两种可能情况.

(2018 年第 49 届奥地利数学奥林匹克竞赛)

证明

考虑有 $k-1$ 或 $k+1$ 块糖的学生.

第 k 轮时,因为 $(k,k\pm1)=1$,所以,这些学生可以分到本轮的糖,且这些学生在后面的轮次中仍是如此.

设 A_{ik} 表示第 $i(i=1,2,\cdots)$ 名学生在第 $k(k=1,2,\cdots)$ 轮开始前有的糖数,$A_{ik}-k=d$.

对于每一轮,轮数比上一轮加 1,每名学生的糖数比上一轮加 0 或 1.于是,第一轮开始前,$A_{i_1}\geqslant1$,每一轮过后,d 保持不变或比上一轮小 1,最终会有 $|d|=1$.

从而,若 $|d|=1$,则每一轮过后,$|d|$ 均保持不变,即第 k 轮前,这些学生拥有的糖数为 $k-1$ 或 $k+1$.

若 $d=0$,即这些学生有 k 块糖.当 $k=1$ 时,第一轮开始前这名学生有一块糖,第一轮这名学生得到一块糖,但第二轮不能得到糖,则两轮后有 $d=-1$.当 $k>1$ 时,这一轮学生不能得到糖,这一轮后有 $d=-1$.

若 $d>1$,则至多 d 轮,就可以使轮数能被 d 整除,且 d 要么已经减少,要么 d 为 k 与 A_{ik} 的公因数.故最多再过 d 轮,d 就会减 1.

由此,证明了在第 k(k 足够大)轮发糖前,所有学生的糖数均会变为 $k-1$ 或 $k+1$.从第 k 轮开始,每轮每名学生均会同时得到一块糖.

▶**例 19** 给定自然数 $n\geqslant3$.甲做一个游戏:开始时,让卡片处于笛卡儿平面 xOy 的原点.甲按下列规则移动卡片:卡片只能在平行于坐标轴的方向上(或在坐标轴上)移动.第一步移动 $1=2^0$ 个单位的距离,第二步从之前的位置移动 $2=2^1$ 个单位的距离,第三步从之前的位置移动 $4=2^2$ 个单位的距离,以此类推.甲总共移动了 n 步,卡片在整个游戏过程中距原点最远的距离(不一定是第 n 步之后的位置)称为"损失".问:甲能实现的损失的最小值是多少?

(2017 年第 57 届乌克兰数学奥林匹克竞赛,十年级)

解

由已知,第一步移动距离为 2^0,第二步移动距离为 2^1,……,第 n 步移动距离为 $2^{n-1}(n>1)$.

假设从第一步到第 $n-3$ 步均为沿着竖直方向(平行于 y 轴)向下移动,第 $n-2$ 步向上移动,然后向左移动一步,最后向右移动一步.将 k 步移动后的位置记为 $A_k(k=1,2,\cdots,n)$,故

$$A_1(0,-2^0)=A_1(0,-(2^1-1)),$$
$$A_2(0,-(2^2-1)),\cdots,$$
$$A_{n-3}(0,-(2^{n-3}-1)),A_{n-2}(0,1),$$
$$A_{n-1}(-2^{n-1},1),A_n(2^{n-1},1).$$

显然,这个过程中距原点最远的点是 A_{n-1} 和 A_n,与原点的距离均为 $R=\sqrt{2^{2n-2}+1}$.

下面证明:上述策略的损失是最小的.

构造一个以原点为中心、R 为半径的圆盘.

注意到,若存在一个更好的策略,则甲所有的路线必须在圆盘内部.

由于最后一步移动距离为 2^n,可先假设存在一个长度为 2^n 的水平线段,这样的水平线段一定落在 x 轴上且联结点 $B(-2^{n-1},0)$,$C(2^{n-1},0)$.再假设最后一步从点 B 沿着 BC 移动到点 C.由于之前的一步移动距离为 2^{n-1},于是只能由原点出发.而由二进制表示的唯一性知,中途不可能返回原点.因此,不可能实现.

从而完成了证明.

▶**例 20** 甲、乙两人玩游戏,他们先将 N 枚棋子分成 M 组,再轮流对这些组中的棋子进行下述两种情况之一的操作:

① 分组操作——选择其中的一组棋子,将其任意分成两组(分出的每组均至少有一枚棋子);

② 取子操作——从每一组中取走一枚棋子.

游戏由甲开始,且规定轮到谁时若不能进行合法操作,他就输掉了这盘游戏.问:

(1) 若有 49 枚棋子平均分成 7 组,则甲是否有必胜策略?

(2) 若游戏开始前,这 $M(M\geqslant 1)$ 组的棋子数分别为 $n_1,n_2,\cdots,n_M(n_1\geqslant 1,n_2\geqslant 1,\cdots,n_M\geqslant 1)$,则谁将最终赢得游戏?

(2017 年德国数学奥林匹克竞赛,决赛)

解

(1) 甲没有必胜策略.

分两种情况讨论.

(i) 若甲第一步选择分组操作,则乙第一步也选择分组操作,且乙操作时分出一个只有1枚棋子的组.这样在乙操作后,甲、乙两人均无法进行取子操作了.之后,两人只能轮流进行分组操作.而从此时的9个组到最后分成49个组(每组一枚棋子),还能操作 $49-9=40$ 次.因此,最后一次进行操作的是乙,从而乙获胜.

(ii) 若甲第一步进行取子操作,则乙第一步还是选择分组操作,仍然分出一个只有1枚棋子的组.类似地,之后两人只能轮流进行分组操作,而分组操作还能再进行 $49-7-8=34$ 次.因此,最后一次进行操作的还是乙,乙仍获胜.

(2) 若初始状态时,棋子总数 $N=\sum_{i=1}^{M} n_i$,为了便于讨论,不妨设 $1\leqslant n_1\leqslant n_2\leqslant\cdots\leqslant n_M$.

(i) 当 N 与 M 的奇偶性不同(即 $N-M$ 为奇数)时,甲只要第一步进行分组操作,且分出一组只有1枚棋子,之后两人只能轮流进行分组操作,而分组操作还能进行 $N-M-1$(偶数)次.因此,最后一次分组操作由甲完成,从而甲获胜.

(ii) 当 N 与 M 的奇偶性相同时,为了避免输掉游戏,甲第一步必会采用取子操作(否则,乙只需按前述方式就可获胜).当乙开始操作时,其面对的情况是 $N-M$ 枚棋子被分成了 M 组.

若 $N-M$ 与 M 的奇偶性不同,即 N 为奇数时,可化归到(2)中(i)的讨论,乙会获胜.

若 $N-M$ 与 M 的奇偶性相同,即 N 为偶数时,类似(2)中(ii)的前半部分的讨论,可知乙为了不输,只能进行取子操作.在这种情况下,甲、乙两人首先会轮流进行 n_1-1 次取子操作(此时会有一组中的棋子个数变为1,使取子操作无法继续),之后两人会再轮流进行 $N-n_1M$ 次分组操作.由于 $N-n_1M$ 为偶数,于是谁第一个进行分组操作,谁就会输掉游戏.因此,讨论 n_1 的奇偶性,知 n_1 为偶数时,甲将获胜;n_1 为奇数时,乙将获胜.

综上,本题的结论为:N 与 M 的奇偶性不同时,甲获胜;N 与 M 同为奇数时,乙获胜;N 与 M 同为偶数时,若 n_1 为偶数,则甲获胜,若 n_1 为奇数,则乙获胜.

演习场

习题 9

1. 甲、乙二人玩数学游戏，两人轮流从数列 1，2，3，…，27 中删去 1 个数，直到只剩下一个数为止.甲先开始玩.如果删去的 26 个数的和能被 5 整除，则判甲获胜，否则就判乙获胜.问：甲、乙二人谁有必胜策略？说明理由.

（1969 年第 32 届莫斯科数学奥林匹克竞赛）

2. 甲、乙二人进行如下游戏：两人轮流从数列 1，2，3，…，101 中每次任意删去 9 个数，甲先开始玩.经过 11 次这样的操作后，还剩下两个数.这时，所余两数之差即为甲的得分.试证：不论乙怎样操作，甲至少可得 55 分.

（1969 年第 32 届莫斯科数学奥林匹克竞赛）

3. 给定质量成等比数列的 4 个砝码和一架等臂天平，说明怎样只用这架天平称两次就找出最重的那个砝码.

（1976 年第 8 届加拿大数学奥林匹克竞赛）

4. 已知利用一组 6 个砝码，可以用天平称量质量是连续自然数的 63 个重物.求出这组砝码的质量分别是多少.

（1987 年第 21 届全苏数学奥林匹克竞赛）

5. 今给出若干个内容完全相同的集合，这些集合均由 4 个质量均为整数克的物件组成.现欲用这些物件当作砝码，称出 1 克至 1985 克（含 1985 克）之间的每一整数克的重物.为使当作砝码的物件总质量达到最小，有多少种不同的选配 4 个物件质量的方案？

（1985 年奥地利-波兰数学奥林匹克竞赛）

6. 商店里运到了大罐牛奶.售货员有一架缺少砝码的天平（秤盘中可放牛奶瓶），并有 3 个一样的牛奶瓶，其中有两个是空的，另一个中盛有 1 升牛奶.怎样才能在一个瓶中刚好装进 85 升牛奶，而使用天平称量不超过 8 次（假定牛奶瓶的容积超过 85 升）？

（1985 年第 48 届莫斯科数学奥林匹克竞赛）

7. 已知在 20 块大小和形状全都相同的金属立方块中，有一些（至少 1 块）是铝制的，其余的则为硬铝合金（比铝重）制的.现欲用一架没有砝码的天平在称量不超过 11 次的限制下确定出硬铝合金块的数目，该如何称量？

（1947 年第 10 届莫斯科数学奥林匹克竞赛）

8. 已知 6 个外观相同的砝码，分别重 1，2，3，4，5，6 克，在它们的上面分别刻有“1 克”“2 克”“3 克”“4 克”“5 克”和“6 克”的字样.现有一架天平，但无其他砝码.问：怎样通过两次称量，来检验出其中是否有字样与实际质量不相符的现象？

(1991 年第 54 届莫斯科数学奥林匹克竞赛)

9. 从一组质量分别为 1，2，…，26 的砝码中，可以选出 6 个来，使得从它们中不能找出两个质量和相同的不同砝码组合.求证：不可能选出 7 个砝码，使它们也具有这种性质.

(1966 年第 30 届莫斯科数学奥林匹克竞赛)

10. 已知 19 个砝码中的每一个都不重于 70 克，并且质量都是整数克.求证：由它们不能组成多于 1230 个质量不同的砝码组.

(1970 年第 33 届莫斯科数学奥林匹克竞赛)

11. 给定 13 个砝码，它们的质量都是整数克.已知其中任意 12 个砝码都可分为两组，每组 6 个砝码，且两组砝码的质量和相等.求证：所有砝码的质量都相等.

(1949 年第 12 届莫斯科数学奥林匹克竞赛)

12. 已知质量皆为整数的若干个砝码可被分成 k 个质量相同的砝码组.试证：至少有 k 种不同的方法从中取走 1 个砝码，使得剩下的砝码不能再分成 k 个质量相同的组.

(1974 年第 37 届莫斯科数学奥林匹克竞赛)

13. 在 101 枚硬币中有 50 枚伪币，伪币质量比真币少 1 克.现有一架天平，它的指针能指出天平左右两盘质量的差值.要求使用天平一次判定指定的一枚硬币是真币还是伪币.

(1977 年基辅数学奥林匹克竞赛)

14. 已知在 2000 枚硬币中有两枚是伪币，其中一枚比真币轻，另一枚比真币重.现要在不带砝码的天平上通过 4 次称量来比较两枚伪币的质量之和与两枚真币的质量之和，是轻、重还是相等，该如何称量？

(1989 年第 23 届全苏数学奥林匹克竞赛)

15. 已知在 80 枚金币中有 1 枚伪币，其质量较轻.要用一架没有砝码的天平称量 4 次找出伪币，该怎样称量？

(1947 年基辅数学奥林匹克竞赛)

16. 14 枚硬币被作为物证在法庭上出示.鉴定人发现,第 1 枚至第 7 枚是伪币,第 8 枚至第 14 枚是真币.法庭仅知道,伪币的质量都相同,真币的质量也相同,并且伪币比真币轻.鉴定人使用的是没有砝码的天平.试证:鉴定人可以利用 3 次称量,就向法庭证明前 7 枚是伪币而后 7 枚是真币.

(1973 年第 7 届全苏数学奥林匹克竞赛)

17. 有 25 枚外观相同的硬币,其中有 3 枚伪币和 22 枚真币.所有真币的质量都相同,所有伪币的质量也都相同,但伪币轻于真币.现有一架没有砝码的天平.问:该如何称量两次,以便找出 6 枚真币来?

(1990 年第 16 届全俄数学奥林匹克竞赛)

18. 已知 4 枚硬币中可能混有伪币,每枚真币重 10 克,每枚伪币重 9 克.现有一台只有一个秤盘的台秤,可以称出盘中物体的总质量.为了鉴别出每枚硬币的真伪,最少要进行几次称量?

(1988 年第 51 届莫斯科数学奥林匹克竞赛)

19. 已知 5 枚硬币中有 1 枚是伪币,它在质量上与真币不同,但不知较重还是较轻.真币的质量是 5 克.现有一台天平和一枚质量为 5 克的砝码.问:应该怎样称量,才能只称量两次就找出伪币?

(1964 年基辅数学奥林匹克竞赛)

20. 有一根由 60 个环组成的锁链,每个环重 1 克.最少砍断几个环,才可以利用断成一段段的锁链,凑出 1 克,2 克,……,59 克,60 克的重物来(被砍断的环仍重 1 克)?

(1951 年第 14 届莫斯科数学奥林匹克竞赛)

21. 设有两种质量分别为 p 和 $q(p>q)$ 的球共 5 个,每个球都涂有红、黄、蓝三色之一.两个红球、两个黄球的质量都不相同,一个蓝球的质量不知是 p 还是 q,且由外形无法确定球的轻重.现有一台无砝码的天平(只能比较轻重而不能称出具体质量),准许称量两次而将 5 个球的轻重都区分出来.该怎样称量?

(1984 年中国初中数学联赛)

22. 一堆石头的总质量是 100 千克,其中每块的质量都不超过 2 千克.以各种方式取出其中的一些石头,并算出这些石头的质量之和与 10 千克的差.设这些差的绝对值的最小值是 d 千克,求 d 的最大值.

(1979 年第 42 届莫斯科数学奥林匹克竞赛)

23. 地质队在考察中共采集了 80 种岩芯样品，它们的质量各不相同，但都已登记在清单上.一段时间后，样本盒子上所贴的标签变得模糊不清，唯有保管员知道它们各是哪种样本.他不用打开盒子，仅利用清单和一台有指针的天平（可以指示两端的质量之差）即可证明他所说的全是对的.求证：他最少要用天平称量 4 次.

（1995 年第 58 届莫斯科数学奥林匹克竞赛）

第十讲 操作问题

训练营

▶例1 求最大的实数 c，使得如下命题成立：如果圆周上有 n 段圆弧（包括端点）$A_1, A_2, \cdots, A_n$，在所有的三元组 (A_i, A_j, A_k)，$1 \leqslant i < j < k \leqslant n$ 中，有至少一半的三元组满足 $A_i \cap A_j \cap A_k \neq 0$，则存在 $m \geqslant cn$，使得我们可以在 A_1，$A_2, \cdots, A_n$ 中找到 m 段圆弧，它们的交非空.

（2019年第35届中国数学奥林匹克竞赛）

解

为了讨论方便，如果最多有 m 段圆弧的交非空，我们就称这些圆弧的 M 值为 m；又记满足 $A_i \cap A_j \cap A_k$ 非空的三元组 (i, j, k)，$1 \leqslant i < j < k \leqslant n$ 的个数为圆弧组的 F 值.我们将应用调整的方法，从开始的一些圆弧组，得到更标准化的一些圆弧组，且在调整过程中，使得 M 值不增加，F 值不减少.对所有的圆弧，按逆时针方向看，第一个端点称为起点，第二个端点称为终点.另外，圆弧组的 M 值即圆上每个点被圆弧组覆盖的重数最大值，我们将用移动圆弧起点、终点的方式进行调整.

如果移动起点时没有经过其他终点，则不改变圆弧组的任意子集交集是否为空的性质，因此不改变 F 值；移动终点不经过起点的情况亦然.

如果有圆弧的起点和别的圆弧的终点重合，例如 x 既是 $A_1, A_2 \cdots, A_k$ 的起点，也是 $A_{k+1}, A_{k+2}, \cdots, A_{k+l}$ 的终点，则将 $A_1, A_2, \cdots, A_k$ 的起点延长到 $A-\varepsilon$，$A_{k+1}, A_{k+2}, \cdots, A_{k+l}$ 的终点延长到 $A+\varepsilon$，使得 $|A-\varepsilon, A+\varepsilon|$ 内没有不同于 A 的其他圆弧的端点.对所有这类点进行这样的操作后，圆弧组的 M 值不变，F 值不变，任何原来相交的圆弧如今相交于一段圆弧，且没有任何点既是起点又是终点.

如果有圆上的点是多段圆弧的起点（终点），在这个点附近将这些圆弧的起点(终点)修正成不同的值,则任意段圆弧的交集是否为空的关系保持不变,因此圆弧组的 F 值不变,易见 M 值也不变.这样操作一遍后,任何点至多是一段圆弧的起点或终点.

将所有圆弧的终点改成开的(即不包括这个端点),圆弧组的 M 值和 F 值均不变.

如果有圆上的点被覆盖的重数小于 M 值,取覆盖重数最小的一个点,这个点逆时针碰到的第一个端点是某圆弧的起点 A,顺时针碰到的第一个端点是某圆弧的终点 B.将 B 对应的圆弧终点延长至 A,则 BA 这段圆弧的覆盖重数增加1,但没有改变 M 值.圆弧组的任何子集的交集是否为空依旧不变,因此 F 值不变.重复这样的操作到不能继续为止,则圆上每个点恰好被覆盖同样多次,此时每段圆弧的起点同时是某圆弧(可能是自己)的终点(开端点).

此时圆上有 n 个起点,同时也是 n 个终点,起点、终点的对应关系决定了圆弧的跨度,进而决定了相交情况,还知道每个点被覆盖 m 次,m 是圆弧组的 M 值.

如果有两段圆弧 AB,CD,使得在逆时针方向上 $A<C<D<B$.我们断言,将圆弧 AB,CD 替换为圆弧 AD,CB,则圆弧组的 M 值不变,F 值不减少.M 值显然是不变的,因为 AB,CD 与 AD,CB 在圆上覆盖的部分(计算重数)是一样的.因为 $AB\cap CD=AD\cap CB$,所以如果一个三元圆弧组包含 AB,CD,则替换前后交集是否非空的性质不变.对于任何两个 AB,CD 之外的圆弧 A_i,A_j,用 x,y,z 分别表示 $A_i\cap A_j$ 与 AC,CD,DB 的交是否为空集,空则取1,非空则取0.于是两个三元组 (A_i,A_j,AB),(A_i,A_j,CD) 中非空集的个数可表示为 $1-xyz+1-y$.而三元组 (A_i,A_j,AD),(A_i,A_j,CB) 中非空集的个数可表示为 $1-xy+1-yz$.显然有

$$1-xyz+1-y\leqslant 1-xy+1-yz\Leftrightarrow y(x-1)(z-1)\geqslant 0.$$

对所有三元组分类考虑,可以发现替换前后 F 值不减少.重复这样的操作到不能继续为止,则所有圆弧的起点排序与终点排序一致.根据每个点被覆盖重数为 m,可以将圆弧组的交集非空性问题等价化为 n 元集 $\{1,2,\cdots,n\}$ 的 n 个子集,$A_i=\{i+1,i+2,\cdots,i+m\pmod n\}$,$1\leqslant i\leqslant n$ 的同样问题.

对于最后的这个问题,计算有非空交集的三元组 (i,j,k) 满足 $i<j<k<i+m\pmod n$(为防止歧义,这里假定 $m<\frac{n}{2}$),其个数为 $n\mathrm{C}_{m-1}^2$.因此需要 $n\mathrm{C}_{m-1}^2\geqslant\frac{1}{2}\mathrm{C}_n^3$,计算可得

$$\frac{m}{n}\cdot\frac{m}{n}>\frac{m-1}{n-1}\cdot\frac{m-2}{n-2}\geqslant\frac{1}{6}.$$

因此$\frac{m}{n}>\frac{\sqrt{6}}{6}$.

显然当$n\to+\infty$时,不存在更大的c.因此最大的c为$\frac{\sqrt{6}}{6}$.

点评

参加奥林匹克数学竞赛训练的一个经验是,尽量少看标准答案,亦即所谓的评分标准.因为那大多是一些貌似滴水不漏、四平八稳的八股式文章,只会让你知其然,不会让你知其所以然.要看就看顶尖高手或高水平教练拟的解答,反复揣摩一定会有收益.上面是两位昔日国际数学奥林匹克竞赛金牌得主给出的解答。

▶例 2 某房屋的俯视图呈被分为单位方格的长方形,每个方格的四边均有墙. 已知一些墙上有门,而建筑的外墙均无门.有一些学生在房屋中迷了路,他们靠穿过墙上的门而移动.假定任两个方格间均存在一条路径.现在老师想把全部学生带到同一个方格,假定他知道所有学生的位置,且通过无线对讲机给所有学生发指令,一次一个方向:东、南、西或北.而接到指令后,所有学生均按指令移动一个方格,若没有门则待在原地.证明:老师能将全部学生带到同一个方格.

(2017 年瑞士数学奥林匹克竞赛,决赛)

证明

只需证明可将学生甲、乙带到同一个方格即可.

开始时,设甲在方格A,乙在方格B.由于任意两个方格均有道路相通,不妨假定方格A在房屋的左上角处.设从方格B移动到方格A的最少步数(称为距离)为d.

若$d=0,1$,结论显然成立.

若乙通过d步从方格B移到方格A,同时甲从方格A移到方格C.注意到,乙一定有向西或向北的移动,此时甲不动.从而,方格A到方格C的距离d'小于d.经过d'步,甲回到方格A,设乙同时移到方格D.此时,方格D到方格A的距离不大于d'.

于是,经过有限次这样的移动,乙、甲一定均可来到方格A.

▶**例 3** 一条直线上有 $2n-1(n\geqslant 2)$ 个灯泡.最初,第 n 个灯泡是亮的,其他的灯泡是灭的.一次操作是指选取一串至少三个的连续灯泡,最左边的和最右边的灯泡是灭的,且它们中间的所有灯泡均是亮的,然后改变每个所选取的灯泡的状态(例如,若选取的是灭亮亮灭 4 个灯泡,记为 •◦◦• ,则操作后变成◦••◦).问:至多经过多少次操作后不能再继续操作?

(2017 年塞尔维亚数学奥林匹克竞赛)

解

给第 i 个灯泡赋值为 $2^{|i-n|}$,记 a_i 为第 i 次操作后亮着的灯泡对应的赋值之和,规定 $a_0=2^{|n-n|}=1$.

先证明:对于任意的正整数 k,均有 $a_k-a_{k-1}\geqslant 3$.

(1) 若第 k 次操作改变了第 n 个灯泡的状态,记最左边、最右边的灯泡编号分别为 $n-p$,$n+q(p,q\in\mathbf{N}^*,p+q\geqslant 2)$,则

$$a_k-a_{k-1}=2^p-\sum_{k=0}^{p-1}2^k-\sum_{k=1}^{a-1}2^k+2^q=3.$$

(2) 若第 k 次操作没改变第 n 个灯泡的状态,不妨设选取的是第 n 个灯泡左边的灯泡,记最左边、最右边的灯泡编号分别为 $n-s$,$n-t(s,t\in\mathbf{N}^*,n-t\geqslant 2)$,则

$$a_k-a_{k-1}=2^s-\sum_{k=t+1}^{s-1}2^k+2^t=3\times 2^t>3.$$

从而,对于任意的正整数 k,均有 $a_k-a_{k-1}\geqslant 3$.

假设至多进行 m 次操作,则 $a_m\geqslant a_0+3m=3m+1$.

又 m 次操作后至多有一盏灯是灭的,故

$$a_m\leqslant\sum_{k=0}^{n-1}2^k+\sum_{k=1}^{n-1}2^k-1=2^{n+1}-4.$$

从而,$3m+1\leqslant 2^{n+1}-4\Rightarrow m\leqslant\left[\frac{2^{n+1}-5}{3}\right]$.

下面构造 $m=\left[\frac{2^{n+1}-5}{3}\right]$的例子.

归纳证明:当初始状态对应的所亮灯泡的赋值之和为 1 或 2 或 3 时,可通过操作把最终状态所亮灯泡的赋值至少变为 $2^{n+1}-6$.

当 $n=2$ 时,很容易讨论以上三种情况,经验证均满足要求.

假设对于 $n=i-1$ 结论成立.当 $n=i$ 时,由归纳假设,因为 $n=i-1$ 时的最终状态至少有一个灯泡是亮的,且通过取等条件知,此时所亮灯泡的赋值之和至

少变为 2^n-6.于是,当 $n=i$ 时,先按照 $n=i-1$ 时的操作,得到三种情况之一($n=i-1$ 时的最终状态再补上两端各一个灭的灯泡),然后通过操作,将每种情况再次转化为归纳假设的情况.

三种情况下的操作如图 10.1,可知最终除了两边两个灯泡亮着以外,其余亮着的灯泡的赋值之和仍为 1 或 2 或 3.

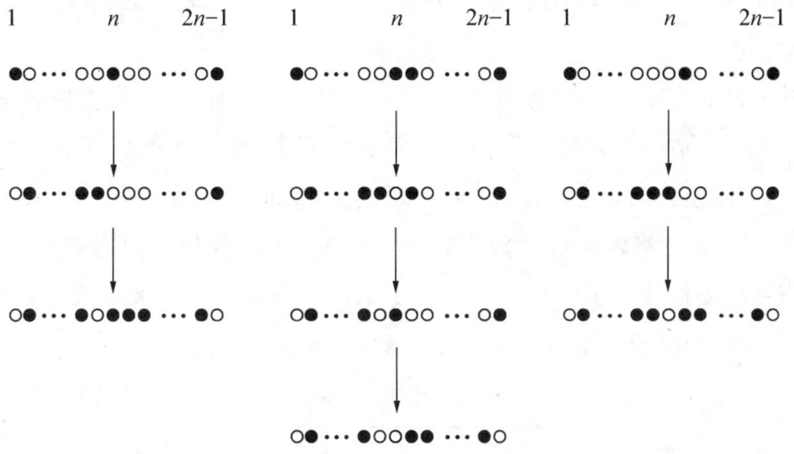

图 10.1

接下来按 $n=i-1$ 时的操作对中间的 $2n-3$ 个灯泡再操作一遍,就可以把 $n=i$ 时的某状态所对应的赋值之和至少变为

$$2^{n-1}+2^{n-1}+2^n-6=2^{n+1}-6.$$

综上,对于任意的 n,均能操作 $\left[\frac{2^{n+1}-6+1}{3}\right]=\left[\frac{2^{n+1}-5}{3}\right]$(次).

因此,至多操作 $\left[\frac{2^{n+1}-5}{3}\right]$ 次后不能再继续操作.

▶**例 4** 给定正整数 n,在 $n\times n$ 方格表中的每个格子内填一个整数.对此方格表进行如下操作:选取一个格子,将它所在的行与列中的 $2n-1$ 个格子内的每个数各加 1.求最大整数 $N=N(n)$,使得无论初始时方格表中的数是多少,总可以经过一系列上述操作,使得方格表中至少有 N 个偶数.

(2018 年第 34 届中国数学奥林匹克竞赛)

解

设选取的格子位于第 i 行第 j 列,将题设中的操作记作 $M(i,j)$.

首先注意到，一系列操作的结果与操作的顺序无关.

当 n 为偶数时，考虑 $2n-1$ 次操作 $M(p,q)(p=i$ 或 $q=j)$.这些操作对第 i 行第 j 列位置处的格子作用了 $2n-1$ 次，对第 i 行与第 j 列的其余格子各作用了 n 次，对既非第 i 行又非第 j 列的格子各作用了 2 次.于是，这 $2n-1$ 次操作的结果只改变了第 i 行第 j 列位置处的数的奇偶性，其他格子内数的奇偶性保持不变.从而，总可以经过一系列操作，使得方格表中的数均为偶数.故所求 $N=n^2$.

当 n 为奇数时，由以上分析知，总可以经过一系列操作，使得方格表左上角的 $(n-1)^2$ 个数均为偶数.若此时方格表中奇数的个数不少于 n，则操作 $M(n,n)$ 可以使方格表中奇数的个数不超过 $n-1$.故所求 $N \geqslant n^2-n+1$.

下面，考虑方格表各行的数之和 $s_1, s_2, \cdots, s_n$ 与各列的数之和 $t_1, t_2, \cdots, t_n$.任意一次操作改变了所有 $s_1, s_2, \cdots, s_n, t_1, t_2, \cdots, t_n$ 的奇偶性.设初始时 $s_1, s_2, \cdots, s_{n-1}$ 均为偶数，$t_1, t_2, \cdots, t_{n-1}$ 均为奇数，如表 10.1 所示.

表 10.1

0	$\cdots$	0	0
$\vdots$		$\vdots$	$\vdots$
0	$\cdots$	0	0
1	$\cdots$	1	0

对该方格表做奇数次操作后，$s_1, s_2, \cdots, s_{n-1}$ 均为奇数，故前 $n-1$ 行每行至少有一个奇数；做偶数次操作后，$t_1, t_2, \cdots, t_{n-1}$ 均为奇数，故前 $n-1$ 列每列至少有一个奇数，即方格表中始终至少有 $n-1$ 个奇数，偶数个数不大于 n^2-n+1.

综上，所求 $N=\begin{cases} n^2, & n \text{ 为偶数}, \\ n^2-n+1, & n \text{ 为奇数}. \end{cases}$

▶**例 5** 用 $1,2,\cdots,100$ 对圆周上的 100 个点任意标号.若一个三角形的三个顶点按顺时针方向标号是递增的，则称此三角形为“顺时针的”.证明：不可能恰有 2017 个顺时针三角形.

(2017—2018 年第 35 届伊朗数学奥林匹克竞赛，第三轮)

证明

将相邻两点的标号交换称为一次操作.

设 A,B 是相邻的两个点.

考虑一个顺时针三角形,要么 A,B 均不为其顶点,要么 A,B 中恰有一个为其顶点.

对 A,B 进行一次操作后,仍然存在一个满足上述特征的顺时针三角形.

若一个顺时针三角形的三个顶点中包含 A,B,则对 A,B 进行一次操作后,这个三角形变为逆时针三角形.类似地,若一个逆时针三角形的三个顶点中包含 A,B,则对 A,B 进行一次操作后,这个三角形变为顺时针三角形.

设三个顶点中包含 A 和 B 的顺时针三角形的个数为 a.

由于包含 A 和 B 的三角形有 98 个,于是包含 A 和 B 的逆时针三角形的个数为 $98-a$.

对 A,B 进行一次操作后,包含 A 和 B 的顺时针三角形和逆时针三角形的个数分别为 $98-a$ 和 a.于是,顺时针三角形的个数增加了 $98-2a$ 个,且 $98-2a$ 为偶数.从而,无论怎样进行操作,顺时针三角形个数的奇偶性不变.

又经过有限次操作可使得所有点上标的数按顺时针方向是递减的,即 100,99,…,1,则此时顺时针三角形的个数为 0.于是,顺时针三角形的个数总为偶数.

故顺时针三角形的个数不可能为 2017.

▶ **例 6** 有 n 张标识牌,每张标识牌都是一面白一面黑,将它们白面朝上排成一行.如果有可能,那么选择一张白面朝上的标识牌(但不是两头的)取走,并将其两边的标识牌翻个面.证明:当且仅当 $3\nmid(n-1)$ 时,才能达到最后余下两张标识牌的情形.

证明

用一串字母 W,B,x 表示标识牌的情形,这里一个 W 表示一张白面朝上的标识牌,一个 B 表示一张黑面朝上的标识牌,一个 x 表示一张被取走的标识牌.用 x 是为了保持被取走的标识牌的痕迹,如果不考虑被取走的标识牌,那么这些 x 就没有必要使用了.

首先,对我们能达到目标的系列动作做一个试验:

$$\mathrm{WWWWWWW\cdots \Rightarrow BxBWWW\cdots \Rightarrow BxWxBW\cdots \Rightarrow WxxxWW\cdots}$$

这表明,如果我们有 $n(n\geqslant 5)$ 张白牌,那么总能达到余下 $n-3$ 张白牌的情形.因此,如果 $n=3m$,我们就能重复这一动作,达到余下 3 张白牌的情形,然后再操作一次,就留下 2 张黑牌;如果 $n=3m+2$,那么重复这一动作,我们就能达到余下 2 张白牌的情形.

下面考虑 $n=3m+1$ 时的情形.易知采用上面的动作,不能达到最后余下 2 张标识牌的情形.但是这并不能证明什么,因为还有许多不同的动作可以采用.

可以发现,黑牌的张数永远是偶数.一次动作取走 1 张白牌(不改变黑牌张数的奇偶性),并把 2 张标识牌翻个面.每翻转 1 张牌,都改变黑牌张数的奇偶性,所以翻转 2 张牌后黑牌的奇偶性不变.这表明,如果最后只余下 2 张牌,那么这 2 张牌必定同色.

给每一张标识牌赋予一个重量,所有黑牌的重量都为 0,如果一张白牌的左边有偶数张黑牌,那么给这张白牌的重量 $+1$;如果一张白牌的左边有奇数张黑牌,那么给这张白牌的重量 -1.设 S 是所有标识牌的重量和.

现在来看,做一个动作后,重量和 S 是如何变化的.假定对一张重量是 w 的白牌做一个动作.如果一张标识牌在这个动作后不变,那么它的重量也不变,从奇偶性相同即可以推出上面的命题,因此我们只要分析这一动作所牵涉的 3 张牌.中间一张牌从提供重量 w 到被取走,于是其重量就变为 0.对于左边的牌有两种情况:如果在动作前左边的牌是白牌,那么它在这个动作前的重量是 w,动作后变为黑牌,于是重量变为 0;如果在动作前左边的牌是黑牌,那么它在这个动作前的重量是 0,动作后变为白牌,重量变为 $-w$(因为它左边的黑牌比中间牌左边的黑牌少一张).从这两种情况可以看出,动作后左边的牌提供的重量都会减少 w.右边的牌情况类似,动作后它提供的重量也减少 w.于是,S 减少了 $3w$,因此 S 模 3 不变.

因此,如果 $n=3m+1$,那么我们从所有白牌的重量为 1 开始,此时 $S=3m+1\equiv1\pmod 3$.但是如果最后只余下 2 张牌,那么或者是 2 张白牌,$S=2$;或者是 2 张黑牌,$S=0$.它们模 3 都不为 1,矛盾.于是不能达到最后只余下 2 张标识牌的情形.

综上,原命题得证.

演习场

习题 10

1. 设 n 为正整数.将 $2n+1$ 个方格排成一行,每个格子要么为黑色,要么为白色.若一个格子满足其左边的白格数与其右边的黑格数之和为 n,则称该格子为“平衡的”.求所有平衡格子个数的奇偶性.

(2018 年西班牙数学奥林匹克竞赛)

2. 令正整数 $n\geqslant 2$.在 $n\times n$ 的棋盘状区域内,每个格子均为一座公园,每座公园里均有若干只猫(猫的数量为非负整数).称两座公园相邻当且仅当它们有公共边.为了管理这些猫,管理处对公园进行操作,每次操作均选择一座公园:

(1) 所选的公园,里面猫的数量必不小于该公园的相邻公园数;

(2) 选定公园 A 后,对于该公园的每座相邻公园 B,管理处均从 A 中选一只猫放到 B.

令 m 为所有公园内的猫的数量.求 m 的最小值,使得存在一种猫的初始分布,让该管理处可以有办法通过适当选择每次操作的公园来进行无限次操作.

(2017 年中国台湾数学奥林匹克选训营,第三阶段)

3. 在正六边形的顶点上各放 1 个非负整数,使这 6 个数的和是 n.允许做以下形式的操作:取一个顶点,用写在该顶点相邻两个顶点上的数之差的绝对值代替写在该顶点上的数.证明:如果 n 是奇数,那么进行一系列操作后可以使 0 出现在所有 6 个顶点上.

4. 现有一个 8×8 的棋盘,每个格子均为白色.定义一次操作是将一个 1×3 或 3×1 的区域变色(白变黑,黑变白).是否有可能通过有限次操作,使棋盘上的格子均变为黑色?

(2018 年瑞士数学奥林匹克竞赛,决赛)

5. 由 $\mathbf{R}\times\{m\}$ 和 $\{m\}\times\mathbf{R}$ 构成的无限网格(m 遍历所有整数)将欧氏平面分成 1×1 的小方格.令 S 是有限个方格的集合,正实数 $a\leqslant\frac{1}{4}$.证明:存在 S 的一个有限个正方形覆盖,使得同时满足以下 3 个条件:

(1) 覆盖中的每个正方形由 1×1 的小方格阵列构成;

(2) 覆盖中的每个正方形内部互相不重叠;

(3) 对于覆盖中的每个正方形 Q, $S\cap Q$ 的面积与 Q 的面积比值至少为 a, 至多为 $a\left[a^{-\frac{1}{2}}\right]^2$.

(2018 年第 69 届罗马尼亚国家队选拔考试)

第十一讲 比 赛 问 题

训练营

▶例 1 6 支球队参加曲棍球锦标赛，每两队之间恰赛一场.赢队得 3 分，输队得 0 分；若平局，两队各得 1 分.全部比赛结束后，进行排名.各队得分互不相同，且每队得分均比排名下一位的球队多 2 分（排名最后的一队除外）.证明：分数排第四的队伍恰赢两场.

（2017 年第 56 届荷兰数学奥林匹克竞赛）

证明

设 6 支球队的得分依次为 $s,s+2,\cdots,s+10$，记 T 为 6 支球队得分的总和.

显然，$T=6s+30$.故 T 为 6 的倍数.

由于锦标赛共比了 15 场，设其中有 g 场为平局，易知，$0\leqslant g\leqslant 15$.

若一场比赛为平局，则总分增加 2；否则，总分增加 3.

故 $T=2g+3(15-g)=45-g$.

从而，$30\leqslant T\leqslant 45$.

因此，T 的可能值为 30，36，42.

（1）若 $T=30$，则 $g=45-30=15$.

这表明，所有的比赛均以平局结束，所有球队必定有相同的分数.与题意矛盾.

（2）若 $T=36$，则 $g=45-36=9$，$s=1$.

这表明，6 支球队的得分依次为 $1,3,\cdots,11$.最终得 1 分的球队肯定输了 4 场比赛（平了 1 场），得 3 分的球队肯定至少输了 2 场比赛（最多 3 场比赛没有输），得 11 分的球队一定赢了至少 3 场比赛（否则，此队得分至多为 $3+3+1+1+1=9$）.于是，得分 3，5，7 的三队中至少还有一支球队输给了得 11 分的球队.故锦标赛中至少有 $4+2+1=7$ 场有输赢的比赛.这与 $15-9=6$ 场矛盾.

（3）若 $T=42$，则 $g=3$.

这表明,6 支球队的得分依次为 2,4,6,8,10,12.

因为有输赢的场次两队得分之和为 3 的倍数,所以 6 支球队平局分别为 2,1,0,2,1,0 场,恰为 3 场,总计得 6 分.

从而,6 支球队的得分满足要求,排名第四的队伍得 6 分,恰赢 2 场、平 0 场.

▶**例 2** 在一次竞赛中有 a 名参赛者和 b 名裁判员,其中 b 是奇数,$b\geqslant 3$.每名裁判员对每名参赛者评定"通过"或"不通过".假定 k 是这样的数,对于任何 2 名裁判员,他们对至多 k 名参赛者的评定一致.证明:$\frac{k}{a}\geqslant\frac{b-1}{2b}$.

证明

我们画一张 a 行 b 列的表格,其中行表示参赛者,列表示裁判员.在格子(i,j)中做记录,这里 $1\leqslant i\leqslant a$,$1\leqslant j\leqslant b$.如果裁判员 j 对参赛者 i 评定通过,那么填一个 p,如果不通过,则填一个 f.

用行与列两种方法统计评定一致,即将(p,p)或(f,f)的总对数记作 A.

对于列,看不同的裁判员的评定,利用已知条件,我们知道 C_b^2 对裁判员中的每一对,他们至多对 k 名参赛者的评定一致,所以 $A\leqslant kC_b^2$.

对于行,注意这种情况对参赛者是独立的,所以我们可以对每一名参赛者进行统计,并乘以参赛者的人数 a.于是考虑第一名参赛者,假设他得到 m 次通过,n 次不通过.注意,有 $m+n=b$.

于是评定的总数是

$$\begin{aligned}C_m^2+C_n^2&=\frac{m^2+n^2-(m+n)}{2}\\&=\frac{(m+n)^2+(m-n)^2-2(m+n)}{4}\\&=\frac{b^2-2b+(m-n)^2}{4}.\end{aligned}$$

因为 b 是奇数,m,n 是整数,可推得$|m-n|\geqslant 1$,所以第一名参赛者得到的一致评定的总数至少是$\frac{(b-1)^2}{4}$.

于是得到一致评定的总数的下界,即

$$A\geqslant a\cdot\frac{(b-1)^2}{4}.$$

两者结合后,得到 $a\cdot\frac{(b-1)^2}{4}\leqslant A\leqslant kC_b^2$.

所以 $$a\cdot\frac{(b-1)^2}{4}\leqslant kC_b^2.$$

于是得到所求的不等式，即$\frac{k}{a}\geqslant\frac{b-1}{2b}$.

▶**例 3** 300 名选手参加一次比赛，每两名选手或互相认识，或互不认识.已知没有三名选手两两认识，且每名选手至多认识其他 n 名选手.对于每个正整数 $m(1\leqslant m\leqslant n)$，至少存在一名选手恰认识 m 名选手.求 n 的最大值.

(2017 年第 53 届蒙古数学奥林匹克竞赛，十一年级)

解

若 $n>200$，设选手 A_n 认识其余 n 名选手，T 为所有与 A_n 不认识的选手组成的集合(不含 A_n)，则 $|T|=299-n$.

由题意，对 $1\leqslant m\leqslant n-1$，存在一名选手认识 m 名其余选手，记这一名选手为 A_m.考虑 $A_{301-n},A_{302-n},\cdots,A_{n-1}$ 这 $2n-301$ 名选手.设这些选手组成的集合为 S，则

$$|S|=2n-301>299-n=|T|.$$

于是，在集合 S 中存在一名选手 A_k，使得 $A_k\notin T$.从而，选手 A_n 与 A_k 认识.

考虑选手 A_k 认识的所有选手组成的集合 M(不包含 A_k)，则

$$|M|=k\geqslant 301-n=|T|+2>|T|+1.$$

故 M 中存在一名选手 B，$B\notin T\cup\{A_n\}$，即 B 与 A_n 认识.于是，A_k，B，A_n 两两认识，与题设矛盾.因此 $n\leqslant 200$.

考虑如下 300 名选手：$A_1,A_2,\cdots,A_{300}$，令选手 A_{301-i} 认识 $A_i,A_{i+1},\cdots,A_{200}(i=1,2,\cdots,100)$.容易看出

$$A_1,A_2,\cdots,A_{100},A_{201},A_{202},\cdots,A_{300}$$

分别认识 1，2，…，200 名选手，故所求 n 的最大值为 200.

▶**例 4** 5 支球队参加一项足球赛事，每支球队均与其余 4 队各比赛一场.每场比赛的胜者得 5 分，负者得 0 分；比分 0∶0 的平局双方各得 1 分，其他比分的平局(1∶1，2∶2 等)双方各得 2 分.全部比赛结束后，发现 5 支队伍的积分恰为 5 个连续的整数.问：整个赛事的总进球数最少为多少?

(2017 年爱尔兰数学奥林匹克竞赛)

解

设 5 支球队最终积分分别为 $a-2, a-1, a, a+1, a+2$，则总积分为 $5a$.而每场比赛的总积分只能为 5 分、4 分或 2 分.

令 w 为分出胜负的比赛场数，d_0 为 0 ∶ 0 的比赛场数，d_1 为有进球的平局场数，则总进球数最少为 $g=w+2d_1$，总比赛场数为 $C_5^2=10$.

故 $w+d_0+d_1=10$，$5w+2d_0+4d_1=5a$.

消去 d_0 得

$$\begin{aligned}&3w+2d_1=5(a-4)\\ \Rightarrow &3w\equiv -2d_1 \pmod 5\\ \Rightarrow &w\equiv d_1 \pmod 5).\end{aligned}$$

由于 $w+d_1\leqslant 10$，可设 $d_1=w+5t$，$-2\leqslant t\leqslant 2$.

此时，$g=w+2d_1=3w+10t$.

(1) 若 $t=-2$，则 $w=d_1+10\leqslant 10$.

从而，$w=10$，$d_1=0$，$g=10$.

(2) 若 $t=-1$，则 $d_1=w-5\geqslant 0$，且 $w+d_1=2w-5\leqslant 10$.

故 $5\leqslant w\leqslant 7$.

若 $w\geqslant 6$，则 $g=3w-10\geqslant 8$；

若 $w=5$，则 $g=5$.

(3) 若 $t=0$ 且 $w\geqslant 3$，则 $g=3w+10t\geqslant 9$.

(4) 若 $t\geqslant 1$，则 $g=3w+10t\geqslant 10$.

因此，只有 4 种情况满足 $g\leqslant 6$，见表 11.1.

表 11.1

	w	d_1	d_0	a	g
1	0	0	10	4	0
2	1	1	8	5	3
3	5	0	5	7	5
4	2	2	6	6	6

【情况 1】$d_0=10$，即全部比赛均为无进球的平局，则各队积分均为 4 分，矛盾.

【情况 2】$a=5$，5 支球队中积分最高为 7 分，但 $w=1$ 表明取得一胜的球队在剩余 3 场比赛中均不输，故其积分至少为 8 分，矛盾.

【情况 3】$a=7$,5 支球队中积分最高为 9 分,于是没有球队取得两胜.而$d_1=0$ 表明积分最高的分数至多为 $5+3\times1=8$,矛盾.

【情况 4】表 11.2 的情况是可能的.

表 11.2

	A	B	C	D	E	最终积分
A	—	5	1	1	1	8
B	0	—	1	1	5	7
C	1	1	—	2	2	6
D	1	1	2	—	1	5
E	1	0	2	1	—	4

因此,总进球数的最小值为 6.

▶**例 5** 设有 n 位网球选手参加只进行双打的锦标赛,要使每名选手都只与任一别的选手恰好进行一场比赛,问 n 为多少时,比赛才可能进行?

解

设比赛可以进行,则对每一选手,其余的人都必须配对出席双打,因此 n 必为奇数.每两对选手间的比赛涉及 4 个对手组(如图 11.1 中 A_1A_2 与 A_3A_5),做一切可能的配对,每进行一次比赛均应分成 4 组,即 $C_n^2=\dfrac{n(n-1)}{2}$为 4 的倍数,从而 $n-1=8k$,$n=8k+1(k\in\mathbf{N})$.

下面证明:对任一 $k=1,2,\cdots$,当 $n=8k+1$ 时,锦标赛确能组织进行.当 $k=1$ 时,用正九边形的顶点表示 9 名选手,在图 11.1 中把两对选手 A_1A_2 与 A_3A_5 的比赛用线段联结起来.把这些线段绕中心旋转 $m\cdot\dfrac{2\pi}{9}$度($m=1,2,\cdots,8$),即得到其余 8 对选手之间的比赛,注意此时每一条弦都恰出现一次,这是由于此弦等于弦 A_2A_3,A_1A_3,A_2A_5,A_1A_5 之一.

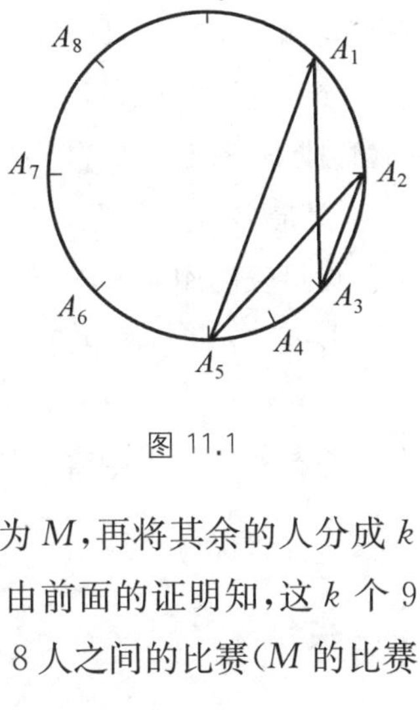

图 11.1

当 $k>1$ 时,先从 $8k+1$ 位选手中抽出一人,记为 M,再将其余的人分成 k 组,每组 8 人.把选手 M 分别加到这 k 组,每组 9 人.由前面的证明知,这 k 个 9 人组可以在组内进行比赛.现在余下的只是不同组的 8 人之间的比赛(M 的比赛已完成).这只要将每组的 8 人分成 4 对,再把这 $4k$ 对选手按单循环赛安排(即每对选手之间恰比赛一次),即完成了全部比赛安排.

▶**例 6** 在 n 名选手参加的循环赛中,每两人比赛一次(无平局),证明以下情况恰有一种发生:

(1) 可将选手分为两个非空集合,使得一个集合中的任一名选手战胜另一个集合中的任一名选手;

(2) 所有选手可以标号 1 至 n,使得第 i 号选手战胜第 $i+1$ 号选手,而第 n 号选手战胜第 1 号选手.

证明

题目用图论语言可表述为:对有限集 X 的每两个不同元素的有序对 (x,y),有一个数 $f(x,y)=0$ 或 1 与之对应,并且对所有 x,y $(x\neq y)$, $f(x,y)\neq f(y,x)$.证明以下两种情况恰有一种出现:

(1) X 是两个不相交的非空集合 U,V 的并集,对于任意的 $u\in U,v\in V$ 均有 $f(u,v)=1$;

(2) X 的元素可标上 $x_1,x_2,\cdots,x_n$,使得

$$f(x_1,x_2)=f(x_2,x_3)=\cdots=f(x_{n-1},x_n)=f(x_n,x_1)=1.$$

当 $f(x,y)=1$ 时,画一条从点 x 至点 y 的有向弧 $x\rightarrow y$;当 $f(x,y)=0$ 时(这时 $f(y,x)=1$),画一条从点 y 至点 x 的有向弧 $y\rightarrow x$.由此产生一个有向图($x\rightarrow y$ 即选手 x 战胜选手 y).

(1)和(2)显然不可能同时出现(若该图成为一个圈,则由 $v\in V$ 立即得出所有点均属于 V),故只需证(1)和(2)中至少有一种出现.

当 $n=2$ 时,(1)显然成立.当 $n\geqslant 3$ 时,设 x_1 获胜最多.若 x_1 战胜所有选手,则(1)成立(取 $U=\{x_1\}$).否则设 y 胜 x_1,被 x_1 战胜的选手中必有 z 胜 y(因为 x_1 获胜最多),这样图中就有圈存在.

设最长的圈为 $x_1\rightarrow x_2\rightarrow\cdots\rightarrow x_m\rightarrow x_1$($i\neq j$ 时,$x_i\neq x_j$).

若 $m=n$,(2)成立.我们设 $m<n$.

令 $C=\{x_1,x_2,\cdots,x_m\}$.对 $y\notin C$,或者对每一个 i 均有 $x_i\rightarrow y$,或者对每一个 i 均有 $y\rightarrow x_i$.否则将有某个 i,使 $x_i\rightarrow y$ 而 $y\rightarrow x_{i+1}$(约定 $x_{m+1}=x_1$),从而圈可以扩大为

$$x_1\rightarrow x_2\rightarrow\cdots\rightarrow x_i\rightarrow y\rightarrow x_{i+1}\rightarrow\cdots\rightarrow x_m\rightarrow x_1,$$

矛盾.令

$$A=\{y\in X\backslash C \mid y\to x_i, i=1,2,\cdots,m\},$$
$$B=\{y\in X\backslash C \mid x_i\to y, i=1,2,\cdots,m\},$$

则 $A\cup B=X\backslash C$，从而 A，B 至少有一个非空.

考虑任一对 $a\in A$，$b\in B$.若 $b\to a$，则

$$a\to x_1\to\cdots\to x_m\to b\to a$$

是更大的圈，矛盾.因此恒有 $a\to b$.令

$$U=A\cup C, V=B(\text{若 } B \text{ 非空}),$$

或令

$$U=A(\text{若 } A \text{ 非空}), V=B\cup C,$$

则(1)成立.

综上，原命题得证.

▶**例 7** 设有 32 名拳击选手参加一届大赛.每名选手每天出场的次数不多于一次.已知参赛选手的实力强弱各不相同.在比赛中，实力较强者必定战胜实力较弱者.根据大赛章程，每天的比赛日程在前一天傍晚由组织者排出，并且不得更改.试证：可安排 15 天的比赛，以判定所有参赛的 32 名选手的强弱顺序.

证明

首先证明一个引理.

引理 设有 2^m 名拳击选手，他们的情况和赛场规则如题目所述.假定这 2^m 名选手所分成的两组，各组都已排出组中的强弱顺序，那么再进行 m 天的比赛就能完全排出这 2^m 名选手的强弱顺序.

证明 对于 $m=1$ 的情形，结论显然成立.假定对于 $m=n$ 结论成立，考察 $m=n+1$ 的情形.设两组中的强弱顺序分别为

$$A_1, A_2, \cdots, A_h, B_1, B_2, \cdots, B_k, h+k=2^{n+1},$$

不妨设 $h\leqslant k$.此后第一天的比赛安排如下：

$$A_i\leftrightarrow B_{2^n-i+1}, i=1,2,\cdots,h.$$

如果第一天的比赛所有的 A_i 都获胜，再安排 $(A_1, A_2\cdots, A_h)$ 与 $(B_1, B_2, \cdots, B_{2^n-h})$ 这两组之间的比赛.因为 $h+(2^n-h)=2^n$，所以根据归纳假设，只需再进行 n 天比赛就能获知这些选手之间的强弱顺序.连同前面的结果，在总共 $n+1$ 天的比赛之后，就完全排出了选手的强弱顺序.

下面，我们假定在此阶段的第一天比赛中，并不是所有的 A 组选手都战

胜了对手.不妨设 j 是未获胜的 A 组选手的第一个顺序号.这就是说，A_1，A_2，…，A_{j-1}都战胜了对手，但 A_j 输了.下面需要分别考察（A_1，A_2，…，A_{j-1}）与（B_1，B_2，…，B_{2^n-j+1}）之间的强弱顺序和（A_j，A_{j-1}，…，A_h）与（B_{2^n-j+2}，B_{2^n-j+3}，…，B_k）之间的强弱顺序（顺带说明，如果 $j=1$，那么上面列出的前一部分根本就没有，只需考察后一部分）.

这里所列出的两部分，每一部分两组选手的数目之和都是 2^n，即

$$(j-1)+(2^n-j+1)=2^n=(h-j+1)+k-(2^n-j+1).$$

只需进行 n 天比赛，就可以将每一部分所涉及的选手完全排出顺序. 至于两部分选手之间的比较，则如前面所述已排出了强弱顺序. 因此，总共只需安排 $n+1$ 天比赛，就可完全排出所有选手的强弱顺序.至此，我们完成了引理的归纳证明.

本题中参赛选手共 32 名.首先将 32 名选手分成 16 个 2 人组，用 1 天比赛判定各 2 人组中的强弱顺序；再将 16 个 2 人组合并成 8 个 4 人组，用 2 天时间判定各 4 人组中的强弱顺序；又将 8 个 4 人组合并成 4 个 8 人组，用 3 天时间判定各 8 人组中的强弱顺序；再将 4 个 8 人组合并成 2 个 16 人组，用 4 天时间判定各 16 人组中的强弱顺序；最后将全体 32 名选手合在一起，再用 5 天时间判定所有选手的强弱顺序.整届比赛共用去

$$1+2+3+4+5=15(\text{天})$$

时间，判定了所有 32 名参赛选手的强弱顺序，这正是题目所要求的.

演习场

习题 11

1. 101 名棋手参加多场循环赛，任何一场都不是全体棋手均参加.已知这 101 名棋手中任意两名都恰在某一场循环赛中相遇.试证：其中某一名棋手至少参加了 11 场循环赛(规定参加任何一场循环赛的所有棋手恰好两两对赛一次).

2. 小张、小王及小李三人参加一个比赛(每人比赛次数相同).是否可能小张得分比其他两人多，小李得分比其他两人少，然而小张胜的次数比其他两人少，小李胜的次数比其他两人多$\left(\text{胜一局得 1 分，平一局得}\frac{1}{2}\text{分}\right)$？

3. 8 支足球队参加单循环比赛(每队与另外任何一队比一场)，没有平局.证明：在赛后可以找到 4 支队伍 A，B，C，D，使得 A 打败 B，C，D；B 打败 C，D；C 打败 D.

4. 一批象棋选手，共 $n(n\geqslant 3)$ 个人.欲将他们分成 3 组进行比赛，同一组中的选手都不比赛，不同组的每两个选手都要比赛一盘.试证：要想总的比赛盘数最多，分组时应使任何两组间的人数最多相差一人.

5. 在学校足球冠军赛中，要求每个队都必须同其余的各个队进行一场比赛，每场比赛胜队得 2 分，平局各得 1 分，败队得 0 分.已知有一个队得分最多，但它获胜的场次比任何一个队都少，问至少有多少个队参赛？

6. 三个朋友互相下棋，每两个人之间下了一样多的盘数，然后决定谁是胜利者.第一个人说："我赢的盘数比你们每一个人都多."第二个人说："我输的盘数比你们每个人都少."在统计他们的得分时，发现得分最多的是第三个人$\left(\text{记分标准是赢一盘记 1 分，输一盘记 0 分，平一盘记}\frac{1}{2}\text{分}\right)$.这种结局可能出现吗？

7. 在一次混乱无序的拳击比赛中，比赛进行的场次完全是随意的.比赛之后，组织者决定将拳击手们另行分组，分为 $n(n>1)$ 组，使得每一位拳击手至多与和他分在同一组的拳击手中的$\frac{1}{n}$人交过手.这样的划分总是可能的吗？

8. 表 11.3 列举了美国棒球联合会在 1965 年 7 月 14 日举行的棒球比赛的输赢分数.

表 11.3

球队	得分	失分	球队	得分	失分
芝加哥	41	46	纽约	29	56
辛辛那提	49	36	费城	45	39
休斯敦	39	45	匹兹堡	44	43
洛杉矶	51	38	圣路易	41	45
密尔沃基	42	40	圣弗朗西斯科	45	38

不进行计算,试把各球队按照得分百分数递减的顺序进行排列.

9. 5 个球队 A,B,C,D,E 进行单循环比赛(全部比赛过程中任何一队都要分别与其他各队比赛一场且只比赛一场).当比赛进行到一定阶段时,统计 A,B,C,D 已经比赛过的场数为:A 队 4 场,B 队 3 场,C 队 2 场,D 队 1 场.请你判定哪些球队之间互相比赛过,以及 E 队已经比赛过几场.

10. 排球比赛中,每一球队都无一例外地同另一球队比赛一次.如果 A 队胜了 B 队,或者 A 队胜了 C 队,而 C 队胜了 B 队,我们就称 A 队优于 B 队.全部比赛结束后,优于其他所有球队的队即被授予冠军称号.问:在比赛后能否恰好出现两个冠军队?

11. 有一种体育竞赛共含 M 个项目,有运动员 A,B,C 参加.在每一个项目中,第一、二、三名分别得 p_1,p_2,p_3 分,其中 p_1,p_2,p_3 为正整数且 $p_1>p_2>p_3$.最后 A 得 22 分,B 与 C 均得 9 分,且 B 在百米赛跑中取得第一.求 M 的值,并问在跳高中谁取得第二名?

12. 在中日围棋擂台赛上,中、日两队各出 7 名队员按事先排好的顺序出场参加比赛.双方先由 1 号队员比赛,负者被淘汰,胜者再与负方 2 号队员比赛,……,一直到一方队员全被淘汰为止,另一方获得胜利,形成一种比赛过程.那么,所有可能出现的比赛过程的种数有多少?

13. 在实行淘汰制的比赛里,如果除了 5 个选手以外,其他选手都退出了比赛,那么我们可以加进 3 个空额,使得总人数仍然是 8 个.问:在选手中,能力是第二位的运动员,取得第二名的概率有多大?

第十二讲 博弈与策略

训练营

例 1 波比设置的诡雷需要一组三位数的密码解锁，亚历克斯有一支探测器，它能用于无需在诡雷上尝试输入密码的情况下对密码进行探测.若在探测器上输入的三位密码全部错误，则探测器返回“失败”；否则，探测器返回“接近”.例如，若正确的密码为 014，则对于 099 和 014 均返回接近，而对于 140 则返回失败.问：为了得到正确的密码，亚历克斯最少需要尝试多少次？他采取的策略是怎样的？

(2017 年英国数学奥林匹克竞赛)

解

首先证明：要想得到正确的密码，亚历克斯至少需要尝试 13 次.

假设前 6 次尝试返回的均为失败，则每个数位至少剩余 4 种可能，总共 64 种可能.无论亚历克斯第七次尝试什么，余下的都有超过 32 种可能.

具体情况如下：

(1) 三个数位上正确的数字均被之前的尝试排除了，则余下的 64 种组合将均会返回失败；

(2) 三个数位中恰有两个正确的数字被之前的尝试排除了，则余下的尝试中有 48 种组合会返回失败；

(3) 三个数位中恰有一个正确的数字被之前的尝试排除了，则余下的尝试中有 36 种组合会返回失败；

(4) 三个数位中正确的数字均没有被之前的尝试排除，则余下的尝试中有 37 种组合会返回接近.

若总共只有 12 次尝试的机会，则在余下的 5 次尝试之中，最多只能验证 32 种可能.

故至少需要 13 次尝试.

下面给出一种方法,能在 13 次尝试之内找出正确的密码.

以 000,111,…,999 的形式开始,有以下三种情况.

(1) 若只有一次返回接近,则可以找到正确的密码.

(2) 若恰有两次返回接近,分别记为 aaa,bbb.设 x 为 a,b 之外的数,尝试 axx,xax,xxa,则可以找到正确的密码.

(3) 若有三次返回接近,分别记为 aaa,bbb,ccc.设 x 为 a,b,c 之外的数.下面尝试 axx,bxx,则确定了第一位上的数字.最后,只用一次尝试就能确定余下的两位.例如,若第一位的数字为 a,则尝试 xbx.

故 13 次尝试是足够的.

▶**例 2** 将一个有正实数解的一元二次方程 $x^2+px+q=0$ 写在黑板上.甲、乙两人根据规则改变方程的系数:甲将常数项减去某个实数解,同时将一次项系数加上 1;乙可以选择将常数项改为任意实数,或选择给常数项加上方程较大的实数解,同时将一次项系数减去 1,但是当黑板上方程的两个实数解的差不超过 1 时只能选择前一种方案.无论是谁,只要使得方程无实数解或有非正数解,都为甲取胜.问:甲是否有必胜策略?

(2018 年爱沙尼亚数学奥林匹克竞赛,决赛,十二年级)

解

甲的必胜策略为确保将常数项减去方程较小的解.

假设游戏一直能进行下去.

每轮过后,一次项系数要么增加 1,要么不变.若乙无限次选择前一种方案,则一次项系数最终变为正数.根据韦达定理,知黑板上的方程要么无实数解,要么至少有一个负数解,甲取胜.因此,乙一定从某轮开始,只选用后一种方案.记此时方程的解为 x_1,x_2($x_1\leqslant x_2$).则在甲操作之后,方程变为

$$x^2-(x_1+x_2-1)x+x_1(x_2-1)=0,$$

该方程有两个实数解 x_1 与 x_2-1.

若 $|x_1-x_2|>1$,则新得到的两个实数解的差将变小;若 $|x_1-x_2|\leqslant 1$,则新得到的两个实数解的差仍然不超过 1,此时乙只能继续选择前一种方案,矛盾.

因此,游戏不会无限进行下去,只能以甲取胜结束.

▶ **例 3** 瓦夏与别佳在 8×8 的国际象棋棋盘上做游戏.瓦夏预先想好棋盘上的 8 个格子,其中任何两格均不同行,也不同列.接着,别佳在棋盘上摆放 8 个车,使得它们不能相互攻击.瓦夏指出它们中有哪几个是放在他所想的格子中的.若所指出的棋子数为偶数(即 0,2,4,6 或 8 个),则别佳取胜;否则,别佳从棋盘上取走所有棋子,重新进行下一轮摆放.试问:最少需要摆放多少轮,别佳就一定可以取胜?

(2017 年第 43 届俄罗斯数学奥林匹克联邦区域竞赛,九年级)

解

第一轮中,别佳可以把 8 个车均放在一条主对角线上.若别佳未取胜,则说明该主对角线上有奇数个格子属于瓦夏所想的.特别是,别佳知道某个格子 A 是瓦夏所想,某个格子 B 非瓦夏所想.在第二轮摆放时,别佳在该主对角线上除了格子 A 和 B 之外的 6 个格子里各放 1 个车,再在格子 A 和 B 所在的行里各放一个车,不过让它们分别与格子 B 和 A 同列.这 2 个车中有 1 个与格子 A 同行,有 1 个与格子 A 同列,这样的放置均不是瓦夏所想的格子.这表明,在这新一轮摆放中,放对了格子的棋子数恰比原来减少了 1 个,因而变为偶数.从而,只要摆放两轮,别佳就一定可以取胜.

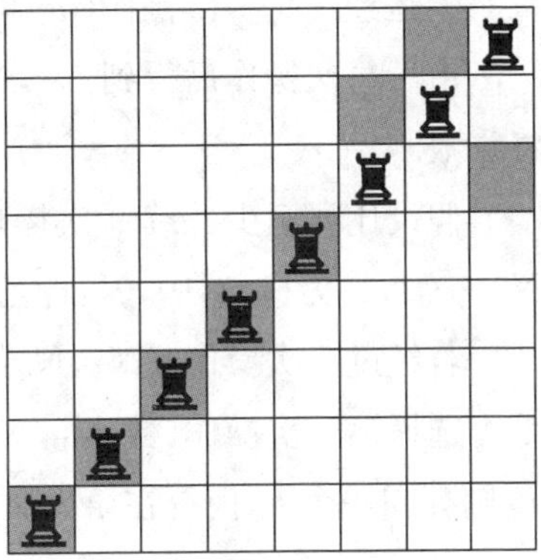

图 12.1

接下来说明,别佳不能仅摆放一轮就保证自己取胜.例如,别佳摆放的棋子如图 12.1 所示,而瓦夏所想的则是该图中的 8 个阴影方格,此时,放对了的棋子有 5 个,不能取胜.

▶ **例 4** 甲、乙两人从左至右交替写下一个数.某人输掉比赛当且仅当其写完数后所得的数列 $a_1,a_2,\cdots,a_n$ 满足存在一个正整数 k,使得 $\overline{a_k a_{k+1}\cdots a_n}$ 为 11 的倍数.问:谁有取胜策略?

(2018 年克罗地亚数学竞赛,决赛,三年级)

解

显然,在任意一次操作中,选手不能写下数字 0.

注意到,$10^r \equiv (-1)^r \pmod{11}$,

则

$$\overline{a_k a_{k+1}\cdots a_n}\equiv a_n-a_{n-1}+a_{n-2}-\cdots+(-1)^{n-k}a_k \pmod{11}.$$

当 $k=1,2,\cdots,n$ 时，定义

$$\overline{a_k a_{k+1}\cdots a_n}\equiv N_k \pmod{11}.$$

若经过 n 次操作，数 $N_1,N_2,\cdots,N_n$ 是互不相同的，则在下次操作中，可得

$$a_{n+1}-N_1,a_{n+1}-N_2,\cdots,a_{n+1}-N_n,a_{n+1}.$$

（以上各数均在模 11 的意义下.）

由 $a_{n+1}\neq 0$，知其也互不相同.

于是经过每一次操作($n\leqslant 10$)，数 $N_1,N_2,\cdots,N_n$ 都是不同的.

由于每次操作后得到 $N_1,N_2,\cdots,N_n$，于是，至多 $n+1$ 次操作后谁写数谁将失败.

假设比赛至少持续 9 次操作，乙失败当且仅当经过 9 次操作后集合 $\{N_1,N_2,\cdots,N_9\}$ 为 $\{1,2,\cdots,9\}$，即乙取得胜利当且仅当 $N_1,N_2,\cdots,N_9$ 中有数 10.

若经过 8 次操作，$\{N_1,N_2,\cdots,N_8\}$ 中无 1 和 10，且不是连续的，则无论甲是否选择第 9 次操作，数 $N_1,N_2,\cdots,N_n$ 中必有一个数为 0.这表明，若甲选择 x，则存在一个 k，使得在第 8 次操作中 $N_k=x+1$，于是，第 9 次操作得

$$N_k\equiv x-(x+1)=-1\equiv 10 \pmod{11}.$$

下面证明：乙可确保经过 8 次操作后，数 $N_1,N_2,\cdots,N_8$ 中没有两个数为连续的.当然，乙可确保游戏至少能持续 7 轮.

令

$$\{N_1,N_2,\cdots,N_7\}=\{1,2,\cdots,10\}\backslash\{x,y,z\}$$

在数 x,y,z 中没有连续的，则乙选择它们中的任意一个.

若 $y=x+1$，则乙选择写下 x 或 $x+1$ 中的一个，使得经过 8 次操作后，有两个连续的数从 $N_1,N_2,\cdots,N_8$ 中消失.

若 $z=x-1$，则乙写下 x；

若 $z\neq x-1$，则乙写下 $x+1$.

综上可知，无论甲如何操作，乙都有取胜策略.

▶**例 5** 给定 1000×1000 的方格表.棋子猎豹可从任一格子 x 攻击以 x 为中心的 19×19 方格表中所有除了与 x 同行或同列的格子.问：最多可在该方格表上放置多少个棋子猎豹，使得它们不能互相攻击？

（2018 年第 44 届俄罗斯数学奥林匹克竞赛，十年级）

解

将方格表分为100^2 个 10×10 的正方形.考虑任意一个 10×10 的正方形 Q.

假设棋子猎豹 g 在该正方形中，g 可以攻击其中与其同行或同列以外的所有格子.假设另有一个棋子猎豹 g'与其同行，还有一个棋子猎豹 g''与其同列，则 g'与 g''所在的行与列均不相同，从而它们可以相互攻击，这是不可以的.因此，可设 Q 中的棋子猎豹均在同一行中，一共不多于 10 个.于是，整个方格表中最多有不超过$100^2\times10=100\,000$ 个棋子猎豹.

下面举例说明确实可以放置 100 000 个棋子猎豹.

将方格表中的各行依次编号为 $1,2,\cdots,1000$.在号码为 10 的倍数的各行中均放满棋子猎豹，于是，一共放置了 $1000\times100=100\,000$ 个棋子猎豹，它们不可能相互攻击.

▶ **例 6** 在一个棱长为 1 的正二十面体的每个面上恰有一只蚂蚁.每只蚂蚁在任何时刻均在棱上按逆时针方向爬行，且速度至少为 1.规定：两只蚂蚁不能在非顶点的某处相遇.5 只蚂蚁在同一时刻同一顶点相遇称为一次“碰撞”.问：是否存在一个策略，使得蚂蚁在爬行中不会出现碰撞？

(2018 年第 31 届韩国数学奥林匹克竞赛)

解

假设存在满足条件的策略.固定一个时刻 $t=0$，蚂蚁 $a_1,a_2,\cdots,a_{20}$ 在时间 $[-T,T]$内爬行，其中 T 足够大.

首先，要遵守两只蚂蚁不能在一条棱上的非顶点处相遇的规定.若这一时刻存在，两只蚂蚁将沿着相反的方向爬行，向前或向后爬行一段时间后，这两只蚂蚁会在这条棱上相遇，导致矛盾.

设蚂蚁 a_i 所在的面为 F_i，F_i 的重心为 q_i.因为所有的蚂蚁从不停止爬行，所以可选择一个时刻，使得没有蚂蚁在正二十面体的顶点上.在这个时刻，画一个由 q_i 到 a_i 的箭头.选择 $i\neq j$，使得 $a_i\in F_i\cap F_j$，且画一个由 a_i 到 q_i 的箭头，将所有这样的箭头构成的集合记为 Γ.

在 Γ 的每个顶点(a_i 或 q_i)有一条引出的边，于是在 Γ 中存在一条方向固定的有向圈 α.通过调整下标，可以记

$$\alpha=(q_1,a_1,q_2,a_2,\cdots,q_n,a_n),$$

于是 $a_i \in F_i \cap F_{i+1}$.

由于 $F_1 \cap F_2 \cap \cdots \cap F_n$ 是一个顶点，向前或向后爬行一段时间后，碰撞一定会发生，矛盾.

因此，这样的策略不存在.

演习场

习题 12

1. 甲选了 13 个两两不同的三位数,乙从甲选的 13 个三位数中再挑选 6 个三位数.若通过四则运算可以使最后的结果属于区间(3,4),则乙取胜;否则,甲取胜.问:谁有取胜策略?

(2017 年第 34 届阿根廷数学奥林匹克竞赛,第三轮)

2. 甲、乙两人玩游戏.桌上有一个圆形蛋糕被两人之一切成 $4n$ 块不同重量的扇形.两人均知道每块扇形蛋糕的重量.之后,两人按如下规则为自己选取扇形蛋糕.首先,甲选取一块蛋糕;然后,乙选取两块蛋糕,并在这次选择之后,剩下的蛋糕块要形成一个扇形.之后两人轮流,每人每次选取两块蛋糕,并使得每次选取之后桌上剩下的蛋糕块形成一个扇形.最后一步是甲选取最后一块蛋糕.每个人的目标都是自己选取的所有蛋糕的总重量超过对方.在以下两种情况下,是否有人有拿到超过总重量一半的蛋糕的取胜策略?

(1) 乙切蛋糕;

(2) 甲切蛋糕,但禁止甲第一步拿最重的那块蛋糕.

(2018 年第 58 届乌克兰数学奥林匹克竞赛,十年级)

3. 一个游戏开始时有一堆或多堆石头,甲、乙轮流取出石头,甲先开始.在每个回合中,他们有两种选择:要么从任何一堆中取出一块石头(简单的选取);要么从剩下的每堆中取出一块石头(贪婪的选取).取走最后一块石头的选手取胜.

考虑以下两种初始状态:

(1) 共有 2018 堆石头,每堆中有 20 块或 18 块石头;

(2) 共有 4 堆石头,每堆分别有 17,18,19,20 块石头.

求每种初始状态下,甲、乙的取胜策略.

(2018 年爱尔兰数学奥林匹克竞赛)

4. 有一个游戏,规则如下:甲、乙两人轮流在一个圆上标点,且每个点不能标两次.由甲先开始,标白色点,乙标黑色点.当每个人均标了 n 个点之后,所有剩下的点均自动按如下方式染色:若存在与其最近的染色点,则它被染成与最近染色点同色;否则,保持没有颜色.然后甲、乙计算被染成白色、黑色的弧长,谁的弧长更长,谁就赢得游戏.对于任意的正整数 $n\geqslant 2$,是否某人有取胜策略?说明理由.

(2017 年第 67 届白俄罗斯数学奥林匹克竞赛,决赛,A 类)

第十三讲 极端原理

训练营

▶**例 1** 若 25 名学生满足其中任何两人均为朋友，则称这些学生是一队的.已知一所学校中的任何学生至少属于一队.但是任何两名是朋友的学生若终止他们之间的朋友关系，则这两名学生中至少有一人不属于任何队.称一队是“特殊的”当且仅当这一队中至少有一名学生除了该队没有其他朋友.证明：任何两个朋友均属于某个特殊的队.

(2018 年土耳其国家队选拔考试)

证明

对于任何两个朋友 A，B，证明两人属于某个特殊的队.

定义最长的学生序列 $S_1, S_2, \cdots, S_m$，使得：对于所有的 $1 \leqslant i < j \leqslant m$，均有 $S_i \neq S_j$；且对于每个 $1 \leqslant i \leqslant m$，任何包含 S_i 的队也包含 $A, B, S_1, S_2, \cdots, S_{i-1}$.

这样的序列是存在的，因为它至少有一个元素.

事实上，若 A 与 B 终止他们之间的朋友关系，则某名学生 S_1 不属于任何队（S_1 可以是 A 或 B）.从而，任何包含 S_1 的队也包含 A，B.

设 T 为任意包含 S_m 的队.假设 S_m 有一名不属于 T 的朋友 S'.若 S_m 与 S' 终止他们之间的朋友关系，则存在一名学生 S'' 不属于任何队.于是，任何包含 S'' 的队也包含 S_m，从而也包含 $A, B, S_1, S_2, \cdots, S_{m-1}$.

因为任何包含 S_m 的队包含 $S_1, S_2, \cdots, S_{m-1}$，任何包含 S'' 的队也包含 S'，所以 S'' 不是 $S_1, S_2, \cdots, S_{m-1}$.

于是，S'' 可以加在序列 $S_1, S_2, \cdots, S_m$ 的后面，这与该学生序列是最长的矛盾.

因此，T 是特殊的队（也是唯一包含 S_m 的队）.

▶**例 2** 证明:对于某个常数 $c(c>0)$,平面内 n 个点至多确定 $cn^2\sqrt{n}$ 个直角三角形.

证明

用 $f(n)$ 表示平面内 n 个点的任何分布中直角三角形的最大个数.我们的目标是证明 $f(n)\leqslant n^2\sqrt{n}$.对于 $n=1,2,3,4,5$,命题无需研究.假定命题不成立,那么存在一个最小的 n,有 $f(n)>n^2\sqrt{n}$.

设平面内的点 $P_1,P_2,\cdots,P_n$ 给出 $f(n)$ 这个数.我们断言,必定存在一条直线包含这 n 个点中的 $2\sqrt{n}$ 个.

考虑所有可能的有序点组 (P_i,P_j),并给直角顶点为 P_i 的每一个直角 $\triangle P_iP_jP_k$ 计数.这个数就是经过 P_i 且垂直于 P_iP_j 的直线上的点的个数.这些数的和是直角三角形的个数的两倍,比 $2n^2\sqrt{n}$ 大.

另一方面,因为和中的项数至多是 $n(n-1)$,有一个加数必包含至少 $2\sqrt{n}$ 项,这部分证明完成.

现在除去这条直线上的点,并分析有多少直角三角形不出现了.我们分两种情况考虑:

(1) 直角三角形的直角顶点在这条直线上.对于这样一个直角三角形的斜边,我们有 $\frac{n(n-1)}{2}$ 种选择,一长条线段最多作为两个这类直角三角形的斜边,所以三角形的个数至多去掉 $n(n-1)<n^2$.

(2) 直角顶点不在该直线上,但另有一个顶点在该直线上.在这种情况下,对于不要求在这条直线上的那些顶点有 $\frac{n(n-1)}{2}$ 种选择,于是在这条关键的直线上至多选两点,使它与确定的一对点 P_i,P_j 一起构成一个三角形,所以直角顶点是 P_i 或 P_j.因此,对于这一种情况至多有 $n(n-1)<n^2$ 个三角形.

于是,除去该直线上的点至多减少 $2n^2$ 个直角三角形.留下的 $n-2\sqrt{n}$ 个点至少包括 $n^2\sqrt{n}-2n^2$ 个直角三角形.但是根据 n 的选择,我们必须有

$$n^2\sqrt{n}-2n^2<(n-\sqrt{n})^2\sqrt{n-2\sqrt{n}},$$

解这个不等式,得到 $n\leqslant 4$,矛盾.

因此原命题成立.

▶**例 3** 已知 $n\in\mathbf{N}^*$，点 $A_1,A_2,\cdots,A_n$ 在圆内，点 $B_1,B_2,\cdots,B_n$ 在圆上，且直线 $A_1B_1,A_2B_2,\cdots,A_nB_n$ 互不相交.一只青蛙由点 A_i 跳到点 A_j $(i,j\in\{1,2,\cdots,n\},i\neq j)$ 当且仅当直线 A_iA_j 不通过任一条直线 $A_1B_1,A_2B_2,\cdots,A_nB_n$ 内的点.证明:青蛙经过一系列跳跃可由任意一点 A_i 跳至任意一点 A_j.

(2018 年克罗地亚数学奥林匹克竞赛)

证明

我们将任意一条直线 A_iA_j 称为"小路",任意一条直线 A_kB_k 称为"墙".

若小路经过墙的一个内点,则称小路与墙相交;称不与任何墙相交的小路为"好的";称不与任何小路相交的墙为"不相干的".

先证明两个引理.

引理 1 对于任意的 $i\in\{1,2,\cdots,n\}$,过点 A_i 至少存在一条好路.

证明 先证明点 A_1 满足要求,其余的点 A_i 类似可得.

定义点 A 与墙 w 的距离为 $\min\limits_{T\in w}|AT|$.

由于所有的墙互不相交,于是 $A_2B_2,\cdots,A_nB_n$ 中没有一面墙包含点 A_1.

设 A_kB_k 为离点 A_1 最近的墙,则 A_1A_k 为好路.

若假设不成立,即存在一面与 A_1A_k 相交的墙,则这面墙比墙 A_kB_k 更接近点 A_1,矛盾.引理得证.

引理 2 至少存在一面不相干的墙.

证明 不失一般性,假设 $A_1,A_2,\cdots,A_k$ 为按顺时针方向标记的凸 k 边形的顶点,记此凸包为 $P=A_1A_2\cdots A_k$.

若墙 $w_1=A_1B_1$ 是不相干的,则引理 2 得证.

假设 w_1 与某小路相交,即墙 w_1 经过凸多边形 P 的内点,又所有的墙互不相交,则 w_1 必与 P 的边(小路)相交(这是因为除去 A_1 后,P 中的任意一个顶点都不通过墙 w_1).

令 C 为墙 w_1 与 P 的一条边的交点.

考虑由点 A_1 顺时针至点 C 的 $\overset{\frown}{A_1C}$,且注意到该弧包含点 $A_2,A_3,\cdots,A_k$.

下面对墙 A_2B_2 重复以上操作.

由于所有的墙互不相交,其对应的弧严格小于 w_1 的弧,于是,若所有的墙 $A_2B_2,A_3B_3,\cdots,A_{k-1}B_{k-1}$ 不相干,则 A_kB_k 必不相干.

引理 2 得证.

下面对 n 进行数学归纳.

当 $n=1$ 时，结论显然成立.

假设结论对于某个正整数 n 成立.

对 $n+1$，由引理 2，知存在一个点 A_i，使得墙 A_iB_i 是不相干的.

由归纳假设，知命题对于除去点 A_i 的所有点成立.

又由引理 1，知在其余的点中，至少有若干个点与 A_i 相连的路是好的. 因此，结论对 $n+1$ 成立.

综上，原命题成立.

▶ **例 4** 某委员会 P 共有 $n(n\geqslant 3)$ 名成员，A,B,C 为其成员，已知 A,B,C 中任意两人均为朋友，且 3 个人中每人均与 P 中超过一半的人是朋友. 若对于某 3 个人，他们当中任意两人均为朋友，则称他们组成一个“朋友圈”. 求 P 中最少有多少个朋友圈?

（2016 年第 19 届中国香港数学奥林匹克竞赛）

解

将委员会 P 除去成员 A,B,C 后余下的成员组成集合 T，则 $|T|=n-3$.

设在集合 T 中，与成员 A,B,C 中的 i 人为朋友的人数分别为 $a_i(i=0,1,2,3)$，则

$$a_0+a_1+a_2+a_3=n-3. \tag{1}$$

由于成员 A,B,C 均与集合 T 中至少 $k-1\left(k=\left[\frac{n}{2}\right]\right)$ 人为朋友，则

$$a_1+2a_2+3a_3\geqslant 3(k-1),$$

故

$$a_0+a_1+2a_2+3a_3\geqslant 3(k-1). \tag{2}$$

(1) 当 $n=2k+1(k\geqslant 1)$ 时，

由式(1)得

$$a_0+a_1+a_2+a_3=2k-2, \tag{3}$$

由式(2)(3)得 $a_2+2a_3\geqslant k-1$.

故朋友圈的个数为

$$1+a_2+3a_3\geqslant 1+a_2+2a_3\geqslant k.$$

为了证明最小值可为 k，考虑极端情况.

在集合 T 中，$k-1$ 人与 A,B 均为朋友，而另 $k-1$ 人仅与 C 为朋友，此时

朋友圈的个数即为 k.

(2) 当 $n=2k(k\geqslant 3)$时,

由式(1)得

$$a_0+a_1+a_2+a_3=2k-3, \tag{4}$$

由式(2)(4)得 $a_2+2a_3\geqslant k$.

故朋友圈的个数为

$$1+a_2+3a_3\geqslant 1+a_2+2a_3\geqslant k+1.$$

为了证明最小值可为 $k+1$,考虑极端情况.

在集合 T 中,k 人与 A,B,C 中的两人均为朋友,而另外 $k-3$ 人仅与 A,B,C 中的另一人为朋友,此时朋友圈的个数即为 $k+1$.

(3) 当 $n=4$ 时,由完全图 K_4 可形成 $C_4^3=4$ 个三角形,即有 4 个朋友圈.

综上,当 n 为奇数时,朋友圈的个数最少为$\dfrac{n-1}{2}$;当 n 为大于或等于 6 的偶数时,朋友圈的个数最少为$\dfrac{n}{2}+1$;当 $n=4$ 时,朋友圈的个数最少为 4.

▶**例 5** 设 A 为 2017 元集合,其三元子集 $A_i(1\leqslant i\leqslant k)$满足$\bigcup\limits_{i=1}^{k}A_i=A$,且对于任意的 $1\leqslant i<j\leqslant k$,均有$|A_i\cap A_j|\leqslant 1$.证明:可对集合 A 中的元素进行红蓝二染色,使得 A 中至少有 64 个元素为蓝的,且每个 A_i 均至少含有一个红元素.

(2017 年第 68 届罗马尼亚国家队选拔考试)

解

若集合 $B\subseteq A$ 且$|B\cap A_i|\leqslant 2$ 对于任意的 $i\in\{1,2,\cdots,k\}$均成立,则称 B 为"好子集".

显然,任取 $x\in A$,则$\{x\}$为好子集.

故好子集存在.

在所有的好子集中,取元素个数最多的好子集 B_0.

设$|B_0|=t$.记 $C=A\setminus B_0$.

则对于任意的 $c\in C$,均存在 $1\leqslant i\leqslant k$,使得 $A_i\setminus\{c\}\subseteq B_0$.(否则,对任意含有元素 c 的 A_i,均不包含于 B_0,令 $B'=B_0\cup\{c\}$,则 B'亦为好子集,且$|B'|>|B_0|$.这与$|B_0|$的元素个数最多矛盾.)

设 $C=\{c_1,c_2,\cdots,c_t\}$，其中，$s=|A|-t=2017-t$.

取 $i_1,i_2,\cdots,i_s\in\{1,2,\cdots,k\}$，满足 $A_{i_j}\setminus\{c_j\}\subseteq B_0(j=1,2,\cdots,s)$.

显然，对于任意的 $1\leqslant n<m\leqslant k$，均有 $A_{i_m}\setminus\{c_m\}\neq A_{i_n}\setminus\{c_n\}$.

从而，B_0 至少有 s 个二元子集.于是

$$\mathrm{C}_t^2\geqslant s=2017-t\Rightarrow\frac{t^2-t}{2}\geqslant 2017-t\Rightarrow t^2+t\geqslant 4034.$$

而 $63^2+63=4032<4034<4160=64^2+64$，故 $t\geqslant 64$.

综上，将集合 B_0 中所有元素染成蓝色，将集合 C 中所有元素染成红色，即满足题中条件.

演习场

习题 13

1. 设 p 为正整数.在单位周长的圆周上取 p 个点染成红色,使得对任一条不通过红点的直径,其两侧的红点个数之差均不超过 100.证明:圆周上任一点到全体红点的弧距之和均不小于 $\frac{p}{4}-25$.

注:两点间的弧距是指联结它们的较短弧的长度.

(2017—2018 年匈牙利数学奥林匹克竞赛,数学特长班,第一轮,决赛)

2. 一个团队恰有 $n(n\in\mathbf{Z},n>2)$ 个人,该团队每天组织一次见面会,至少有其中 3 名成员参加.每次见面会中,每两名参加者均恰握手一次.在 n 天后发现,这 n 个人中每两人均恰握手一次.证明:每天参加见面会的人数是一样的.

(2017 年日本数学奥林匹克竞赛,决赛)

3. 设正整数 $n\geqslant 3$.求可以选出的正 n 边形对角线数目的最大值,使得选出的对角线中的任意两条要么在图形内部不相交,要么互相垂直.

(2016 年第 57 届国际数学奥林匹克竞赛预选题)

参考答案及提示

习题 1

1. 只由 1,2,3 组成的 n 位数有 3^n 个，其中不大于 1 亿的正整数的个数是 $3^1+3^2+3^3+\cdots+3^8=\frac{3(1-3^8)}{1-3}=9840$.将这 9840 个数从小到大排列，每三个分成一组：{1, 2, 3}, {11, 12, 13}, {21, 22, 23}, …, {33 333 331, 33 333 332, 33 333 333}.显然，每组中有且只有一个数能被 3 整除，所以满足条件的正整数的个数是$\frac{1}{3}\times 9840=3280$.

2. 设 A 和 B 是两个不交子集.对于 n 元集 M 中的任一元素 x，或者 $x\in A$，或者 $x\in B$，或者 $x\in M-(A\cup B)$，三者恰居其一.因而共有 3^n 种不同分法，即有 3^n 个不同的不交有序子集对.

如果子集对是无序的，即$\{A,B\}$和$\{B,A\}$视为同一对，则因$\{\varnothing,\varnothing\}$次序交换后仍是它本身，故知这样的不交子集对的总数为

$$\frac{3^n-1}{2}+1=\frac{3^n+1}{2}.$$

3. (1) 如果分成和相等的两组数的个数分别为 1 和 4，即 5 个数中最大的数等于其他 4 个数之和，则显然只有 1 种分法.

(2) 设所分成的和相等的两组数的个数分别为 2 和 3：$\{m_1,m_2\}$，$\{m_3,m_4,m_5\}$，且 $m_1+m_2=m_3+m_4+m_5$.由(1)知，若存在另一种满足要求的分组法，一定仍是 2,3 分组.不妨设为 $m_1+m_5=m_2+m_3+m_4$，但这导致 $m_5=m_2$，矛盾.

可见，满足题中要求的分法只有 1 种.

4. $(x^{2006}+1)(1+x^2+x^4+\cdots+x^{2004})=2006x^{2005}$

$\Leftrightarrow\left(x+\frac{1}{x^{2005}}\right)(1+x^2+x^4+\cdots+x^{2004})=2006$

$$\Leftrightarrow x+x^3+x^5+\cdots+x^{2005}+\frac{1}{x^{2005}}+\frac{1}{x^{2003}}+\frac{1}{x^{2001}}+\cdots+\frac{1}{x}=2006$$

$$\Leftrightarrow 2006=x+\frac{1}{x}+x^3+\frac{1}{x^3}+\cdots+x^{2005}+\frac{1}{x^{2005}}\geqslant 2\cdot 1003=2006.$$

要使等号成立,必须满足 $x=\frac{1}{x}, x^3=\frac{1}{x^3}, \cdots, x^{2005}=\frac{1}{x^{2005}}$,即 $x=\pm 1$.

但是当 $x\leqslant 0$ 时,不满足原方程,所以 $x=1$ 是原方程的全部解.因此原方程的实数解个数为 1.

5. 首项为 a 的连续 k 个正整数之和为

$$S_k=ka+\frac{k(k-1)}{2}\geqslant\frac{k(k+1)}{2},$$

由 $S_k\leqslant 2000$ 可得 $60\leqslant k\leqslant 62$.

当 $k=60$ 时,$S_k=60a+30\times 59$,由 $S_k\leqslant 2000$ 可得 $a\leqslant 3$,故 $S_k=1830$, 1890,1950;

当 $k=61$ 时,$S_k=61a+30\times 61$,由 $S_k\leqslant 2000$ 可得 $a\leqslant 2$,故 $S_k=$ 1891,1952;

当 $k=62$ 时,$S_k=62a+31\times 61$,由 $S_k\leqslant 2000$ 可得 $a\leqslant 1$,故 $S_k=1953$.

于是满足要求的 n 有 6 个.

6. 线段 OA_n 的方程为 $y=\frac{n+3}{n}x\,(0\leqslant x\leqslant n)$,因此 $f(n)$ 是该方程在 $(0, n)$ 内的整数解的个数.

当 $n=3k$(k 是正整数)时,方程变为

$$y=\frac{k+1}{k}x\quad(0<x<3k),$$

它有两组整数解 $\begin{cases}x=k,\\ y=k+1,\end{cases}$ 和 $\begin{cases}x=2k,\\ y=2(k+1).\end{cases}$

当 $n=3k\pm 1$(k 是非负整数)时,易知 n 与 $n+3$ 互素,因此该方程不存在满足条件 $0<x<n$ 的整数解.

由上面的讨论,我们得到

$$f(n)=\begin{cases}0, & n=3k\pm 1,\\ 2, & n=3k.\end{cases}$$

故

$$\begin{aligned}&f(1)+f(2)+\cdots+f(1990)\\ =&2\times\left[\frac{1990}{3}\right]\end{aligned}$$

$=2\times663$

$=1326.$

7. 最后一次掷币必须是正面.

(1) 掷 10 次正面可到点 $+10$,只有 1 种情况.

(2) 掷 11 次,因为最后一次是正面,所以前 10 次掷币中需出现 1 次反面,其可能情况有 $C_{10}^{1}=10$ 种.

(3) 掷 12 次,因为最后一次是正面,所以前 11 次掷币中需出现 2 次反面,其可能情况有 $C_{11}^{2}=55$ 种.

所有不同情况共有 $1+10+55=66$ 种.

8. 显然,每个满足题中要求的正方形被它的边长和左下角的顶点所唯一确定.对边长为 $k(k=1,2,\cdots,9)$ 的正方形,其左下角顶点必落在所给矩形左下方的 $(9-k)\times(10-k)$ 矩形的格点上.这些格点个数为 $(10-k)(11-k)$.从而,满足题意的正方形的总数为

$$S=\sum_{k=1}^{9}(10-k)(11-k)=330.$$

9. 设直线的倾斜角为 θ.因为 θ 为锐角,所以 $\tan\theta=-\dfrac{a}{b}>0$.不妨设 $a>0,b<0$.

(1) 当 $c=0$ 时,a 有 3 种取法,b 也有 3 种取法.由于 $3x-3y=0$,$2x-2y=0$ 和 $x-y=0$ 为同一条直线,故应去掉两条重复的直线.所以这样的直线共有 $3\times3-2=7$ 条.

(2) 当 $c\neq0$ 时,a 有 3 种取法,b 有 3 种取法,c 有 4 种取法,且易见其中任何两条直线均不相同,故这样的直线共有 $3\times3\times4=36$ 条.

综上可知,满足要求的直线共有 $7+36=43$ 条.

10. 我们把凸字形上面的那个小方格称为它的头.显然,每个凸字形恰有一个头.

凸字形可以分作两类,第一类的头在棋盘的边上.因为棋盘的 4 个角不能充当凸字形的头,而边上其余的方格共 $4\times6=24$ 个,每个都可以充当一个凸字形的头,所以第一类凸字形有 24 个.

第二类凸字形的头在棋盘内部.棋盘内部有 $6\times6=36$ 个方格,每个方格可以充当 4 个凸字形的头,所以第二类凸字形有 $4\times36=144$ 个.

由加法原理,共有

$$24+144=168$$

种不同的剪法.

点评

拓展到 $m\times n$ 的棋盘，不同的剪法种数为 $2(m-2)+2(n-2)+4(m-2)(n-2)$.

11. 由题图可知，青蛙经过 1 次，2 次或 4 次跳动之后不可能位于点 D.故青蛙的可能跳法只有下列两种：

(1) 青蛙跳 3 次到达点 D，共有两种不同的跳法；

(2) 青蛙一共跳 5 次后停止.这时，青蛙跳 3 次后不在点 D 的跳法共有 $2^3-2=6$(种).后 2 次的不同跳法共有 4 种.故这种类型的跳法共有 24 种.

综上可知，满足题中要求的不同跳法共有 26 种.

12. 首先，与一条棱不垂直且异面的直线有 6 条(4 条面对角线及 2 条体对角线所在直线)，12 条棱可生成 $12\times6=72$ 对异面直线.

其次，与一条面对角线不垂直且异面的直线有 8 条(4 条棱及 4 条面对角线所在直线)，12 条面对角线可生成 $12\times8=96$ 对异面直线.

最后，与一条体对角线不垂直且异面的直线有 6 条(6 条棱所在直线)，4 条体对角线可生成 $6\times4=24$ 对异面直线.

因为上述计数中，每对异面直线被计算了 2 次，故共有 $\frac{1}{2}(72+96+24)=96$ 对不互相垂直的异面直线.

13. 任取一条中位线 AB，AB 所在的面没有与 AB 异面的线段；含点 A 的另一个面恰有 1 条中位线与 AB 异面；含点 B 的另一个面恰有 1 条中位线与 AB 异面；不含 A，B 的面恰有 2 条中位线与 AB 异面.因此，与 AB 异面的中位线共有 4 条，即含有线段 AB 的异面线段对共有 4 个.于是，异面线段对有 $12\times4=48$ 个.

但每一个异面线段对中有 2 条线段，被计算了 2 次.因此，共有 $\frac{48}{2}=24$ 个异面线段对.

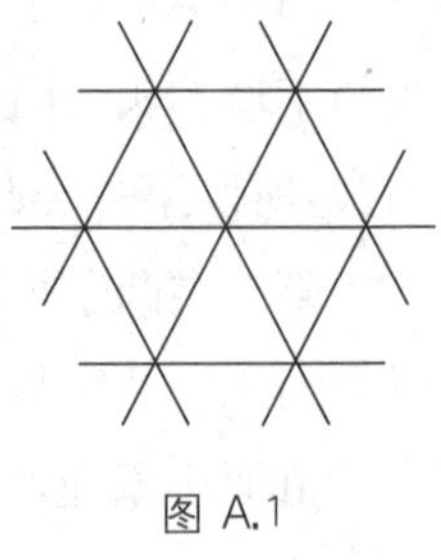
图 A.1

14. 如图 A.1 所示，最外面的 6 条直线围成了一个边长为 $\frac{20}{\sqrt{3}}$ 的正六边形.过原点的 3 条直线

$$y=0,\ y=\sqrt{3}x,\ y=-\sqrt{3}x$$

将这个正六边形分成 6 个边长均为$\frac{20}{\sqrt{3}}$的等边三角形.因为每个这样的大三角形的边长是要讨论的小三角形边长的 10 倍,所以每个大三角形可被分成 100 个小三角形.从而整个正六边形被分成 600 个边长为$\frac{2}{\sqrt{3}}$的等边三角形.此外,位于正六边形之外且有 1 条边在正六边形边上的小等边三角形还有 60 个(正六边形的每条边外面都有 10 个),所以,边长为$\frac{2}{\sqrt{3}}$的等边三角形共有 660 个.

15. 如图 A.2,从点 B 连到 AC 边上的 n 个分点的线段分三角形为 $n+1$ 个部分.再从点 C 作联结 AB 边上分点的线段,每一条都与前面引的 n 条线段相交,被交点分为 $n+1$ 个部分,每一部分将前面的一个区域一分为二,故每条线段增加 $n+1$ 个区域.n 条线段共增加 $n(n+1)$个区域,总计区域数为

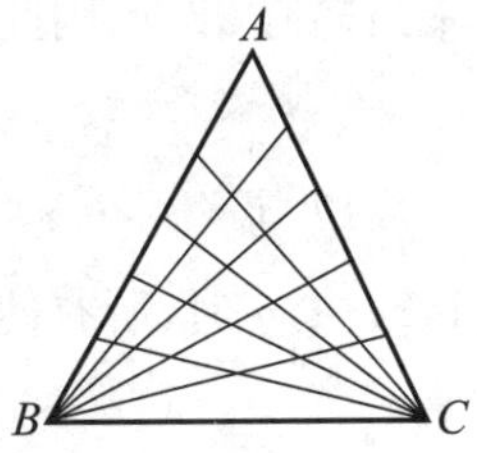

图 A.2

$$(n+1)+n(n+1)=(n+1)^2(\text{个}).$$

再从点 A 作联结 BC 边上 n 个分点的线段,每一条同前面自 B,C 出发引的 $2n$ 条线段都相交,共产生 $2n$ 个交点.由于任三条线段不共点,这些交点彼此不同,于是由 A 出发的每条线段被先前引的 $2n$ 条线段分为 $2n+1$ 个部分.因此,区域数要增加 $2n+1$.n 条线段增加的区域数为 $n(2n+1)$个.

因此,所求区域总数为

$$(n+1)^2+n(2n+1)=3n^2+3n+1(\text{个}).$$

16. (1) $17\mid(a+b)$即为 $a+b\equiv0(\text{mod } 17)$,这当且仅当

$$a\equiv k(\text{mod } 17),\ b\equiv17-k(\text{mod } 17),k=0,1,\cdots,16 \tag{1}$$

时成立.令

$$A_k=\{n\mid n\equiv k(\text{mod } 17),n\in A\},k=0,1,\cdots,16,$$

于是 $A=\bigcup_{k=0}^{16}A_k$,且$|A_k|=22,k=1,2,\cdots,9$;$|A_k|=21,k=10,11,\cdots,16,0$.于是式(1)可以改写成

$$a\in A_k,\ b\in A_{17-k},\ k=0,1,\cdots,16,$$

其中 $A_{17}=A_0$.

当 $a,b\in A_0$ 时,具有性质 P 的二元子集个数为 $C_{21}^2=210$.

当 $1\leqslant k\leqslant 7, a\in A_k, b\in A_{17-k}$ 时，具有性质 P 的二元子集个数为 $21\times 22=462$.

当 $a\in A_8, b\in A_9$ 时，具有性质 P 的二元子集个数为 $22^2=484$.

综上可知，A 的具有性质 P 的二元子集个数为

$$210+462\times 7+484=3928.$$

(2) 当 $a, b\in A_0$ 时，由于 $|A_0|=21$，故两两不交的二元子集个数的最大值为 10.当 $1\leqslant k\leqslant 7, a\in A_k, b\in A_{17-k}$ 时，由于 $|A_k|=22, |A_{17-k}|=21$，故两两不交的二元子集个数的最大值为 21.同理，当 $a\in A_8, b\in A_9$ 时，两两不交的二元子集最多有 22 个.因此，两两不交的具有性质 P 的二元子集个数的最大值为

$$10+21\times 7+22=179.$$

17. 设 (x, y, z) 是使 $x+y+z=6n$ 的自然数三元组，且有 $x\leqslant y\leqslant z$.当 $k=1, 2, \cdots, n$ 时，所有使 $x=2k-1$ 的三元组为：

$$\begin{aligned}&(2k-1, 2k-1, 6n-4k+2), (2k-1, 2k, 6n-4k+1),\\&\cdots, (2k-1, 3n-k, 3n-k+1),\end{aligned}\tag{2}$$

所有使 $x=2k$ 的三元组为：

$$\begin{aligned}&(2k, 2k, 6n-4k), (2k, 2k+1, 6n-4k-1),\\&\cdots, (2k, 3n-k, 3n-k).\end{aligned}\tag{3}$$

式(2)和(3)中三元组的个数为

$$\begin{aligned}S_k&=((3n-k)-(2k-2))+((3n-k)-(2k-1))\\&=6(n-k)+3,\end{aligned}$$

求和即得所有三元组的总数为

$$S=\sum_{k=1}^{n} S_k=\sum_{k=1}^{n}(6(n-k)+3)=6n^2-3n(n+1)+3n=3n^2.$$

18. 考虑满足条件的矩阵 $\boldsymbol{A}$：

$$\boldsymbol{A}=\begin{pmatrix}a_{11} & a_{12} & \cdots & a_{1n}\\ a_{21} & a_{22} & \cdots & a_{2n}\\ \vdots & \vdots & & \vdots\\ a_{m1} & a_{m2} & \cdots & a_{mn}\end{pmatrix}.$$

显然，a_{in} 由 $a_{i1}, a_{i2}, \cdots, a_{i,n-1}$ 中 1 的个数确定(当其中 1 的个数为偶数时，$a_{in}=0$；1 的个数为奇数时，$a_{in}=1$).类似地，a_{mj} 由 $a_{1j}, a_{2j}, \cdots, a_{m-1,j}$ 中 1 的个数确定.于是，我们应考虑 $\boldsymbol{A}$ 的下述子矩阵：

$$B=\begin{pmatrix} a_{11} & a_{12} & \cdots & a_{1,n-1} \\ a_{21} & a_{22} & \cdots & a_{2,n-1} \\ \vdots & \vdots & & \vdots \\ a_{m-1,1} & a_{m-1,2} & \cdots & a_{m-1,n-1} \end{pmatrix}.$$

当 $\boldsymbol{B}$ 为任意一个 0,1 矩阵时，按题中要求确定数 $a_{1n},a_{2n},\cdots,a_{m-1,n}$ 和 a_{m1}，$a_{m2},\cdots,a_{m,n-1}$，可使矩阵 $\boldsymbol{A}$ 除最后一列和最后一行外，其余行和列中 1 的个数都是偶数.

下面讨论 a_{mn} 的存在性，使得最后一行和最后一列中 1 的个数都为偶数.这当且仅当 $a_{1n}+a_{2n}+\cdots+a_{m-1,n}$ 与 $a_{m1}+a_{m2}+\cdots+a_{m,n-1}$ 具有相同的奇偶性，而这两个数的奇偶性都与 $\boldsymbol{B}$ 中所有元素之和的奇偶性相同.从而，可以唯一确定 $a_{m,n}$，使最后一行与最后一列中 1 的个数也都为偶数.

综上可知，满足条件的矩阵共有 $2^{(m-1)(n-1)}$ 个(因为 $\boldsymbol{B}$ 有 $2^{(m-1)(n-1)}$ 个).

19. 首先注意，如果有 5 块砖各为塔提供 10 的高度，则当把其中 3 块放成各提供 4 的高度，而另 2 块立起来各提供 19 的高度时，塔高不变，所以在计算塔的不同高度时，总可以假定高度贡献为 10 的砖的块数小于 5.

设对塔的高度贡献为 10,19 的砖块数分别为 x,y，则贡献为 4 的砖块数为 $94-x-y$.于是塔的高度为

$$4(94-x-y)+10x+19y=376+6x+15y, \tag{4}$$

其中 $0\leqslant x\leqslant 4,0\leqslant y\leqslant 94-x$.从而不同的非负整数对 (x,y) 共有 $95+94+93+92+91=465$ 种，因此叠成的塔的高度至多有 465 个不同的值.

下面来证明式(4)给出的 465 个值互不相同.若不然，设有不同数对 (x,y)，(u,v) 所对应的塔高相等，即有

$$376+6x+15y=376+6u+15v,$$
$$2(x-u)=5(v-y). \tag{5}$$

式(5)表明 $5\mid(x-u)$.因为 $0\leqslant x\leqslant 4,0\leqslant u\leqslant 4$，故 $-4\leqslant x-u\leqslant 4$，从而必有 $x=u$.由此及式(5)又得 $v=y$，矛盾.

综上可知，塔的高度共有 465 个不同的值.

20. 原条件可化为 $\sqrt{2}n-1<m<\sqrt{2}(n+1)$.

对每个 n，在这范围内的整数个数为

$$[\sqrt{2}(n+1)]-[\sqrt{2}n-1]=[\sqrt{2}(n+1)]-[\sqrt{2}n]+1.$$

因为 $707\sqrt{2}<1000<708\sqrt{2}$，所以 $n\leqslant 707$.

当 $n=707$ 时，$m=999,1000,1001$，但 1001 应排除，故适应条件的数对 (m, n) 的总数为

$$\begin{aligned}&\sum_{n=1}^{706}([\sqrt{2}(n+1)]-[\sqrt{2}n]+1)+2\\=&\sum_{n=1}^{706}([\sqrt{2}(n+1)]-[2n])+708\\=&708+[707\sqrt{2}]-[\sqrt{2}]\\=&708+999-1\\=&1706.\end{aligned}$$

21. n 边形有 n 个顶点，这 n 个点之间连有 C_n^2 条线段，其中有 n 条是多边形的边，故对角线总数为 $m=C_n^2-n=\frac{1}{2}n(n-3)$. 这 m 条对角线共有 C_m^2 个交点.在这个计数过程中，每个顶点恰被计数 $k=C_{n-3}^2=\frac{1}{2}(n-3)(n-4)$ 次.因而除顶点外，对角线的不同交点总数(包括形内与形外)为

$$l=\frac{1}{2}m(m-1)-kn=\frac{1}{8}n(n-3)(n^2-7n+14).$$

容易验证，在多边形内部的对角线交点总数为 C_n^4，从而在多边形外的对角线交点总数为

$$l-C_n^4=\frac{1}{12}n(n-3)(n-4)(n-5).$$

22. 先考虑以 A 开头的序列.

由于 AB，BA 与 BB 恰好出现 3 次，这样的序列结构是

$$\cdots A_1B_1\cdots A_2B_2\cdots A_3B_3\cdots A_4,$$

在 $B_i(i=1,2,3)$ 之后恰好插入 3 个 B.设在 B_i 之后插入了 x_i 个 B，则

$$x_1+x_2+x_3=3,$$

这个方程的非负整数解的组数为 $C_{3+2}^2=10$.

在 $A_i(i=1,2,3,4)$ 之前恰好插入 5 个 A.设在 A_i 之前插入了 y_i 个 A，则

$$y_1+y_2+y_3+y_4=5,$$

这个方程的非负整数解的组数为 $C_8^3=56$.

所以这样的序列共有

$$56\times10=560(\text{个}).$$

23. 图 A.3 中，4 种联结方式都满足题目要求(图中仅表示点、线间联结形

式,不考虑点的位置).

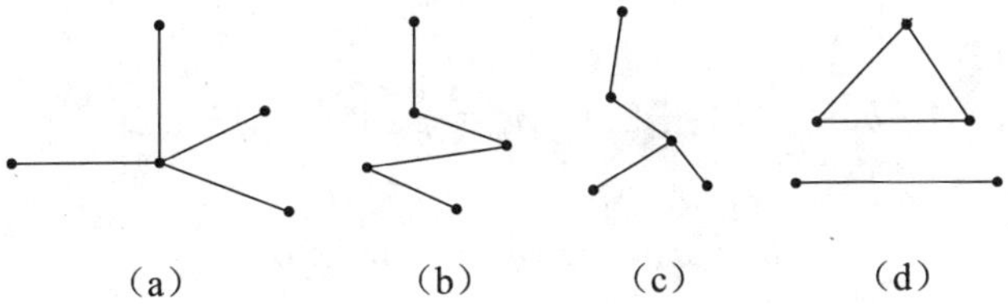

图 A.3

对情形(a),根据中心点的选择,有 5 种联结方式;

对情形(b),可视为 5 个点 A,B,C,D,E 的排列,但一种排列与其逆序排列是相同的,且两者一一对应,故联结方式有$\frac{5!}{2}=60$(种);

对情形(c),首先分歧点的选择有 5 种情况,其次分叉的两点的选择有 C_4^2 种情况,最后余下并联两点的顺序有别,有 2!种情况.共有 $5\times C_4^2\times 2!=60$(种);

对情形(d),选择 3 点构造三角形,有 $C_5^3=10$(种).

从而联结方式总计 $5+60+60+10=135$(种).

24. 方法一 先考察最左边的一列,打下这 3 个靶子的顺序有 C_8^3 种可能.再考察中间一列,打下这两个靶子的不同顺序有 C_5^2 种可能.余下的一列 3 个靶子的顺序已确定,所以不同顺序的种数为

$$S=C_8^3\cdot C_5^2=56\times 10=560.$$

方法二 8 个靶子号码的全排列有 8!种.但是每一列的靶子被打掉的顺序必须是由下到上,不能随意排列,所以所有不同顺序的种数为

$$S=\frac{8!}{3!2!3!}=\frac{8\times 7\times 6\times 5\times 4}{2\times 6}=560.$$

25. 设 S_n 中包含子集对有 a_n 个,非包含子集对有 b_n 个.下面比较 a_n 与 b_n 的大小.

先求 a_n.因为 x,y 无顺序,不妨设 $x\subseteq y$.记 y 中有 i 个元素($0\leqslant i\leqslant n$),对 y 有 C_n^i 种取法.而对 y 的每一种取法,x 都是 y 的子集,有 2^i 种取法.由乘法原理,得

$$a_n=\sum_{i=0}^{n} C_n^i 2^i=3^n.$$

由于 S_n 中有 2^n 个子集,从中任取不相同的 2 个有 $C_{2^n}^2$ 种取法,另外 $x=y$ 有 2^n 种取法,得

$$C_{2^n}^2+2^n=\frac{1}{2}(4^n+2^n).$$

从而
$$b_n=\frac{1}{4}(4^n+2^n)-a_n=\frac{1}{2}(4^n+2^n)-3^n,$$

$$\begin{aligned}b_n-a_n&=\frac{1}{2}(4^n+2^n)-2\cdot 3^n\\&>\frac{1}{2}\cdot 4^n-2\cdot 3^n\\&=2\cdot 3^{n-1}\left(\left(\frac{4}{3}\right)^{n-1}-3\right)\\&\geqslant 2\cdot 3^{n-1}\left(\left(\frac{4}{3}\right)^{4}-3\right)\quad(n\geqslant 5)\\&=2\cdot 3^{n-5}(256-243)>0.\end{aligned}$$

因此非包含子集对比包含子集对多.

26. 令$\{1901,1902,\cdots,2000\}=R_0\cup R_1\cup R_2$,这里 R_i 中的任意元素对模 3 同余 i,$i=0,1,2$.可知$|R_0|=|R_1|=33$,$|R_2|=34$.

任一个排列 $S=(a_1,a_2,\cdots,a_{100})$的部分和是否被 3 整除由 $S'=(a_1',a_2',\cdots,a_{100}')$的部分和所决定,其中 a_i'是a_i 对模 3 的余数,每个 R_i 的排列数恰为$|R_i|!=1\cdot 2\cdot\cdots\cdot|R_i|$.所以 S 的部分和仅仅依赖于其余数构成的数列 S'.

欲使 S 中每一部分和均不能被 3 整除,则由 S'中的 67 个 1 和 2 构成的数列应为 1,1,2,1,2,…,1,2 或 2,2,1,2,1,…,2,1.但$|R_2|=|R_1|+1$,故只有第二种情形才有可能.

S'中的 33 个 0 除了 $a_1'\neq 0$ 外,可放在其他任何地方,这样有 $C_{99}^{33}=\frac{99!}{33!66!}$种方式.

因此,满足条件要求的数列共有

$$C_{99}^{33}\cdot 33!\cdot 33!\cdot 34!=\frac{99!33!34!}{66!}(\text{个}).$$

27. 我们分两种情况来分别计数.

(1) 第 9 封信件已在上午交给秘书.令

$$T=\{1,2,3,4,5,6,7,9\},$$

则下午要打印的信件是 T 的一个子集.因为秘书可以把不在子集中的信件一送来就打印完,未打印别的信件,而集合 T 有 8 个元素,故有$2^8=256$个不同子集(包括空集).

（2）第 9 封信件在午后才交给秘书.令

$$S=\{1,2,3,4,5,6,7\},$$

则上午未打印的信件是 S 的一个子集.若将 9 排在该子集之后，则与（1）中的情形相同，故只有子集中至少有一封信件已于下午打印之后第 9 封信件才送来的情形才会出现新的可能顺序.这又相当于把号码 9 放在该子集的非最后的位置上.对于有 k 个元素的子集，号码 9 有 k 个位置可放，即可放在第 $i-1$ 个元素和第 i 个元素之间，$i=1,2,\cdots,k$.于是不同顺序总数为

$$\sum_{k=0}^{7} k\mathrm{C}_7^k=\sum_{k=1}^{7} 7\mathrm{C}_6^{k-1}=7\times 2^6=448,$$

即下午有 448 种可能的打印顺序.

28. 考虑对角线被平行于长方体底面及侧面的平面所截得到的交点个数.

从左到右的 151 个互相平行且两两距离为 1 的平面与对角线有 151 个交点，将对角线分为 150 段.同样，从上到下，从前到后的两两距离为 1 的平面又增加了一些分点，除去对角线的一端外，共有 $150+324+375-(150,324)-(150,375)-(324,375)+(150,324,375)=768$ 个分点，将对角线分为 768 段，每段属于一个单位立方体.即对角线穿过 768 个单位立方体.

29. 设 A,B,C,D,E 为平面上给定的 5 个点，其中任 4 点间两两连线的条数是 $\mathrm{C}_4^2=6$.从其中一点出发可引 6 条垂线，5 个点共可引出 30 条垂线，它们之间最多有 $\mathrm{C}_{30}^2=435$ 个交点.但应排除以下三种情形：

（1）从 A,B,C 向 DE 作的 3 条垂线互相平行，无公共交点，共 $\mathrm{C}_5^2\mathrm{C}_3^2=30$ 个；

（2）从任一点（如 B）可引出 6 条垂线，这 6 条垂线的交点只有一个（即点 B）.由题意，不计已知点，故要减去 $5\mathrm{C}_6^2=75$ 个；

（3）5 个点中，3 点构成一个三角形，三角形的 3 条高共点，应减去 $\mathrm{C}_5^3(\mathrm{C}_3^2-1)=20$ 个.

因此满足题意的交点最多有 $\mathrm{C}_{30}^2-\mathrm{C}_5^2\mathrm{C}_3^2-5\mathrm{C}_6^2-\mathrm{C}_5^3(\mathrm{C}_3^2-1)=310$ 个.

30. 用反证法.假设每种药至多包含了 3 种烈性配料.

设总共有 n 种配料，由条件知，C_n^3 种三配料组均出现在 68 种药中，而每种药含有 $\mathrm{C}_5^3=10$ 种三配料组，因此 $\mathrm{C}_n^3=68\times 10=680$，故 $n=17$.

设配料 x 出现在 k_x 种药中，那么包含配料 x 的三配料组共有 $\mathrm{C}_{16}^2=120$ 种，而含 x 的 k_x 种药中，每种含有 $\mathrm{C}_4^2=6$ 种含 x 的三配料组，所以 $\mathrm{C}_4^2\cdot k_x=\mathrm{C}_{16}^2$，即 $k_x=20$.

设配料 x,y 出现在 $k_{x,y}$ 种药中，则含有 x,y 的三配料组有 15 种，而含 x,y 的 $k_{x,y}$ 种药中，每种含有 3 种 x,y 的三配料组.所以 $3\cdot k_{x,y}=15$，即 $k_{x,y}=5$.

设配料 x,y,z 出现在 $k_{x,y,z}$ 种药中，则由条件知 $k_{x,y,z}=1$.又由反证法假设，任意 4 种烈性配料不被一种药包含.设所有烈性配料为 $S_1,S_2,\cdots,S_m$，则

$$k_{S_a,S_b,S_c,S_d}=0\ (1\leqslant a<b\leqslant c<d\leqslant m).$$

现在我们计算所有含有烈性配料的药的数目.一方面，由条件知所有 68 种药都含有烈性配料.另一方面，由容斥原理，共有

$$\begin{aligned}&\sum_{a=1}^{m}k_{S_a}-\sum_{1\leqslant a<b\leqslant m}k_{S_a,S_b}+\sum_{1\leqslant a<b<c\leqslant m}k_{S_a,S_b,S_c}\\&=20m-5\cdot C_m^2+C_m^3\\&=\frac{1}{6}m(m^2-18m+137)\end{aligned}$$

种药含有烈性配料(因为 $k_{S_a,S_b,S_c,S_d}=0$，故第四和项之后均为 0，不必写出).也即有

$$68=\frac{1}{6}m(m^2-18m+137),\tag{6}$$

于是 $68\times6=m(m^2-18m+137)$.

两边考虑对 mod 5 的同余，有

$$3\equiv m(m^2-3m+2)=m(m-1)(m-2)\ (\text{mod } 5),$$

但当 $m\equiv0,1,2,3,4 (\text{mod } 5)$时，上式均不能成立，因此式(6)不成立，反证法假设不成立.故原命题成立.

习题　2

1. 对于 S 的任一子集 A，分别用 $|A|$ 和 $\|A\|$ 来表示 A 的元数和 A 中所有数之和.令

$$F_k=\{A\mid A\subseteq S,|A|=31,\|A\|\equiv k(\text{mod } 5)\},$$

其中 $k=0,1,2,3,4$.

对于任意 $\{x_1,x_2,\cdots,x_{31}\}=A\in F_0$，定义

$f_k(A)=\{x_1+k,x_2+k,\cdots,x_{31}+k\}$，$k=1,2,3,4$，其中当 $x_i+k>1990$ 时，理解为 $x_i+k-1990$.因为 $31k\equiv k$，$1990\equiv0(\text{mod } 5)$，所以 $f_k(A)\in F_k$.易见，映射 f_k 是由 F_0 到 F_k 的一个双射，故有

$$|F_0|=|F_1|=|F_2|=|F_3|=|F_4|.$$

又因 F_0,F_1,F_2,F_3,F_4 互不相交，且 $\sum_{k=0}^{4}|F_k|=C_{1990}^{31}$，所以 S 的好子集的个数为 $|F_0|=\frac{1}{5}C_{1990}^{31}$.

2. 首先，集合 $M=\{1,2,\cdots,49\}$ 的所有不同 6 元子集的个数为 C_{49}^{6}.但是，其中 6 个数互不相邻的子集

$$\{a_1,a_2,\cdots,a_6\},a_i+1<a_{i+1},i=1,2,3,4,5 \tag{1}$$

不满足题中要求.因此，只需证明这样的 6 元子集的个数为 C_{44}^{6}.

记满足式(1)的所有 6 元子集的集合为 A，并令

$$\{a_1,a_2,\cdots,a_6\}\to\{b_1,b_2,\cdots,b_6\}, \tag{2}$$

其中

$$b_i=a_i-i+1,i=1,2,3,4,5,6, \tag{3}$$

易知 $b_1,b_2,\cdots,b_6$ 互不相同，且 $1\leqslant b_1<b_2<\cdots<b_6\leqslant 44$.容易验证，由式(2)和(3)定义的映射是由集合 A 到集合 $S=\{1,2,\cdots,44\}$ 的所有不同 6 元子集的集合 B 的一个双射.从而有

$$|A|=|B|=C_{44}^{6}.$$

3. 对于 n 个物体的有序集合的每个子集 S，我们把它的元素按照原来的顺序排成一行，每个元素都记为 A，再在空位上补上若干个 B，两者的总和为 n，就成为 A 与 B 的一个 n 级排列.如果其中任何两个 A 都不相邻，则称这样的排列为不亲切排列.

于是，每一个不亲切子集都对应一个不亲切排列，从而我们只需证明由 k 个 A 与 $n-k$ 个 B 组成的不亲切排列的个数为 C_{n-k+1}^{k}.

事实上，我们把 $n-k$ 个 B 排成一行，于是在 $n-k$ 个 B 之间及两端就有 $n-k+1$ 个空档，在这 $n-k+1$ 个空档中选出 k 个空档放入 A，则任意两个 A 都不相邻，这就构成了一个不亲切排列.而在 $n-k+1$ 个空档中选出 k 个空档的选法恰有 C_{n-k+1}^{k}个，从而本题得证.

4. 设 P_n 为至少有一组恰有一名学生的某一个 n 分组，Q_n 为每一组至少有两名学生的某一个 n 分组.又设不同的 Q_n 有 c_n 种，显然 $a_n=b_n+c_n$.因此只需证明 $b_{n-1}=c_n$.

为此，我们着手建立由不同 P_{n-1}组成的集合与由不同 Q_n 组成的集合之间的一一对应.因为 P_{n-1}是编号为 $1,2,\cdots,n-1$ 的学生的任一$n-1$ 分组，并且其中至少有一组恰由一名学生组成.我们将 P_{n-1}中只有一名学生的所有小组与编

号为 n 的学生合并成新的一组，显然得到的新的 n 分组每组至少有两名学生，即得到了一个 Q_n. 反过来，任取一个 Q_n，我们将编号为 n 的学生所在的小组拆成若干个只有一名学生的小组，同时去掉编号为 n 的学生，显然得到了一个 P_{n-1}. 于是，由不同 P_{n-1} 组成的集合与由不同 Q_n 组成的集合之间建立了一一对应，故 $b_{n-1}=c_n$，从而得

$$a_n=b_n+b_{n-1}.$$

5. 对每一个合适的多项式

$$P(x)=\sum_k a_k x^k \quad (0\leqslant a_k\leqslant m^2-1),$$

设 $a_k=m\cdot b_k+c_k$，其中 $0\leqslant b_k, c_k\leqslant m-1$，则 $\sum\limits_k c_k m^k$ 和 $\sum\limits_k b_k m^k$ 分别等于一个非负整数. 记 $\sum\limits_k b_k m^k=t$，则 $\sum\limits_k c_k m^k=n-mt$.

另一方面，由上述 t 的定义，可知对每一个 $0\leqslant t\leqslant\left[\dfrac{n}{m}\right]$，都唯一对应一个合适的 $P(x)$.

综上所述，所求的合适多项式个数为 $\left[\dfrac{n}{m}\right]+1$.

6. 设 $\{x_1, x_2, \cdots, x_k\}$ 是一个正整数数列，满足 $x_1+x_2+\cdots+x_k=n$. 令

$$y_i=x_1+x_2+\cdots+x_i, i=1,2,\cdots,k,$$

则有 $0<y_1<y_2<\cdots<y_k=n$. 于是 $\{y_1, y_2, \cdots, y_{k-1}\}$ 是集合 $\{1,2,\cdots,n-1\}$ 的一个 $k-1$ 元子集，且对应

$$\{x_1, x_2, \cdots, x_k\}\rightarrow\{y_1, y_2, \cdots, y_{k-1}\}$$

是个双射. 故得

$$T(n,k)=\mathrm{C}_{n-1}^{k-1}.$$

7. 可以建立起结合形式和具有前束性质的 0,1 序列（n 个 0 和 n 个 1）之间的一一对应，因此本题的解是 $\dfrac{1}{n+1}\mathrm{C}_{2n}^{n}$.

对应如下：左括号对应 0（不管右括号），$a_0, a_1, \cdots, a_{n-1}$（不管 a_n）对应 1. 例如，$(((a_0a_1)a_2)(a_3a_4))$ 对应 00011101，01010101 对应 $(a_0(a_1(a_2(a_3a_4))))$.

这种对应显然是一一对应. 但是，是否对应得到的序列一定具有前束性质，以及具有前束性质的序列对应的是否一定是一种结合形式，这个问题要复杂一些. 请读者思考.

8. 令

$$j_i'=j_i-(i-1)(m-1), i=1,2,\cdots,k,$$

则由条件(2)知

$$j_{i+1}'-j_i'=j_{i+1}-j_i-(m-1)\geqslant 1, i=1,2,\cdots,k-1.$$

再由条件(1),又有

$$1\leqslant j_1'<j_2'<\cdots<j_k'\leqslant n-(k-1)(m-1).$$

易见,这个对应是个双射.从而所求的组合数为 $C_{n-(k-1)(m-1)}^{k}$.

9. 设 0,1 序列的集合

$x=\{a_1a_2\cdots a_m|$其中恰有 n 个"01"块$\}$,

$y=\{1a_1a_2\cdots a_m0|$其中恰有 $2n+1$ 个"01"或"10"块$\}$.

若序列

$$a_1a_2\cdots a_m\in x,$$

考虑映射 f:

$$a_1a_2\cdots a_m\rightarrow 1a_1a_2\cdots a_m0. \tag{4}$$

由于每两个相邻的"01"块之间恰有一个"10"块(因为这两个"01"块及在它们之间的数呈 011…100…01 的形式),所以式(4)的右边恰有 n 个"01"块及 $n+1$ 个"10"块,即恰有 $2n+1$ 个"01"或"10"块.于是,f 是 X 到 Y 的映射,且 f 是单射.

对于任一 $y\in Y$,若这时 $x=a_1a_2\cdots a_m$ 中有 k 个"01"块,则根据上面的推导,y 中恰有 $2k+1$ 个"01"或"10"块,于是 $k=n$,即 $x=a_1a_2\cdots a_m\in x$,并且显然 $f(x)=y$.所以,f 是满射,从而 f 是一一对应,$|X|=|Y|$.

如果把"1"作为"+"号,"0"作为"−"号(这又是一个一一对应),那么"01"或"10"块的个数就是相应的符号序列中变号的次数.

故

$$|X|=|Y|=C_{m+2-1}^{2n+1}=C_{m+1}^{2n+1}.$$

10. 本题可转述为:有 n 个 0 和 n 个 1,问:有多少种排列方法,使排成的 0,1 序列有所谓"前束性质",即序列中任意前 i 个数字里 0 的个数总不少于 1 的个数?

很明显,n 个 0 和 n 个 1 组成的序列和从点 $O(0,0)$ 到点 $A(n,n)$ 的递增路径是一一对应的(只要把 0 看作向右走一步,把 1 看作向上走一步).特别是,具有前束性质的序列恰与不越过对角线 OA 的路径一一对应,因此我们只要计算它们的条数.

我们知道，从点(0,0)到点(n,n)的递增路径的条数是C_{2n}^{n}.可以证明，其中越过对角线OA的递增路径恰与点(0,0)到点$(n+1,n-1)$的递增路径一一对应，因此不越过OA的递增路径条数应当是

$$C_{2n}^{n}-C_{(n+1)+(n-1)}^{n-1}=\frac{1}{n+1}C_{2n}^{n}.$$

11. 将方格纸像国际象棋棋盘那样染色，并假定4个角上的方格都是黑格.显然，方格A和B同色.若两者同为白格，则去掉其中1格后，方格纸不能用1×2的矩形覆盖，即不盖住A的盖法数与不盖住B的盖法数均为零，结论自然成立.下面设A和B同为黑格.

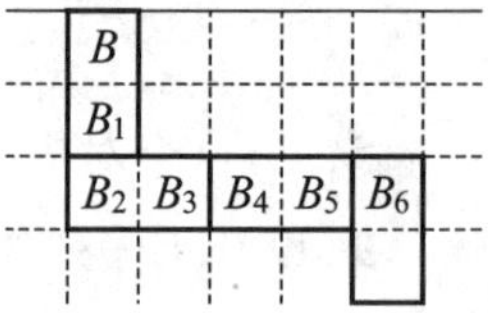

图 A.4

对于方格纸T的不盖住A的任意一种盖法f，设其中盖住方格B的1×2矩形还盖住B的一个邻格B_1(如图A.4).将这个矩形沿着由B到B_1的方向平移1格而盖住B_1和B_2.设原来盖住B_2的矩形盖住的另一个方格为B_3，将这个矩形沿着由B_2到B_3的方向平移1格而盖住B_3和B_4.如此继续下去，可得到由一串矩形所构成的链.因为每个矩形都恰盖住黑格与白格各1个，而且B为黑格，所以B_{2k}均为黑格，$k=2,4,6,\cdots$，从而这个链永远不会回到B格.否则，移到B格之前的偶数号方格也是黑格，矛盾.此外，这个链进行下去也不会中途出现一个循环圈，因而最后必然终止于方格A.这样，我们就得到一个不盖住B的$T-B$覆盖g.令$T-A$的每个覆盖f对应于按上述程序所得到的$T-B$的覆盖g.易见，这个对应是个双射，即一一对应.所以，题中所述的两类覆盖的种数相等.

12. 对于第二组中的任一多边形，将它加上一个顶点A_1之后就得到第一组中的一个多边形，而且这个对应是单射.但是第一组中的$\triangle A_1A_2A_3$不是第二组中任一多边形的像，所以这个对应不是满射.故第一组中多边形的个数多.

13. 在x轴、y轴的正半轴上各任取两点连成一个凸四边形，其对角线的交点必在第一象限内.反之，一切线段的交点中的每一个都对应一个有两边分别在x轴及y轴上的凸四边形.

由题设知，在第一象限内无三线段共点的情形出现，因此所连线段的交点是唯一确定的.

以x轴上任两点及y轴上任两点组成的凸四边形共有

$$C_m^2C_n^2=\frac{mn(m-1)(n-1)}{4}$$

个,此即为所求交点的个数.

14. 按图 A.5 所示建立对应关系:将凸六边形的 6 条边分别对应于 6 个数:b,a_1,a_2,a_3,a_4,a_5,两个数的乘积就对应于以它们所对的边为两边的三角形的第三边.容易验证,这个对应是双射,所以有$|A|=|B|$.

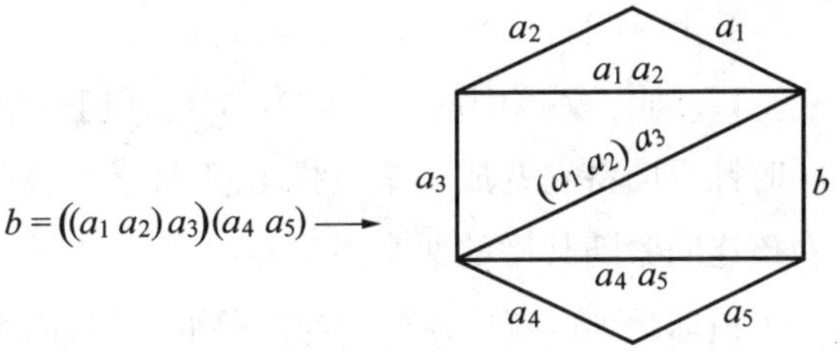

图 A.5

将 A 中的元素最外面再加一对括号,然后将每对括号的左半个擦掉只留右半个,最后将 a_1 擦掉,并将 a_2,a_3,a_4,a_5 分别对应于一个白球,4 对括号的右半个分别对应于一个黑球,便得到如下对应:

$((a_1a_2)a_3)(a_4a_5)\to(((a_1a_2)a_3)(a_4a_5))\to a_2)a_3)a_4a_5))\to$○●○●○○●●.

容易验证,这个对应也是一个双射,所以有$|A|=|C|$.从而有$|A|=|B|=|C|$.

15. 易见,从矩形的一个顶点到它的相对顶点的最短路线由 $m+n$ 条线段组成(每个正方形的一条边都称之为一条线段),其中有 m 条线段是南北向的,n 条线段是东西向的.显然,南北向的 m 条线段在 $m+n$ 条线段中的每个不同排列都唯一确定一条路线,而且路线不同所对应的 m 条南北向线段的位置也不同,即两者之间的对应关系是双射.所以,所求的路线总数是 C_{m+n}^m.

16. $n=1$ 显然不满足要求;$n=2$ 时,只需安排每盏灯都照亮整个舞台就行了.

当 $n\geqslant3$ 时,将这些探照灯分别编号为 $1,2,\cdots,n$.则由$\{1,2,\cdots,n\}$中的数所组成的不同的数对(i,j)共有$\frac{1}{2}n(n-1)=m$ 个,我们将它们按字典排列法排成 $1,2,\cdots,m$ 的顺序:$(1,2),(1,3),\cdots,(1,n),(2,3),(2,4),\cdots,(2,n),\cdots,(n-1,n)$.考察圆形舞台及其内接正 m 边形.这个正 m 边形的每条边都与圆周的劣弧围成一个小弓形,共有 m 个小弓形.将 m 个数对与 m 个小弓形一一对应.对于第 i 盏探照灯,我们取正 m 边形及所有含 i 的数对所对应的小弓形之并(当然为凸图形)作为它的照明区域,则显然满足题中要求.

事实上,每个小弓形对应一个数对(i,j),因而有两盏灯同时照亮它.当从 n 盏灯中关闭一盏时,当然仍能照亮整个舞台.而当关闭两盏灯时,两盏灯的号码对所对应的小弓形将不被照亮.

综上,所有 $n\geqslant 2, n\in\mathbf{N}$ 均满足要求.

17. 固定女孩中的一个记为 A.对任何一个满足要求的圆排列,从 A 开始按顺时针方向将它变成一个直排.由于每个女孩后面至少有两个男孩,我们将每个女孩连同紧随其后的两个男孩对应于一个黑球,而其余的 9 个男孩每人对应于一个白球.于是,当只计男孩与女孩的不同,而不计女孩与女孩、男孩与男孩之间的不同时,这个对应是双射,由此而导致的排列之间的对应也是双射.于是问题化为 8 个黑球与 9 个白球,且第一个球为黑球的所有不同排列数的计算.显然,这时不同排列的种数为 C_{16}^{7}.

对于黑球与白球的每种排列,其中每个黑球对应一个三人组,第一人为女孩,后两人为男孩.将除 A 以外的 7 个女孩分别排到后 7 个三人组中,有 7!种排列法;将 25 个男孩排入 25 个位置,有 25!种排列法.由乘法原理知,所求的不同排列共有 $C_{16}^{7}\cdot 7!\cdot 25!=\dfrac{16!25!}{9!}$种.

18. 首先,将满足条件的所有 n 元数组$(a_1,a_2,\cdots,a_n)$的集合记为 A_n.令

$$A_n\ni a=(a_1,a_2,\cdots,a_n)\rightarrow(b_1,b_2,\cdots,b_n)=b,$$

其中 $b_i=a_i+a_{i+1}+\cdots+a_n$, $i=1,2,\cdots,n$.易知,$b_1+b_2+\cdots+b_n=1979$,且 $b_1>b_2>\cdots>b_n$.将所有这样的 n 元数组 b 的集合记为 B_n,则上述对应是由 A_n 到 B_n 的一个双射.分别用 A 和 B 表示所有的 A_n 和 B_n 的并集.于是只要对集合 B 证明同样的结论就行了.

对于 $b=(b_1,b_2,\cdots,b_n)\in B_n$,用 $\pi(b)$表示 n 元数组 b 的最后一个数 b_n,用 $\Delta(b)$表示使 $b_s=b_1-s+1$ 的下标 s 的最大值,其中 $1\leqslant s\leqslant n$.当 $\Delta(b)=s$ 时,便有 $b_2=b_1-1, b_3=b_2-1,\cdots,b_s=b_{s-1}-1, b_{s+1}<b_s-1$.

我们在集合 B 上定义映射 α 和 β.

如果 $\pi(b)\leqslant\Delta(b)$,则 $b_n\leqslant n-1$.否则便有 $n-1<b_n=\pi(b)\leqslant\Delta(b)\leqslant n$,从而 $b_n=\Delta(b)=n$.于是有

$$1979=b_n+b_{n-1}+\cdots+b_1=n+(n+1)+\cdots+(2n-1)=\frac{1}{2}n(3n-1).$$

由于 1979 为素数,故上式对任何 $n\in\mathbf{N}^*$ 都不成立.对于 $b=(b_1,b_2,\cdots,b_n)\in B$,令

$$\alpha(b)=(b_1+1,b_2+1,\cdots,b_{\pi(b)}+1,b_{\pi(b)+1},b_{\pi(b)+2},\cdots,b_{n-1}),$$

于是有 $\pi(\alpha(b))=b_{n-1}>b_n=\pi(b)=\Delta(\alpha(b))$.

如果 $\pi(b)>\Delta(b)$，则令

$$\beta(b)=(b_1-1,b_2-1,\cdots,b_{\Delta(b)}-1,b_{\Delta(b)+1},b_{\Delta(b)+2},\cdots,b_n,\Delta(b)),$$

其中 $b_n=\pi(b)>\Delta(b)$.

当 $\Delta(b)=n$ 时，有 $b_n-1>\Delta(b)$，否则便有 $n=\Delta(b)<\pi(b)=b_n\leqslant\Delta(b)+1=n+1$，从而有 $b_n=n+1$.于是

$$1979=b_n+b_{n-1}+\cdots+b_1=\frac{1}{2}n(3n+1).$$

由于 1979 为素数，上式对任何 $n\in\mathbf{N}^*$ 都不成立.因此，当 $\Delta(b)=n$ 时有

$$\beta(b)=(b_1-1,b_2-1,\cdots,b_n-1,\Delta(b))\in B_{n+1}.$$

这表明 $\Delta(\beta(b))=n=\Delta(b)$，从而 $\pi(\beta(b))=\Delta(b)=\Delta(\beta(b))$.

当 $\Delta(b)\leqslant n-1$ 时，容易验证 $\pi(\beta(b))=\Delta(b)\leqslant\Delta(\beta(b))$.可见，对所有 $b\in B$，均有 $\pi(\beta(b))\leqslant\Delta(\beta(b))$.由定义可知 $\alpha(\beta(b))=b,\beta(\alpha(b))=b$.

用 E 和 F 分别表示所有 B_{2m-1} 和 B_{2m} $(m\in\mathbf{N})$的并集，即分别表示所有奇的数组与偶的数组的集合.定义映射 $\gamma:E\to F$ 为

$$\gamma(b)=\begin{cases}\alpha(b), & \pi(b)\leqslant\Delta(b),\\ \beta(b), & \pi(b)>\Delta(b).\end{cases}$$

容易验证，映射 γ 是由 E 到 F 的双射.这表明集合 B 以及集合 A 中的奇的数组与偶的数组同样多.

习题 3

1. 当 $t>1$ 时，$a_2<0$.

由数学归纳法可知，对任意 $n\geqslant2$，都有 $a_n<0$，故 $a_{2006}\neq0$.

当 $t<0$ 时，类似地，对任意 $n\in\mathbf{N}^*$，都有 $a_n<0$.因此只需考虑 $0\leqslant t\leqslant1$ 的情形.

当 $0\leqslant t\leqslant1$ 时，设 $t=\sin^2\theta\left(0\leqslant\theta\leqslant\frac{\pi}{2}\right)$，则

$$a_2=4\sin^2\theta\cdot\cos^2\theta=\sin^2 2\theta.$$

由数学归纳法可得 $a_n=\sin^2 2^{n-1}\theta$.

因 $a_{2006}=0$，可得 $\sin2^{2005}\theta=0$，从而 $\theta=\frac{k\pi}{2^{2005}}(k\in\mathbf{Z})$，且 $0\leqslant k\leqslant2^{2004}$.又正弦函数在$\left[0,\frac{\pi}{2}\right]$上单调递增，从而对不同的 $\theta\in\left[0,\frac{\pi}{2}\right]$，$a_1$ 的值不同.故满足条件的 t_1 的个数为 $2^{2004}+1$.

2. 记所求的排列种数为 a_n.

当 $n=1$ 时,只有数 1,显然 $a_1=1$.

对于 $n\geqslant 2$,如果数 n 排在第 i 位,则它之后的 $n-i$ 个数完全确定,即只能是 $n-i, n-i-1, \cdots, 1$,而它之前的 $i-1$ 个数有 a_{i-1} 种排法.考虑到 n 的不同位置,则必有

$$a_n=1+a_1+a_2+\cdots+a_{n-1}.$$

由 $a_1=1$,可得

$$a_2=1+a_1=2,$$
$$a_3=1+a_1+a_2=4=2^2,$$
$$a_4=1+a_1+a_2+a_3=8=2^3,$$

由此猜测

$$a_n=2^{n-1}.$$

此结论不难用数学归纳法证明.

3. 对于 $k=1$,显然有 $P_1\leqslant 4<2\times 3$.假设当 $k=m$ 时结论成立.当 $k=m+1$ 时,对于任何一条长度为 $m+1$ 的满足要求的折线,去掉其最后长度为 1 的部分,就得到一条长度为 m 且满足要求的折线.在这个对应过程中,至多有 3 条长为 $m+1$ 的折线对应于同一条长度为 m 的折线,故有

$$P_{m+1}\leqslant 3P_m<3\times 2\times 3^m=2\times 3^{m+1},$$

这就完成了归纳证明.

4. 结论是共有

$$R=1+n+C_n^2=1+C_{n+1}^2 \tag{1}$$

个区域,其中

$$R'=C_{n-1}^2 \tag{2}$$

个是有限的.

上述结论是施泰纳(J.Steiner)在 1826 年首先证明的.结论(1)可以用数学归纳法证明.

(i) 当 $n=1$ 时,显然成立.

(ii) 假设 $n=k$ 时,结论(1)成立.增添一条直线 l 后,l 被原有的 k 条直线分为 $k+1$ 段,每一段将原来的一个区域分为两个区域,因而增加了 $k+1$ 个区域,共有

$$1+k+C_k^2+(k+1)=1+(k+1)+C_{k+1}^2=1+C_{k+2}^2$$

个区域,因此,式(1)对一切正整数 n 均成立.

为了证明(2)，只需作一个充分大的圆包含这 n 条直线的所有交点.这时，每条直线与圆有两个交点，n 条直线将圆分成 $2n$ 份，每一份恰属于上述 R 个区域中的一个无限区域，每个无限区域也恰好含一份圆弧.因此无限区域的个数是 $2n$.有限区域的个数

$$\begin{aligned}R'&=R-2n\\&=1-n+C_n^2\\&=C_{n-1}^2.\end{aligned}$$

点评

在欧氏平面中，每两点确定一条直线，但每两条直线不一定都有交点.为了弥补这种缺陷，人们引进了实射影平面 P^2，其类似结论为 $1+C_n^2$.

5. 方法一 首先注意，任何 3 个点都不共线的平面上，每 5 个点之中必可选出 4 个点，使得以它们为顶点可以构成一个凸四边形.

其次，由 n 个给定点可以组成 C_n^5 个不同的五点组，于是每组至少可以构成一个凸四边形，共计至少有 C_n^5 个凸四边形(包括重复计数).另一方面，每个凸四边形恰属于 $C_{n-4}^1=n-4$ 个五点组，所以，不同凸四边形的个数不少于$\frac{1}{n-4}C_n^5$.

最后，用数学归纳法容易证明

$$\frac{1}{n-4}C_n^5\geqslant C_{n-3}^2,$$

其中等号当且仅当 $n=5,6$ 时成立.

方法二 以给定点中的任意 3 个点为顶点可以作一个三角形，所有这样的三角形总共只有有限多个，故其中必有面积最大的一个(若最大的三角形不止一个，则任取其中之一)，记为$\triangle ABC$.过顶点 A,B,C 分别作对边的平行线，3 条线交成$\triangle DEF$(如图 A.6 所示)，则 n 个给定点全都落在$\triangle DEF$ 的内部或边界上，否则将导致与$\triangle ABC$ 面积的最大性矛盾.

除 A,B,C 这 3 个点之外的 $n-3$ 个给定点中，任意两点所决定的直线至多与$\triangle ABC$ 的两条边相交，从而这两点以及不与它们所决定的直线相交的$\triangle ABC$ 的那条边的两个端点就可构成一个凸四边形.显然，这些凸四边形互不相同，且至少有 C_{n-3}^2个.

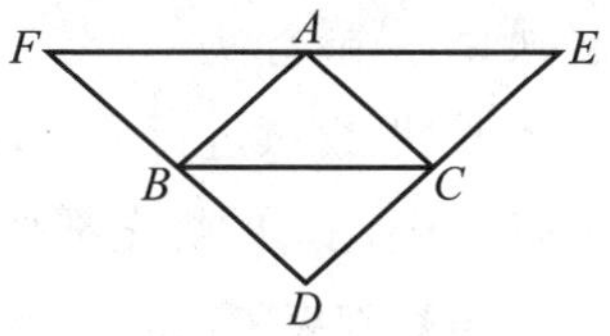

图 A.6

方法三 设这 n 个给定点的凸包是凸 m 边形，则 $3\leqslant m\leqslant n$.任取凸包的 3 个顶点为顶点作一个三角形，记为$\triangle ABC$.容易验证，其余$n-3$ 个给定点中的任何两点所决定的直线都至多与$\triangle ABC$ 的两条边相交，以下论证同方法二.

6. 我们首先用数学归纳法证明：在点 P_n 确定的情况下，可能的联结方法有 2^{n-2}种.

当 $n=2$ 时，联结 P_1P_2 只有一种方法，即 $1=2^{2-2}$种.

假设对 n 个点有 2^{n-2}种联结方法，再增加一点 P_{n+1}.

由于对每一种联结 P_{n+1}的方法，P_{n+1}都必须在 P_1 和 P_n 之间，因此连成的折线或是 $P_1P_2\cdots P_nP_{n+1}$，或是 $P_{n+1}P_1P_2\cdots P_n$，即有 2 种可能的选择.

由此可得，$n+1$ 个点有 $2\cdot 2^{n-2}=2^{(n+1)-2}$种联结方法，因而对 $n+1$，命题成立.

综上，对 $n>1$ 个点，当点 P_n 确定之后，有 2^{n-2}种联结方法.

因为点 P_n 的选择有 n 种可能，所以符合题目要求的联结方法有$n\cdot 2^{n-2}$种.

7. 设灯泡的个数为 n，我们对 n 进行归纳证明.

当 $n=1$ 时，结论显然成立.假设 $n=k$ 时结论成立.下面来看 $n=k+1$ 的情形.从 $k+1$ 盏灯中去掉第 i 盏，于是由归纳假设可知，可以通过揿动一组按纽，熄灭其余的全部k 盏灯，而第 i 盏灯可亮可灭.将这一组按钮的集合记为 S_i，将 i 依次取值 $1,2,\cdots,k+1$，于是得到相应的按钮集合 S_i，$i=1,2,\cdots,k+1$.

如果存在 $1\leqslant i_0\leqslant k+1$，使当从全亮状态开始揿动 S_{i_0} 中的所有按钮后，不但除第 i_0 盏灯之外全都熄灭，而且连第 i_0 盏灯也熄灭了，则问题就解决了.所以，只需考察对每个 i，在揿过 S_i 中所有按钮后，第 i 盏灯都亮着的情形.

不难看出，当揿过 S_i 与 $S_j(i\neq j)$中所有按钮之后，仅有第 i 与第 j 两盏灯改变了亮灭状态，因为其他的灯泡都改变了两次状态，等于没有改变.按题中条件知，存在一个按钮 T，它连着奇数个灯泡.设这些灯泡的号码为 $i_1,i_2,\cdots,i_{2k-1}$.我们先揿动 S_{i_1} 中的所有按钮，于是所有灯都熄灭，只有第 i_1 号灯亮着，然后揿动 S_{i_2} 与 S_{i_3} 中的所有按钮，则除第 i_2 与 i_3 号灯改变状态外，其余的灯状态不变.结果第 i_1,i_2,i_3 这 3 盏灯亮着而其他灯都熄灭了.接着再揿动 S_{i_4}，S_{i_5} 中的所有按钮，继续进行下去，直到最后揿动 $S_{i_{2k-2}}$，$S_{i_{2k-1}}$ 中的所有按钮.这时编号为 $i_1,i_2,\cdots,i_{2k-1}$的灯全都亮着，而其他灯全部熄灭.显然，只要再揿动按钮 T，就使得所有灯都灭了，即 $n=k+1$ 时也成立.这就完成了归纳证明.

8. 方法一 对 n 进行归纳.

$n=3$ 时显然成立.设题中式(1)对 n 条直线成立，考虑第 $n+1$ 条直线 l.先

设 l 与前 n 条直线均相交.

在式(1)中,可以认为 $\sum_{i=1}^{k}$ 包括 $\lambda_i=2$ 的情况(这时 $C_{\lambda_i-1}^2=0$).我们将相应的交点 P_i 在 l 上的情况记为 $\sum_1$,P_i 不在 l 上的情况记为 $\sum_2$,并令

$$\lambda'_l=\begin{cases}\lambda_i+1, & i\in\sum_1,\\ \lambda_i, & i\in\sum_2.\end{cases}$$

设 l 被前 n 条直线分为 m 段,则

$$n+1=m+\sum_1(\lambda_i-1).$$

(若 l 不过各直线的交点,则它被分为 $n+1$ 段;若 l 过交点 P_i,并且前 n 条直线中有 λ_i 条过 P_i,则段数减少 λ_i-1.)因为划分的每一段表示增加一个区域,所以共有区域数为

$$\begin{aligned}&1+n+C_n^2-\sum_{i=1}^{k}C_{\lambda_i-1}^2-\sum_{j=1}^{h}C_{\mu_j}^2+m\\ =&1+n+C_n^2-\sum_{i=1}^{k}C_{\lambda_i-1}^2-\sum_{j=1}^{h}C_{\mu_j}^2+(n+1)-\sum_1(\lambda_i-1)\\ =&1+(n+1)+C_{n+1}^2-\sum_1(C_{\lambda_i-1}^2+C_{\lambda_i-1}^1)-\sum_2C_{\lambda_i-1}^2-\sum_{j=1}^{h}C_{\mu j}^2\\ =&1+(n+1)+C_{n+1}^2-\sum_1C_{\lambda'_l-1}^2-\sum_2C_{\lambda'_l-1}^2-\sum_{j=1}^{h}C_{\mu j}^2\\ =&1+(n+1)+C_{n+1}^2-\sum_{i=1}^{k}C_{\lambda'_l-1}^2-\sum_{j=1}^{h}C_{\mu_j}^2.\end{aligned}$$

如果 l 与前 n 条直线中 μ_h 条平行,那么 l 被分成的段数减少 μ_h,平面被分成的区域数减少 μ_h,因而区域数为

$$\begin{aligned}&1+(n+1)+C_{n+1}^2-\sum_{i=1}^{k}C_{\lambda_i-1}^2-\sum_{j=1}^{h}C_{\mu_j}^2-C_{\mu_h}^1\\ =&1+(n+1)+C_{n+1}^2-\sum_{i=1}^{k}C_{\lambda_i-1}^2-\sum_{j=1}^{h}C_{\mu'_j}^2,\end{aligned}$$

其中

$$\mu'_j=\begin{cases}\mu_j, & j=1,2,\cdots,h-1,\\ \mu_j+1, & j=h.\end{cases}$$

如果 l 与前 n 条直线中的 1 条平行,这可看成上述情况的特例,因为可令 $\mu_h=1$(这时 $C_{\mu_h}^2=0$).

于是题中式(1)对一切正整数 n 成立.

方法二 取一条不与已知的 n 条直线平行的直线 b,称这条直线为横扫直线.

横扫直线 b 的初始位置远离上述 n 条直线的交点，因此被这 n 条直线分为 $n+1$ 段(两条射线，$n-1$ 条线段)，每段各属一个区域，共 $n+1$ 个区域.

平移 b，b 首先横扫上述 $n+1$ 个区域.当 b 通过一个 λ_i 重点 P_i(即过 P_i 有 λ_i 条已知直线)时，它横扫的区域增加 λ_i-1 个(例如图 A.7 中，b 过四重点 P 后，横扫的区域增加了 Ⅰ，Ⅱ，Ⅲ三个).

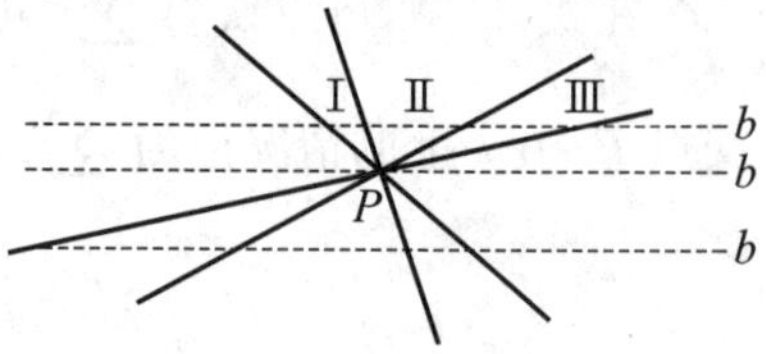

图 A.7

于是，在 b 横扫整个平面时，共横扫了

$$1+n+t+\sum_{i=1}^{k}(\lambda_i-1) \tag{3}$$

个区域，其中 t 是二重点的个数，$\lambda_i \geqslant 3(i=1,2,\cdots,k)$，式(3)也就是 n 条直线将平面分成的区域数 R.

现在，设法定出二重点(两条直线的交点)的个数 t.

为此，考虑直线对.显然有

$$S_1=t+\sum_{i=1}^{k}\mathrm{C}_{\lambda_i}^2$$

对两两相交的直线，又有

$$S_2=\sum_{j=1}^{h}\mathrm{C}_{\mu_j}^2$$

对两两不相交的直线.因为

$$\mathrm{C}_n^2=S_1+S_2,$$

所以

$$t=\mathrm{C}_n^2-\sum_{i=1}^{k}\mathrm{C}_{\lambda_i}^2-\sum_{j=1}^{h}\mathrm{C}_{\mu_j}^2. \tag{4}$$

将式(4)代入式(3)得

$$\begin{aligned}R&=1+n+\mathrm{C}_n^2-\sum_{i=1}^{k}\mathrm{C}_{\lambda_i}^2-\sum_{j=1}^{h}\mathrm{C}_{\mu_j}^2+\sum_{i=1}^{k}\mathrm{C}_{\lambda_i-1}^1\\&=1+n+\mathrm{C}_n^2-\sum_{i=1}^{k}\mathrm{C}_{\lambda_i-1}^2-\sum_{j=1}^{h}\mathrm{C}_{\mu_j}^2,\end{aligned}$$

即结论成立.

点评

类似可证其中有限的区域数为

$$R'=\max\left(1-n+\mathrm{C}_n^2-\sum_{i=1}^{k}\mathrm{C}_{\lambda_i-1}^2-\sum_{j=1}^{h}\mathrm{C}_{\mu_j}^2,0\right).$$

9. 我们引入一般的记号.如果黑板上写着 $1,2,\cdots,n$ 这 n 个数,一个操作组被定义为 l 次连续操作:第 i 步操作可以从黑板上现有的数中任选出一个,加上 b_i,这里 $b_i\in\mathbf{Z}(1\leqslant i\leqslant l)$.如果最终结果为 $1,2,\cdots,n$ 的偶(奇)排列,则称这个操作组为优(次优)的,优的操作组的数目与次优的操作组的数目之差记为 $f(b_1,b_2,\cdots,b_l,n)$.以下先来讨论 f 的性质.

首先,对任意 $1\leqslant i,j\leqslant l$,交换 b_i 与 b_j 的取值不会影响 f.事实上,只需将操作组的第 i 步与第 j 步操作对调,即第 i 步操作时进行原来的第 j 步操作,把原计划第 j 步操作选定的数加上 b_j,而第 j 步操作时进行原来的第 i 步操作.对调后操作组的结果不变,因而优(次优)的操作组的数目不变,故 f 不变.

其次,我们只需要计算这样的优(次优)的操作组的数目:每一步操作后,黑板上没有任何两个数相同,这样的操作组称为具有性质 P 的操作组.可以证明,具有性质 P 的优的操作组数目与次优的操作组数目之差也等于 $f(b_1,b_2,\cdots,b_l,n)$.

事实上,只要证明,在不具有性质 P 的操作组中,优的操作组与次优的操作组一样多.如果一个操作组最先由第 i 步操作导致黑板上出现两个相等的数,例如第 p 个数和第 q 个数相等($1\leqslant p<q\leqslant n$),那么对该操作组的后 $l-i$ 步操作进行如下的改动:对第 p 个数的操作改成对第 q 个数进行,对第 q 个数的操作改成对第 p 个数进行,那么这个新的操作组最终显示的结果将是在原操作组的结果上对第 p,q 个数进行对换.不难发现,对换一个排列中的任何两个数都会导致排列的奇偶性改变.所以,优的操作组通过上述改动可以和次优的操作组构成一一对应,因而不具备性质 P 的操作组中,优的与次优的一样多.

现在我们对 m 用数学归纳法证明如下的结果:

$a_1,a_2,\cdots,a_m$ 为 m 个互不相同的正整数,且总和小于 n,则

$$f(a_1,a_2,\cdots,a_m,-a_1,-a_2,\cdots,-a_m,n)=\prod_{j=1}^{m}a_j. \tag{5}$$

当 $m=1$ 时,考虑具有性质 P 的优的和次优的操作组,必然是从后 a_1 个数中选取某个数加上 a_1,然后再将这个数加上 $-a_1$(否则得不到 $1,2,\cdots,n$ 的排列),所以优的操作组有 a_1 个,次优的操作组有 0 个,故式(5)成立.

假设 $m-1$ 时命题成立,考虑 m 时的命题.不妨设 $a_1<a_2<\cdots<a_m$.根据前面的讨论,

$$\begin{aligned}&f(a_1,a_2,\cdots,a_m,-a_1,-a_2,\cdots,-a_m,n)\\=&f(a_1,-a_2,-a_3,\cdots,-a_m,a_2,a_3,\cdots,a_m,-a_1,n).\end{aligned}$$

这时对于具有性质 P 的优的和次优的操作组来说，第 1 步操作可以从后 a_1 个数中选取某个数加上 a_1，第 2 步操作只能对前 a_2 个数进行，第 3 步操作只能对前 a_2+a_3 个数进行，……，第 m 步操作只能对前$a_2+\cdots+a_m<n-a_1$ 个数进行，第 $m+1$ 到第 $2m-1$ 步操作只能对前 $n-a_1$ 个数进行(否则前 $n-a_1$ 个数最终的和小于 $1+2+\cdots+(n-a_1)$，操作组完成后黑板上的 n 个数不为 $1,2,\cdots,n$ 的排列)，第 $2m$ 步操作只能对第 1 步操作时选定的数进行.

因此，第 2 到第 $2m-2$ 步操作必然是对前 $n-a_1$ 个数进行，它的结果也要得到 $1,2,\cdots,n-a_1$ 的偶(奇)排列，才能使总共 $2m$ 步操作的结果得到 $1,2,\cdots,n$ 的偶(奇)排列.所以，中间 $2m-2$ 步操作构成的对 $n-a_1$ 个数进行的每个具有性质 P 的优(次优)的操作组都可以对应 a_1 个原来的具有性质 P 的优(次优)的操作组.于是

$$\begin{aligned}&f(a_1,-a_2,-a_3,\cdots,-a_m,a_2,a_3,\cdots,a_m,-a_1,n)\\=&a_1\cdot f(-a_2,-a_3,\cdots,-a_m,a_2,a_3,\cdots,a_m,n-a_1).\end{aligned}$$

根据归纳假设，

$$\begin{aligned}&f(-a_2,-a_3,\cdots,-a_m,a_2,a_3,\cdots,a_m,n-a_1)\\=&f(a_2,a_3,\cdots,a_m,-a_2,-a_3,\cdots,-a_m,n-a_1)\\=&\prod_{j=2}^{m}a_j,\end{aligned}$$

故式(5)在 m 时亦成立.

在式(5)中取 $n=2007,m=11$，即知优的操作组多了 $\prod_{j=1}^{11}a_j$ 个.

习题 4

1. 我们将满足题设的长为 n 的序列分为三类：设以 0 为最后一项的有 a_n 个，以 1 为最后一项的有 b_n 个，以 2 为最后一项的有 c_n 个.显然，$a_1=b_1=c_1=1$.如果最后一项为 0，则它的前一项只能为 0 或 1，故有

$$a_{n+1}=a_n+b_n.$$

同理可得，

$$b_{n+1}=a_n+b_n+c_n,\ c_{n+1}=b_n+c_n,$$

于是

$$a_{n+1}+c_{n+1}+\sqrt{2}b_{n+1}=(1+\sqrt{2})\times(a_n+c_n+\sqrt{2}b_n).$$

易知 $$a_n+c_n+\sqrt{2}b_n=\sqrt{2}(1+\sqrt{2})^n,$$

同理 $$a_n+c_n-\sqrt{2}b_n=-\sqrt{2}(1-\sqrt{2})^n,$$

相加得 $$a_n+c_n=\frac{\sqrt{2}}{2}((1+\sqrt{2})^n-(1-\sqrt{2})^n),$$

故 $$b_n=\frac{1}{2}((1+\sqrt{2})^n+(1-\sqrt{2})^n),$$

因此 $$\begin{aligned}a_n+b_n+c_n&=\frac{\sqrt{2}}{2}((1+\sqrt{2})^n-(1-\sqrt{2})^n)+\\&\frac{1}{2}((1+\sqrt{2})^n+(1-\sqrt{2})^n)\\&=\frac{1}{2}((1+\sqrt{2})^{n+1}+(1-\sqrt{2})^{n+1}).\end{aligned}$$

2. 考察 $n+1$ 个字母 $a_1,a_2,\cdots,a_n,b$ 的配对情形与前 n 个字母配对情形之间的关系.对于前 n 个字母配成 n 对的一种配对方式,加入一对 (b,b),就得到 $n+1$ 个字母的一种配对方式;从中任取一对数 (a_i,a_j),并代之以 (a_i,b),(a_j,b),也得到 $n+1$ 个字母的一种配对方式.这样,共可得到 $(n+1)u_n$ 种配对方式,但并不全是互不相同的.如果原先 n 个字母的配对中有两对 (a_i,a_j),(a_i,a_j),$i\neq j$,那么按上述办法所得到的 $n+1$ 个字母的配对方式中就有两种相同的配对.对于不同的 i 和 j,共有 C_n^2 种不同的选择,而余下的 $n-2$ 个字母的配对共有 u_{n-2} 种不同方式,故有
$$u_{n+1}=(n+1)u_n-\frac{1}{2}n(n-1)u_{n-2}.$$

3. 将要计数的"词"称为"合格词".设末位数字为 0,1,2 的合格词的个数分别为 a_n,b_n,c_n.由对称性知,末位数字为 3 和 4 的合格词的个数分别为 b_n 和 a_n.按题中要求,应有
$$a_{n+1}=b_n,\ b_{n+1}=a_n+c_n,\ c_{n+1}=2b_n,$$
由此可得
$$b_{n+2}=3b_n.$$

由于 $b_1=1,b_2=2$,可得
$$b_n=\begin{cases}3^k, & n=2k+1,\\ 2\times 3^{k-1}, & n=2k.\end{cases}$$

设合格词的总数为 m_n,则有 $m_1=5$,且

$$m_n=2a_n+2b_n+c_n=2b_n+4b_{n-1}$$
$$=\begin{cases}2\times3^k+4\times2\times3^{k-1}=14\times3^{k-1}, & n=2k+1,\\ 2\times2\times3^{k-1}+4\times3^{k-1}=8\times3^{k-1}, & n=2k.\end{cases}$$

4. 当 $A=(1)$ 时，将 $S^n(A)=(a_1,a_2,\cdots,a_n)$ 中满足 $a_i=a_{i+1}=0$ 的数对 (a_i,a_{i+1}) 的个数记为 f_n，满足 $a_i=0,a_{i+1}=1$ 的数对 (a_i,a_{i+1}) 的个数记为 g_n.由题意可知，$S^n(A)$ 中的数对 $(0,0)$ 必由 $S^{n-1}(A)$ 中的数对 $(0,1)$ 经运算 S 而得到，而 $S^{n-1}(A)$ 中的数对 $(0,1)$ 必由 $S^{n-2}(A)$ 中的 1 或数对 $(0,1)$ 经运算 S 而得到.由于 $S^{n-2}(A)$ 是 2^{n-2} 数组，其中有一半的项 a_i 为 1，所以

$$f_n=g_{n-1}=2^{n-3}+f_{n-2}.$$

由此得到，当 n 为奇数时，

$$f_n=2^{n-3}+2^{n-5}+2^{n-7}+\cdots+2^0+f_1$$
$$=\frac{2^{n-1}-1}{4-1}+0;$$

当 n 为偶数时，

$$f_n=2^{n-3}+2^{n-5}+2^{n-7}+\cdots+2^1+f_2$$
$$=2\cdot\frac{2^{n-2}-1}{4-1}+1.$$

即得

$$f_n=\frac{1}{3}(2^{n-1}-(-1)^{n-1}).$$

5. 记将一个 n 边形的每个顶点染为红、蓝、绿三种颜色之一，使得相邻顶点的颜色互不相同的方法数为 T_n.

易知，$T_3=6,T_4=18$.

对于任意一个 $n(n\geqslant5,n\in\mathbf{N})$，记 $A_1,A_2,\cdots,A_n$ 依次为这个 n 边形的顶点，则对它按题设要求染色，有两种情况：

(1) A_1,A_{n-1} 异色，共有 T_{n-1} 种；

(2) A_1,A_{n-1} 同色，共有 $2T_{n-2}$ 种.

因此 $T_n=T_{n-1}+2T_{n-2}(n\geqslant5)$.

该递推公式的特征方程为 $\lambda^2=\lambda+2$，解得 $\lambda_1=-1,\lambda_2=2$.又因为 $T_4=18$，$T_3=6$，所以 $T_n=2(-1)^n+2^n$.故 $T_{2003}=2^{2003}-2$.

6. 由于任何两条直线不平行，任何 3 条直线不共点，故每两条直线有一个交

点，每个交点也仅仅是这两条直线的交点.所以交点数与直线对的数目相等，共有 $C_n^2=\frac{1}{2}n(n-1)$ 个.

由已知条件可知，每 3 条直线彼此相交构成一个三角形，且这个对应也是一对一的.所以，三角形的总数为 $C_n^3=\frac{1}{6}n(n-1)(n-2)$.

下面用递推法来计算 n 条直线把平面分成多少个部分.设 k 条直线把平面分成的部分数为 a_k.第 $k+1$ 条直线与前 k 条直线共有 k 个互不相同的交点，它被这 k 个交点分成 $k+1$ 段，每段都将它所在的部分一分为二.因而有

$$a_{k+1}=a_k+k+1.$$

由此递推即得

$$a_n=n+(n-1)+\cdots+2+a_1=\frac{1}{2}n(n+1)+1.$$

最后，注意到 n 条直线中的每条都被另外的 $n-1$ 条直线截成 n 段，其中恰有两端的两条射线是无界的，因此共有 $2n$ 条射线.被 n 条直线所分成的诸部分中，围成每个无界区域的边界折线恰有两条是射线，而且每条射线恰是两个无界区域的公共边界.所以，共有 $2n$ 个无界部分.

7. 显然，$A_1=1$，$A_2=2$.对于 $2\times(n+1)$ 的矩形，如果最右面竖放 1 个 2×1 的矩形，这样的覆盖法共有 A_n 种；如果最右面横放两个 1×2 的矩形，这样的覆盖法共有 A_{n-1} 种.从而得到

$$A_{n+1}=A_n+A_{n-1},\ n=2,3,\cdots. \tag{1}$$

此外，易知 $B_1=1$，$B_2=2$.对于由 1 和 2 组成的和为 $n+1$ 的数列，最后一项为 1 的共有 B_n 个，最后一项为 2 的共有 B_{n-1} 个，故得

$$B_{n+1}=B_n+B_{n-1},\ n=2,3,\cdots. \tag{2}$$

最后，显然有 $C_1=1$，$C_2=2$，且有关系式

$$C_{n+1}=C_n+C_{n-1},\ n=2,3,\cdots. \tag{3}$$

由于式(1)(2)(3) 给出了相同的递推关系式，且初始条件也都相同，所以 $A_n=B_n=C_n$，$n=1,2,\cdots$.

8. 设正八边形为 $ABCDEFGH$，从顶点 A 出发经过 n 步到达 B,C,D,A 的不同路线的条数分别记为 b_n,c_n,d_n,a_n.由对称性知，由 A 出发经过 n 步到达 H,G,F 的不同路线的条数分别为 b_n,c_n,d_n.注意，青蛙在除 E 之外的任何一个

顶点都可以向两个相邻顶点中的一个跳一步，而跳到顶点 E 后就不动了.故有

$$\begin{cases}e_n=2d_{n-1},a_n=2b_{n-1},d_n=c_{n-1},\\c_n=b_{n-1}+d_{n-1},b_n=a_{n-1}+c_{n-1}.\end{cases}\tag{4}$$

由式(4)可得

$$\begin{aligned}e_n&=2d_{n-1}=2c_{n-2}=2(b_{n-3}+d_{n-3})\\&=2(a_{n-4}+c_{n-4})+e_{n-2}=4b_{n-5}+2e_{n-2}\\&=4(c_{n-4}-d_{n-5})+2e_{n-2}=4e_{n-2}-2e_{n-4},\end{aligned}\tag{5}$$

这是一个关于 e_n 的递推关系式.

由于 $e_1=e_3=0,e_2=0=\frac{1}{\sqrt{2}}(x^{1-1}-y^{1-1}),e_4=\frac{1}{\sqrt{2}}(x^{2-1}-y^{2-1})=\frac{1}{\sqrt{2}}((2+\sqrt{2})-(2-\sqrt{2}))$，可见所求证的结论于 $n=1,2$ 时成立.设结论对 $n\leqslant k$ 成立，于是当 $n=k+1$ 时，由递推式(5)及归纳假设，立即得到 $e_{2k+1}=0$，且有

$$\begin{aligned}e_{2k+2}&=4e_{2k}-2e_{2k-2}\\&=\frac{4}{\sqrt{2}}(x^{k-1}-y^{k-1})-\frac{2}{\sqrt{2}}(x^{k-2}-y^{k-2})\\&=\frac{1}{\sqrt{2}}((x+y)(x^{k-1}-y^{k-1})-xy(x^{k-2}-y^{k-2}))\\&=\frac{1}{\sqrt{2}}(x^k-y^k),\end{aligned}$$

即结论对 $n=k+1$ 也成立.这就完成了归纳证明.

习题 5

1. 一个整数被 3 除时，余数只能是 0,1,2.

(1) 若此 5 个数被 3 除时，有 3 种余数，那么把余数分别为 0,1,2 的 3 个数相加，其和即能被 3 整除.

(2) 若此 5 个数被 3 除时，至多有两种余数，由抽屉原理，至少有 3 个数的余数相同，则将此 3 个数相加，其和即能被 3 整除.

2. 因为 $(x\oplus x)\oplus A_2=A_0$，

所以 $(x\oplus x)=A_2$，

故 $x=A_1$ 或 $x=A_3$，个数为 2.

3. 原方程可化为

$$3^{2x}-[10\times 3^{x+1}]+82+\sqrt{3^{2x}-[10\times 3^{x+1}]+82}-2=0,$$

$$(\sqrt{3^{2x}-[10\times 3^{x+1}]+82}+2)\times(\sqrt{3^{2x}-[10\times 3^{x+1}]+82}-1)=0,$$

所以 $3^{2x}-[10\times 3^{x+1}]+81=0$,只需

$$3^{2x}-10\times 3^{x+1}+81\leqslant 0,$$

$$(3^x-3)(3^x-27)\leqslant 0\Rightarrow 3\leqslant 3^x\leqslant 27,$$

解得 $1\leqslant x\leqslant 3$.

当 $x=1,3$ 时,是原方程的解;

当 $x=2$ 时,原方程无解.

所以原方程有 2 个解.

4. 设 n 个正整数为 $a_1\leqslant a_2\leqslant\cdots\leqslant a_n$,并考察下列 n 个和数除以 n 的 n 个余数:

$$a_1, a_1+a_2, a_1+a_2+a_3, \cdots, a_1+a_2+\cdots+a_n.$$

若其中有一个余数为 0,则该和中所有数所成的子集即为所求.若 n 个余数都不为 0,则这 n 个余数只能从 $\{1,2,\cdots,n-1\}$ 中取值.于是由抽屉原理知,其中必有两个余数相同.将这两个余数所对应的和数相减,减去相同项后,余下的各数所成的集合即为所求.

5. 不能实现.不妨设第 1 种颜色是红色.如果每台仪器都恰连有 1 条红导线,则 13 台仪器上连有 13 条红导线.但每条红导线恰联结两台仪器,故从 13 台仪器连出的红导线数必为偶数,矛盾.

6. 用反证法.若不然,则对于两个齿轮的任何一种位置安排,都总有两个齿轮的各 1 个断齿碰在一起.两个齿轮的原有位置有 6 对断齿碰在一起,保持一个齿轮不动、另一个齿轮转动位置,则共有 32 个不同位置.除原有的位置外,还有 31 个不同位置.每种情形下至少有一对断齿碰在一起,共得到 37 对断齿.但另一方面,一个齿轮固定,另一个旋转一周时,两个齿轮上的每个断齿互碰一次,共有 36 对断齿.矛盾.

7. 设 $x^2+px+q=0$ 有两个整根 r,s,且 $r\geqslant s$,则 $r+s=-p$,$rs=q$.易知 (p,q) 与 (r,s) 一一对应,且 r,s 均为负整数,于是 $r^2\leqslant rs=q\leqslant 1997$,故 $|r|\leqslant 44$.而对于 $|r|\geqslant 2$,$|s|=\dfrac{q}{|r|}\leqslant\dfrac{q}{2}<1000$;对于 $|r|=1$,$|s|=p-|r|\leqslant 1996<2000$.因此,这样的 (r,s) 对少于 $2000+43\times 1000=45\,000$.可见,第一类子集中的元素少于 45 000 个.

对于 $x^2+px+q=0$ 没有实根的情况,有 $p^2-4q<0$.若 $p\leqslant 44$,则只要

$4q \geqslant 1940 > 44^2$，就有 $p^2-4q<0$ 成立，从而 $q \geqslant 485$.而在$[485,1997]$中有1513种取值，故这样的(p,q)对至少有 $44\times1513>45\,000$ 个，即第二个子集中的元素个数多于45 000.由此可知第二个子集中的元素较多.

8. 可选出号码分别为2,3,4,…,43,44的这43名运动员参加仪仗队，该选取方案即可满足题目条件要求.理由如下：

因为选出这43名运动员参加仪仗队后，除1号外，剩下1953名运动员的号码中，任何两个号码数的乘积将大于 $45^2=2025>1998$.而1与任何一个号码数相乘不会等于第三个不同的数.所以，剩下的运动员中没有一个人的号码数等于另外两个人的号码数的乘积.

现在证明：43是参加仪仗队的运动员的最少人数.也就是证明：当选取42名运动员参加仪仗队时，余下的队员中至少有这样的3个号码数，其中两个号码数的乘积等于第三个号码数.为此，我们考察三数组

$$(x,89-x,x(89-x)),x=2,3,\cdots,43,44,$$

即

$$(2,\ 87,2\times87)$$
$$(3,\ 86,3\times86)$$
$$(4,\ 85,4\times85)$$
$$\cdots$$
$$(43,46,43\times46)$$
$$(44,45,44\times45)$$

因为函数 $x(89-x)$ 在区间$[2,44]$上是递增的，所以得出的数都是不相同的，并且都不超过 $44\times45=1980<1998$.这样的三数组共有43个.如果选出的运动员少于43名，则上述43个三数组中，至少有一个组中的3个数都没被选中，这3个数作为剩下的运动员的号码，其中一个数等于另外两个数的乘积，不满足题设要求.所以，参加仪仗队的运动员至少要有43人.

9. 由两个不同字母组成有7个字母的单词，共可组成 $2^7=128$ 个不同单词.但由于任何一个单词都不能是另一个单词的词头，故有7个字母的单词中，其前4,5,6个字母不能和已有单词相同，这种不合用的有7个字母的单词共有 $3\times8+10\times4+30\times2=124$ 个.因而可用的有7个字母的单词只有4个，无法满足要求.

10. 我们把题中所述的同义词数码变换称为同义变换.如果一个单词中左起第一个0的右边至少有2个1，则可将从第一个0起到右方第二个1为止的一段

数码换为相反的顺序，这导致左起第一个 0 右边的 1 的个数至少减少 1 个.因此，每个单词都或为 0000000000，或为形如

$$\underbrace{11\cdots1}_{n\text{个}}0\underbrace{0\cdots01}_{m\text{个}}\underbrace{00\cdots0}_{9-n-m\text{个}}$$

的单词的同义词，其中 $n, m \geqslant 0, n+m \leqslant 9$.容易看出，形如上式的单词共有 55 个.所以，意义不同的单词共有 56 个.

事实上，当两个形如上式的单词中的 n 不同时，两个单词当然不同义.当 n 相同而 m 不同时，因为同义变换不改变 m 的值，所以两个单词也不同义.

11. 用 A 与 B 分别表示集合 M 中所有自然数对的较小数与较大数构成的集合.则由题中条件，集合 B 中的元素都不在集合 A 中，即$A \cap B=\varnothing$.设集合 A 与 B 的元素个数分别为 a 与 b，则 $a+b \leqslant n$，并且集合 M 的任意一个自然数对中较小数至多可取 a 个数，而较大数至多可取 b 个数.因此 M 中元素个数至多为

$$ab \leqslant a(n-a) \leqslant\left(\frac{a+n-a}{2}\right)^{2}=\frac{n^{2}}{4}.$$

因为 $ab \in \mathbf{Z}$，所以 $ab \leqslant\left[\frac{n^{2}}{4}\right]$.

如果 n 为偶数，则集合 M 中的元素个数当

$$m=\left\{(j, l) \mid j \leqslant \frac{n}{2}, l>\frac{n}{2}\right\}$$

时达到最大值$\frac{n^{2}}{4}$；

如果 n 为奇数，则集合 M 中的元素个数当

$$m=\left\{(j, l) \mid j<\frac{n}{2}, l>\frac{n}{2}\right\}$$

时达到最大值$\left[\frac{n^{2}}{4}\right]$.

于是，不论 n 为奇数或偶数，集合 M 中最多含有元素$\left[\frac{n^{2}}{4}\right]$个.

12. 设 k 是集合 $A_1, A_2, \cdots, A_n, B_1, B_2, \cdots, B_n$ 的元素个数的最小值，不妨设$|A_1|=k$.由于 $B_1, B_2, \cdots, B_n$ 两两不交.因此使 $A_1 \cap B_j \neq \varnothing$的集合 B_j 至多有 k 个，不妨设 $B_1, B_2, \cdots, B_m$ 满足 $A_1 \cap B_j \neq \varnothing(j=1,2, \cdots, m ; m \leqslant k)$.由于$|B_j| \geqslant k(j=1,2, \cdots, m)$，因此$|B_1 \cup B_2 \cup \cdots \cup B_m| \geqslant m k$.又因为 $A_1 \cap B_j=\varnothing$ $(j=m+1, m+2, \cdots, n)$，所以由已知$|A_1 \cup B_j| \geqslant n$，可得$|B_j| \geqslant n-k(j=m+$

$1,m+2,\cdots,n)$.于是

$$|x|=|B_1\cup B_2\cup\cdots\cup B_n|\geqslant km+(n-k)(n-m).$$

如果 $k\geqslant\frac{n}{2}$,那么 $|B_j|\geqslant\frac{n}{2}(j=1,2,\cdots,n)$,从而得

$$|x|\geqslant\frac{n^2}{2}.$$

如果 $k<\frac{n}{2}$,那么由 $m\leqslant k$,可得

$$\begin{aligned}|x|&\geqslant n(n-k)-m(n-2k)\\&\geqslant n(n-k)-k(n-2k)\\&=2\left(\frac{n}{2}\right)^2+2\left(\frac{n}{2}-k\right)^2\\&\geqslant\frac{n^2}{2}.\end{aligned}$$

13. 用反证法.若不然,则 r 和 $r+1$ 都是方程

$$C_n^x-2C_n^{x+1}+C_n^{x+2}=0 \tag{1}$$

的正整数解.将式(1)两端同乘以 $(x+2)(n-x)(C_n^{x+1})^{-1}$,便得到关于 x 的二次方程

$$(x+1)(x+2)-2(x+2)(n-x)+(n-x)(n-x-1)=0, \tag{2}$$

它恰有两个解,于是 r 和 $r+1$ 是它仅有的两个解.

另一方面,由于对任意 $k\leqslant n$,总有

$$C_n^k=C_n^{n-k}, \tag{3}$$

所以 $x=n-r-2,x=n-r-3$ 也满足方程(1),从而也是方程(2)的解.由二项式系数的对称性(3)知,可设 $r\leqslant\frac{n}{2}$,从而 $r\leqslant\frac{n}{2}-2$.于是

$$n-r-2\geqslant n-\frac{n}{2}+2-2=\frac{n}{2},$$

这意味着 $r,r+1,n-r-2$ 是方程(2)的3个不同的解,矛盾.

14. 用反证法.若不然,则必有一盏指示灯取决于至少两个开关的状态.不妨设它恰取决于两个开关的状态.记这盏指示灯为 a,两个开关分别为 α,β.

因为已知当 n 个开关进行一切可能的状态变换时,n 盏指示灯的一切可能的亮灭状态均可取得,故可把 n 个开关都扳到某种状态,使得所有指示灯都灭掉.我们把每个开关现在所处的状态称为"断",另一种状态称为"通".

控制指示灯 a 的两个开关共有4种不同状态:{断,断},{断,通},{通,断}

和{通,通}.按上一段的规定,{断,断}肯定对应于灯 a 是灭的.设 n 盏灯处于上一段所说的全灭状态.现在保持其他开关不动,仅把开关 α 扳到"通".由于每变换一个开关的状态,都恰好改变一盏指示灯的亮灭状态,故这时灯 a 是亮的,其他灯都是灭的.再将开关 β 扳到通,则又得改变一盏灯的状态,且这盏灯只能是 a,于是又回到所有灯都灭的状态.这意味着灯的全灭状态对应于开关组的两种不同状态,矛盾.

15. 设 G 的顶点为 $V_1,V_2,\cdots,V_n$,且设顶点 V_j 的度为 a_j,$j=1,2,\cdots,n$,则

$$\sum_{j=1}^{n} a_j=2|E|.$$

现考察与顶点 $V_j(j=1,2,\cdots,n)$相邻的任两个顶点构成的(无序)顶点对,则对于每个顶点 V_j,这样不同的顶点对有 $C_{a_j}^2$ 个,并且任两个顶点对互不相同(事实上,若对于 $i\neq j$,顶点 V_i 的某相邻顶点对与 V_j 的某相邻顶点对相同,则存在 $V_k,V_l(k\neq l)$与 V_i,V_j 均相邻,这样 $V_iV_kV_jV_l$ 形成一个长度为 4 的圈,与题意矛盾).而总的顶点对至多为 C_n^2 个,故 $\sum\limits_{j=1}^{n} C_{a_j}^2\leqslant C_n^2$,

$$\begin{aligned} n^2-n &\geqslant \sum_{j=1}^{n} a_j^2-\sum_{j=1}^{n} a_j \\ &\geqslant \frac{1}{n}\left(\sum_{j=1}^{n} a_j\right)^2-\sum_{j=1}^{n} a_j \\ &=\frac{1}{n}(2|E|)^2-2|E|, \end{aligned}$$

即
$$\frac{n}{4}(1-\sqrt{4n-3})\leqslant|E|\leqslant\frac{n}{4}(1+\sqrt{4n-3}).$$

又 $|E|\in\mathbf{N}^*$,故

$$|E|\leqslant\left[\frac{n}{4}(1+\sqrt{4n-3})\right].$$

16. 如果某多项式 $p(x)$的余数序列 $F(p)$是完全的,则称 p 是好的.由综合除法可知,任一好多项式 $p(x)$均可表示如下:

$$\begin{aligned} p(x)=&p_0(x)\cdot(x-1)(x-3)\cdots(x-11)+C_1(x-1)(x-3)\cdots(x-9)+ \\ &C_2\cdot(x-1)(x-3)(x-5)(x-7)+C_3\cdot(x-1)(x-3)(x-5)+ \\ &C_4\cdot(x-1)(x-3)+C_5(x-1)+C_6. \end{aligned}$$

下面我们用反证法来证明本题.

假设至少有 $2^{35}+1$ 个不同的好多项式对应于不同的完全余数序列.由

$$2^{35}=2^9\cdot2^8\cdot2^7\cdot2^6\cdot2^3\cdot2^2$$

可知，这些多项式中必有两个，设为 $p_1(x)$，$p_2(x)$，使得与它们相应的

C_{11}，C_{12}均属于

$\{1,5,9,\cdots,1021\}$，$\{2,6,10,\cdots,1022\}$，$\{3,7,11,\cdots,1023\}$，$\{4,8,12,\cdots,1024\}$

这 2^2 个集合中的同一个；

C_{21}，C_{22}均属于

$\{1,9,17,\cdots,1017\}$，$\{2,10,18,\cdots,1018\}$，$\cdots$，$\{8,16,24,\cdots,1024\}$

这 2^3 个集合中的同一个；

C_{31}，C_{32}均属于

$\{1,65,129,\cdots,961\}$，$\{2,66,130,\cdots,962\}$，$\cdots$，$\{64,128,192,\cdots,1024\}$

这 2^6 个集合中的同一个；

C_{41}，C_{42}均属于

$\{1,129,257,\cdots,897\}$，$\{2,130,258,\cdots,898\}$，$\cdots$，$\{128,256,384,\cdots,1024\}$

这 2^7 个集合中的同一个；

C_{51}，C_{52}均属于

$\{1,513\}$，$\{3,515\}$，$\cdots$，$\{511,1023\}$

这 2^8 个集合中的同一个.

（注意 C_5 和 C_6 均为奇数.事实上，若 C_5 为偶数，则对于任意的奇数 x，$p(x)\equiv C_6 \pmod 4$，此时 $p(x)$不是好的；若 C_6 为偶数，则对于任意的奇数 x，$p(x)\equiv 0 \pmod 2$，此时 $p(x)$也不是好的.）

对于任意的奇数 x，

$$x-1\equiv 0 \pmod 2,$$
$$(x-1)(x-3)\equiv 0 \pmod{2^2},$$
$$(x-1)(x-3)(x-5)\equiv 0 \pmod{2^3},$$
$$(x-1)(x-3)(x-5)(x-7)\equiv 0 \pmod{2^7},$$
$$(x-1)(x-3)(x-5)(x-7)(x-9)\equiv 0 \pmod{2^8},$$
$$(x-1)(x-3)(x-5)(x-7)(x-9)(x-11)\equiv 0 \pmod{2^{10}}.$$

设
$$p_1(x)=p_{01}(x)\cdot \prod_{i=1}^{6}(x-2i+1)+\cdots,$$
$$p_2(x)=p_{02}(x)\cdot \prod_{i=1}^{6}(x-2i+1)+\cdots,$$

此时对于任意的奇数 x，有

$$p_{01}(x)\cdot\prod_{i=1}^{6}(x-2i+1)\equiv p_{02}(x)\cdot\prod_{i=1}^{6}(x-2i+1)\ (\bmod\ 2^{10}),$$

$$C_{11}\cdot\prod_{i=1}^{5}(x-2i+1)\equiv C_{12}\cdot\prod_{i=1}^{5}(x-2i+1)\ (\bmod\ 2^{10}),$$

$$C_{21}\cdot\prod_{i=1}^{4}(x-2i+1)\equiv C_{22}\cdot\prod_{i=1}^{4}(x-2i+1)\ (\bmod\ 2^{10}),$$

$$C_{31}\cdot\prod_{i=1}^{3}(x-2i+1)\equiv C_{32}\cdot\prod_{i=1}^{3}(x-2i+1)\ (\bmod\ 2^{10}),$$

$$C_{41}\cdot(x-1)(x-3)\equiv C_{42}\cdot(x-1)(x-3)\ (\bmod\ 2^{10}),$$

$$C_{51}\cdot(x-1)\equiv C_{52}\cdot(x-1)\ (\bmod\ 2^{10}),$$

$$C_{61}\equiv C_{62}(\bmod\ 2^{10}),$$

因此,对任意的奇数 x,有

$$p_1(x)\equiv p_2(x)\ (\bmod\ 1024).$$

这和 $p_1(x)$与 $p_2(x)$对应不同完全余数序列显然矛盾.

故假设错误,本题得证.

17. $n(x)$是含有 $x\in T$ 的集合 M_i $(i=1,2,\cdots,11)$的个数,n 是所有这些 $n(x)$的最大值.对每一个 $x\in T$,都有一个 $n(x)$,而所有 $n(x)$的总和 $\sum n(x)$ 是 11个集合 $M_1,M_2,\cdots,M_{11}$的一种重复计数,即每一个 M_i 都可能被重复计算过若干次.

由条件(i),$|M_i|=5$,即有

$$\sum_{x\in T}n(x)=55.$$

让含有 x 的$n(x)$个集合两两配对,共有$\frac{1}{2}n(x)(n(x)-1)$个集合对.另一方面,由条件(ii)知,对每个集合对(M_i,M_j) $(i<j)$,有 $y\in M_i\cap M_j$,所以这个集合对(M_i,M_j)包含在 $\sum\limits_{x\in T}\frac{1}{2}n(x)(n(x)-1)$的总对数计算中.此外,$M_1$,$M_2,\cdots,M_{11}$这 11 个集合可组成 $\mathrm{C}_{11}^{2}=55$ 个集合对,所以有

$$\sum_{x\in T}\frac{1}{2}n(x)(n(x)-1)\geqslant 55.$$

因为 $n=\max\{n(x)\,|\,x\in T\}$,所以有

$$\sum_{x\in T}\frac{1}{2}n(x)(n-1)\geqslant 55,$$

即

$$\frac{1}{2}(n-1)\sum_{x\in T}n(x)\geqslant 55.$$

因为 $\sum_{x\in T} n(x)=55$，所以由上式即得 $n\geqslant 3$.

如果 $n=3$，则对任意的 $x\in T$，$n(x)\leqslant n=3$.先证明：不存在 $x\in T$，使 $n(x)\leqslant 2$.否则，设有 $y\in T$，$n(y)\leqslant 2$，于是有

$$\begin{aligned}55&\leqslant\sum_{x\in T}\frac{1}{2}n(x)(n(x)-1)\\&=\frac{1}{2}\sum_{x\neq y}n(x)(n(x)-1)+\frac{1}{2}n(y)(n(y)-1)\\&\leqslant\frac{1}{2}(n-1)\sum_{x\in T}n(x)+\frac{1}{2}n(y)(n(y)-n).\end{aligned}$$

因为 $\sum_{x\in T} n(x)=55$，并以 $n=3$ 代入，则得

$$n(y)(n(y)-3)\geqslant 0,$$

从而 $n(y)\geqslant 3$，与 $n(y)\leqslant 2$ 矛盾.于是，对任意的 $x\in T$，都有 $n(x)=3$，从而由 $\sum_{x\in T} n(x)=55$，推出 $3|T|=55$.这也不可能，因此 $n\geqslant 4$.

最后，给出当 $n=4$ 时，符合条件的 11 个集合：

$$M_1=M_2=\{1,2,3,4,5\},M_3=\{1,6,7,8,9\},$$
$$M_4=\{1,10,11,12,13\},M_5=\{2,6,9,10,14\},$$
$$M_6=\{3,7,11,14,15\},M_7=\{4,8,9,12,15\},$$
$$M_8=\{5,9,13,14,15\},M_9=\{4,5,6,11,14\},$$
$$M_{10}=\{2,7,11,12,13\},M_{11}=\{3,6,8,10,13\}.$$

因此，n 的可能值中的最小值为 4.

18. 先证一个引理.

引理 对于给定的正整数 k 与集合 $N=\{1,2,\cdots,n\}$，用 $f(n,k)$ 表示不定方程

$$x+y=k\ (x<y \text{ 且 } x,y\in\mathbf{N})$$

的解 (x,y) 的个数，则有

$$f(n,k)=\begin{cases}\left[\dfrac{k-1}{2}\right], & k\leqslant n+1,\\ \left[\dfrac{k-1}{2}\right]-(k-1-n), & n+2\leqslant k\leqslant 2n-1.\end{cases}\tag{4}$$

证明 当 $k\leqslant n+1$ 时，

$$x<y<k\Rightarrow 2x<x+y=k\Rightarrow x\leqslant\frac{k-1}{2}\Rightarrow x\leqslant\left[\frac{k-1}{2}\right].$$

而当 x 取定后，y 的值便唯一确定，故此时 $f(n,k)=\left[\frac{k-1}{2}\right]$.

当 $n+2\leqslant k\leqslant 2n-1$ 时，如在集合 N 中添加元素 $n+1,n+2,\cdots,k-1$，则可得 $\left[\frac{k-1}{2}\right]$ 个解，但是下列 $k-1-n$ 个解 $(x,y)=(1,k-1),(2,k-2),\cdots,(k-1-n,k-(k-1-n))$ 中皆含有添加元素，不符合条件. 于是此时解的个数为 $f(n,k)=\left[\frac{k-1}{2}\right]-(k-1-n)$.

又因集合 N 中的任意两数之和 $\leqslant 2n-1$，故当 $k>2n-1$ 时，$f(n,k)=0$. 引理证毕.

回到原题. 对于集合 M 中的平衡子集 $E=\{a,b,c,d\}$，如果 a,b,c,d 中某两数之和等于另两数之和，则称 E 为 A 型集；如果 a,b,c,d 中某一数等于另三数之和，则称 E 为 B 型集.

(1) 先求 A 型集的个数(记为 $\varphi(A)$).

(i) 当 $k\leqslant 101$ 时，其个数为

$$\begin{aligned}\varphi_1(A)&=\sum_{k=1}^{101}\mathrm{C}_{f(100,k)}^2=\sum_{k=1}^{101}\frac{1}{2}\left[\frac{k-1}{2}\right]\left(\left[\frac{k-1}{2}\right]-1\right)\\&=\sum_{k=5}^{101}\frac{1}{2}\left[\frac{k-1}{2}\right]\left(\left[\frac{k-1}{2}\right]-1\right)\\&=\sum_{k\text{为奇数}}+\sum_{k\text{为偶数}}\triangleq\varphi_1'(A)+\varphi_1''(A).\end{aligned}$$

当 k 为奇数时，记 $k=2m+1$. 则当 k 取遍集合 $\{5,6,\cdots,101\}$ 中的奇数时，m 取遍集合 $\{2,3,\cdots,50\}$，所以 $\varphi_1'(A)=\sum_{m=2}^{50}\frac{m(m-1)}{2}$.

当 k 为偶数时，记 $k=2m+2$. 则当 k 取遍集合 $\{5,6,\cdots,101\}$ 中的偶数时，m 取遍集合 $\{2,3,\cdots,49\}$，所以 $\varphi_1''(A)=\sum_{m=2}^{49}\frac{m(m-1)}{2}$.

于是 $\varphi_1(A)=\varphi_1'(A)+\varphi_1''(A)$

$$\begin{aligned}&=\sum_{m=2}^{49}m(m-1)+\frac{50\times 49}{2}\\&=\sum_{j=1}^{48}j(j+1)+25\times 49\\&=39\,200+1225=40\,425.\end{aligned}$$

(ii) 当 $102\leqslant k\leqslant 199$ 时，其个数为

$$\begin{aligned}\varphi_2(A) &= \sum_{k=102}^{199} C_{f(100,k)}^2 \\ &= \sum_{k=102}^{199} \frac{1}{2}\left(\left[\frac{k-1}{2}\right]-(k-101)\right)\left(\left[\frac{k-1}{2}\right]-(k-100)\right).\end{aligned}$$

令 $k'=k-101$，则 $k-1=k'+100$，k' 取遍 $\{1,2,\cdots,98\}$. 于是

$$\begin{aligned}\varphi_2(A) &= \sum_{k'=1}^{98} \frac{1}{2}\left(\left[\frac{k'}{2}\right]-k'+50\right)\left(\left[\frac{k'}{2}\right]-k'+49\right) \\ &= \sum_{k'\text{为奇数}} + \sum_{k'\text{为偶数}} \\ &\triangleq \varphi_2'(A)+\varphi_2''(A).\end{aligned}$$

当 k' 为奇数时，记 $k'=2m+1$. 当 k' 取遍集合 $\{1,2,\cdots,98\}$ 中的奇数时，m 取遍集合 $\{0,1,\cdots,48\}$，所以

$$\begin{aligned}\varphi_2'(A) &= \sum_{m=0}^{48} \frac{1}{2}(49-m)(48-m) \\ &= \sum_{j=0}^{48} \frac{j(j+1)}{2} \\ &= \sum_{j=1}^{48} \frac{j(j+1)}{2}.\end{aligned}$$

类似地有 $\varphi_2''(A)=\sum_{j=1}^{48} \frac{j(j+1)}{2}$.

所以，
$$\begin{aligned}\varphi_2(A) &= \varphi_2'(A)+\varphi_2''(A) \\ &= \sum_{j=1}^{48} j(j+1)=39\,200.\end{aligned}$$

因此，A 型集的个数为

$$\begin{aligned}\varphi(A) &= \varphi_1(A)+\varphi_2(A) \\ &= 40\,425+39\,200=79\,625.\end{aligned}$$

(2) 再求 B 型集的个数(记为 $\varphi(B)$).

对于 $k\leqslant 100$，将不定方程

$$x+y+z=k \ (x<y<z \text{ 且 } x,y,z\in M)$$

的解的个数记为 $g(k)$. 显然，当 $k\leqslant 5$ 时，$g(k)=0$. 且由

$$6=1+2+3,\ 7=1+2+4,\ 8=1+2+5=1+3+4,$$

可知
$$g(6)=1,\ g(7)=1,\ g(8)=2.$$

一般地，当 $k\geqslant 6$ 时，对于 k 的全体三元分拆 $k=x+y+z$，$x<y<z$，将其分作两类：

(i) 凡是含 1 的分拆 $x+y+z=k$，其中 $x=1$，将左边诸元 x，y，z 各减 1，

化为$(y-1)+(z-1)=k-3$,即 $y'+z'=k-3$ 的形式.由式(4)知,其解的个数为$\left[\frac{(k-3)-1}{2}\right]=\left[\frac{k}{2}\right]-2$.

(ii) 凡是不含 1 的分拆 $x+y+z=k$,其中 $x>1$,将左边诸元各减 1,化为$(x-1)+(y-1)+(z-1)=k-3$,即 $x'+y'+z'=k-3$ 的形式,其中 $1\leqslant x'<y'<z'$,则其解的个数为 $g(k-3)$.因此,

$$g(k)=g(k-3)+\left[\frac{k}{2}\right]-2.$$

进而有

$$g(k+6)-g(k+3)=\left[\frac{k+6}{2}\right]-2=\left[\frac{k}{2}\right]+1, \tag{5}$$

$$g(k+3)-g(k)=\left[\frac{k+3}{2}\right]-2=\left[\frac{k+1}{2}\right]-1. \tag{6}$$

(5)+(6),并注意到对任意 $k\in\mathbf{N}$,有$\left[\frac{k}{2}\right]+\left[\frac{k+1}{2}\right]=k$,所以

$$g(k+6)=g(k)+k.$$

递推得,对任意 $n\in\mathbf{N}$,

$$g(k+6n)=g(k)+kn+3n(n-1),$$

于是

$$\begin{aligned}g(99)&=g(3+6\times16)=g(3)+3\times16+3\times16\times(16-1)\\&=3\times16^2=768,\\g(100)&=g(4+6\times16)=g(4)+4\times16+3\times16\times(16-1)\\&=784,\end{aligned}$$

从而

$$\begin{aligned}\varphi(B)&=\sum_{m=1}^{100}g(m)=\sum_{m=3}^{100}g(m)\\&=g(99)+g(100)+\sum_{n=0}^{15}\sum_{k=3}^{8}g(k+6n)\\&=1552+\sum_{n=0}^{15}\left(\sum_{k=3}^{8}g(k)+n\sum_{k=3}^{8}k+18n(n-1)\right)\\&=1552+\sum_{n=0}^{15}(4+33n+18n(n-1))\\&=1552+64+\sum_{n=0}^{15}(18n^2+15n)\\&=1616+18\times\frac{15\times16\times31}{6}+15\times\frac{15\times16}{2}\\&=25\,736.\end{aligned}$$

故 M 中的平衡子集的个数为

$$\varphi(A)+\varphi(B)=79\,625+25\,736=105\,361.$$

习题 6

1. 如图 A.8 所示，把无限大棋盘的所有方格分为三个集合，其中不同数字表示不同集合的方格，则每走一步之后，有两个集合中的棋子各减少一个，而有一个集合中的棋子却增加一个.这表明，每个集合里的棋子数的奇偶性都要改变.因为开始时棋子布满一个 $3k\times n$ 的矩形，所以每个集合里的棋子数都相等.因此每走一步后，三个集合中棋子数的奇偶性应相同.如果在走若干步之后，棋盘上恰好剩下一枚棋子，则有两个集合中的棋子数为偶数，另一个集合中的棋子数为奇数，这种结局是不可能出现的.

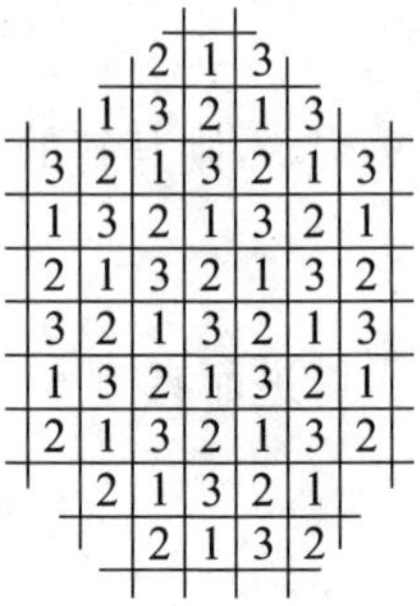

图 A.8

2. 如图 A.9，用 0，1，2 三个数把网格的结点标号，使任何小三角形的顶点处都有这三个数，且六边形的顶点处有数 0 和 1.结点上所有数之和除以 3 时余数为 2.设 P，Q，R 是以结点为顶点的任意正三角形的顶点，如果在顶点 P 和 Q 上有相同的数，那么在顶点 R 上也有这个数.如果在顶点 P 和 Q 上有不同的数，那么在顶点 R 上是第三个数.在任何情况下，P，Q 和 R 上所标数字之和必能被 3 整除.因此在任何时候，未被涂色的结点处所标数之和除以 3 时余数为 2，它不可能是原六边形的顶点.

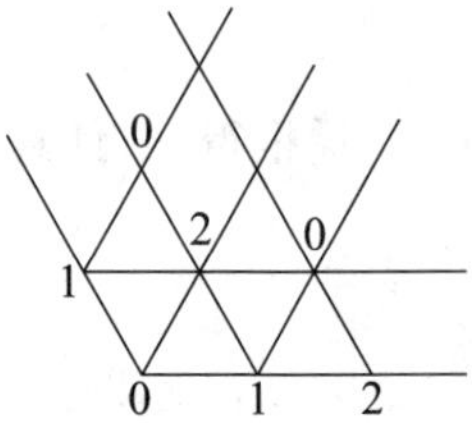

图 A.9

3. 假若这可以实现，不妨认为在经过若干次跳动后，有一枚棋子跳至(0，5)这个点.我们给每个整点都赋上一个值：点(x,y)赋值为 $\omega^{|x|-y}$，其中 ω 是方程 $x^2+x-1=0$ 的正根($\omega\approx0.618$)，如图 A.10.对于每一次跳动，容易验证所有棋子所在的整点上赋值的和不增(半不变量!).而开始时，所有棋子全在 x 轴及其下方，故它们所在的整点赋值的和小于所有 x 轴及其下方的整点赋值之和.而所有 x 轴及其下方的整点赋值之和为

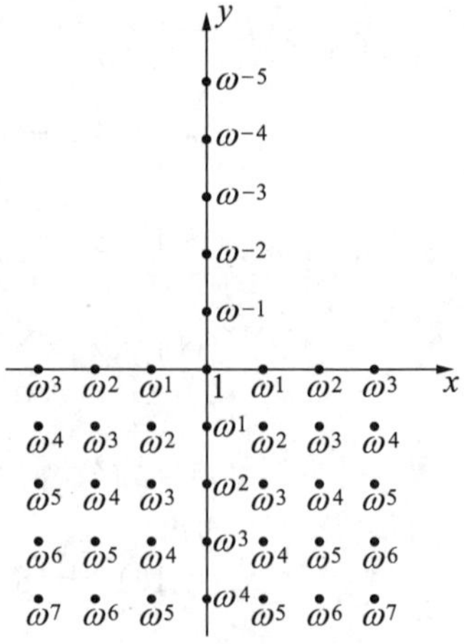

图 A.10

$$\sum_{x=-\infty}^{+\infty}\sum_{y=-\infty}^{0}\omega^{|x|-y}=\sum_{x=-\infty}^{+\infty}\omega^{|x|}\cdot(1+\omega+\omega^2+\omega^3+\cdots)$$
$$=\sum_{x=-\infty}^{+\infty}\omega^{|x|}\cdot\frac{1}{1-\omega}=\sum_{x=-\infty}^{+\infty}\omega^{|x|-2}$$
$$=(\omega^{-2}+\omega^{-1}+1+\omega+\omega^2+\cdots)\times 2-\omega^{-2}$$
$$=\frac{\omega^{-2}}{1-\omega}\times 2-\omega^{-2}=\omega^{-4}\times 2-\omega^{-2}$$
$$=\omega^{-4}+\omega^{-3}=\omega^{-5}.$$

因此,无论怎样跳,所有棋子所在整点的赋值之和小于 ω^{-5}.但(0,5)的赋值为 ω^{-5},所以不可能有棋子跳至(0,5),即不可能有棋子能跳至 $y=5$ 的直线上.

4. 将"+"号读成"或","×"号读成"且".又设 $1=1x^0$,代表 0 克,即不选任何砝码;x^k 代表 k 克,其系数为称出 k 克质量的方案数.

对每种砝码,只有选用与不用两种可能,故有母函数

$$(1+x)(1+x^2)(1+x^3)(1+x^4)(1+x^5)$$
$$=1+x+x^2+2x^3+2x^4+3x^5+3x^6+3x^7+3x^8$$
$$+3x^9+3x^{10}+2x^{11}+2x^{12}+x^{13}+x^{14}+x^{15}.$$

因此,共能称量出 16 种质量,各种质量的方案数见其系数.

5. 方法一 令

$$f(x)=[2x]+[4x]+[6x]+[8x],$$

于是有 $f\left(x+\frac{1}{2}\right)=f(x)+10$.因此,当某个正整数可以用 $f(x)$的值表达时,该整数加 10 也可用 $f(x)$的值来表达.因而只需考虑前 10 个正整数用 $f(x)$表达的情形就够了.

注意到 $f\left(\frac{1}{2}\right)=10$.当 $x\in\left(0,\frac{1}{2}\right)$时,$[2x]=0$,故有

$$f(x)=[4x]+[6x]+[8x].$$

容易看出

(1) 当 $x\in\left(0,\frac{1}{8}\right)$时,$f(x)=0$;

(2) 当 $x\in\left[\frac{1}{8},\frac{1}{6}\right)$时,$f(x)=1$;

(3) 当 $x\in\left[\frac{1}{6},\frac{1}{4}\right)$时,$f(x)=2$;

(4) 当 $x\in\left[\frac{1}{4},\frac{1}{3}\right)$时，$f(x)=4$；

(5) 当 $x\in\left[\frac{1}{3},\frac{3}{8}\right)$时，$f(x)=5$；

(6) 当 $x\in\left[\frac{3}{8},\frac{1}{2}\right)$时，$f(x)=6$.

可见，当 $x\in\left(0,\frac{1}{2}\right]$时，$f(x)$可表达 1，2，4，5，6，10 这 6 个正整数.因此，在前 1000 个正整数中，$f(x)$可表达其中的 600 个数.

方法二 令

$$f_1(x)=[2x],\ f_2(x)=[4x],\ f_3(x)=[6x],\ f_4(x)=[8x],$$
$$f(x)=f_1(x)+f_2(x)+f_3(x)+f_4(x).$$

当 $f_j(x)$的值在 x 从小向大变化达到某点而增加 1 时，我们就把该点称为增值点，并把 $f_j(x)$在$(0,50]$中的所有增值点的集合记为 M_j，$j=1,2,3,4$.容易看出

$$M_1=\left\{\frac{i}{2}\,\middle|\,i=1,2,\cdots,100\right\},$$

$$M_2=\left\{\frac{i}{4}\,\middle|\,i=1,2,\cdots,200\right\},$$

$$M_3=\left\{\frac{i}{6}\,\middle|\,i=1,2,\cdots,300\right\},$$

$$M_4=\left\{\frac{i}{8}\,\middle|\,i=1,2,\cdots,400\right\},$$

由此可见，$M_1\subset M_2\subset M_4$，$M_1\subset M_3$，$M_1\cap M_3=M_1=M_3\cap M_4$.

显然，当且仅当某点同时是两个 $f_j(x)$的增值点时，$f(x)$的值将增加 2，即跳过 1 个正整数不能表达它.同理，当某点同时是 3 个或 4 个 $f_j(x)$的增值点时，$f(x)$的值将跳过 2 个或 3 个正整数.由上述分析可知，M_1 中每点恰是 4 个 $f_j(x)$的增值点，共跳过 300 个正整数.此外，M_2-M_1 中的点同时是 $f_2(x)$与 $f_4(x)$的增值点，共跳过 100 个正整数.易见，$f(x)$没有别的跳值点.所以$f(x)$可表达 600 个正整数.

6. 建立组合模型：考虑从 n 对夫妻与一个男性导游中选取 n 个人，使得女性人数为$\left[\frac{n}{2}\right]$，而男性人数为$\left[\frac{n+1}{2}\right]$的方法数 $T$$\left(\right.$注意，这里用到$\left[\frac{n}{2}\right]+\left[\frac{n+1}{2}\right]=n\left.\right)$.一方面，由于女性共 n 人，而男性共 $n+1$ 人，所以 $T=$

$C_n^{\left[\frac{n}{2}\right]}C_{n+1}^{\left[\frac{n+1}{2}\right]}=C_nC_{n+1}$.另一方面,在计算 T 时依“恰有 k 对夫妻只有一人入选,其余夫妻要么同时入选,要么同时不入选,并且仅当 k 与 n 具有不同奇偶性时,男性导游入选”的情形分类,这里 $k=0,1,2,\cdots,n$.由于共选 n 个人,对情形 k 而言,剩下的 $n-k$ 对夫妻中应恰有 $\left[\frac{n-k}{2}\right]$ 对夫妻同时入选.这时前 k 对夫妻中女性入选的人数应为 $\left[\frac{n}{2}\right]-\left[\frac{n-k}{2}\right]=\left[\frac{k}{2}\right]$ 或 $\left[\frac{k+1}{2}\right]$.注意到 $C_k^{\left[\frac{k}{2}\right]}=C_k^{\left[\frac{k+1}{2}\right]}$,所以对 k 求和可得 $T=\sum_{k=0}^{n}C_n^kC_kC_{n-k}$.命题获证.

7. 建立组合模型:考虑 $\{1,2,\cdots,m+a+1\}$ 的一个 n 组合 $\{i_1,i_2,\cdots,i_n\}$,其中 $i_1<i_2<\cdots<i_n$.令 k 是满足 $i_k\leqslant m+k$ 的最大正整数.如果 $i_1>m+1$,则取 $k=0$.于是 $\{i_1,i_2,\cdots,i_k\}$ 就是 $\{1,2,\cdots,m+k\}$ 的一个 k 组合,而 $\{i_{k+1},i_{k+2},\cdots,i_n\}$ 就是 $\{m+k+2,\ m+k+3,\ \cdots,\ m+a+1\}$ 的一个 $(n-k)$ 组合.而且对于每一个非负整数 $k=0,1,\cdots,n$ 来说,$\{1,2,\cdots,m+k\}$ 的一个 k 组合 $\{i_1,i_2,\cdots,i_k\}$ 与 $\{m+k+2,m+k+3,\cdots,m+a+1\}$ 的一个 $(n-k)$ 组合 $\{i_{k+1},i_{k+2},\cdots,i_n\}$ 合起来,就是 $\{1,2,\cdots,m+a+1\}$ 的一个 n 组合,且 k 恰好是满足 $i_j\leqslant m+j$ 的最大正整数 j.因此等式 $\sum_{k=0}^{n}C_{m+k}^kC_{a-k}^{n-k}=C_{m+a+1}^n$ 成立.

8. 将前面的 p 堆(每堆 q 粒)糖用 p 个红顶点来代表,将后面的 q 堆(每堆 p 粒)糖用 q 个蓝顶点来代表.若第 i 个红顶点所代表的那堆糖和第 j 个蓝顶点所代表的那堆糖包含同一包糖,则将这两个顶点连起来.于是我们得到一个有 $p+q$ 个顶点的图,图的每条边即代表一包糖,因此这个图有 k 条边.下证这个图是连通的.事实上,它一定有一个连通子图 G',其中有 a 个红点,b 个蓝点.由于它们之间的每条边代表一包糖,因此这 a 堆“红”糖和 b 堆“蓝”糖所含的糖包相同,糖的粒数当然也相等,即 $aq=bp$.但 $(p,q)=1$,因此 $a=p,b=q$,即这个连通子图 G' 即是原图本身.连通图的边数 $\geqslant$ 顶点数 -1,即 $k\geqslant p+q-1$.

9. 考虑排成一行的 n 个 1.在这些数之间的空隙中有不多于 $n-1$ 条分界线,这些分界线的每一种排列均对应于 n 的一种表示方式,反之亦然.

由于在每个空隙中,我们既可以加分界线,也可以不加分界线,因此分界线有 2^{n-1} 种可能的排列方式.故数 n 也有同样多种表示方式.

10. 记 $a=a_1+a_2+\cdots+a_k$.以下分两种情况进行讨论:

(1) 若 $x_k+a_k\leqslant n$，则可将此圆在 1 和 n 之间分开，再展成一条直线段.将选出的点标上 1，其余的点标上 0，据题意，第 j 个 1 后面至少跟有 a_j 个 0($1\leqslant j\leqslant k$).这样就得到了下面的形式：

$$00\cdots0\,|\,1\underbrace{00\cdots0}_{a_1\text{个}}\,|\,00\cdots0\,|\,1\underbrace{00\cdots0}_{a_2\text{个}}\,|\,00\cdots0\,|\,\cdots\,|\,1\underbrace{00\cdots0}_{a_k\text{个}}\,|\,00\cdots$$

从而可知此情况下有 C_{n-a}^k 种取法.

(2) 若 $x_k+a_k>n$，则先在圆周上写 k 个 1，它们将圆周分为 k 段，顺时针方向依次标记为 $B_1,B_2,\cdots,B_k$.在 $B_i(1\leqslant i\leqslant k)$ 段中放入 a_i 个 0，并在放入 B_k 的 a_k 个 0 中选取一个标记为位置 1，显然这一步有 a_k 种不同方法.后面再要放入 $(n-a-k)$ 个 0，易知有 C_{n-a-1}^{k-1} 种放法.由乘法原理可知，这种情况下有 $a_k\cdot C_{n-a-1}^{k-1}$ 种取法.

综上可知，所有满足条件的选取方法的种数为：

$$a_k\cdot C_{n-a-1}^{k-1}+C_{n-a}^k=\frac{ka_k+n-a}{n-a}\cdot C_{n-a}^k.$$

11. 设三角形另外两条边长分别为 x,y，则 $x\leqslant 11$，$y\leqslant 11$.满足这一条件的非负整数对对应于图 A.11 中正方形 $OABC$($OA=11$)内的整格点(包括边上的)，这样的格点共有 $12\times12=144$ 个.

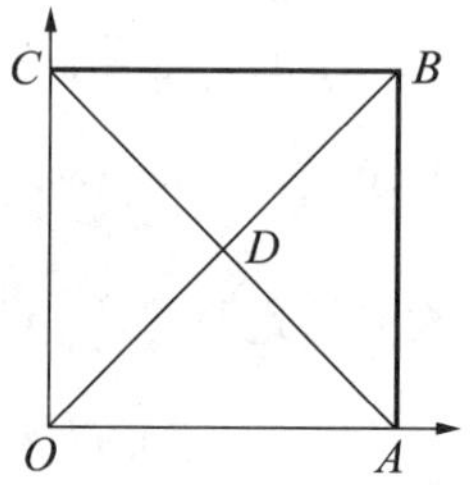

图 A.11

因为 x 和 y 作为三角形两边长还应满足 $x+y>11$，所以符合题意的格点应在$\triangle ABC$ 内且不在边 AC 上.又因$\triangle ABC$ 关于直线 OB 成轴对称，故知$\triangle ABC$ 上的格点除 DB 上的之外，恰有一半符合要求.又因点 D 不是格点，所以符合题意的格点数恰为正方形上格点总数的$\frac{1}{4}$.可见，满足要求的三角形共有 36 个.

12. 先不考虑圆周，那么在平面上，以所有的交点(包括圆周上的 n 个点)为顶点，以已连成的线段为边，便得到了一个平面图 G.

可以发现，G 中的所有非外部面的个数加上 n 便为所求答案，从而联想到可应用平面图的欧拉公式，为此先要求出 G 的顶点数 V 与边数 E.

由于圆周上任取四点便唯一对应于圆内的一个顶点，从而易知 $V=C_n^4+n$.

不难发现圆内的每个顶点的度数为 4，圆上每个点的度数为$(n-1)$，因此

$$E=\frac{1}{2}(4\cdot C_n^4+n(n-1))=2C_n^4+C_n^2.$$

从而由欧拉公式知，G 的非外部面的个数 $F'=E-V+1=C_n^4+C_n^2-n+1$，

故所求小块数 $S=F'+n=C_n^4+C_n^2+1$.

习题 7

1. 记 $a=n+x, b=n+2x, c=n+3x, S=\frac{1}{2}(a+b+c)$，由海伦公式及一般面积公式得

$$\sqrt{s(s-a)(s-b)(s-c)}=\frac{1}{2}n(n+2x),$$

整理得
$$12x=n.$$

而
$$0<x=\frac{n}{12}\leqslant 1,$$

故
$$0<n\leqslant 12,$$

即 n 恰有 12 种可能(相应给出 x 值).

因此，所求三角形个数为 12.

2. 首先证明对任意两点 P_i, P_j，一定存在第三点 P_k，使得过 P_i, P_j, P_k 的圆满足题中的要求.为此，不妨设直线 P_iP_j 上方的点数 $m\geqslant n+1$.因为任何 3 点不共线，任何 4 点不共圆，故可将直线上方的 m 个点按对线段 P_iP_j 的张角从小到大排列为 $P_{k_1}, P_{k_2}, \cdots, P_{k_m}$，即有

$$0°<\angle P_iP_{k_1}P_j<\angle P_iP_{k_2}P_j<\cdots<\angle P_iP_{k_m}P_j<180°.$$

由此可知，过 P_i, P_j, P_{k_1} 的圆内的点数不少于 n；过 P_i, P_j, P_{k_m} 的圆内的点数不多于 n.若两圆中有一圆内恰有 n 个点，则它就满足要求.否则，前者内部点数大于 n，后者内部点数小于 n.而当顺次考察过 $P_i, P_j, P_{k_h}(h=1,2,\cdots,m)$ 的圆时，圆内给定点的个数每次恰减少 1，故其中必有 1 个圆满足题中要求.

这样一来，对于 $\{P_1, P_2, \cdots, P_{2n+3}\}$ 中的任意两点都可以作出一个圆满足题中要求，于是共可得到 C_{2n+3}^2 个圆.但在这个计数过程中，每个圆被计数 3 次，故得

$$k\geqslant\frac{1}{3}C_{2n+3}^2>\frac{1}{\pi}C_{2n+3}^2.$$

3. 记 n 个点为 $P_i(i=1,2,\cdots,n)$，又记 $S_i=\{P_i \mid |P_iP_j|=1\}, x_i=|S_i|$，其中 $|S_i|$ 表示集合 S_i 中元素的个数.则相距为 1 的点对数为

$$x=\frac{1}{2}(x_1+x_2+\cdots+x_n).$$

另一方面，令 C_i 表示以 P_i 为圆心、半径为 1 的圆.因为每两个圆最多有两

个交点，所以所有的圆 C_i 最多有 $2C_n^2=n(n-1)$ 个交点.

又因为若 $P_j, P_k\in S_i$，则圆 C_j, C_k 必交于点 P_i，即 P_i 是 S_i 中任两点为圆心的两圆的交点，而 $|S_i|=x_i$，故 P_i 作为两圆交点出现 $C_{x_i}^2$ 次.于是

$$C_{x_1}^2+C_{x_2}^2+\cdots+C_{x_n}^2\leqslant n(n-1).$$

因

$$\begin{aligned}\sum_{i=1}^{n} C_{x_i}^2 &= \sum_{i=1}^{n}\frac{x_i(x_i-1)}{2}\\ &=\frac{1}{2}(x_1^2+x_2^2+\cdots+x_n^2)-\frac{1}{2}(x_1+x_2+\cdots+x_n)\\ &=\frac{1}{2}(x_1^2+x_2^2+\cdots+x_n^2)-x,\end{aligned}$$

由柯西不等式，有

$$n(x_1^2+x_2^2+\cdots+x_n^2)\geqslant(x_1+x_2+\cdots+x_n)^2,$$

故

$$\begin{aligned}\frac{1}{2}(x_1^2+x_2^2+\cdots+x_n^2)-x &\geqslant\frac{1}{2n}(x_1+x_2+\cdots+x_n)^2-x\\ &=\frac{2}{n}x^2-x.\end{aligned}$$

由 $\frac{2}{n}x^2-x\leqslant n(n-1)$，得

$$2x^2-nx-n^2(n-1)\leqslant 0,$$

解得

$$x\leqslant\frac{n+\sqrt{8n^3-7n^2}}{4}<\frac{1}{4}n+\frac{1}{4}\sqrt{8n^3}=\frac{1}{4}n+\frac{\sqrt{2}}{2}n^{\frac{3}{2}}.$$

4. 在 8 个数中至少有 3 个数都不大于 $\frac{1}{6}$，而三者所在的顶点中总有两个在一个面上，且为相对顶点.甲只要先选这一个面就行了.

5. 可以只看到一个面(共 6 种方法)，或同时看到具有一条公共棱的两个面(共 12 种方法)，或同时看到具有一个公共顶点的三个面(共 8 种方法)，这样共可得到 6+12+8=26 个数.可以在每个面上各写下一个自然数，使所有这些和数均互不相同(例如，可取写下的数为 1，10，100，1000，10 000，100 000，…).

6. 当电子管的管脚编号如图 A.12(a)，插座的插孔编号如图 A.12(b)或图 A.12(c)时，就能满足题中要求.

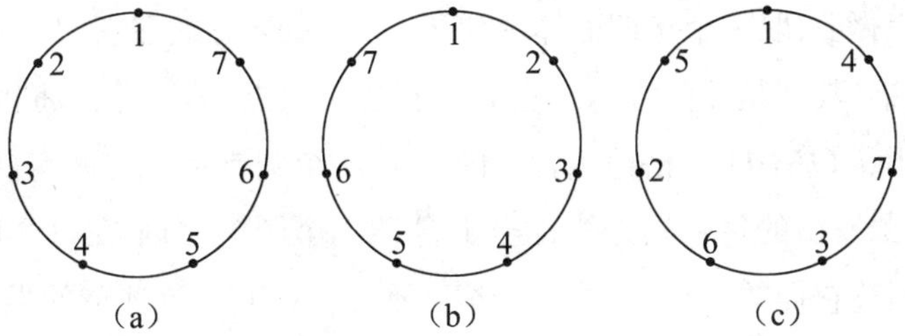

图 A.12

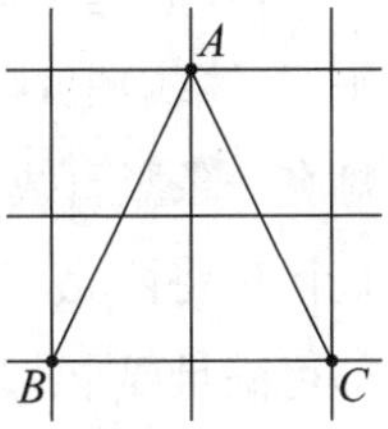

图 A.13

7. 如果正方形纸片盖住了相距 $2\sqrt{2}$ 的两个格点，则正方形恰好盖在 4 个方格上，从而盖住了 9 个格点.

由已知，正方形纸片至少盖住了 7 个格点.如果不是上述情形，则 7 个格点的分布一定是第 1 行和第 2 行各 3 个，第 3 行 1 个.如图 A.13 所示，考察$\triangle ABC$，它的面积为 2，恰为正方形纸片面积的一半.容易证明，对于正方形内(包括边界)的三角形，当且仅当三角形的一条边与正方形的一条边重合，且三角形的第 3 个顶点在正方形的重合一边的对边上时，三角形面积等于正方形面积的一半.既然正方形纸片盖住了$\triangle ABC$，它一定也恰好盖住了方格纸上的 4 个方格，从而也盖住了 9 个格点.

显然，2×2 的正方形纸片至多盖住 9 个格点，故知当正方形纸片盖住不少于 7 个格点时，它盖住了 9 个格点.

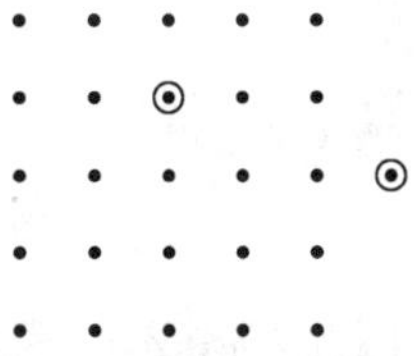

图 A.14

8. 先证 T 不可能只包含一个点.

若不然，设 $T=\{Q(x_0,y_0)\}$.在 S 中取点 $P(x_1,y_1)$，满足$(x_1,y_1)\neq(x_0,y_0)$，且 x_1 与 x_0 同奇偶，y_1 与 y_0 同奇偶，则线段 PQ 的中点为一整点，矛盾.

T 含两个点的情形如图 A.14 所示.因此，T 的元素个数最少为 2.

9. 我们来考虑半径最大的黑斑，并过它的中心所在的半径上的一点作垂直于该半径的平面，与球面交得一个圆周，使得这块最大黑斑全在这个圆周所界的范围内，且这个圆周不与其他黑斑相交.

将其他黑斑全都关于太阳中心作对称映射.因为这些映射像互不相交，且每个都没有所作的圆周半径大，故它们不能盖住整个圆周.任取圆周上没有被盖住的一点 A，过点 A 的直径的另一端点为 A'，则 A 和 A'都未被黑斑盖住.

10. 可以做到.取一个正四面体 $ABCD$,并将点光源放在它的中心 O.考察如下的 4 个圆锥(其高是无限大的):它们具有公共顶点 O,并分别将锥体 $OBCD$,$OACD$,$OABC$,$OABD$ 严格地包含于内部.这 4 个圆锥彼此之间有些重叠部分,因此由点光源发出的每一根光线都至少含于 1 个圆锥之内.在每个圆锥面内作内切球,并调整它们的半径,使这 4 个球互不相交(为此,这些球的半径应当差别很大).显然,由点光源发出的每一根光线都至少与 1 个球相交.

11. 将 4 个探照灯分成北面 2 个、南面 2 个,如果有 2 个以上的灯在一条水平线(纬线)上,则任取.然后将北面 2 个探照灯分成西北、东北各 1 个,如果 2 个灯在一条竖直线(经线)上,则任取.类似地,将南面 2 个探照灯分成西南、东南各 1 个.现将西北、东北、东南、西南的 4 个探照灯分别朝向东南、西南、西北和东北,即可满足要求.

12. 可以做到.在正方体的中心处安放 8 盏探照灯,使它们恰好照亮整个空间.由于主对角线之间的夹角是锐角,故可将 8 盏灯同时旋转,使其中 1 盏灯照亮正方体的两个顶点.于是其余 7 盏灯至多照亮正方体的 6 个顶点.由抽屉原理知,其中必有 1 盏灯没有照亮正方体的任何顶点.

13. 该八面体有 $\frac{4\times8}{2}=16$ 条棱.由欧拉公式,可知有 $16-8+2=10$ 个顶点.

设 U_i 为引出 i 条棱的顶点数,则

$$U_3+U_4+\cdots=10,$$

$$3U_3+4U_4+\cdots=2\times16,$$

消去 U_3 得

$$U_4+2U_5+3U_6+\cdots=2,$$

因此 $U_4\leqslant2$,$U_5\leqslant1$,$U_j=0(j\geqslant6)$.于是

$$U_3=10-U_4-U_5>0.$$

如果 M 中有 4 个不同的元素 a,b,c,d.如图 A.15,设在顶点 A 处有 3 条棱相会,$ABCD$,$ADEF$,$AFGB$ 为对应的面.又设 $AB=a$,$BC=b$,$CD=c$,$AD=d$.由于四边形 $ABCD$ 与 $AFGB$ 全等,$AF=b$ 或 d.而由四边形 $ABCD$ 与 $ADEF$ 全等,$AF=a$ 或 c,矛盾.

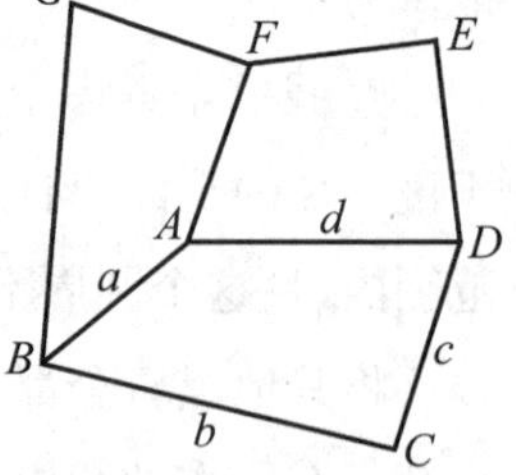

图 A.15

故图中 b,c 必有一个与 a 或 d 相等.AF 就等于这个值.

14. 如图 A.16,考察一块手表上相距 30 分钟的两个时刻的分针末端 M_1 和 M_2.设点 O 和 S 分别为桌子中心和手表中心.显然,OS 为$\triangle OM_1M_2$ 的中线,所以有 $2OS\leqslant OM_1+OM_2$,当$\triangle OM_1M_2$ 退化为一条直线段时等号成立.

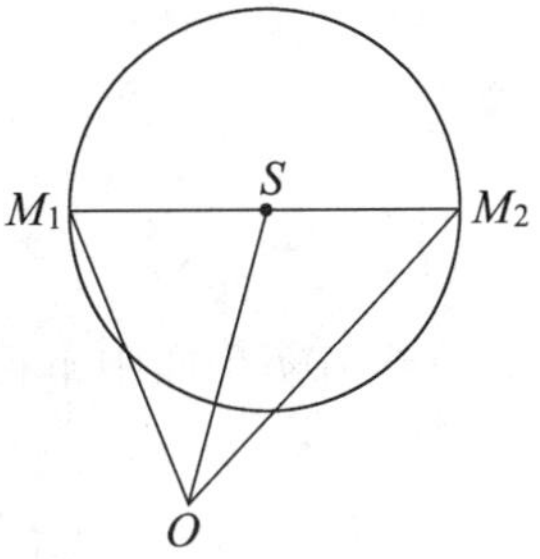

图 A.16

选定相距 30 分钟的两个时刻,使得至少在一块手表上,这两个时刻分针末端的连线不过点 O.于是便知这两个时刻从桌子中心到所有手表分针末端距离之和 d_1+d_2 大于从桌子中心到所有手表中心距离之和 l 的 2 倍,故 d_1 和 d_2 中至少有一个大于 l.

15. (1) 对于任意一条直线 l,其他各直线的所有交点中必有 1 个离它最近的交点,则产生这个交点的两条直线与 l 围成一个三角形.

3000 条直线中的每一条都至少可找到 1 个这样的三角形,故至少共有 3000 个三角形.但在这个计数过程中,每个三角形都被计数 3 次,故至少有 1000 个不同的三角形.

(2) 在平面上至多能找出两条这样的直线,使得所有其他直线的交点都位于它们的同一侧.若不然,设有 3 条直线都具有这样的性质.这时,3 条直线彼此相交将平面分成 7 部分,其他直线的所有交点只能全都位于其中的 1 个部分中,但第 4 条直线与这 3 条直线的 3 个交点显然不能全在 1 个部分中,矛盾.由此可知,至少有 2998 条直线,每条直线的两侧都有其他直线的交点,从而每条直线至少可找到 2 个这样的三角形,于是至少共有 $2998\times2+2=5998$ 个三角形.每个三角形被计数 3 次,所以三角形总数

$$N\geqslant\frac{1}{3}\times5998=1999\frac{1}{3}.$$

因三角形的个数 N 为整数,故有 $N\geqslant2000$.

16. 设这个凸多面体有 x 个顶点,且每个面上分别有 $a_1,a_2,\cdots,a_{10n}$ 个顶点,从而,每个面上分别有 $a_1,a_2,\cdots,a_{10n}$ 条边,故凸多面体棱的数目为 $\frac{1}{2}\sum\limits_{i=1}^{10n}a_i$.

由欧拉定理,得

$$10n+x=\frac{1}{2}\sum_{i=1}^{10n}a_i+2.$$

又

$$x\leqslant\frac{1}{3}\sum_{i=1}^{10n}a_i,$$

故
$$\frac{1}{2}\sum_{i=1}^{10n}a_i+2-10n\leqslant\frac{1}{3}\sum_{i=1}^{10n}a_i,$$
$$\sum_{i=1}^{10n}a_i\leqslant 60n-12.$$

若 $10n$ 个面中不存在 n 个面边数相同,则

$$\begin{aligned}\sum_{i=1}^{10n}a_i&\geqslant(3+4+\cdots+12)(n-1)+13\times10\\&=75n+55\\&>60n-12,\end{aligned}$$

矛盾.所以至少有 n 个面边数相同.

17. 如图 A.17,过正方形的一边相继作 $n-1$ 条邻边的平行线,正方形被剖分为 n 个矩形.易知,此时边数 $e=4+3(n-1)=3n+1$.

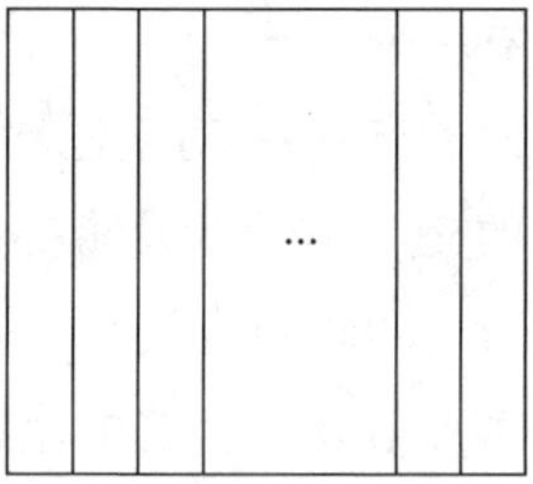
图 A.17

下面证明 $e\leqslant 3n+1$.

由欧拉定理可知,简单多面体的顶点数 a、面数 b 和棱数 e 有关系:

$$a+b-e=2.$$

容易看出,若一个凸多边形被剖分为 n 个凸多边形,则剖分图中的顶点数 a、多边形数 n 和边数 e 有关系:

$$a+n-e=1. \tag{1}$$

下面在一般情况下,即正方形被剖分为 n 个凸多边形时,求剖分图中边数的最大值.设剖分图中的顶点数为 a,多边形数为 n,边数为 e.

设原正方形的 4 个顶点是 A,B,C,D,若凸多边形的顶点 $V\notin\{A,B,C,D\}$,则易知 $d(V)\geqslant3$(这里用 $d(V)$ 表示通过顶点 V 的边数),于是有 $d(V)\leqslant 3(d(V)-2)$.这样的顶点 V 有 $a-4$ 个,于是有 $a-4$ 个上面的不等式.将它们相加求和,并注意到除正方形四边外的每条边恰是两个凸多边形的边,有

$$\begin{aligned}&2e-(d(A)+d(B)+d(C)+d(D))\\&\leqslant3(2e-(d(A)+d(B)+d(C)+d(D)))-6(a-4),\end{aligned}$$

即有
$$4e\geqslant2(d(A)+d(B)+d(C)+d(D))+6(a-4).$$

因为
$$d(A)\geqslant2,d(B)\geqslant2,d(C)\geqslant2,d(D)\geqslant2,$$

所以
$$2e\geqslant8+3(a-4)=3a-4. \tag{2}$$

由式(1),有

$$a+n-e=1,\ 3a+3n-3e=3, \tag{3}$$

将式(2)代入式(3)并整理，得

$$3e+3=3a+3n\leqslant 2e+4+3n,$$

$$e\leqslant 3n+1.$$

综合两方面知，剖分图中边数的最大值为 $3n+1$，所以正方形剖分为 2005 个凸多边形的边数最大值为 6016.

18. 固定正 $2n+1$ 边形的某个顶点，用 A 表示它.以 $B_1,B_2,\cdots,B_n$ 表示在 A 后按顺时针方向排列的正 $2n+1$ 边形的 n 个顶点，以 $C_1,C_2,\cdots,C_n$ 表示在 A 后以逆时针方向排列的正 $2n+1$ 边形的 n 个顶点，如图 A.18 所示.

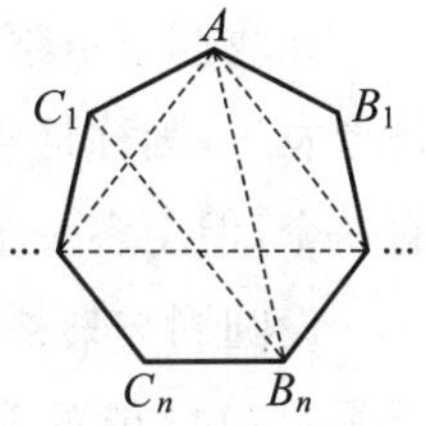

图 A.18

我们求有一个顶点为 A 且包含正 $2n+1$ 边形中心 O 的三角形的数目，显然这样的三角形的另两个顶点，一个应是$B_i(1\leqslant i\leqslant n)$，另一个应是 $C_j(1\leqslant j\leqslant n)$.我们看到，当且仅当不等式 $i+j\geqslant n+1$ 成立时，$\triangle AB_iC_j$ 包含中心 O.

当 $i=1$ 时，这样的三角形只有 1 个($j=n$)；

当 $i=2$ 时，这样的三角形有 2 个($j=n,n-1$)；

当 $i=3$ 时，这样的三角形有 3 个($j=n,n-1,n-2$)；

当 $i=n$ 时，这样的三角形有 n 个.

故包含 O 的$\triangle AB_iC_j$ 总数是 $1+2+\cdots+n=\dfrac{n(n+1)}{2}$.

通过对 $2n+1$ 边形每个顶点进行类似讨论，得到包含点 O 的三角形总数为 $\dfrac{n(n+1)(2n+1)}{2}$，然而其中每个三角形被重复计算了 3 次，所以所求三角形的总数等于$\dfrac{n(n+1)(2n+1)}{6}$.

19. 对 B 中的任意一点 x，考虑集合

$$T_x=\{y\,|\,d(x,y)=2,y\in \mathbf{R}^n\}$$

这里 $d(x,y)$表示 n 维空间 $\mathbf{R}^n$ 中两点间的距离.显然，T_x 就是 $\mathbf{R}^n$ 中以 x 为球心、2 为半径的球.记 $C=\{y\,|\,y=(y_1,y_2,\cdots,y_n),y_i\in\{1,-1\}\}$.

依 C 的定义，可知对任意 $x\in B$，在 C 中恰有 n 个点 $y\in T_x$(事实上，当且仅当 y 与 x 只有一个分量不同时，$y\in T_x$).而 C 的元素个数为 2^n，B 的元素个数大于$\dfrac{2^n}{n}$，所以在 C 中存在一点 y，使得 y 到 B 中的 3 个点 P,Q,R 的距离均为 2，从而 P,Q,R 都与 y 只在一个分量上不同.所以，P,Q,R 之间两两距离相

等，即 P,Q,R 为某个正三角形的顶点.

20. 容易看出，不过格点、不与网格线相切且半径为 100 的圆周恰与 200 条水平线及 200 条竖直线相交，并且与每条直线都有两个交点.于是交点共有 800 个，它们将圆周分成 800 段圆弧，每段弧在一个方格内，因此圆周至多穿过 800 个方格.

让我们来考察能否发生有两段圆弧属于同一个方格的情形，如果有这样的情形发生，则称这样的方格为“奇异格”.下面我们证明，奇异格可能没有，也可能有一个，但至多一个.

设圆周与某格的某一条边 AB 相交于两点，让我们来看圆心 O 的位置.这时点 O 与 A,B 的距离均大于 100，而 O 到直线 AB 的距离小于 100.因此，点 O 的位置必在分别以 A,B 为圆心、以 100 为半径的两圆之外，而且在与直线 AB 平行且相距 100 的水平网格线上方.确切地说，点 O 必在如图 A.19 所示的曲边三角形内.显然，沿方格的每一条边，都可在方格内作一个这样的曲边三角形，但 4 个曲边三角形并不能完全盖住整个方格，而当圆心落在盖不住的部分时，就没有奇异格.

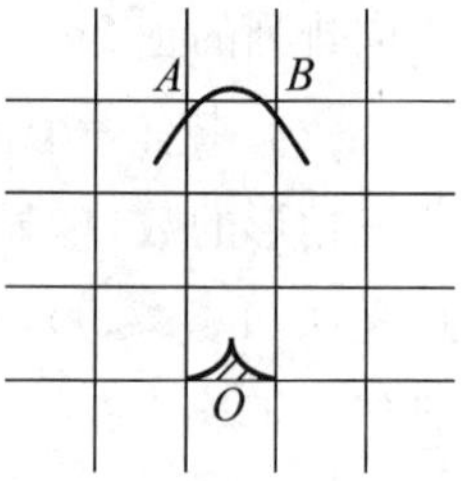

图 A.19

综上可知，圆周穿过的方格数或为 799，或为 800.

习题 8

1. 用 (i,j) 表示第 i 行、第 j 列处的方格.对主对角线上每个方格 (i,i)，都有一个子式盖住它.考虑这个子式与第 i 行、第 i 列的交集.因为它的半周长至少为 n，所以它与这一行一列的交集至少有 $n-1$ 个方格，称这些方格组成一个“十字架”.这样便作出了 n 个“十字架”，每个“十字架”盖住了在主对角线外的至少 $n-2$ 个方格与主对角线上的一个方格.另一方面，在主对角线外且被某个“十字架”盖住的方格 (i,j)，至多被两个“十字架”盖住(即 (i,i) 格与 (j,j) 格所作的两个“十字架”)，从而所有“十字架”盖住的方格中，不在主对角线上的方格至多被重复计数 1 次，实际盖住的方格应为主对角线上 n 格与主对角线外的至少 $\frac{1}{2}\cdot n\cdot(n-2)$ 格，总数至少为 $\frac{1}{2}n^2$ 格.

2. 考察所有下列非负整数：它在各个数位上的数码都不大于 n 在相应数位

上的数码.如果 n 在某个数位上是 1,那它在该位上仅有 0,1 两种选择;如果 n 在某个数位上是 2,那它在该位上仅有 0,1,2 三种选择……如果 n 在某个数位上是 9,那它在该位上有 10 种选择.所以这样的数共有 $2^{a_1}\cdot 3^{a_2}\cdot 4^{a_3}\cdot\cdots\cdot 9^{a_8}\cdot 10^{a_9}$ 个.而显然这样的数都不大于 n,所以至多有 $n+1$ 个,于是有

$$2^{a_1}\cdot 3^{a_2}\cdot 4^{a_3}\cdot\cdots\cdot 9^{a_8}\cdot 10^{a_9}\leqslant n+1.$$

等号成立时,表明所有不大于 n 的非负整数在各数位上都小于 n 的各数位上的数码.从而易见,在 n 的十进制表示中,除了首位外,其他各位数字都必定是 9,即

$$n=\overline{k999\cdots9}=(k+1)\times10^n-1,1\leqslant k\leqslant9,n\in\mathbf{N},$$

这就是等号成立的充要条件.

3. 设这个多边形被分成了 n 个三角形,则这些三角形的内角和为 $n\cdot 180^\circ$.另一方面,多边形的 1000 个顶点对内角和的贡献就是多边形的所有内角和,其值为 $998\times180^\circ$,凸 1000 边形内部的每个给定点对内角和的贡献为 360°,于是所有三角形的内角和又应为

$$998\times180^\circ+500\times360^\circ=1998\times180^\circ.$$

故知共分成了 $n=1998$ 个三角形.

4. 把 1965 个小孔和正方形的 4 个顶点所组成的集合记为 M.显然,M 中的点都是一些三角形的公共顶点.我们从两方面来计算所有三角形的内角和.

设共分成了 n 个三角形,于是它们的内角和为 $n\cdot180^\circ$.另一方面,这些三角形的顶点都是 M 中的点,换句话说,它们的内角都是由 M 中的点提供的.正方形的每个顶点都提供 90°,每个孔点则提供 360°.所以,得到的 n 个三角形的内角和又应为

$$4\times90^\circ+1965\times360^\circ=1966\times360^\circ,$$

故得 $n\cdot180^\circ=1966\times360^\circ$,解得 $n=3932$,即共得到 3932 个三角形.

这 3932 个三角形共有 3932×3 条边,其中有 4 条边是原正方形的 4 条边,不用另行引出.其他各边都是引出的线段,但每条线段恰为两个三角形的公共边,所以引出的线段总数为

$$(3932\times3-4)\div2=5896.$$

5. 设一共连有 l 条线段,一共得到 k 个三角形.

一方面,所得 k 个三角形的内角和为 $k\cdot180^\circ$.另一方面,所得 k 个三角形中,以 1000 个内点为顶点的所有内角之和为 $1000\times360^\circ$,以正方形的顶点为顶点的所有内角和为 $4\times90^\circ$,于是

$$k\cdot180^\circ=1000\times360^\circ+4\times90^\circ,$$

$$k=2002.$$

其次,每个三角形有 3 条边,k 个三角形共有 $3k$ 条边.另一方面,所连的每条线段是 2 个三角形的公共边,正方形的每条边都是一个三角形的一条边,故 k 个三角形一共有 $2l+4$ 条边,于是 $3k=2l+4$.因此

$$l=\frac{1}{2}(3k-4)=\frac{1}{2}(3\times 2002-4)=3001.$$

6. 用反证法.假设命题不成立,也就是存在一种染色方式,使得表中无同色的 $2\times n$ 子式.由于表中总共有$(4n-3)\times(4n-3)=16n^2-24n+9$ 个方格,所以必有一种颜色(红或蓝)出现在至少 $8n^2-12n+5$ 个方格中,不妨设是红色.

现在考察所有同列的红色方格对的数目.一方面,由于红色方格至少有 $8n^2-12n+5$ 个,设各行中分别有 $d_1,d_2,\cdots,d_{4n-3}$ 个红色方格,则 $d_1+d_2+\cdots+d_{4n-3}\geqslant 8n^2-12n+5$.如果 $d_1,\cdots,d_{4n-3}$ 中有 d_i,d_j,使 $d_i\geqslant d_j+2$,那么用 $d_i'=d_i-1,d_j'=d_j+1$ 代替 d_i,d_j,$\sum d_k$ 将保持不变,$\sum \mathrm{C}_{d_k}^2$ 将减小.而当所有 d_k 的取值至多相差 1 时,由于 $\sum d_k\geqslant 8n^2-12n+5$,故 $d_1,d_2,\cdots,d_{4n-3}$ 中至少有 $2n-1$ 个不小于 $2n-1$,其余都不小于 $2n-2$,所以

$$\mathrm{C}_{d_1}^2+\mathrm{C}_{d_2}^2+\cdots+\mathrm{C}_{d_{4n-3}}^2\geqslant(2n-1)\mathrm{C}_{2n-1}^2+(2n-2)\mathrm{C}_{2n-2}^2, \qquad (1)$$

它表示所有同列红色方格对的数目至少为

$$(2n-1)\mathrm{C}_{2n-1}^2+(2n-2)\mathrm{C}_{2n-2}^2.$$

另一方面,由于不存在 $2\times n$ 同色子式,所以在任意两行方格中,至多有 $n-1$ 对同列红色方格对,而每对同列红色方格对恰被包含在一个两行组中,因此对所有 C_{4n-3}^2 个两行组计算同列红色方格对总数,可知同列红色方格对至多有$(n-1)\mathrm{C}_{4n-3}^2$对.

结合两方面,得到

$$(2n-1)\mathrm{C}_{2n-1}^2+(2n-2)\mathrm{C}_{2n-2}^2\leqslant(n-1)\mathrm{C}_{4n-3}^2, \qquad (2)$$

即

$$\begin{aligned}&\frac{1}{2}(2n-1)^2(2n-2)+\frac{1}{2}(2n-2)^2(2n-3)\\&\leqslant\frac{1}{2}(4n-4)(4n-3)(n-1)\\&\Leftrightarrow(2n-1)^2+(2n-2)(2n-3)\leqslant 2\cdot(4n-3)(n-1)\\&\Leftrightarrow(2n-1)^2\leqslant(2n-2)\cdot 2n\\&\Leftrightarrow 1\leqslant 0,\end{aligned}$$

这显然不可能.也就是说式(2)是不成立的,从而知假设不成立,原命题成立.

7. (1) 用数学归纳法证明：

$$n^n - \sum_{k=l}^{n-1} \mathrm{C}_{n-1}^{k} \cdot n^{n-1-k} \cdot (k+1)!$$
$$= n^{n-l} \cdot \left(n^l - \frac{(n-1)!}{(n-t-1)!}\right).$$

设 $t=n-1$,并证若 $t=k+1$ 时成立,则 $t=k$ 时也成立.

(2) 左边 $= \sum_{i=0}^{n-1} \sum_{j=0}^{i} \sum_{k=i+1}^{n} \mathrm{C}_n^j \cdot \mathrm{C}_n^k = \sum_{j=0}^{n-1} \mathrm{C}_n^j \cdot \sum_{k=j+1}^{n} \mathrm{C}_n^k \cdot \sum_{i=j}^{k-1} 1$

$$= \sum_{j=0}^{n-1} \sum_{k=0}^{n-j-1} \mathrm{C}_n^j \cdot \mathrm{C}_n^k \cdot (n-k-j)$$
$$= n \cdot \Big(\sum_{k+j\leqslant n-1} \mathrm{C}_n^j \cdot \mathrm{C}_{n-1}^{k-1} - \sum_{k+j\leqslant n-2} \mathrm{C}_n^j \cdot \mathrm{C}_{n-1}^{k} +$$
$$\sum_{k+j=n-1} \mathrm{C}_n^j \cdot \mathrm{C}_{n-1}^{k} \Big)$$
$$= n \cdot \sum_{k+j=n-1} \mathrm{C}_n^j \cdot \mathrm{C}_{n-1}^{k} = n \cdot \mathrm{C}_{2n-1}^{n-1} = \text{右边}.$$

(3) 关于 n 和 k 进行双重归纳即可.

8. 我们用 A^C 表示 A 在 M 中的补集,即 $A^C=M-A$,于是有

$$\sum_{C=A\cap B} |C| = \sum_{A\subset M} \sum_{B\subset M} |A\cap B|$$
$$= \sum_{A\subset M} \frac{1}{2} \sum_{B\subset M} (|A\cap B| + |A\cap B|)$$
$$= \sum_{A\subset M} 2^{n-1}|A| = 2^{n-1} \cdot \frac{1}{2} \sum_{A\subset M} (|A| + |A^C|)$$
$$= n \cdot 4^{n-1}.$$

9. 记 $f(n) = \sum_{k=0}^{\left[\frac{n}{2}\right]} (-1)^k \mathrm{C}_{n-k}^{k}$,则易得 $f(1)=1$,$f(2)=0$.对 $n\geqslant 3$,有

$$f(n) - f(n-1) = \sum_{k\geqslant 0} (-1)^k (\mathrm{C}_{n-k}^{k} - \mathrm{C}_{n-1-k}^{k})$$
$$= \sum_{k\geqslant 1} (-1)^k \mathrm{C}_{n-1-k}^{k-1} = \sum_{k\geqslant 0} (-1)^{k+1} \mathrm{C}_{n-2-k}^{k}$$
$$= -f(n-2),$$

由此不难得到：

$$f(n) = \begin{cases} 1 & n\equiv 0,1 \pmod 6, \\ 0 & n\equiv 2,5 \pmod 6, \\ -1 & n\equiv 3,4 \pmod 6. \end{cases}$$

若记 $S(n)=\sum\limits_{k=0}^{\left[\frac{n}{2}\right]}(-1)^{k}\dfrac{n}{n-k}\mathrm{C}_{n-k}^{k}$，则显然 $S(1)=1$，$S(2)=-1$.对 $n\geqslant3$，则有：

$$\begin{aligned}S(n)&=\sum_{k\geqslant0}(-1)^{k}\frac{n}{n-k}\mathrm{C}_{n-k}^{k}\\&=\sum_{k\geqslant0}(-1)^{k}\frac{n-k+k}{n-k}\mathrm{C}_{n-k}^{k}\\&=\sum_{k\geqslant0}(-1)^{k}\mathrm{C}_{n-k}^{k}+\sum_{k\geqslant0}\frac{k}{n-k}\mathrm{C}_{n-k}^{k}\\&=\sum_{k\geqslant0}(-1)^{k}\mathrm{C}_{n-k}^{k}+\sum_{k\geqslant1}(-1)^{k}\mathrm{C}_{n-k-1}^{k-1}\\&=\sum_{k\geqslant0}(-1)^{k}\mathrm{C}_{n-k}^{k}+\sum_{k\geqslant0}(-1)^{k+1}\mathrm{C}_{n-2-k}^{k}\\&=f(n)-f(n-2).\end{aligned}$$

由 $f(n)$ 即得欲证之结论.

10. 方法一 因为

$$\begin{aligned}\sum_{j=0}^{m+n}\mathrm{C}_{m+n}^{j}x^{j}&=(1+x)^{m+n}=(1+x)^{m}\cdot(1+x)^{n}\\&=\sum_{k=0}^{m}\mathrm{C}_{m}^{k}x^{k}\cdot\sum_{h=0}^{n}\mathrm{C}_{n}^{h}x^{h},\end{aligned}$$

考察等式两端 x^{r} 项的系数即得所证.

方法二 设一班学生中有 m 名男生和 n 名女生，现在要从班里派 r 个人参加宣传队，则所有不同的派法种数当然是 C_{m+n}^{r}.另一方面，把所有派法按男生数 k 的不同分成 $r+1$ 组，每组派法中男生数依次为 $k=0,1,\cdots,r$.当 r 名学生中有 k 名男生时，有 $r-k$ 名女生.所以第 k 组派法种数为 $\mathrm{C}_{m}^{k}\mathrm{C}_{n}^{r-k}$.故所有派法的种数为 $\sum\limits_{k=0}^{r}\mathrm{C}_{m}^{k}\mathrm{C}_{n}^{r-k}$.由此即得欲证的恒等式.

点评

组合恒等式的计算有独特的技巧.除了直接运算外，还可利用生成函数方法，以及构造组合实例，都比较巧妙.

11. 将恒等式

$$(1+x)^{2n}=(1+x)^{n}(1+x)^{n}$$

展开，由二项式定理有

$$\sum_{k=0}^{2n} C_{2n}^k x^k = \Big(\sum_{j=0}^{n} C_n^j x^j\Big)^2.$$

比较上式两端 x^n 项的系数，并利用 $C_n^k = C_n^{n-k}, k=0,1,\cdots,n$，得到

$$C_{2n}^n = (C_n^0)^2 + (C_n^1)^2 + \cdots + (C_n^n)^2,$$

因此有

$$\sum_{k=0}^{n} \frac{(2n)!}{(k!)^2((n-k)!)^2} = \frac{(2n)!}{(n!)^2} \sum_{k=0}^{n} \frac{(n!)^2}{(k!)^2((n-k)!)^2}$$

$$= C_{2n}^n \sum_{k=0}^{n} (C_n^k)^2 = (C_{2n}^n)^2.$$

12. (1) 易知有 $a_k = a_{2n-k}$.立即得到

$$a_0a_1 - a_1a_2 + a_2a_3 - \cdots - a_{2n-1}a_{2n}$$

$$= a_0a_{2n-1} - a_1a_{2n-2} + \cdots - a_{2n-1}a_0 = 0.$$

(2) $a_0^2 - a_1^2 + a_2^2 - \cdots - a_{2n-1}^2 + a_{2n}^2$

$$= a_0a_{2n} - a_1a_{2n-1} + \cdots - a_{2n-1}a_1 + a_{2n}a_0$$

为 $(1+x+x^2)^n \cdot (1-x+x^2)^n = (1+x^2+x^4)^n$ 中 x^{2n} 的系数，由此即得结论.

(3) 记 $S_1 = a_0 + a_3 + a_6 + \cdots, S_2 = a_1 + a_4 + a_7 + \cdots, S_3 = a_2 + a_5 + a_8 + \cdots$，并分别令 x 等于 $1, \omega, \omega^2$（其中 $\omega^3 = 1$），可知：

$$S_1 + S_2 + S_3 = 3^n,\ S_1 + \omega S_2 + \omega^2 S_3 = S_1 + \omega^2 S_2 + \omega S_3 = 0,$$

解此方程组即得结论.

(4) 分别以 $1, -1, \mathrm{i}, -\mathrm{i}$ 代入等式，有

$$k_1 + k_2 + k_3 + k_4 = 3^n,\ k_1 - k_2 + k_3 - k_4 = 1,$$

$$k_1 + \mathrm{i}k_2 - k_3 - \mathrm{i}k_4 = \mathrm{i}^n,\ k_1 - \mathrm{i}k_2 - k_3 + \mathrm{i}k_4 = (-\mathrm{i})^n,$$

解之即得结论.

13. 由于

$$S_k = a_1a_2\cdots a_k + a_2\cdots a_ka_{k+1} + \cdots + a_na_1\cdots a_{k-1}$$

共有 C_n^k 项，其中 a_i 出现 C_{n-1}^{k-1} 次，于是

$$\left(\frac{S_k}{C_n^k}\right)^{C_n^k} \geqslant (a_1a_2\cdots a_n)^{C_{n-1}^{k-1}},$$

即

$$S_k \geqslant C_n^k (a_1a_2\cdots a_n)^{\frac{C_{n-1}^{k-1}}{C_n^k}}.$$

同理有

$$S_{n-k} \geqslant C_n^{n-k} (a_1a_2\cdots a_n)^{\frac{C_{n-1}^{n-k-1}}{C_n^{n-k}}},$$

所以

$$\begin{aligned}
&S_k\cdot S_{n-k}\\
&\geqslant C_n^kC_n^{n-k}(a_1a_2\cdots a_n)^{\frac{C_{n-1}^{k-1}}{C_n^k}+\frac{C_{n-1}^{n-k-1}}{C_n^{n-k}}}\\
&=(C_n^k)^2(a_1a_2\cdots a_n)^{\frac{C_{n-1}^{k-1}+C_{n-1}^{n-k-1}}{C_n^k}}\\
&=(C_n^k)^2(a_1a_2\cdots a_n)^{\frac{C_{n-1}^{k-1}+C_{n-1}^{k}}{C_n^k}}\\
&=(C_n^k)^2(a_1a_2\cdots a_n)^{\frac{C_n^k}{C_n^k}}\\
&=(C_n^k)^2a_1a_2\cdots a_n,k=1,2,\cdots,n-1.
\end{aligned}$$

14. 首先,我们有

$$0=C_0^1+C_1^2+\cdots+C_{k-1}^k,$$
$$1=C_0^1+C_1^2+\cdots+C_{k-2}^{k-1}+C_k^k,$$

其中 $C_{m-1}^m=0(m=1,2,\cdots)$.对于大于 1 且小于 C_n^k 的自然数 x,我们先取不超过 x 的最大组合数 C_m^k,并令 $a_k=m$,易见 $k\leqslant m<n$.然后令 $y=x-C_m^k$,于是有 $y<C_{a_k+1}^k-C_{a_k}^k=C_{a_k}^{k-1}$.因而又可像上面一样找出不超过 y 的最大组合数 C_h^{k-1},并令 $a_{k-1}=h$,易见 $k-2\leqslant h=a_{k-1}<a_k$.如此继续下去,即可得到所求的表达式.

另一方面,对于小于 C_n^k 的不同非负整数,所得到的表达式当然也不同,因此至少有 C_n^k 个互不相同的表达式.而每个这样的表达式被它的 k 个下标 $\{a_1,a_2,\cdots,a_k\}$ 唯一确定.因为从 $\{0,1,\cdots,n-1\}$ 中取 k 个不同元素的取法总数恰为 C_n^k,故题中所述形式的表达式共有 C_n^k 种,每个小于 C_n^k 的非负整数的表达式都是唯一确定的.

15. (1) 按定义有

$$\frac{1}{C_n^{|A_i|}}=\frac{|A_i|!\ (n-|A_i|)!}{n!},$$

由此可见,只需证明等价不等式

$$\sum_{i=1}^{m}|A_i|!\ (n-|A_i|)!\leqslant n!. \tag{3}$$

对于每个 A_i,利用 A_i 构造集合 A 中 n 个元素的排列如下:前 $|A_i|$ 个位置是 A_i 中的所有元素的一个排列,后 $(n-|A_i|)$ 个位置是 A_i 的补集 A_i^C 中的所有元素的一个排列.这样的排列称之为从属于 A_i 的排列.由乘法原理知,这样的排列数是 $|A_i|!\ (n-|A_i|)!$.

当 $j\neq i$ 时,不妨设 $|A_j|\geqslant|A_i|$.如果有一个 A 的元素的排列既从属于 A_i,

又从属于 A_j，则其中的前 $|A_i|$ 个元素都属于 A_i，前 $|A_j|$ 个元素都属于 A_j.从而有 $A_i\subset A_j$，与已知矛盾.这表明从属于不同子集的任何两个排列互不相同.因为 A 中 n 个元素的所有排列总数为 $n!$，故不等式(3)成立.

(2) 对于任何 m 个正数 $a_1,a_2,\cdots,a_m$，由柯西不等式有

$$m^2=\left(\sum_{i=1}^{m}\frac{1}{\sqrt{a_i}}\cdot\sqrt{a_i}\right)^2\leqslant\left(\sum_{i=1}^{m}\frac{1}{a_i}\right)\left(\sum_{i=1}^{m}a_i\right).$$

在上式中令 $a_i=\mathrm{C}_n^{|A_i|}$，$i=1,2,\cdots,m$，由(1)的结论即得

$$m^2\leqslant\left(\sum_{i=1}^{m}\frac{1}{\mathrm{C}_n^{|A_i|}}\right)\left(\sum_{i=1}^{m}\mathrm{C}_n^{|A_i|}\right)\leqslant\sum_{i=1}^{m}\mathrm{C}_n^{|A_i|}.$$

习题 9

1. 乙有必胜策略.因为这 27 个数的和为 378，除以 5 的余数为 3.所以，删去的 26 个数的和能被 5 整除的充要条件是剩下的 1 个数除以 5 余 3.但在这 27 个数中，只有 5 个数除以 5 余 3，即为 3，8，13，18，23.乙只要将这 5 个数依次删去，甲就输定了.

2. 甲第一次删去 47，48，…，55 这 9 个数，然后将余下的数分成 46 组：

$$\{i,i+55\},i=1,2,\cdots,46.$$

在每次乙删去 9 个数之后，甲的方案是：乙删去 n 个整组，甲也删去 n 个整组；乙从 n 个组中各删去 1 个数，甲就把这 n 组中余下的那个数删去.这样一来，最后余下的两个数一定是同一组中的数，当然可得 55 分.

3. 假定砝码的质量为

$$a,ar,ar^2,ar^3(r>1).$$

第一次称量：在天平的每一个盘子中放两个砝码，由于 $r>1$，

$$(ar^3+a)-(ar^2+ar)=a(r^2-1)(r-1)>0,$$

$$(ar^3+ar)-(ar^2+a)=a(r^2+1)(r-1)>0,$$

$$(ar^3+ar^2)-(ar+a)=a(r^2-1)(r+1)>0,$$

因此放有 ar^3 的盘子会比较重.

第二次称量：只要比较较重的盘子上的两个砝码就能找出最重的砝码 ar^3.

4. 因为砝码的部分和可以是连续自然数，故其中必有一个砝码质量为 1，而且前 3 个砝码应为 1，2，4.于是第 4 个不超过 8，第 5 个不超过 16，第 6 个不超过 32.若第 6 个砝码的质量少于 32，则无法称量 63，故知 6 个砝码的质量分别为 1，2，4，8，16，32.

5. 显然，当作砝码的物件的总质量不能少于 1985 克，而

$$1985=5\times397,$$

于是，每一集合内 4 个物件的总质量的最小值为 5.选配为 4 个整数克的物件只能是$\{1,1,1,2\}$.

因此，只有一种选配 4 个物件质量的方案，共选配 397 组.

6. 先称量 5 次，数量分别为 1,1,2,4,8 升，再加上原有的 1 升，均倒入 1 个瓶内，共 17 升.后 3 次称出 17,17,34 升，倒入 1 个瓶内，恰为 85 升.

7. 首先，在天平的两个盘中各放入一个金属块.如果不平衡，则其中重的一块为硬铝合金.然后把这两块都放在左盘中，并在右盘中每次放入两块进行称量，并可视右盘轻、平、重而分别断定其中有 0,1,2 块硬铝合金块.这样一来，称 10 次即可确定出硬铝合金块的数目.

如果第一次称量的结果是平衡，则仍把两者都放在左盘中，并逐次在右盘中放入两个金属块进行称量，直到出现不平衡为止（设为第 k 次称量）.若左盘重，则前$2(k-1)$块全为硬铝合金块；若左盘轻，则前$2(k-1)$块全为铝块.接着把右盘中的两块分放到天平的两盘中进行称量.若不平衡，则重的为硬铝合金；若平衡，则是与前 $2(k-1)$ 块不同的金属块.至此，共进行了 $k+1$ 次称量，还有 $2(10-k)$块待定.最后，取两种金属块各一块放入左盘，并每次将余下的 $2(10-k)$块中的两块放入右盘进行称量，进行 $10-k$ 次即可完全确定硬铝合金块的数目，总共进行了 11 次称量.

8. 通过两次称量来验证下列两个关系式：

$$x_1+x_2+x_3=x_6, \tag{1}$$

$$x_1+x_6<x_3+x_5, \tag{2}$$

其中 x_k 表示刻有"k 克"的砝码的质量.如果式(1)和式(2)中至少有 1 个不成立，就说明确有字样与实际质量不符的现象；如果两式都成立，则每个砝码所标的质量数都名副其实.

事实上，因为

$$x_1+x_2+x_3\geqslant1+2+3=6\geqslant x_6,$$

故由式(1)可推得 $x_6=6$，以及

$$\{x_1,x_2,x_3\}=\{1,2,3\},\ \{x_4,x_5\}=\{4,5\}. \tag{3}$$

由此及式(2)，再加上估计式 $x_1\geqslant1$，$x_3\leqslant3$，$x_5\leqslant5$，又可推得关系式

$$7\leqslant x_1+x_6<x_3+x_5\leqslant8,$$

可得 $x_1+x_6=7$，$x_3+x_5=8$，从而有 $x_1=1$，$x_3=3$，$x_5=5$.再由式(3)即得 $x_2=$

$2, x_4=4$.即对 $k=1,2,3,4,5,6$,均有 $x_k=k$.

9. 取砝码组$\{26,25,24,22,19,11\}$,则可以验证,它满足题中的要求.

对于任何一个有 7 个砝码的组合 S,如果 $26,25,24,23\in S$,则 $26+23=25+24$,不满足题中要求.如果 26,25,24,23 不同时属于 S,则 S 中任何 4 个砝码的质量之和都不超过 97.但是,从 S 中选取不超过 4 个砝码的不同组合共有 $C_7^1+C_7^2+C_7^3+C_7^4=98$ 个.从而由抽屉原理知,其中必有两组不同砝码的质量之和相等.这就证明了任何有 7 个砝码的集合都不满足要求.

10. 首先,每个砝码的质量都不超过 70 克,19 个砝码的总质量不超过 1330 克.

设质量最小的一个砝码为 k 克,于是这些砝码既不能组成 $1,2,\cdots,k-1$ 克,也不能组成 $1261+k,1262+k,\cdots,1330$ 克,共计 69 个不同质量.

再设质量第二小的一个砝码重 $k+j$ 克,其中 $0\leqslant j\leqslant 70$.于是这些砝码除上面指出的质量外,还不能组成 $k+1,k+2,\cdots,k+j-1,k+j+1,\cdots,2k+j-1$ 以及 $1190+2k+j+1,1190+2k+j+2,\cdots,1260+k$ 克,共计至少 68 个不同质量.可见,这组砝码不能组成的不同质量已多于 100 个,故知结论成立.

11. 由已知,任意 12 个砝码都可以分为质量和相等的两组,故知这 12 个砝码的质量和是偶数.又因任何两组不同的 12 个砝码中恰有 11 个砝码相同,故知任何两个砝码的质量之差是偶数.这又意味着所有砝码的质量同为奇数或同为偶数.不妨设为偶数(若所有砝码的质量都是奇数,则可转而考察每个砝码质量都加 1 的情形).

下面,我们以 2 克为单位来表示砝码的质量,则所有砝码的质量都是整数.重复上面的讨论即知,任何两个砝码的质量差都是偶数.即当以克为单位时,任何两个砝码的质量差都是 4 的倍数.类似地可以证明,任何两个砝码的质量差都是 2 的任意整数次幂的倍数.因为质量差为有限数,故必为零,即所有砝码的质量都相等.

12. 如果 1 个砝码被取走之后,我们无法把其余的砝码分成 k 个质量相同的砝码组,则称这个砝码是本质性的,不具备这种性质的砝码则称为非本质性的.我们要证的结论是:至少有 k 个本质性的砝码.

若不然,则本质性的砝码少于 k 个.我们来证明,对于任意自然数 n,每一个非本质性的砝码的质量都是 k^n 的倍数,从而其质量只能是 0,矛盾.下面就用数学归纳法证明这一命题.

首先,全体砝码质量之和是 k 的倍数.取走 1 个非本质性砝码之后,余下的砝码又可分成质量相同的 k 组,故其质量之和也是 k 的倍数.从而取走的非本质性砝码的质量是 k 的倍数.由任意性知,每个非本质性砝码的质量都是 k 的倍数,故当 $n=1$ 时命题成立.

设当 $n=m$ 时命题成立,即每个非本质性砝码的质量都是 k^m 的倍数,我们来证明它们也都是 k^{m+1} 的倍数.因为本质性砝码少于 k 个,故 k 组中至少有 1 组砝码全是非本质性的.于是这组砝码的质量之和是 k^m 的倍数,但 k 组砝码质量和相等,故全部砝码的质量和是 k^{m+1} 的倍数.同理可证,在将任何一个非本质性砝码取走之后,所有余下砝码的质量之和也是 k^{m+1} 的倍数.因此每个非本质性砝码的质量都是 k^{m+1} 的倍数.

13. 将其余的 100 枚硬币分放到天平的两个盘中,每盘放 50 枚,进行称量.称量的结果,如果差值是偶数,表明两盘中伪币数奇偶性相同,伪币总数为偶数,故指定的硬币是真币.如果差值是奇数,则两盘中伪币数之和为奇数,故指定的硬币是伪币.

14. 将硬币分成 4 堆,每堆 500 枚.

第一次称量:将 1,2 两堆分别放到天平的两盘中,称量结果或是平衡或是有轻重.

若 1 与 2 平衡,则再把 3,4 两堆硬币分放到两盘上进行第二次称量.若又是平衡,则答案就是质量之和相等;若有轻重,不妨设 3 轻 4 重,则把前两堆与后两堆分放两盘中进行第三次称量.后两堆的轻、平、重就表明伪币质量和与真币质量相比较的轻、等、重.

若第一次称量的结果有轻重,不妨设 1 轻 2 重,则把 3,4 两堆分放到两盘中进行第二次称量.若平衡,则与前述类似地进行第三次称量即可得出结果.若有轻重,不妨设 3 轻 4 重,则再将 1,3 两堆分放两盘进行第三次称量.这时两堆中恰有一堆含有轻伪币,故不会平,不妨设 1 轻 3 重.于是第三堆中全是真币,从而重的伪币必在第四堆中.将 1,4 两堆和 2,3 两堆分放两盘中进行第四次称量,视 1,4 两堆的轻、平、重即知两枚伪币的质量和与真币质量相比较的轻、等、重.

15. 将 80 枚金币分成 3 组,枚数依次为 27,27,26,并将前两组金币分别放入天平的两盘中,进行第一次称量.若不平衡,则伪币在较轻的盘子中;若平衡,则伪币在第三组中,再给第三组加上 1 枚,也变成 27 枚金币.

将包括伪币在内的那组 27 枚金币分成 3 组,每组 9 枚,并将其中两组金币分别放入天平的两盘进行第二次称量.像上次一样,可以确定出含有伪币的一组 9 枚金币.

再将这 9 枚金币分成 3 组，并重复上述过程，即可确定出含伪币在内的 3 枚金币.最后再对这 3 枚金币重复上述过程进行第四次称量，便可确定出伪币.

16. 第一次称量：将第 1 枚放在天平的左盘而将第 8 枚放在右盘.称量结果是右盘较重，故知第 1 枚是伪币而第 8 枚是真币.

第二次称量：将第 2,3,8 枚放在左盘，将第 1,9,10 枚放在右盘.称量结果是右盘较重，故知第 2,3 两枚是伪币而第 9,10 两枚是真币.

第三次称量：将第 4,5,6,7,8,9,10 这 7 枚放在左盘而将另外 7 枚放在右盘.称量结果是右盘较重，故知第 4,5,6,7 这 4 枚是伪币而第 11,12,13,14 这 4 枚是真币.

17. 任意去掉 1 枚硬币，将其余的 24 枚硬币分放到天平两盘中，每盘 12 枚，进行第一次称量.

(1) 如果称量的结果是平衡，则天平两盘中各有 1 枚伪币、11 枚真币.再将任一盘中的 12 枚硬币分放到天平的两盘中，每盘 6 枚，进行第二次称量.重的一盘中的 6 枚硬币都是真币.

(2) 如果第一次称量的结果是不平衡，则较重的一盘中至多有 1 枚伪币.再将较重盘中的 12 枚硬币分放到天平的两盘中，每盘 6 枚，进行第二次称量.如果平衡，则两盘中的 12 枚硬币都是真币；如果不平衡，则较重盘中的 6 枚硬币都是真币.

18. 将 4 枚硬币的质量分别记为 a,b,c,d.称量 3 次，第一次称出 $S_1=a+b+c$，第二次称出 $S_2=a+b+d$，第三次称出 $S_3=a+c+d$.于是有

$$S=S_1+S_2+S_3=3a+2b+2c+2d,$$

由 S 的奇偶性可知 a 为 9 还是为 10.因为

$$S_2+S_3-S_1-a=2d,$$

故可求得 d 的值.随后又可由 S_2-a-d 和 S_3-a-d 得到 b 和 c 的值.可见，称量 3 次可以鉴别出每枚硬币的真伪.

若仅称量两次是不够的：

(1) 若第一次仅称 1 枚，则第二次无法判别 3 枚硬币的真伪；

(2) 若第一次称量 2 枚重 19 克，则第二次无法同时分辨 4 枚硬币的真伪；

(3) 若第一次称量 3 枚重 29 克，则第二次或称量 3 枚中的一部分，或称量第四枚，均无法同时分辨 4 枚硬币的真伪.

综上可知，最少要称量 3 次.

19. 取 2 枚硬币放在天平的左盘中，再取 1 枚硬币连同砝码放在天平的右盘中，进行第一次称量.

若称量结果是平衡，说明伪币在未称量的 2 枚之中.取其中 1 枚与砝码进行称量.若平衡，则未称量的 1 枚是伪币；若不平衡，则天平上的 1 枚是伪币.

若第一次称量的结果是左轻右重，将左盘中的 2 枚硬币分放到天平两盘中进行第二次称量.若不平衡，则轻的 1 枚是伪币；若平衡，则第一次称量时右盘中的 1 枚是伪币.

若第一次称量的结果是左重右轻，也将左盘中的 2 枚硬币分放到天平两盘中进行第二次称量.若不平衡，则重的 1 枚是伪币；若平衡，则第一次称量时右盘中的 1 枚是伪币.

20. 将锁链上的第 5，14，31 环砍断，则整个锁链断成 7 部分，其质量分别为 1，1，1，4，8，16，29.容易验证，由它们可以组成从 1 克到 60 克的任何一个整数质量.

当仅砍断 2 个环时，整个锁链被分成 5 部分.5 个元素的集合只有 31 个非空子集，故由 5 部分锁链所能组成的不同质量不超过 31 个，当然不满足题中要求.

综上可知，最少要砍断 3 个环.

21. 分别将两个红球、两个黄球和一个蓝球记为 r_1，r_2，y_1，y_2 和 b.

将 r_1+b 与 r_2+y_1 分别放入天平的两个盘中进行第一次称量，结果可能有以下 3 种情形.

(1) $r_1+b=r_2+y_1$.因为 $r_1\neq r_2$，故 $b\neq y_1$.将 b 和 y_1 分别放在天平两盘中进行第二次称量.

若 $b>y_1$，则 $b=p$，$y_1=q$，$y_2=p$，$r_1=q$，$r_2=p$；

若 $b<y_1$，则 $b=q$，$y_1=p$，$y_2=q$，$r_1=p$，$r_2=q$.

(2) $r_1+b>r_2+y_1$.因 $r_1\neq r_2$，故有 $r_1=p$，$r_2=q$.若 $b<y_1$，则 $b=q$，$y_1=p$，于是 $r_1+b=r_2+y_1$，矛盾，故有 $b\geqslant y_1$.

现将 b 与 y_2 分别放在天平两盘中进行第二次称量.

若 $b>y_2$，则 $b=p$，$y_2=q$，$y_1=p$；

若 $b=y_2$，则 $b\geqslant\max\{y_1,y_2\}$，所以有 $b=p$，$y_2=p$，$y_1=q$；

若 $b<y_2$，则 $b=q$，$y_2=p$，$y_1=q$.

(3) $r_1+b<r_2+y_1$.因 $r_1\neq r_2$，故有 $r_1<r_2$.因而有 $r_1=q$，$r_2=p$，且有$b\leqslant y_1$.

将 b 与 y_2 分别放在天平两盘中进行第二次称量.

若 $b>y_2$，则 $b=p$，$y_2=q$，$y_1=p$；

若 $b=y_2$，则 $b\leqslant\min\{y_1,y_2\}$，所以有 $b=q$，$y_2=q$，$y_1=p$；

若 $b<y_2$，则 $b=q$，$y_2=p$，$y_1=q$.

22. 为使 d 的值较大，应使每块石头的质量都较大，但不能超过 2 千克. 可是，过于接近 2 千克时，5 块石头的质量与 10 千克的差又变小了. 为此，若设石头质量为 x，可使

$$10-5x=6x-10,$$

解得 $x=\frac{20}{11}$. 易见，当取 55 块石头，每块质量都是$\frac{20}{11}$千克时，总质量为 100 千克，此时 $d=\frac{10}{11}$. 因此，d 的最大值不小于$\frac{10}{11}$.

另一方面，设 d 的最大值 D 大于$\frac{10}{11}$，则必存在某堆石头总质量为 100 千克，且从中取出任何一组石头的质量和 M 都满足不等式

$$|M-10|>\frac{10}{11}.$$

我们考察其中的这样一组石头，它们的质量和 $M>10$，但任意去掉其中一块之后，质量和都小于 10. 将这一组石头的质量分别记为 $x_1,x_2,\cdots,x_k$. 于是由 $D>\frac{10}{11}$，有

$$x_1+x_2+\cdots+x_k=M>10+\frac{10}{11}. \tag{4}$$

而对每个 x_i，都有

$$M-x_i<10-\frac{10}{11}. \tag{5}$$

由式(4)和式(5)知

$$x_i>\frac{20}{11}, i=1,2,\cdots,k.$$

又因 $x_i\leqslant 2$，$i=1,2,\cdots,k$，故有

$$10\geqslant x_1+x_2+x_3+x_4+x_5>5\times\frac{10}{11},$$

这表明 5 块石头的质量和与 10 千克的差小于$\frac{10}{11}$千克，与 $D>\frac{10}{11}$矛盾.

综上可知，d 的最大值为$\frac{10}{11}$.

23. 为叙述方便起见，另拿来一个空盒子，盒中物品质量为 0.将它与原来的 80 个装有岩芯的盒子放在一起，共 81 个盒子，质量互不相同.

保管员可以按如下程序来进行 4 次称量.首先，他将 81 个盒子按从轻到重的顺序依次编号为 1,2,…,81(由于他记住了哪个盒子装的是什么样本，所以他可以做到).这样，他只需向别人证明他的编号正确即可.

第一步 他将 81 个盒子分为 3 组:第一组由 1 号到 27 号的 27 个盒子组成，称为轻组;第二组由 28 号到 54 号的 27 个盒子组成，称为中组;第三组由 55 号到 81 号的 27 个盒子组成，称为重组.保管员将轻组和重组分别放到天平的左右两盘中进行第一次称量，这时天平的指针显示出两端的质量差 d.由于留有清单，当然能算出最轻的 27 个盒子与最重的 27 个盒子的质量差 d'.既然保管员是记准了的，必有 $d=d'$，从而证明保管员分的 3 组中确实是第一组为最轻的 27 个盒子，第三组为最重的 27 个盒子，从而第二组是中间的 27 个盒子.

第二步 保管员将每一组中的 27 个盒子都均分为 3 组，每组都是轻组、中组和重组各 9 个盒子.他将 3 组中的轻组与 3 组中的重组各 27 个盒子分别放到天平的左右两盘中进行第二次称量.这样，保管员又可通过天平指针显示的质量差与按清单计算出的质量差的一致来证明这 9 组分组的准确性.

第三步 将已经分成 9 组的每组 9 个盒子均分为 3 组，每组都是轻组、中组和重组各 3 个盒子，然后将 9 个轻组与 9 个重组分别放到天平的左右两盘中进行第三次称量，又可证明 27 组分组的准确性.

第四步 最后将 27 组中每组的轻盒共 27 个盒子放入天平的左盘，每组的重盒共 27 个盒子放入天平的右盘进行第四次称量.通过天平指针显示的质量差与按清单计算出的质量差的一致性，证明 81 个样本的正确性.这表明保管员通过 4 次称量即可以证明自己的判断全是对的.

另一方面，再证保管员只进行 3 次称量是不足以证明自己的准确性的.

显然，每次称量都是将 81 个盒子分为 3 组，将其中两组分放到两盘中进行称量，并留下一组不进行称量，然后通过显示的质量差与由清单算出的质量差的一致来证明分组的准确性.但是第一次分组时，3 组中总有 1 组至少有 27 个盒子;第二次分组时这至少 27 个盒子又分成 3 组，总有 1 组中至少有 9 个盒子;第三次分组时，总有 1 组的盒子数不少于 3 个.因此，经过 3 次称量，只能判定这一组的盒子是哪几个，却无法确定该组中的至少 3 个盒子哪一个是几号.这表明只称量 3 次是不够的.

习题 10

1. 当所有的格子均为黑色或均为白色时，容易得到此时恰有一个格子是平衡的，则此时平衡格子有奇数个.

当既有黑格也有白格时，将格子从左到右编号为 $1,2,\cdots,2n+1$，并记编号为 m 的格子左边有 x_m 个白格，右边有 y_m 个黑格，且此格子的赋值为 x_m+y_m，则某格子为平衡的充要条件是此格子的赋值为 n.

若存在 $k(1\leqslant k\leqslant 2n)$，使得 k 号格子为黑格，$k+1$ 号格子为白格，则这两个格子的赋值相同，均为 x_k+y_k.同时改变这两个格子的颜色，且不改变其余格子的颜色，易验证，此时这两个格子的赋值均变为 x_k+y_k+1.

于是，若改变之前这两个格子均为平衡的，则改变之后这两个格子同时变成不平衡的；若改变之前这两个格子均不为平衡的，则改变之后这两个格子同时为平衡的或同时为不平衡的.

故进行上面的改变，平衡格子的总数变化为 $2,0,-2$ 之一，奇偶性不变.

于是，若定义一次操作为同时改变左右相邻的两个依次为黑色、白色格子的颜色，则每次操作不改变平衡格子总数的奇偶性，且总可以进行有限次操作，使得这 $2n+1$ 个格子不存在左右相邻的两个格子依次为黑色、白色.易验证，此时仅有一个格子为平衡的.因此，所有平衡格子的个数为奇数.

综上，所有平衡格子的个数为奇数.

2. 若左下角的公园没有猫，底下一行及最左边一列的公园各有一只猫，其余公园均有两只猫，则共有猫

$$(n-1)+(n-1)+2(n-1)^2=2n(n-1)\text{(只)}.$$

考虑从顶上一行开始，从最右边的公园到最左边的公园各做一次操作，接着换第二行，……依次进行下去，易检验在全部的格子操作完后，会回到起始状态，故可以操作无限次.

接下来证明至少要有 $2n(n-1)$ 只猫.

首先发现，每座公园均要被操作无限次.否则，考虑所有被操作无限次的公园所构成的集合 I，其中的猫的总数一定会递减(因为存在一个被操作无限次的公园旁边是被操作有限次的公园)，总有一天集合 I 中会没有猫而无法再进行操作，矛盾.

将所有公园与公园之间的边进行编号：$1,2,\cdots,2n(n-1)$，可将操作改为以下方式进行：

(i) 一开始,所有猫均没有编号;

(ii) 每次对一座公园 A 进行操作,将一只猫从公园 A 跨过第 k 号边放到公园 B 时,先检查是否有被编号为 k 的猫:

若有编号为 k 的猫且该猫在 A 中,则将 k 号猫从公园 A 放到公园 B;

若有编号为 k 的猫,但不在 A 中,则从 A 中选一只没有被编号的猫,把它放到公园 B;

若没有编号为 k 的猫,则从 A 中选一只没有被编号的猫,将它编号为 k,然后放到公园 B(注意在第二和第三种情况下一定可以找到没有编号的猫.否则,假设第一次发生找不到没有编号的猫的情况,而此时该公园可以提供给周边每个公园一只猫,这表明,要么有原始的未编过号的猫,要么有一条边进来过超过一只猫,依照规则知第二次来的猫没有编号).

于是,编号为 k 的猫最后必然只会在编号为 k 的边的两侧来回移动,这表明,猫的数量至少要和这些边的数量一样多.

因此,最少要 $2n(n-1)$ 只猫.

3. 方法一 首先,勾画出一个策略.马上可以想到有两个不完全的不变量:0 的个数和 6 个数的最大值.只要我们小心地选择操作,可以让 0 保持不变,否则这个数就既增加又减少.但是后者却是单调不增的量.后者这个量不能再减少的唯一情况是各个顶点上的数(依次)是 $a,a,0,a,a,0$,这就造成一个僵局.所以如果我们以某种方式保证不造成这种局面的话,那么就可以得到全部是 0 的情况.

如果和 $\sum\limits_{i=1}^{6}a_i$ 是奇数,那么称布局 $C(a_1,a_2,\cdots,a_6)$ 为奇布局.用 t_k 表示在顶点 k 处的操作,即用 $|a_{k+1}-a_{k-1}|$ 代替 a_k,这里的下标以模 6 处理.注意到如果用 $M(C)$ 表示写在这些顶点上的数的最大值,那么没有操作能使这个数增加.如果顶点之间的数是一偶一奇交替,那么就把这个布局称为强奇布局,我们构建一个使这个最大值减少的操作,在达到某一处时,将所有顶点上的数都变为 0.注意到因为原来数的和是 n,所以原来顶点中就有奇数个奇数.

假定 C 是奇布局,但不是强奇布局,如果有 5 个奇数,可以假定

$$C\equiv(1,1,1,1,1,0)\pmod 2.$$

利用 t_2 和 t_4,就得到一个强奇布局.

如果有 3 个奇数,但顶点上的数不是交替的,那么再用对称性,就得到两种可能:

$$C\equiv(1,1,1,0,0,0)\pmod 2\text{或}C\equiv(1,1,0,1,0,0)\pmod 2.$$

在第一种情况下，利用 t_4 和 t_6 可变为 5 个奇数；对于第二种情况，利用 t_6 和 t_1 可得到一个强奇布局.

如果只有一个奇数，再利用对称性，可以假定

$$C \equiv (1,0,0,0,0,0) \pmod 2.$$

利用 t_2，然后利用 t_6，可以变为 3 个奇数，最终可转化为强奇布局.

现在假定有一个强奇布局

$$C \equiv (1,0,1,0,1,0) \pmod 2.$$

利用 t_2，t_4 和 t_6，可以假定 $M(C)$ 是一个奇数.如果 $M(C) \neq a_1$，那么利用 t_3 和 t_5 得到一个使 $M(C') < M(C)$ 的奇布局，于是可以继续重复上面的步骤.对于 a_3 和 a_5，类似的命题成立.于是最后一步是 $M(C)=a_1=a_3=a_5$.然后再用 t_2，t_4 和 t_6，接着用 t_1，t_3 和 t_5，得到所有的数都是 0.

方法二 设这 6 个数分别是 a_0,a_1,a_2,a_3,a_4,a_5.这里下标用模 2 处理.因为所有 6 个数的和是奇数，不失一般性，假定 $a_0+a_2+a_4$ 是奇数.

引理 如果 a_0,a_2,a_4 不全相等，其中至少有两个非零，那么我们能进行操作，使 $\max(a_0,a_2,a_4)$ 减少，且这三个数的和保持为奇数.

证明 不失一般性，设 $a_0 \leqslant a_2 \leqslant a_4$，于是 $a_0 < a_4$，$a_2 \neq 0$.在对 1,3,5 这三个位置操作后，这 6 个数将是

$$(a_0,a_2-a_0,a_2,a_4-a_2,a_4,a_4-a_0).$$

如果 $a_0>0$，那么对 2,4 这两个位置进行操作，结果将是

$$(a_0,a_2-a_0,a_4-a_0,a_4-a_2,a_2-a_0,a_4-a_0).$$

因为 a_4 严格大于 a_0，a_4-a_0 和 a_2-a_0，所以这就使最大值减小.这三个数的新的和将是

$$a_0'+a_2'+a_4'=a_4+a_2-a_0=(a_4+a_2+a_0)-2a_0,$$

还是奇数.

如果 $a_0=0$，那么因为和是奇数，所以必有 $0<a_2<a_4$.现在对 0,4 这两个位置进行操作，结果将是

$$(a_4-a_2,a_2,a_2,a_4-a_2,a_2,a_4).$$

$\max(a_0,a_2,a_4)$ 进一步减小，但这三个数的和仍然是奇数.

连续进行以上操作，我们不能无限地减小最大值，因此最终必将得到 $a_0=a_2=a_4=a$，或者这三个数中的两个等于零，比如说 $a_0=a_2=0$ 和 $a_4=a$.在第一种情况下，对 1,3,5 这三个位置进行操作，结果将是 $(a,0,a,0,a,0)$，然后再对 0,2,4 这三个位置进行操作，结果将是 $(0,0,0,0,0,0)$.在第二种情况下，对 1,3,

5 这三个位置进行操作,结果将是$(0,0,0,a,a,a)$.然后再对 4 这个位置进行操作,结果将是$(0,0,0,a,0,a)$.最后对 3,5 这两个位置进行操作,结果将是$(0,0,0,0,0,0)$.

4. 考虑将所有的格子分为 A,B,C 三类,分类方式如表 A.1.

表 A.1

A	B	C	A	B	C	A	B
B	C	A	B	C	A	B	C
C	A	B	C	A	B	C	A
A	B	C	A	B	C	A	B
B	C	A	B	C	A	B	C
C	A	B	C	A	B	C	A
A	B	C	A	B	C	A	B
B	C	A	B	C	A	B	C

易知,A 类、C 类格子各有 21 个,B 类格子有 22 个.

设所有的 A 类格子累计变色 $f(A)$次,B 类格子累计变色 $f(B)$次,C 类格子累计变色 $f(C)$次.

注意到,任一个 1×3 或 3×1 的区域恰包含 A,B,C 类格子各一个.故每一次操作恰有各一个 A,B,C 类格子变色.由此知

$$f(A)=f(B)=f(C). \qquad (1)$$

若可以通过有限次操作使得棋盘上的格子均变为黑色,而每一个格子变色奇数次才能变成黑色,则

$$f(A)\equiv A\text{ 类格子的个数}\equiv21\equiv1 \pmod 2,$$
$$f(B)\equiv B\text{ 类格子的个数}\equiv22\equiv0 \pmod 2.$$

结合式(1),知 $1\equiv0 \pmod 2$,矛盾.

故不能通过有限次操作使得棋盘上的格子均变为黑色.

5. 令 $n=[a^{-\frac{1}{2}}]$.

注意到,$a\leqslant\dfrac{1}{4}$,则 $n\geqslant2$.

选一个足够大的整数 k,使得有一个 $n^k\times n^k$ 的方阵列 Q 能够覆盖 S,且使得 S 与 Q 的面积比值至多为 a.将 Q 分成 n^2 个全等的子方阵列,对其中每个子方阵列 Q',

$$\frac{|S\cap Q'|}{|Q'|}<\frac{|S|}{|Q'|}<n^2\frac{|S|}{|Q|}<n^2a=a\left[a^{-\frac{1}{2}}\right]^2.$$

将这些子方阵列中内部与 S 不相交的去掉，剩下的使得 $\frac{|S\cap Q'|}{|Q'|}<n^2a$ 的子方阵列 Q' 再分成 n^2 个全等的子方阵列，如此继续下去，最迟在第 i 步后结束，其中

$$i=\max\{j,an^{2(k-j)}>1\}\leqslant k-2.$$

这是因为在第 j 步时，每个内部与 S 相交的 $Q^{(j)}$ 有 $|Q^{(j)}\cap S|\geqslant 1$，则

$$\frac{|Q^{(j)}\cap S|}{|Q^{(j)}|}\geqslant\frac{1}{\frac{n^{2k}}{n^{2j}}}=n^{2(j-k)}.$$

从而，下一次分割后，这个比值将会至少为 a.

点评

本题结论可以推广至任何有限维.

习题 11

1. 假定有一名棋手 A 仅参加了不多于 10 场循环赛.按照规定，棋手 A 必须与 100 名其他棋手每人对赛一次.根据抽屉原理，在某场循环赛中，棋手 A 至少与 10 名其他棋手对赛.因此，参加这场循环赛的棋手至少有 11 名，且至少有一名棋手 B 未参加这场循环赛.于是棋手 B 至少要在另外 10 场循环赛中与他未参加的那场循环赛的 11 名参加者对赛.根据抽屉原理，这 11 名棋手中至少有两名棋手同时参加两场循环赛，矛盾.原命题得证.

2. 小张、小王及小李三人，每两人都参加了 6 次比赛.小张和小王玩了 6 次，都是平局，各得 3 分.小张和小李玩了 6 次，3 次平局，小张胜 2 次，输 1 次，所以小张得 $\frac{7}{2}$ 分，小李得 $\frac{5}{2}$ 分.小王和小李玩了 6 次，各胜 3 次，所以小王和小李各得 3 分.总分为小张得 $\frac{13}{2}$ 分，小王得 6 分，小李得 $\frac{11}{2}$ 分.小张胜了 2 次，小王胜了 3 次，小李胜了 4 次.这个例子符合题目要求.所以答案是可能的.

3. 8 支球队中，总有赢球场次最多的冠军队，用 A 表示冠军队.它至少要赢 4 场.用 B,C,D,E 表示被 A 打败的球队.在这 4 支队伍中(只看这些队之间的比赛)，又有一支冠军队，它至少要赢 2 场.例如，B 队是冠军队，它打败了 C 和 D.而 C,D 之间的比赛总有获胜队.因此，所要求的队伍 A,B,C,D 的胜负情况

总是存在的.

点评

为保证有这一结果,8 支球队是必须的.对于 7 支球队,将球队编号为 0 到 6(编号作为模 7 理解),如果第 i 队只打败第 $i+1,i+2,i+4$ 队,$i=0,1,2,3,4,5,6$,就没有满足题中要求的 4 支球队.

4. 设比赛盘数最多的分组法是 3 个组的人数分别为 r 人、s 人和 t 人($r+s+t=n$).

不同组的每两个选手都要比赛一盘,因此,比赛的总盘数是 $rs+st+tr$.

假设比赛盘数最多的分组法中,"任何两组间的人数最多相差一人"不成立,则至少能找到某两个组,使这两组的人数之差不小于 2.为方便起见,不妨设 $r-t\geqslant 2$.我们从人数为 r 的那个组中取出 1 人放到人数为 t 的那个组中,这样就得到了 3 组人数分别为 $r-1,s,t+1$ 的分组法,这种分组法按规则总共要比赛的盘数为

$$s(r-1)+s(t+1)+(t+1)(r-1),$$

即

$$rs+st+tr+r-t-1.$$

由于 $r-t\geqslant 2$,所以

$$rs+st+tr+r-t-1>rs+st+tr.$$

这表明:按新方法分组的总盘数大于原来分组比赛的总盘数,这与按 r,s,t 分组盘数最多的假设矛盾.故不可能有两组人数之差不小于 2.因此,要想总的比赛盘数最多,分组的办法应使任何两组的人数最多相差 1 人.

5. 称得分最多的 A 队为优胜队,设 A 队胜 n 场,平 m 场,则 A 队的总分为 $2n+m$ 分.

由已知条件,其余的每一个队至少胜 $n+1$ 场,即得分不少于 $2(n+1)$,于是

$$2n+m>2(n+1),m\geqslant 3.$$

因此可以找到这样一个队,它和优胜队打成平局,这个队的得分应不少于 $2(n+1)+1$,于是

$$2n+m>2(n+1)+1,m\geqslant 4.$$

设共有 s 个队参赛,则优胜队至少要胜一场,否则它的得分就不会超过 $s-1$,任何其他队得分严格少于 $s-1$,而所有参赛队得分少于 $s(s-1)$,故 s 个队所得总分为 $s(s-1)$,出现矛盾.

于是 $m\geqslant 4$，$n\geqslant 1$，即优胜队 A 至少要进行 5 场比赛，有不少于 6 个队比赛.

可以得到一个符合题设条件的 6 个队比赛得分表，如表 A.2.此时优胜队 A 获胜的场次最少.

表 A.2

	A	B	C	D	E	F	得分
A	/	1	1	1	1	2	6
B	1	/	2	0	0	2	5
C	1	0	/	0	2	2	5
D	1	2	2	/	0	0	5
E	1	2	0	2	/	0	5
F	0	0	0	2	2	/	4

6. 可能出现.

假设他们每两个人之间下 7 盘棋，并且第一个人胜了第二个人 2 盘，第二个人胜了第一个人 2 盘，第一个人胜了第三个人 3 盘，第三个人胜了第一个人 4 盘，其余均为平局，如图 A.20.此时第一个人胜了 5 盘，输了 6 盘，得 6.5 分；第二个人胜了 2 盘，输了 2 盘，得 7 分；第三个人胜了 4 盘，输了 3 盘，得 7.5 分.

点评

如果组成一张如图 A.21 的比赛表，所有胜的盘数记"＋"，输的盘数记"－"，平局记"＝"，按图中字母，根据所给出的条件，就能列出一个线性不等式组.而本题在自然数范围内至少有一组解.

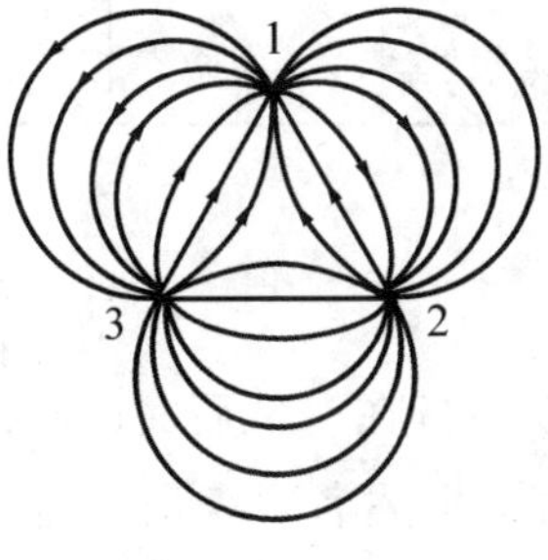

图 A.20

		+ − =	a b $n-a-b$	+ − =	c d $n-c-d$
+ − =	b a $n-a-b$			+ − =	e f $n-e-f$
+ − =	d c $n-c-d$	+ − =	f e $n-e-f$		

图 A.21

7. 这样的划分总是可能的.对于拳击手的每一种分组法，在同一组中的两位拳击手如果交过手,则用一根火柴标记.因为所有将拳击手分组的分法数是有限的,必然有一个分法所对应的火柴数最小,我们断言这个分法适合所要求的条件.

假定拳击手 A 所在的组中与他交过手的人超过该组人数的 $1/n$,则将其调换.因为共有 n 组,并且其中一组包含的 A 曾与之交手的拳击手多于该组人数的 $1/n$,设有 m 人.则必然有另一组包含的与 A 交过手的人数小于 m,将 A 调整到这一组,则火柴数将减少.但这与这一分法的火柴数最小的假定相矛盾,所以我们的断言正确.

8. 分别以 B 和 P 表示得分和失分的分数.首先把每个队和一个假想的队比较,后者得分百分数是 50%,显然 $B-P=0$.如果某个球队的 $B>P$,那么它的得分百分数就大于 50%,把它归为甲级队;如果它的 $B<P$,那么把它归为乙级队.显然,在名次表上,甲级队应排在乙级队前面.

考虑同级的两队:A 队和 C 队.如果有

$$B_A>B_C,P_A\leqslant P_C,$$

或者

$$B_A=B_C,P_A\leqslant P_C,$$

那么 A 队显然排在 C 队前面.于是可以初步列出一个名次表(如表 A.3),其中只有相邻两个带 * 号的队的相对名次还有疑问.

表 A.3

甲级队	得分	失分	乙级队	得分	失分
*辛辛那提	49	36	*匹兹堡	44	43
*洛杉矶	51	38	圣路易	41	45
圣弗朗西斯科	45	38	*芝加哥	41	46
费城	45	39	*休斯敦	39	45
*密尔沃基	42	40	纽约	29	56

设

$$B_A=B_C+x,P_A=P_C+y.$$

那么,若两队都属于甲级队,且 $x\leqslant y$,则 A 队应排在 C 队后面;若两队都属于乙级队,且 $x\geqslant y$,则 A 队应排在 C 队前面.因此,上述名次表是正确的,没有疑问了.

9. 方法一 5 个球队进行单循环比赛,每队至多比赛 4 场.A 已比赛过 4 场,可以断定 A 与 B,C,D,E 各比赛了 1 场.由已知,D 只比赛过 1 场,因 A,D

已比赛 1 场，所以 D 没有与 B,C,E 比赛过.B 比赛过 3 场，已知一场是 (A,B)，所以另两场只能是 (B,C)，(B,E).这时恰满足 C 比赛过 2 场，D 比赛过 1 场的条件.故 E 比赛过 2 场，为 (A,E)，(B,E).另外，已证 D,E 没有比赛过.若 C,E 比赛过，则与 C 只比赛过 2 场矛盾.所以判定 E 恰比赛过 (A,E)，(B,E) 两场.

因此，已经比赛过的是 (A,B)，(A,C)，(A,D)，(A,E)，(B,C)，(B,E)，其中 E 已比赛过 2 场.

方法二 由 A 比赛过 4 场，D 比赛过 1 场，易知 (A,B)，(A,C)，(A,D)，(A,E) 已进行比赛，D 只与 A 比赛过.由于 C 比赛过两场，A,C 已赛一场，且 D 没有与 C 比赛，故另一场只能与 B 或 E 比赛.

若 C,E 比赛过，则此时 B 至多只能比赛过两场，与已知 B 比赛过 3 场相矛盾，因此 C 与 E 比赛过的假设不能成立，故只能是 C 与 B 比赛过.

这时，B 除与 A 及 C 各比赛一场外，还应再比赛一场.但 B,D 没有比赛（因 D 只与 A 比赛了一场），故这一场只能在 B,E 之间进行.

综上所述，已经比赛过的是 (A,B)，(A,C)，(A,D)，(A,E)，(B,C)，(B,E)，其中 E 已比赛过 2 场.

方法三 因为 5 个球队进行单循环比赛，两队交锋一次，每队都计数比赛一场，所以比赛中 5 个队统计比赛过的场数总和应是偶数.因为统计 A,B,C,D 比赛过的场数之和为偶数（$4+3+2+1=10$），所以 E 比赛过的场数必为偶数.5 个队的单循环赛中，一个队至多比赛 4 场，所以 E 队比赛的场数只可能为 0，2，4.但已知 A 比赛过 4 场，即 A 与 B,C,D,E 都比赛过，所以 E 的场数不能为 0.另外，因 D 只比赛过一场（D 与 A 已比赛过），所以 E 没有与 D 比赛，即 E 不能比赛过 4 场，于是断定 E 只能比赛过 2 场.由于 E,A 已比赛过一场，D 只比赛过一场，所以 E 的另一场比赛只能与 C 或 B 进行.若 E,C 比赛，这时 C 比赛过两场已满足，但 B 比赛过 3 场将不能满足，所以 C,E 比赛过的假设不能成立，只能是 B,E 比赛过.综上所述，经验证可知已经比赛过的是 (A,B)，(A,C)，(A,D)，(A,E)，(B,C)，(B,E)，其中 E 已比赛过 2 场.

10. 将每个球队对应 1 个点，并将比赛结果用箭头标出.例如，A 队胜了 B 队，就标为 $A \rightarrow B$.下面我们来证明，在任何这样的比赛中，总是由所胜次数最多的球队获得冠军.假设不是这样，即在某场这样的比赛中，所胜次数最多的 A 队未能获得冠军，那么就必然有一个 B 队，它胜了 A 队，并且还胜了所有那些被 A 队所胜了的队.而这样一来，B 所胜的次数便超过了 A 队，导致矛盾.

由上述证明可知，每场这样的比赛中，都至少可产生出一个冠军队.假设在某场这样的比赛中至少出现了两个冠军 A 队和 B 队，且有 $A\to B$. 于是，会有某些球队，它们均负于 B 队而胜了 A 队(否则 B 队就不可能成为冠军了)，将它们称为第一类球队. 我们再将那些负于 A 队的球队(除 B 队外)都称为第二类球队，将那些既胜了 A 队又胜了 B 队的球队称为第三类球队. 这样一来，除了 A 队和 B 队以外的所有球队都分别归属于上述三种类型.

如果至少有一个球队属于第三类球队，那么该类球队之间比赛而出现的冠军就必然是全部比赛中的冠军(如图 A.22). 而如果没有任何球队属于第三类球队，那么由第一类球队相互比赛所产生的冠军就应当是全部比赛中的冠军(如图 A.23). 因而除 A 队和 B 队之外，至少还应当有一个冠军.

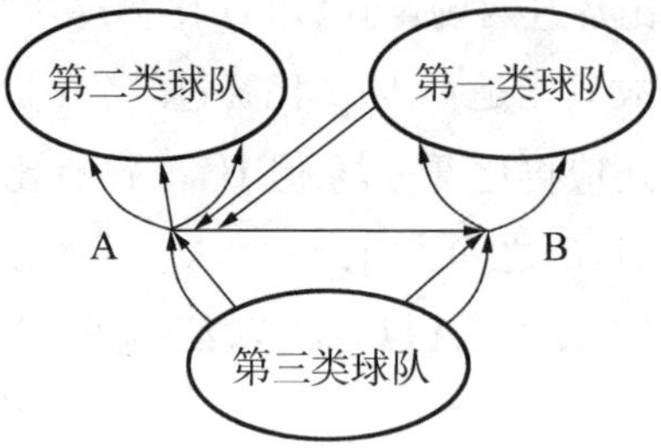

图 A.22

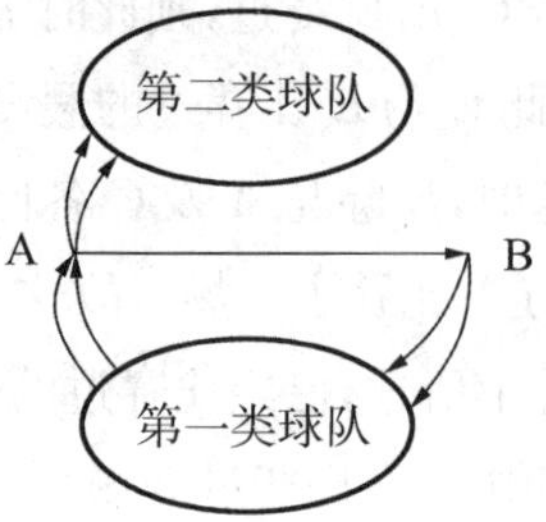

图 A.23

综上可知，不可能恰好出现两个冠军队.

11. 考虑每人所得总分数，我们有方程

$$M(p_1+p_2+p_3)=22+9+9=40.$$

由于 $p_1+p_2+p_3\geqslant 3+2+1=6$，故 $6M\leqslant 40$，从而 $M\leqslant 6$.

另外，由题设知至少有百米赛跑与跳高两个项目，从而 $M\geqslant 2$. 又因 M 为 40 的因子，故 M 只能取 2, 4, 5 三个值.

若 $M=2$，看 B 的总分可知 $9\geqslant p_1+p_3$，由此得 $p_1\leqslant 8$. 因此，若 A 拿两个第一，总分将小于或等于 16，不可能到 22 分，因此 $M\neq 2$.

若 $M=4$，仍看 B 的总分，可知 $9\geqslant p_1+3p_3$，由于 $p_3\geqslant 1$，故 $p_1\leqslant 6$. 如果 $p_1\leqslant 5$，那么 4 场比赛至多得 20 分，与 A 得 22 分矛盾，故 $p_1=6$. 另外，由 $4(p_1+p_2+p_3)=40$，得 $p_2+p_3=4$，只能是 $p_2=3$，$p_3=1$. A 的百米赛跑不可能为第一，故 A 至多得三个第一. 因此 A 的总分至多是

$$3p_1+p_2=18+3=21<22,$$

也矛盾.

因此，只能是 $M=5$. 这时 $p_1+p_2+p_3=8$. 假如 $p_3\geqslant 2$，那么 $p_1+p_2+p_3\geqslant$

$4+3+2=9$，这表明只能是 $p_3=1$.另外，p_1 不能小于或等于 4，否则 5 场比赛的最高分小于或等于 20，与 A 得 22 分矛盾.因此，$p_1\geqslant 5$.如果 $p_1\geqslant 6$，那么 $p_2+p_3\leqslant 2$，这是不可能的.又因 $p_2+p_3\geqslant 2+1=3$，故由 $p_1+p_2+p_3=8$，知 $p_1\leqslant 5$.因此只能是 $p_1=5$.因此，$p_2+p_3=3$，由此得 $p_2=2$，$p_3=1$.由此可见，A 一定得了 4 个第一、1 个第二，即 $4p_1+p_2=22$.B 的分数分布是 $p_1+4p_3=9$，C 的分数分布是 $4p_2+p_3=9$.

由此可知，A 百米赛跑第二，C 百米赛跑第三，在其余的项目中，包括跳高，C 都是第二名.

12. 为了更透彻地了解问题的实质，我们来考虑一般情况，设甲方不是 7 名而是 m 名队员，乙方不是 7 名而是 n 名队员，并记甲方胜乙方的比赛过程有 H_m^n 种，乙方胜甲方的比赛过程有 H_n^m 种，则总的比赛过程有

$$N=H_m^n+H_n^m\text{(种)}.$$

下面我们将证明

$$H_n^m=\mathrm{C}_{m+n-1}^m, \tag{1}$$

从而

$$N=\mathrm{C}_{m+n-1}^n+\mathrm{C}_{m+n-1}^m.$$

特别地，当 $m=n=7$ 时，有 $H_7^7=\mathrm{C}_{13}^7$，于是答案便为 $2\mathrm{C}_{13}^7$ 或 3432 种.

下面我们给出式(1)的两种解法供参考.

方法一 乙方获胜就是要把甲方的 m 名棋手全都淘汰，而自己至少有一名棋手未被淘汰.因为淘汰一名棋手与进行一场比赛构成一一对应，所以乙方获胜的一个比赛过程至少进行 m 场比赛，至多进行 $m+n-1$ 场比赛.

我们把 $m+n-1$ 场比赛视为不同的元素

$$a_1, a_2, \cdots, a_{m+n-1}. \tag{2}$$

乙方胜 m 场的一种比赛过程，对应着从(2)中取 m 个元素的一种组合；反之，从(2)中取 m 个元素的一种组合，也对应着乙方胜甲方的一种比赛过程.于是问题转化为从 $m+n-1$ 个不同元素中取 m 个元素的组合数，得

$$H_n^m=\mathrm{C}_{m+n-1}^m.$$

比如，原问题中，$m=n=7$，那么从$\{1,2,\cdots,13\}$个元素中任取 7 个元素的一个组合$\{1,3,5,6,7,8,13\}$就与下述比赛过程构成对应：

第一场：乙$_1$ 胜甲$_1$；

第二场：乙$_1$ 败于甲$_2$；

第三场：乙$_2$ 胜甲$_2$；

第四场：乙$_2$ 败于甲$_3$；

第五场：乙$_3$ 胜甲$_3$；

第六场：乙$_3$ 胜甲$_4$；

第七场：乙$_3$ 胜甲$_5$；

第八场：乙$_3$ 胜甲$_6$；

第九场：乙$_3$ 败于甲$_7$；

第十场：乙$_4$ 败于甲$_7$；

第十一场：乙$_5$ 败于甲$_7$；

第十二场：乙$_6$ 败于甲$_7$；

第十三场：乙$_7$ 胜甲$_7$.

方法二 把乙方 i 号($1\leqslant i\leqslant n$)选手胜甲方一名选手记为 a_i，连胜则连写，如 $a_3a_3a_3a_3$ 表示乙方 3 号选手连胜 4 场，则方法一中的 13 场比赛可以表示为

$$a_1a_2a_3a_3a_3a_3a_7.$$

这样，我们便得到 n 个相异元素 $a_1,a_2,\cdots,a_n$，而从这 n 个元素中每次取 m 个元素的所有允许重复的组合可以全部写出来：

$$\begin{cases} a_1a_1a_1\cdots a_1a_1 \\ a_1a_1a_1\cdots a_1a_2 \\ a_1a_1a_1\cdots a_1a_3 \\ \quad\vdots \\ a_{n-1}a_na_n\cdots a_na_n \\ a_na_na_n\cdots a_na_n \end{cases} \tag{3}$$

其中每一个组合对应着乙方胜甲方的一个比赛过程.现给各下标依次加上 0，1，2，…，$m-1$，得

$$\begin{cases} a_1a_2a_3\cdots a_{m-1}a_m \\ a_1a_2a_3\cdots a_{m-1}a_{m+1} \\ a_1a_2a_3\cdots a_{m-1}a_{m+2} \\ \quad\vdots \\ a_{n-1}a_{n+1}a_{n+2}\cdots a_{m+n-2}a_{m+n-1} \\ a_na_{n+1}a_{n+2}\cdots a_{m+n-2}a_{m+n-1} \end{cases} \tag{4}$$

由于它是从 $m+n-1$ 个互异元素中取 m 个元素的组合，有 C_{m+n-1}^m 种，而式(4)与式(3)又构成一一对应，故得式(1).

13. (1) 如果抽签后 3 个空额为 6，7，8 号，那么为使第二名确由选手中能力

次强的选手获得,两个最强选手之一应抽到第5号,这个事件的概率等于下列两个事件的概率之和:

(i) 两个最强选手中第一个人抽到第5号;

(ii) 两个最强选手中第一个人抽到1,2,3或4号,而第二个人抽到第5号.

第一个事件的概率等于$\frac{1}{5}$,第二个事件的概率为$\frac{4}{5}\times\frac{1}{4}=\frac{1}{5}$,因而,所求的概率等于$\frac{2}{5}$.

(2) 不过,安排空额的较佳方法应该不是上述这种.例如,可以将空额安排在4,6,8号,这时,第一轮比赛仅有1号和2号比赛,第二轮有两次比赛,第三轮有一次比赛,每个参加者得以至少与一个选手较量.下面计算抽签后空额出现在4,6,8号时,实力是第二位的运动员得到第二名的概率.5个选手排列在5个位置(1,2,3,5,7号)有5! 种方法,下列抽签结果可以认为是好的.

(i) 最强的选手抽1,2或3号,次强的选手抽5或7号;

(ii) 最强的选手抽5或7号,次强的选手抽1,2或3号.

在这两种情况里,其余的选手可以抽这两个人抽剩的任何号码.因而,好的抽签结果的总数等于$3\cdot2\cdot3!+2\cdot3\cdot3!$,所求的概率等于

$$\frac{3\cdot2\cdot3!+2\cdot3\cdot3!}{5!}=\frac{3}{5}.$$

(3) 假使空额与选手一样参加抽签,则所求的概率为$\frac{4}{7}$.

(4) 我们再考虑一种抽签方法,先抽一次签确定第一轮比赛的各对选手(抽签规定5个选手的次序,并填写3个空额;在第一轮里1与2比赛,3与4比赛,5号轮空),然后仍通过抽签在第一轮的获胜者中确定第二轮比赛的各对.能力次强的选手B进入第二轮的概率,正是他在第一轮不与最强选手A比赛的概率,这发生在下列情形中:

(i) A抽1或2号,B抽3,4或5号;

(ii) A抽3或4号,B抽1,2或5号;

(iii) A抽5号,B抽1,2,3或4号.

5个选手的全排列有5! 种,而对应于(i)(ii)(iii)的抽签的好结果,分别有$2\cdot3\cdot3!$,$2\cdot3\cdot3!$和$1\cdot4\cdot3!$种(在这3种情形里,其他选手的分布都是随意的),因而,B是第一轮比赛优胜者之一的概率是

$$\frac{2\cdot3\cdot3!+2\cdot3\cdot3!+1\cdot4\cdot3!}{5!}=\frac{4}{5}.$$

如果 B 在第一轮获胜，那么在第二轮里有两个最强的选手 A，B，一个较弱的选手，以及一个空额.随着抽签的结果不同，B 要么与较弱的选手比赛，要么与 A 相遇，要么轮空，这三种情形里，有两种情形 B 能进入决赛而得到第二名.因而，如果 B 已在第一轮获胜，那么他在第二轮获胜的概率是 2/3.于是，B 成为第二名的总概率是$\frac{4}{5}\cdot\frac{2}{3}=\frac{8}{15}$，这是本题的又一种解答.

习题 12

1. 乙有取胜策略.

将所有三位数按如下方式分成 8 个集合，同一集合中最大数除以最小数的值都小于$\frac{4}{3}$：

$$G_1=\{100,101,\cdots,133\},$$
$$G_2=\{134,135,\cdots,178\},$$
$$G_3=\{179,180,\cdots,238\},$$
$$G_4=\{239,240,\cdots,318\},$$
$$G_5=\{319,320,\cdots,425\},$$
$$G_6=\{426,427,\cdots,567\},$$
$$G_7=\{568,569,\cdots,757\},$$
$$G_8=\{758,759,\cdots,999\}.$$

因为甲共选取 13 个三位数，且 $13>8$，所以由抽屉原理知，必有两个三位数属于同一集合，不妨设为 x_1，x_2，且 $x_1>x_2$，显然

$$1<\frac{x_1}{x_2}<\frac{4}{3}.$$

去掉这两个三位数，剩下 11 个三位数.由于 $11>8$，再由抽屉原理知，必有两个三位数属于同一集合，不妨设为 x_3，x_4，且 $x_3>x_4$，显然

$$1<\frac{x_3}{x_4}<\frac{4}{3}.$$

再去掉这两个三位数，剩下 9 个三位数.由于 $9>8$，再由抽屉原理知，必有两个三位数属于同一集合，不妨设为 x_5，x_6，且 $x_5>x_6$，显然

$$1<\frac{x_5}{x_6}<\frac{4}{3}.$$

由此得

$$1+1+1=3<\frac{x_1}{x_2}+\frac{x_3}{x_4}+\frac{x_5}{x_6}<\frac{4}{3}+\frac{4}{3}+\frac{4}{3}=4,$$

故乙有取胜策略.

2. (1) 乙有保证取胜的切分方法.

记 M 为蛋糕的总重量.乙切出 3 块相邻的重量约为 $\frac{1}{3}M$ 的扇形蛋糕块(称为"重的"),剩余切出来的蛋糕块重量约为 0(称为"轻的").

将扇形蛋糕块沿逆时针方向依次编号为 $1,2,\cdots,4n$. 编号为 $4n$ 的蛋糕块与编号为 1 的蛋糕块相邻.设编号为 $4n-3,4n-2,4n-1$ 的蛋糕块为重的.

甲开始时不能从以下 5 块蛋糕中选择:

$$4n-4,4n-3,\cdots,4n,$$

否则,乙将在第一步拿到两块重的蛋糕,获得总重量约为 $\frac{2}{3}M>\frac{1}{2}M$.

故甲开始时选择其他编号的蛋糕块.第一位拿到编号为 $4n-4$ 或 $4n$ 蛋糕块的人将输掉游戏(即使拿到一块重的蛋糕块),这是因为另一人一定能拿到两块重的蛋糕,从而获得超过总重量一半的蛋糕.

于是,甲和乙必须在编号为 1 到 $4n-5$ 的蛋糕块中进行选择.在甲每轮选择之后,有数量为 $4k+1$ 的蛋糕块被选择;而在乙每轮选择之后,有数量为 $4k+3$ 的蛋糕块被选择.故在编号为 1 到 $4n-5$ 的蛋糕块被选择完之后,轮到甲选择.甲不得不选择编号为 $4n-4$ 或 $4n$ 的蛋糕块,从而输掉游戏.

(2) 甲有保证取胜的切分方法.

将蛋糕块以 $1,2,\cdots,4n$ 编号,其中有 3 块重的蛋糕,每块重量约为 $\frac{1}{3}M$;其余都是轻的蛋糕块,每块重量约为 0.令编号为 1,3,5 的蛋糕块为重的.甲第一步选择编号为 3 的蛋糕块,则在第二步还可以拿到至少一块重的蛋糕,从而,获得的总重量约为 $\frac{2}{3}M>\frac{1}{2}M$.

接下来,只需将"约重"说明清楚以满足条件.

所有蛋糕块需要有不同重量.对于(1),可以取轻的蛋糕块的重量为

$$\frac{i}{5(4n-3)(4n-2)}M(i=1,2,\cdots,4n-3),$$

取和得

$$\sum_{i=1}^{4n-3}\frac{i}{5(4n-3)(4n-2)}M=\frac{(4n-3)(4n-2)}{10(4n-3)(4n-2)}M=\frac{1}{10}M.$$

取 3 块重的蛋糕块的重量为

$$\frac{29}{100}M,\frac{30}{100}M,\frac{31}{100}M,$$

这些重量的顺序无关紧要.

对于(2),取同样的重量分布,不过要让编号为 3 的蛋糕块的重量为$\frac{30}{100}M$.

3. (1) 若所有的 2018 堆石头的块数均为偶数,则乙可以通过模仿甲的每一次选取来保持这种有偶数堆且每堆石头的块数均为偶数的状态,最终能保证乙取胜.

(2) 甲有取胜策略.

先将游戏变为一个数学问题,即它是由非负整数数列 $s=\{s_i\}(i\in\mathbf{N}^*)$构成的集合 S,其中只有有限个非零项.

对于每个 $i\in\mathbf{N}^*$,函数 f_i 定义在由数列 s 构成的集合 S 的子集上,使得 $f_i(s)=t$,其中,若 $s_i>0$,则 $t_i=s_i-1$;否则,$t_i=s_i$.

定义函数 $g:S\to S$,使得 $g(s)=t$,其中

$$t_j=\max\{0,s_j-1\}(j\in\mathbf{N}^*).$$

记由 g 和每个 f_i 组成的函数集为 F.

一个特定的游戏是集合 S 的元素序列$\{s^k\}(k\geqslant 0)$,其中 $s^{k+1}=f(s^k)$,$f\in F$.赢家是由最小值 k 的奇偶性决定的,其中 s^k 为零元素,并记 $z=s^k$.

给定 $s\in S$,对于某个 $f\in F$,定义函数 $f(s)$,s 中的正数和奇数的个数分别记为$n(s)$和 $o(s)$.

若下列条件成立,则称 $W(W\subset S)$为一个“策略”:

(i) 若 $s\in W$,函数 $f(s)$有定义,则 $f(s)\notin W$,但存在 $f'\in F$,使得 $f'(f(s))\in W$;

(ii) $z\in W$;

(iii) W 是重排不变量:若 $w\in W$,则 w 的每次重排均在 W 里.

这里的条件(i)表示玩家选取后在 W 中构成一个排列.若实现了,则其他玩家的每次选取会给出一个不在 W 中的排列,然后该玩家可以将其移回 W,且最终因为条件(ii)取胜.而条件(iii)只是编码了一个取胜策略,使其容易调整堆的交换.

策略 W 表明如何从某些状态中取胜,但不能表明如何从每个可能取胜的状态中取胜.若对于每个 $s\in S$,$n(s)\leqslant k$,针对某个 $f\in F$,要么 $s\in W$,要么 $f(s)\in W$,则称 W 是“k-完全的”.k-完全策略表明如何从每一个最多包含 k 堆的状态

中取胜.

上面给出的状态(1)的解决方案等价于

$$W_0=\{s\in S\,|\,o(s)=0\},$$

是一个策略.

为了验证(i),只要证明若 $s\in W_0\backslash\{z\}$,$f(s)$有定义,则

$$o(f(s))\in\{1,n(s)\}\subset\mathbf{N}.$$

然而,$f(f(s))\in W$.

显然,W_0 是 2 -完全的,但不是 3 -完全的.先扩充 W_0 使其成为 3 -完全的,然后再扩充成为 4 -完全的.

一般地,若存在一个策略 W,且存在一个重排不变量 $A(A\subset S)$,则对于任意 $s\in A$,$A\cup W$ 也是一个策略,其中不存在 $f\in F$,使得 $f(s)\in W$;但若 $f(s)$有定义,则存在 $f'\in F$,使得 $f'(f(s))\in W$.

于是,在上面的情况中,$A\cup W$ 称为 W 的一步扩充.

若 $n(s)=3$,$o(s)=2$,则 W_0 不是 3 -完全的.然而,若定义

$$A=\{s\in S\,|\,n(s)=3,o(s)=0\},$$

则 $W_1=A\cup W_0$,这既是一个一步扩充,也是一个 3 -完全策略.

注意到,若 $o(s)=2$,则 $o(f(s))=3$ 或 1.

对于前一种情况,$g(f(s))\in W_0$;对于后一种情况,$f_1(f(s))\in W_0$,其中 i 为奇项的下标.

再令 $W_2=W_1\cup B$,其中 B 由所有 s 组成,使得 $n(s)=4$,且要么 $o(s)=3$,s 的奇数项均大于 1;要么 $o(s)=2$,s 的奇数项均等于 1.称前一种数列为Ⅰ型,后一种数列为Ⅱ型.

下面证明:W_2 是一个策略(W_2 不是 W_1 的一步扩充).

首先,当 s 是Ⅰ型时,由于 $o(g(s))=1$,于是 $f_i(g(s))\in W_0$,其中 i 为 $g(s)$中奇数项的下标.

若 $f_i(s)$有定义且 $o(f_i(s))\in\{2,4\}$,则

当 $o(f_i(s))=4$ 时,$g(f_i(s))\in W_0$;

当 $o(f_i(s))=2$ 时,下一步取决于偶数项是否等于 2.若等于 2,则 $g(f_i(s))$是Ⅱ型的.若第 j 项为偶数且大于 2,则 $f_i(f_i(s))$是Ⅰ型的.

其次,当 s 是Ⅱ型时,由于 $n(g(s))=2$,$o(g(s))=2$,则 $g(g(s))\in W_0$.

若 $f_i(s)$有定义,$s_i=1$,则 $o(f_i(s))=1$,$n(f_i(s))=3$,记 j 为 $f_i(s)$中的唯一奇数项的下标,于是

$$f_i(f_i(s))\in W_0.$$

若 $s_i\neq 1$，则 s_i 为偶数，于是

$$o(f_i(s))=3.$$

取 j 使得 $s_j=1$，则有

$$n(f_i(f_i(s)))=3, o(f_i(f_i(s)))=2,$$

从而 $f_i(f_i(s))\in W_1$.

综上，使用策略 W_2，则甲在状态(2)能取胜，第一步是从偶数块石头堆的某一堆中取出一块石头.

4. 当 $n\geqslant 2$ 时，乙有取胜策略.

考虑两个相邻染色点之间的弧.若弧的两个端点均为白色(或黑色)，则称此弧为白弧(或黑弧)；否则，称此弧为灰弧.在游戏的最后，所有的白弧上的点均为白色；黑弧上的点均为黑色；灰弧上的点一半为白色、一半为黑色，其弧中的点为无色.

设 w，b 分别表示标记的白点、黑点的个数，W，B 分别表示白弧、黑弧的段数，G 表示灰弧的段数，则

$$2W+G=2w \text{ 且 } 2B+G=2b,$$

即

$$W-B=w-b. \tag{1}$$

为了方便起见，不妨设此圆的周长为 1.

下面给出乙的取胜策略.

(1) 当甲标点之后，乙先考虑以甲标的点为圆内接正 n 边形顶点的图形，然后乙选择标这个正 n 边形的其他顶点，直到不能这样选择为止.

(2) 当正 n 边形的所有顶点均已经染色，乙开始选择最长的白弧(之一)，在这段弧上任意选择一个点标成黑色.因为乙之前的点数总比甲少一个，所以由式(1)知，白弧至少有一段.

因此，这样的步骤总可以实现.

(3) 在甲完成最后一步时，有下面几个基本关系：

(i) 若有黑弧，则其长度为$\frac{1}{n}$.这是因为乙除了在正 n 边形顶点处标的点之外，均是在两个白点之间标点(不同于正 n 边形的顶点).从而，乙标的点不会相邻，这样的点不会是黑弧的端点；

(ii) 因为此时所标点的总数为 $2n-1$，弧的总数为 $2n$，所以至少有一段弧以正 n 边形相邻的两个顶点为端点，且这段弧中不包含所标的点，将这种弧称为

“空弧”；

(iii) 任意一段白弧的长度小于$\frac{1}{n}$.

事实上，设甲染了 n 边形的 k 个顶点，在(1)之后，每段弧的长度均不大于$\frac{1}{n}$，且取等号的情况只有当弧的两端为正 n 边形相邻的两个顶点.

在(2)中，乙进行了 k 次操作，每一次均在最长的弧中标点，于是乙会在每一个长度为$\frac{1}{n}$的白弧中标点，直到每一段白弧的长度均小于$\frac{1}{n}$.

因此，空弧一定是黑弧或灰弧.若其中至少有一段黑弧，则由式(1)知至少有两段白弧.从而，乙在最后一次标点时，在白弧中标点.此时，黑弧与白弧的段数一致，但白弧的长度小于$\frac{1}{n}$，而黑弧的长度为$\frac{1}{n}$.因此，乙获胜.若所有的空弧均为灰弧，则没有黑弧，再由式(1)知，此时恰有一段白弧，且这段白弧的长度 $d<\frac{1}{n}$.于是，乙在灰弧上标点，且使所得的黑弧的长度大于 d，乙取胜.

习题 13

1. 令 m 表示不小于$\frac{p}{2}-50$ 的最小非负整数.设 A 为圆周上任一点，A'为 A 的对径点，用 S_A 表示半圆周 AA'(从点 A 逆时针到点 A'，包含点 A'但不包含点 A)，并记 S_A 中的红点个数为 $N(A)$.

先证明：对任一点 A，$N(A)\geqslant m$.

若 A 与对径点 A'均不为红点，则由题设知

$$N(A)+N(A')=p,\ |N(A)-N(A')|\leqslant 100$$

$$\Rightarrow N(A)\geqslant\frac{p}{2}-50\Rightarrow N(A)\geqslant m.$$

若 A 与 A'中有红点，则在 S_A 中取距离点 A 充分近的一点 B，使得 B 与其对径点 B'均不为红点，且点 A'(逆时针)到 B'之间没有红点.这样，由前面情况的讨论，可知 $N(B)\geqslant m$.而$\overparen{A'B'}$内部无红点表明 $N(A)\geqslant N(B)$，从而 $N(A)\geqslant m$.

设 P 为圆周上任一点，则 S_P 中至少有 m 个红点.

设其中与点 P 弧距最大的 m 个红点为 $A_1, A_2, \cdots, A_m$(按与点 P 的弧距从大到小排列).

由于$N(A_m)\geqslant m$，于是S_{A_m}中必有红点B_m异于$A_1,A_2,\cdots,A_{m-1}$，显然，$B_m\notin S_P$；

由于$N(A_{m-1})\geqslant m$，于是$S_{A_{m-1}}$中必有红点B_{m-1}异于$A_1,A_2,\cdots,A_{m-2}$及B_m，显然，$B_{m-1}\notin S_P$；

……

由于$N(A_1)\geqslant m$，于是S_{A_1}中必有红点B_1异于$B_1,B_2,\cdots,B_m$，显然，$B_1\notin S_P$.

从而，得到了$2m$个红点$A_1,A_2,\cdots,A_m\in S_P$及$B_1,B_2,\cdots,B_m\notin S_P$，满足$B_k\in S_{A_k}$，$k=1,2,\cdots,m$.

对任意的k，A_k，B_k两点到P的弧距之和不小于$\frac{1}{2}$.因此，全体红点到P的弧距之和不小于$\frac{m}{2}\geqslant\frac{p}{4}-25$.

2. 将这n个人分别记为$A_1,A_2,\cdots,A_n$，将第$i(1\leqslant i\leqslant n)$天的见面会记为$S_i$.

由已知，对于任意给定的两次见面会，不可能有两个确定的人同时参加.记A_i参加见面会的次数为a_i，参加见面会S_i的人数为s_i.

对每个人参加见面会的情况及每场见面会的情况分别进行统计，得

$$\sum_{k=1}^{n}a_k=\sum_{k=1}^{n}s_k. \tag{1}$$

由对称性，不妨设a_n为$a_1,a_2,\cdots,a_n$中最小的数，并设$a_n=k$.显然$2\leqslant k\leqslant n-1$.

另外，不妨设A_n参加的见面会为$S_1,S_2,\cdots,S_k$.因为A_n是唯一参加$S_1,S_2,\cdots,S_k$的人，其他人均恰只参加$S_1,S_2,\cdots,S_k$中的一场.不失一般性，对于每个$i(1\leqslant i\leqslant k)$，设$A_i$参加了$S_i$.

先证明两个引理.

引理1　$s_{k+1}=s_{k+2}=\cdots=s_n=k$成立，且对于$(i,j)(1\leqslant i\leqslant k,k+1\leqslant j\leqslant n)$，恰有一人既参加了$S_i$又参加了$S_j$.

证明　若A_q没有参加S_p，则参加S_p的人中至多一人与A_q参加的每场(确定的)见面会的其他人握手.而A_q要与参加S_p的所有人握过手.于是，必有$s_p\leqslant a_q$.

故$s_2\leqslant a_1,s_3\leqslant a_2,\cdots,s_k\leqslant a_{k-1},s_1\leqslant a_k$.

因为a_n是$a_1,a_2,\cdots,a_n$中的最小值，所以对于每个$j(k+1\leqslant j\leqslant n)$，均有

$s_j \leqslant a_j$.

又由式(1)知,所有的等号均成立.特别地,对于每个满足 $k+1 \leqslant j \leqslant n$ 的 j,参加 S_j 的人都要与 A_n 握手.于是,他们必须至少参加 $S_1, S_2, \cdots, S_k$ 中的一场.但 $s_j=k$,因此,参加 S_j 的每一个给定的人,均恰只参加 $S_1, S_2, \cdots, S_k$ 中的一场.

引理 2 $s_1=s_2=\cdots=s_k$.

证明 由引理 1 知,$k=s_n$.

故 $k \geqslant 3$.

由对称性,只要证明 $s_1=s_2$.

设 A_3 参加的见面会为 $S_3, T_1, T_2, \cdots, T_l$.则 A_n 不会参加 $T_1, T_2, \cdots, T_l$.于是,由引理 1,知对于每个 $j\,(1 \leqslant j \leqslant l)$,恰有一人既参加了 T_j,又参加了 S_1.

因为 A_3 要与参加 S_1 的每个人恰握手一次,所以 l 为参加 S_1 的人数(不含 A_3).

类似地,l 也为参加 S_2 的人数(不含 A_3).

因此,$s_1=s_2$.

引理 1、2 得证.

由引理 1 知,A_n 没有参加的每一次见面会,均恰有且只有一位参加 S_1 的人员中的人参加(除了 A_n),对 S_2 也是这样.

将参加 S_1 的人(除了 A_n)与参加 S_2 的人(除了 A_n)配成 l^2 对,由已知,每一对恰握手一次,于是 A_n 恰没有参加 l^2 次见面会.故共有 l^2+k 次见面会.

由于除了 A_n 之外的每个人恰参加 $S_1, S_2, \cdots, S_k$ 中的一次,则 $n=lk+1$.故

$$l^2+k=lk+1 \Rightarrow (l-1)(l-k+1)=0.$$

又 $l-1=s_1-2 \geqslant 1$,因此 $l=k-1$,即每天参加见面会的人数是一样的.

3. (1) 若 n 为奇数,则不存在两条对角线互相垂直.

事实上,若存在正 n 边形的四个顶点 A, B, C, D 满足 $AB \perp CD$,可设 E 为 AB 的中垂线上的点,且为正 n 边形顶点,E' 与 E 为正 n 边形外接圆上的一对对径点,如图 A.24.

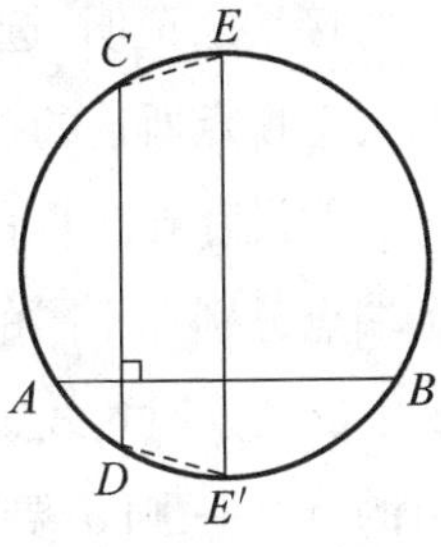

图 A.24

由于 $EC=E'D$,且 C, D, E 均为正 n 边形的顶点,则 E' 也应为正 n 边形的顶点.这与正 n 边形的所有奇数个顶点中不存在其外接圆上的一对对径点矛盾.

于是,只需考虑对角线不相交的情况.

当选取的对角线数目达到最大值时,这些对角线应该将正 n 边形分成 $n-2$ 个三角形.从而,最多可以选取 $n-3$ 条对角线,这个最大值是能够取到的.例如,考虑从一个顶点引出的所有对角线,共有 $n-3$ 条,且满足条件,如图 A.25.

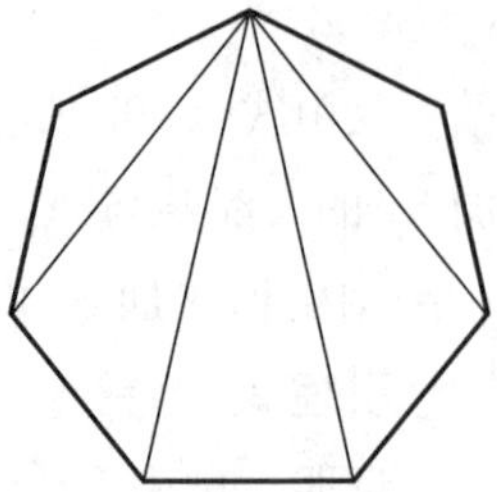

图 A.25

(2) 若 n 为偶数,如果选取的对角线中任意两条均不相交,则由(1),知选取的对角线数目最大值为 $n-3$.

假设存在两条选取的对角线互相垂直.考虑选取的对角线中与这两条对角线之一平行且与某条选取的对角线相交的对角线集合 S.假设 S 中包含 k 条对角线,且这 k 条对角线包含的不同端点的个数为 l.

首先,考虑在集合 S 中两个方向之一的对角线中最长的一条,则 S 中其他对角线均不是由这条对角线的端点引出的.否则,这条由最长对角线的端点引出的对角线就会与 S 中的一条更长的对角线相交(如图 A.26),矛盾.

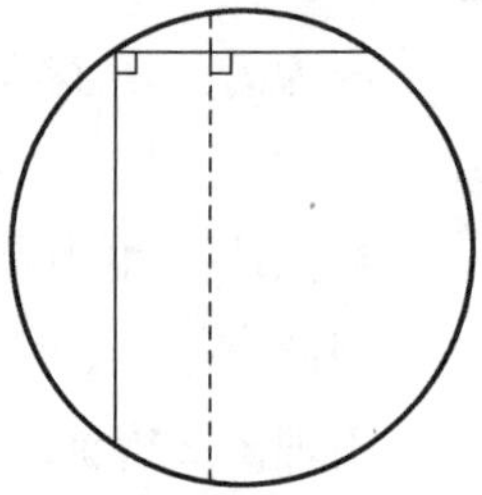

图 A.26

类似地,对另一个方向,可得到同样结论.去掉这两条最长的对角线和其 4 个端点,剩下 $k-2$ 条对角线和 $l-4$ 个端点,且每个端点最多属于两条对角线,则

$$2(l-4)\geqslant 2(k-2)\Rightarrow k\leqslant l-2.$$

其次,考虑正 n 边形相邻顶点构成的点集,使得两个边界上的顶点中的每一个均为集合 S 中的一条对角线的一个端点,且其内部的点均不为 S 中的对角线的端点.则有 l 个这样的点集,并依次设这些点集为 $P_1,P_2,\cdots,P_l$.

接下来证明:选取的每条不在集合 S 中的对角线一定是同一个点集 P_i 中的两个顶点所连的线段.

假设存在选取的对角线 d 不在集合 S 中,且其两个端点分别在不同的点集 P_i,P_j 中.设 d_1,d_2 为集合 S 中的两条对角线,且每一条均有一个端点为 P_i 边界上的点之一.则 d 要么与 d_1 或 d_2 相交(如图 A.27),要么与 S 中的一条与 d_1,d_2 均垂直的对角线相交(如图 A.28).

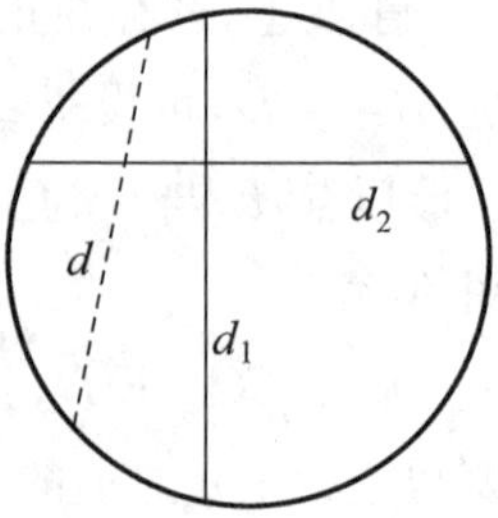

图 A.27

由集合 S 的定义,知 $d\in S$,矛盾.在同一个点集

P_i 中,因为顶点均位于正 n 边形外接圆直径的同一侧,所以没有互相垂直的对角线.故在 P_i 中最多可以选取 $|P_i|-2$ 条对角线,其中,当 $|P_i|>2$ 时,包含联结 P_i 的两个边界上的顶点得到的对角线.

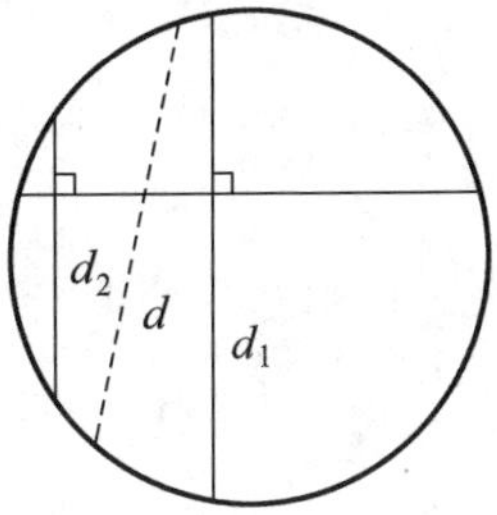

图 A.28

因此,选取的对角线数目的最大值为

$$\begin{aligned}\sum_{i=1}^{l}(|P_i|-2)+k &= \sum_{i=1}^{l}|P_i|-2l+k\\ &=(n+1)-2l+k=n-1+k\\ &\leqslant n-2.\end{aligned}$$

下面的例子说明此上界是能够取到的.

如图 A.29,对于正 n 边形的任意一个顶点 A,设 A' 为正 n 边形上的另一个点,使得 AA' 为正 n 边形外接圆的直径.选取所有由点 A 引出的对角线及对角线 d',其中,d' 为联结与 A' 相邻的两个顶点的对角线,则只有一条对角线 AA' 和 d' 相交,且互相垂直,这些对角线共有 $n-2$ 条.

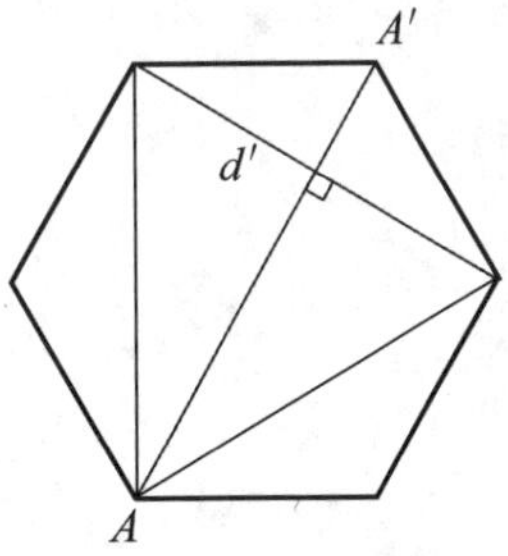

图 A.29

因此,可选取的对角线数目的最大值为 $n-2$ 条.

综上,若 n 为偶数,则可以选取的对角线数目的最大值为 $n-2$;若 n 为奇数,则可以选取的对角线数目的最大值为 $n-3$.